續資治通鑑

第十二册

元泰定帝泰定元年甲子起
元順帝至正二十八年戊申七月止

卷二百二
至二百二十

中華書局

續資治通鑑卷第二百二

賜進士及第兵部尚書兼都察院右都御史總督湖北
湖南等處地方軍務兼理糧餉世襲二等輕車都尉　畢　沅　編集

元紀二十

起閼逢困敦（甲子）正月，盡旃蒙赤奮若（乙丑）八月，凡一年有奇。

泰定帝諱伊蘇特穆爾，（舊作也孫鐵木兒。）顯宗噶瑪拉（舊作甘麻剌。）之長子，裕宗珍戩（舊作眞金。）之嫡孫也。初，北安王那木罕薨，世祖以噶瑪拉封晉王，代鎭北邊，至元十三年十月二十九日，帝生於晉邸。大德六年，晉王薨，帝襲封，是爲嗣晉王。

泰定元年（甲子、一三二四）

1春，正月，乙未，以柰曼岱舊作乃馬台，今改。（一作乃蠻台。）爲平章政事，善僧爲右丞相。（校者按：相字衍。）

2帝以元夕，命有司於禁中張燈山爲樂。監察御史趙師魯上言：「燕安怠惰，肇荒淫之基；奇巧珍玩，發奢侈之端。張燈雖細事，而縱耳目之欲，則上累日月之明。」帝遽命罷之，仍賜上尊酒，以嘉其忠直。

3 辛丑，諸王、大臣請立皇太子。

4 壬寅，以故丞相拜珠（舊作拜住。）子達勒瑪實哩（舊作答兒麻失里。）爲宗人〔仁〕衞親軍都指揮使，徹爾哈（舊作徹里哈。）爲左右衞阿蘇（舊作阿速。）親軍都指揮使。

自延祐末，水旱相仍，民不聊生。及拜珠入相，振立綱紀，裁不急之務，杜僥倖之門。英宗倚之，相與勵精圖治，故天下晏然有樂生之心。奸臣畏之，卒搆禍難。特克實（舊作鐵失。）等既伏誅，帝乃詔有司備儀衞，百官、耆宿前導，與拜珠畫像於海雲寺，大作佛事，觀者萬數，無不歎惜泣下。中書言：「拜珠盡忠效節，殞於羣凶，宜賜襃崇，以光後世。」制贈清忠一德功臣、太師、上柱國，追封東平王，謚忠獻。復官其二子，以長宿衞。

拜珠母齊喇（舊作怯烈，今改。）氏，年二十二，寡居守節。初，拜珠爲太常禮儀使，方弱冠，吏就第請署事，適在後圃閱羣戲，母厲聲呵之曰：「官事不治，若所爲，豈大臣事耶！」拜珠深自克責。一日，入內侍晏，英宗素知其不飲，是日，強以數杯。既歸，母戒之曰：「天子試汝量，故強汝飲。汝當日益戒懼，無酣於酒。」又嘗代祀睿宗原廟，歸，母問之曰：「眞定官府待汝若何？」對曰：「所待甚重。」母曰：「彼以天子威靈，汝先世勳德故耳，汝何有焉！」拜珠之賢，母之教也。後封東平王夫人。

5 命僧諷西番經於天光殿。

6甲辰，敕譯列聖制誥及大元通制，刊本賜百官。

7戊申，八番生蠻來附，置長官司以撫之。

8己酉，命諸王遠徙者悉還其部。召親王圖卜特穆爾（舊作圖帖睦爾。）於瓊州，阿穆爾克（舊作阿木哥。）於大同。

初，英宗在上都，謂拜珠曰：「朕兄弟實相友愛，曩以小人譖愬，俾居遠方，當亟召還，明正小人離間之罪。」未及召而遇弒，至是帝悉召之。

9甲寅，敕高麗王王璋歸國。璋嘗請於仁宗，降御香，南游江、浙，至寶陀山而還。及英宗即位，復請降香於江南，許之。行至江南，遣使急召，令騎士擁逼以行，璋侍從皆奔竄。還至京師，命中書省護送本國安置。璋遲留不即發，英宗下璋於刑部。既而祝髮，置之石佛寺。尋又流璋於吐蕃。帝即位，以大赦得還。至是命璋還本國，仍歸其瀋王印。【考異】元史高麗傳載瀋王璋事，至爲疏略。江南有圓通寺碑，刻於延祐六年，即璋南遊江、浙時所篆也。元史作「章」，碑文從玉作「璋」，今從碑文。至璋留京師及泰定二年卒後諸事，俱從鄭仁趾高麗史增載。

10丙辰，賜故監察御史觀音保、索約勒、（舊作鎖咬兒。）哈迪密實（舊作哈的迷失。）妻子鈔各千錠。

11敕封解州鹽池神曰靈富公。

12賑廣德諸州饑。

13 虞集赴召至京師，除國子司業，尋遷祕書少監。

14 翰林侍講學士袁桷辭歸，許之。桷嘗請購求遼、金、宋三史遺書，爲議以上，所列應采之書，最爲該博，時不能用。

15 二月，丁巳朔，作顯宗影堂。

16 己未，修西番佛事於壽安山，僧四十人，三年乃罷。

17 庚申，監察御史傅巖起、李嘉賓言：「遼王托克托，（舊作脫脫。）乘國有隙，誅屠骨肉，其惡已彰，恐懷疑貳。如令歸藩，譬之縱虎出柙。請廢之，別立近族以襲其位。」不報。

18 甲子，作佛事，命僧八百人及倡優百戲，導帝師游京城。

先是英宗在上都，使左丞蘇蘇（舊作速速。）召翰林吳澄撰金字藏經序，澄曰：「主上寫經祈福，甚盛舉也。若用以追薦，臣所未知。蓋福田利益，雖人所樂聞，而輪迴之事，彼習其學者，猶或不言；不過謂爲善之人，死則上通高明，其極品與日月齊光；爲惡之人，死則下淪汙穢，其極下則與沙蟲同類；其徒遂爲薦拔之說以惑世人。今列聖之神，上同日月，何庸薦拔！且國初以來，寫經追薦，不知幾舉，若未效，是無佛法矣；若已效，是誣其祖矣。撰爲文辭，不可以示後世，請俟駕還奏之。」會南坡之變，事得寢。及帝卽位，佛事益盛。

19 舊制，臺憲歲各舉守令、推官二人，有罪連坐。至是言其不便，庚午，命中書復於常選擇人用之。

20壬申，上大行皇帝尊謚曰睿聖文孝皇帝，廟號英宗，國語曰格根舊作格堅，今改。皇帝。

21甲戌，浙江行省左丞趙簡，請開經筵及擇師傅，令太子及諸王大臣子孫學，遂命平章政事張珪、翰林學士承旨呼圖嚕圖爾密實、（舊作忽都魯都兒迷失。）學士吳澄、集賢直學士鄧文原，以帝範、資治通鑑、大學衍義、貞觀政要等書進講，復敕右丞相額森特穆爾舊作也先鐵木兒，今改。領之。文原尋以疾致仕歸。

22丁丑，監察御史宋本言：「逆賊特克實等雖伏誅，其黨樞密副使阿薩爾，舊作阿散，今改。身親弒逆，以告變得不死，竄嶺南，請早正天討。」先是太廟仁宗室主為盜竊去，久而未獲。本言：「在法，民間失盜，捕之違期不獲猶治罪。太常失典守及在京應捕官，皆當罷去。」又言：「中書宰執日趨禁中，固寵苟安，兼旬不至中堂，壅滯機務。宜戒飭臣僚，自非入宿衛日，必詣所署治事。」皆不報。

23戊寅，監察御史李嘉賓劾逆黨左阿蘇衛（舊作左阿速衛。）指揮使圖特穆爾（舊作脫帖木兒。）罷之。

24賑紹興諸路饑。

25先是至治末，詔作太廟，議者習見同堂異室之制，乃作十三室，未及遷奉而國有大故。

有司疑於昭穆之次，命集議之。吳澄議曰：「世祖混一天下，悉攷古制而行之。古者天子七廟，廟各爲宮，太祖居中，左三廟爲昭，右三廟爲穆，神主各以次遞遷。其廟之宮，頗如今之中書六部。夫省部之設，亦倣金、宋，豈以宗廟敍次而不攷古乎？」時有司以急於行事，竟如舊制云。

26 國學舊法，每以積分次第，貢以出官。執政用監丞張起巖議，欲廢之，而以推擇德行爲務，中書左司員外郎許有壬折之曰：「積分雖未盡善，然可得博學能文之士。若曰惟德行之擇，其名固嘉，恐皆厚貌深情，專意外飾，或懵不能識一丁矣。」

27 三月，丁亥朔，罷徽政院，立詹事院。

28 以同知宣政院事楊廷〔庭〕玉爲中書參知政事。【考異】楊居仁〔庭玉〕參知政事，以代王居仁也。紀不書王居仁之罷，今略之。

29 以祕書少監虞集爲禮部攷試官。

初，集與元明善劇論以相切劘，明善言集治諸經，惟程、朱諸儒傳註耳，自漢以來先儒所嘗盡心者，攷之殊未博。集初不相下，後以明善之言爲然，每見明經之士，即以其言告之。至是謂同列曰：「國家科目之法，諸經傳注各有所主者，將以一道德，同風俗，非欲使學者專門擅業，如近代五經學究之固陋也。聖經深遠，非一人之見可盡。試藝之文，惟其高者取之，不必先有主意；若先定主意，則求賢之心狹，而差自此始矣。」後兩爲攷官，率持是說，故所取每稱得人。

30 戊戌，廷試進士，賜巴喇、（舊作八剌。）張益等八十四人及第、出身；會試下第者亦賜教官有差。

31 庚子，以四川行省平章政事囊嘉岱（舊作囊加台。）兼宣政院使，往征西番。

32 丙午，御大明殿，册巴拜哈斯舊作巴不罕，今改。氏爲皇后，皇子喇實晉巴舊作阿速吉八，今改。爲皇太子。

33 己酉，以皇子巴的瑪伊爾克布（舊作八的麻亦兒間卜。）嗣封晉王。

34 泰寧王邁努（舊作買奴。）卒，以其子策璘沁多爾濟（舊作亦憐眞朶兒赤。）嗣。

35 庚戌，監察御史宋本、李嘉賓、傅巖起言：「太尉、司徒、司空，三公之職，濫假僧人，及會福、殊祥二院，並辱名爵，請罷之。」不報。

36 以臨洮諸縣旱饑，賑之。

37 廣西橫州徭寇永淳縣。

38 夏，四月，戊午，廉恂罷，爲集賢大學士，食其祿終身。

39 己未，以硃字詔賜帝師所居薩斯嘉（舊作撒思加。）部。

40 庚申，詔整飭御史臺。

41 作昭聖皇后御容殿於普慶寺。

42 親王圖卜特穆爾還，至潭州，有詔止之。居數月，乃行。辛酉，至上都，賜車帳、駝馬。

43 甲子，帝如上都，以講臣多高年，命虞集與侍讀學士王結執經以從，集自是歲常在行經筵之制，取經史中切於心德治道者，用國語、漢文兩進讀。潤譯之際，患夫陳聖學者未易盡其要，指時務者難於極其情，每選一時精於其學者爲之，猶數日乃成一篇。集爲反復古今名物之辨以通之，然後得以無訛〔忤〕。其辭之所達，萬不及一，則未嘗不退而竊歎也。

44 發兵民築渾河隄。

45 辛未，月食既。

46 癸酉，以太子詹事圖們特爾舊作禿滿迭兒，（一作禿滿答兒。）今改。爲中書平章政事。【考異】宰相表作五月，今從紀。

47 甲戌，命咒師作佛事以厭雷。

48 庚辰，以風烈、月食、地震，手詔戒飭百官，並令大都守臣集議以聞。王結昌言於朝曰：「今朝廷君子小人混淆，刑政不明，官賞太濫，故陰陽錯謬，咎徵薦臻，宜修政事以弭天變。」

時宿衞士自北方來者復遣歸，乃百十爲羣，剽刼殺人桓州道中。既逮捕，舒瑪爾節舊作旭邁傑，今改。奏釋之。蒙古千戶使京師，宿邸中，適民間朱甲妻女車過邸門，千戶悅之，幷從者奪以入。朱泣訴於中書，舒瑪爾節庇不問。於是國子監丞宋本復抗言：「特克實餘黨未誅，仁廟神主盜未得，桓州盜未治，朱甲冤未伸，刑政失度，民憤天怨，災異之見，職此之由。」辭氣激奮，衆皆聳聽。

49 辛巳，太廟新殿成。

50 五月，丁亥，監察御史董鵬南、劉潛等以災異上言：「平章奈曼台，宣政院使特穆爾布哈，（舊作帖木兒不花。）詹事圖們達爾，（前改譯作圖們特爾。）黨附逆徒，身虧臣節，太常守廟不謹，遼王擅殺宗親，布哈實里（舊作不花失里。）矯制亂法，皆蒙寬宥，甚爲失刑，宜定其罪以銷天變。」不允。

51 己丑，帝諭都爾蘇舊作倒剌沙，今改。曰：「朕卽位以來，無一人能執法爲朕言者。知而不言則不忠，且陷人於罪。繼自今，凡有所知，宜悉以聞，使朕明知法度，斷不敢自縱。非獨朕身，天下一切政務能守法以行，則衆皆乂安，反是則天下罹於憂苦矣。」又曰：「凡事防之於小則易，救之於大則難。爾其以朕言明告於衆，俾知所愼。」

52 壬辰，御史臺圖呼魯、（舊作禿忽魯。）寧珠（舊作紐澤。）言：「御史奏災異屢見，宰相宜避位以應天變，可否仰自聖裁。顧惟臣等爲陛下耳目，有徇私違法者，不能糾察，慢官失守，宜先退避以授賢能。」帝曰：「御史所言，其失在朕，卿等何必遽爾！」圖呼魯又言：「臣已老病，恐誤大事，乞先退。」於是中書省臣烏溫都爾、（舊作兀伯都剌。）張珪、楊廷玉皆抗疏乞罷。丞相舒瑪爾節、都爾蘇言：「比者災異，陛下以憂天下爲心，反躬自責，謹遵祖宗聖訓，修德愼行，敕臣等各勤乃職，手詔至大都，居守信（省）臣皆引罪自劾。臣等爲左右相，才下識昏，當國大任，無所裨贊，以致災祲，罪在臣等，所當退黜，諸臣何罪！」帝曰：「卿若皆辭避而去，國家大事，朕孰與圖之！宜各相諭，以勉乃職。」

53癸巳，前翰林學士小雲石哈雅（舊作小雲石海牙。）卒，贈集賢學士，追封京兆郡公，謚文靖。初，議科舉事，小雲石哈雅多所建明，忽喟然歎曰：「辭尊居卑，昔賢所尙也。今禁林淸選，與所讓軍資孰高？人將議吾後矣。」乃稱疾，辭還江南，賣藥於錢塘市中，詭姓名，易服色，人無有識之者。

54戊午，遷列聖神主於太廟新殿。

55辛丑，循州傜寇長樂縣。

56丙午，御史高奎上書，請求直言，辨邪正，明賞罰，帝善其言，賜以銀弊〔幣〕。

57己酉，賓州民方二爲寇，有司捕擒之。

58 癸丑，詹事丞回回請如裕宗故事，擇名儒輔太子，敕中書省臣訪求以聞。回回，博果密（舊作不忽木。）之子，庫庫（校者按：舊作巙巙。按巙，奴刀切，同猱，與巙之渠龜切音逵者本非一字。因元史卷一四三書作巙巙，後世遂多讀爲逵逵，乾隆時乃改譯爲庫庫，實大誤也。）之兄也，敦默寡言，嗜學能文，歷山南、淮西、河南廉訪使，皆有政聲。

59 中書平章政事張珪與樞密院、御史臺、翰林、集賢兩院官極論當世得失，與左右司員外郎宋文瓚詣上都奏之，其略曰：

「前宰相特們德爾，（舊作鐵木迭兒。）奸狡險深，陰謀叢出，專政十年，始以贓敗。詔附權奸實勒們（舊作失烈門。）及嬖幸額勒實班（舊作也里失班。）之徒，苟全其生，尋任太子太師。未幾，仁宗賓天，乘時幸變，再入中書。當英廟之初，與實勒們等恩義相許，表裏爲奸，誣殺蕭、楊等以快私怨。天討元凶，實勒們之黨既誅，坐要上功，遂獲信任，諸子內布宿衞，外據顯要，蔽上抑下，杜絕言路，賣官鬻獄，威福己出。由是羣邪並進，如逆賊特克實之徒，名爲義子，實其心腹，構成弑逆。其子索諾木，（舊作鎖南。）親與逆謀，雖剖棺戮尸，誅滅其家，猶不足以蔽罪。今復回給所籍家產，諸子尙在京師，夤緣再入宿衞。世祖時，阿哈瑪特（舊作阿合馬。）貪殘敗事，雖死猶正其罪，況如特們德爾之奸惡者哉！宜遵成憲，仍籍特們德爾家產，遠竄其子孫外郡，以懲大奸。

特克實之黨，結謀弑逆，天下之人，痛心疾首。比奉旨：『諸王額特布哈（舊作按梯不花。）等亦已流竄，逆黨脅從者衆，何可盡誅！後之言事者其勿復舉。』臣等議：古法，弑逆，凡在官者殺無赦。聖朝立法，強盜劫殺庶民，其同情者，猶且首從俱罪。況弑逆之黨，天地不容，宜誅額特布哈之徒以謝天下。

遼王托克托，位冠宗室，居鎭遼東，乘國家有變，報復讐忿，殺親王、妃、主百餘人，分其羊馬畜產，殘忍骨肉，聞者切齒。今不之罪，乃復厚賜放還，臣恐國之綱紀，由此不振。且遼東地廣，素號重鎭，若使托克托久居，彼既縱肆，將無忌憚。況令死者含冤，感傷和氣，宜削奪其爵土，置之他所，以彰天威。

武備卿濟里、（舊作即烈，今改。）前太尉布哈，（舊作不花。）以累朝待遇之隆，俱致高列，不思補報，專務奸欺，矯制令鷹師強收鄭國寶妻古哈，刑曹逮鞫服實，竟原其罪。夫匹婦含冤，三年不雨，以此論之，卽非細務。宜以濟里、布哈仍付刑曹，鞫正其罪。

賈胡中賣寶物，始自成宗，分珠寸石，售直萬金。以經國有用之鈔，而易此不濟飢寒之物，大抵皆時貴與中貴之人妄稱呈獻，冒給回賜，高其價直，且至十倍，蠶蠹國財，暗行分用。宜下令禁止，其累朝未酬寶價，倂國用饒給日議之。

比者建西山寺，損軍害民，費以億萬計，近詔雖罷之，又聞奸人乘間奏請，復欲興修。

宜守前詔，示民有信。

蕭拜珠、楊多爾濟（舊作楊朵兒只。）等，枉遭誣陷，籍其家以分賜人，比奉明詔，還給元業；子孫奉祀。家廟修葺苟完，未及寧處，復以其家財仍賜舊人，止酬以直，卽與再罹斷沒無異。宜如前詔以元業還之，量其直以酬後所賜者，則人無冤憤矣。

額森特穆爾之徒，遇朱太醫妻女過省門外，強拽以入，奸宿館所。有司以扈從上都爲解，竟勿就鞫。宜遵世祖成憲，以奸人付有司鞫之。

廣州東莞縣大步海及惠州珠池，始自大德元年奸民劉進、程連言利，分蜑戶七百餘家，官給之糧，三年一采，僅獲小珠五兩、六兩，入水爲蟲魚傷死者衆，遂罷珠戶爲民。其後同知廣州路事塔齊爾（舊作塔塔兒。）等又獻利於實勒們，創設提舉司監采；廉訪司言其擾民，復罷歸有司。既而內正少卿魏遢都爾（舊作暗都剌。）冒啓中旨，馳驛督采，耗廩食，疲民驛，非世祖舊制，請悉罷之。

特克實弒逆之變，學士布哈，（舊作不花。）指揮布延呼里，（舊作不顏忽里。）院使圖古思，（舊作禿古思。）皆以無罪死，特們德爾專權之際，御史徐元素以言事鎖項死東平，及賈圖沁布哈（舊作禿堅不花。）之屬，皆未申理。宜追贈死者，優敍其子孫。

內外增置官署，員冗俸濫，白丁驟陞，出身入流，壅塞日甚，軍民俱蒙其害。宜悉遵世祖成憲，凡至元三十年以後，改陞創設，員冗者悉減併除罷之。

自古聖君，惟誠於治政，可以動天地，感鬼神，未嘗徼神〔福〕於僧道也。至元三十年，醮祠佛事之目，止百有二；大德七年，再立功德使司，積五百餘。僧徒又復營幹近侍，買作佛事，歲用鈔數千萬錠。僧徒貪慕貨利，養妻子，彼行既不修潔，適足褻慢天神，何以要福！比年佛事愈繁，累朝享國不永，致災愈速，事無應驗，斷可知矣。宜罷功德使司，其在至元三十年以前及累朝忌日醮祠佛事名目，止令宣政院主領修舉，餘悉罷。

游惰之徒，妄投宿衞部屬及宦者、女紅、太醫、陰陽之屬，不可勝數。一人收籍，一門蠲復；一歲所請衣馬芻糧，數十戶所徵入不足以給之，耗國損民爲甚。宜如世祖時支請之數給之，餘悉簡汰。

參卜郎盜，始者刦殺使臣，利其財物而已，至用大師，期年不戢，傷我士卒，費國資糧。宜遣良使抵巢招諭，仍敕邊吏勿生事，則遠人格矣。

世祖時，淮北內地惟輸丁稅，特們德爾爲相，專務聚斂，遣使括勘兩淮、河南田土，重併科糧，又以兩淮、荆襄沙磧作熟收徵，徼名興利，農民流徙。宜如舊制，止徵丁稅，其括勘之糧及沙磧之稅悉除之。

世祖左右之臣，雖甚愛幸，未聞無功而給一賞者。比年賞賜泛濫，蓋因近侍之人，窺伺天顏嘉悅之際，或稱乏財無居，或稱嫁女娶婦，或以技物呈獻，遞互奏請，要求賞賜，既傷財用，復啓倖門。自今以後，非有功勳勞效著明實跡，不宜加以賞賜，請著爲令。」

議凡數千言，辭甚剴切。六月，庚申，珪至上都，奏上，帝不允。

珪復進曰：「臣聞日食修德，月食修刑，應天以實不以文，動民以行不以言，刑政失平，故天象應之，惟陛下矜察，允臣等議悉行之。」帝終不能用。

60 癸亥，作禮拜寺於上都及大同路。

61 丙寅，遣使招諭西番。

62 遣庫庫楚（舊作闊闊出。）等詣高麗取女子三十人。

63 廣西、左·右兩江黃勝許、岑世興乞遣其子弟朝貢，許之。

64 丁卯，大幄殿成。

65 癸酉，帝受佛戒於帝師。

66 己卯，詔：「疏決繫囚，存卹軍士，免天下和買雜役三年，蜑戶差稅一年。遠仕瘴地，身故不得歸葬，妻子流落者，有司資給遣還，仍著爲令。」

67 雲南大地〔理〕路你囊爲寇。

68 是月，大同渾源河、眞定滹沱河、陝西渭水、黑水、渠州江水皆溢，並漂民廬舍。

69 秋，七月，丙戌，思州平茶楊大車、酉陽州冉世昌寇小石耶、凱江等寨，調兵捕之。

70 癸卯，罷廣州、福建等處采珠蜑戶爲民，仍免差稅一年。

71 丁未，中書省言：「東宮衞士，先朝止三千人，今增至萬七千，請命詹事院汰去，仍依舊制。」從之。

72 戊申，以籍入特們德爾及子班坦、（舊作班丹。）觀音努（舊作觀音奴。）貲產給還其家。

73 是月，朝邑、楚丘、濮陽黄河溢，固安州淸河溢，任縣沙、灃、洺水皆溢。眞定、廣平、廬州等十一郡雨傷稼，龍慶州雨雹，大如雞卵，平地深三尺，定州唐河溢、山崩，免河渠營田租，餘賑䘏有差。

74 廣西慶遠傜酋潘父絹等率衆來降，署簿、尉等官有差。

75 八月，丙辰，饗太廟。

76 丁巳，禁言赦前事。

77 庚申，市牝馬萬匹，取湩酒。

78 庚午，作中宮金脊殿。

79 辛未，繪帝師帕克斯巴舊作八思巴，今改。像十一，頒各行省，俾塑祀之。

80 丁丑，帝至自上都。

81 罷浚玉泉山河役。

82 癸未，秦州成紀縣大雨，山崩水溢，壅土至來谷河成丘阜。

83 九月，丙申，葺太祖神御殿。

84 乙巳，昭聖元獻皇后忌日，修佛事，飯僧萬人。

85 癸丑，奉元路長安縣大雨，灃水溢。延安路洛水溢。

86 冬，十月，丁巳，監察御史王士元請早諭教太子，帝嘉納之。

87 戊午，饗太廟。

88 庚申，命左右相日直禁中，有事則赴中書。

89 己巳，雲南車里（一作徹里。）蠻爲寇，遣鄂爾多（舊作斡耳朵。）招諭之，其酋出降。

90 壬申，安南國世子陳日爌遣使朝貢。

91 眞州珠金沙河、吳江州諸河淤塞，詔有司傭民丁浚之。

92 丁丑，封親王圖卜特穆爾爲懷王，賜金印。

93 徙封雲南王旺沁（舊作王禪，今改。）爲梁王，仍以其子特穆爾（舊作帖木兒。）襲封雲南王。

94 壬午，肇慶傜黃寶才等降。

95 延安路饑，發義倉賑之。廣東道及武昌江夏縣饑，賑糶有差。

96 以魯國大長公主女適懷王。

97 十一月，癸巳，遣兵部員外郎宋本、吏部員外郎鄭立、阿魯輝、（舊作阿魯灰。）工部主事張成、太史院都事費著分調閩海、兩廣、雲南、四川選。

98 辛丑，造金寶蓋飾，以七寶貯佛舍利。

99 甲辰，作歇山鹿頂樓於上都。

100 庚戌，招諭融州蠻。

101 賑河間等路饑。

102 十二月，癸丑，以岑世興、黃勝許爲安遠大將軍，遙領漢洞軍民安撫使。世興仍來安路總管。勝許致仕，其子志熟襲上思州知州。

103 乙卯，雲南傜阿吾及歪閙爲寇，行省督兵捕之。

104 庚申，同州地震，有聲如雷。

105 癸亥，鹽官州海水溢，屢壞隄障，浸城郭，遣使祀海神，仍與有司視形勢所便。還，請壘石爲塘，帝曰：「築塘，是重勞吾民也，其增石囤捍禦。」

106 丙寅，命翰林、國史院纂修英宗、顯宗實錄。

107 敕：「內外百官，凡行朝賀等禮，雨雪免朝服。」

108 辛未，新作棕殿成。
109 己亥，太白經天。
110 曲赦重囚三十八人，爲三宮祈福。
111 夔路容米洞蠻田先什用等九洞爲寇，四川行省遣使諭降五洞，餘發兵捕之。
112 太子賓客巴圖，（舊作伯都。）江浙行省平章鄂囉歡（舊作博羅歡。）之次子也，以疾辭職，寓居高郵。英宗命爲江南行臺御史大夫，巴圖固辭，詔以平章之祿歸養於家，復賜鈔十萬緡。所服藥須空青，詔遣使江南訪求之，巴圖辭謝曰：「臣曩膺重寄，深懼弗稱，況敢叨濫厚祿以受重賜乎！」幷以所給平章之祿歸有司。是歲，還京師，卒。朝廷知其貧，賻鈔二萬五千貫。御史奏益一萬貫，仍還所辭祿。妻鴻吉哩氏（舊作弘吉剌氏。）弗受，曰：「始巴圖仕於朝，不敢虛受廩祿，今沒矣，苟受是祿，非其意也。」卒辭之。
113 王克敬爲兩浙鹽運使司，首減紹興民食鹽五千引。溫州逮犯私鹽者，以一婦人至，怒曰：「豈有逮婦人千百里外與吏卒雜處者！自今毋得逮婦人！」建議著爲令。

泰定二年（乙丑、一三二五）

1 春，正月，乙未，以畿甸不登，罷春畋。
2 禁后妃、諸王、駙馬毋通星術之士，非司天官不得妄言禍福。

3敕：「御史臺選舉，與中書合議以聞。」

4中書省言：「江南民貧僧富，諸寺觀田土，非宋舊制並累朝所賜者，仍請如舊制與民均役。」從之。

5以籍入巴斯吉斯（舊作八里吉思。）地賜故監察御史觀音保、索約勒、哈迪密實妻子各十頃。

6戊戌，造象輦。

7西番參卜郎來降，賜其酋班木（朮）兒銀鈔幣帛。

8辛丑，懷王圖卜特穆爾出居於建康。

9甲辰，奉安顯宗像於永福寺，給祭田百頃。

10廣西山獠爲寇，命所在有司捕之。

11庚辰，詔諭宰臣曰：「向者綽爾、（舊作卓兒。）罕察苦魯及山後皆地震，內郡大小民飢。朕自卽位以來，惟太祖開創之艱，世祖混一之盛，與人民共享安樂，常懷祗懼，災沴之至，莫測其由。豈朕思慮有所不及而事或僭差，故以此示儆與？卿等其與諸司集議便民之事，其思自死罪始，議定以聞，朕將肆赦焉。」

12賑肇慶等處饑。

13閏月，壬子朔，詔赦天下，除江淮創科包銀，免被災地差稅一年。

14庚申，修野狐嶺、色澤、桑乾嶺道。

15乙丑，命整治屯田。

河南行省左丞姚煒請禁屯田吏蠶食屯戶，及勿務增羨以廢裕民之意，不報。

16丁卯，中書省言國用不足，請罷不急之費，從之。

17己巳，修滹沱河堰。

18壬申，罷永興銀場，聽民采鍊，以十分之二輸官。

19罷松江都水庸田使司，命州縣正官領之，仍加兼知渠堰事。

20癸酉，作棕毛殿。

21丙子，浙西道廉訪司言：「四方代祀之使，蠹公營私，多不誠潔，以是神不歆格，請愼擇之。」

22山南廉訪使特穆格（舊作帖木哥。）請削降特克實所用驟陞官。

23己卯，階州土蕃爲寇，鞏昌縣〔總〕帥府調兵禦之。

24山東廉訪使許師敬請頒族葬制，禁用陰陽、相地邪說。

25雄州歸信諸縣大雨，河溢，被災者萬一千六百五十戶，賑鈔三萬錠。

26 二月，甲申，祭先農。

27 丙戌，頒道經於天下名山宮殿。

28 丁亥，平伐苗（酋）率衆十萬來降，土官三百六十人請朝。湖廣行省請汰其衆還部，以四十六人入覲，從之。

29 辛卯，爪哇國來獻方物。

30 廣西傜潘寶陷柳城縣。

31 己亥，命西僧作燒壇佛事於華延（延華）閣。

32 封阿里密實（舊作阿里迷失。）爲和國公，張珪爲蔡國公，仍知經筵事。以中書右丞善僧爲平章政事。

33 庚子，姚煒以河水屢決，請立行都水監於汴梁，倣古法備捍，仍命瀕河州縣正官皆兼知河防事，從之。

34 丙午，造玉御牀。

35 賑通、漷二州饑。大都、鳳翔諸路饑，賑糶有差。

36 三月，癸丑，修曹州濟陰縣河隄，役民丁一萬八千五百人。

37 甲寅，禁捕天鵝。

38 辛酉，咸平府清河、滾河合流，失故道，壞隄堰，敕蒙古軍千人及民丁修之。

39 乙丑，帝如上都。

40 乙亥，安南來貢方物。

41 荆門州旱，肇慶諸路饑，賑之。

42 監察御史策丹（舊作自當，今改。）從帝至上都，疏糾中書參知政事楊庭玉贓罪，不報，即納印還京師，帝遣使召復任。夏，四月，策丹復上章劾庭玉，罷職鞫訊，竟如所言。又劾平章政事圖們岱爾（前作圖門特爾。）入集賽（舊作怯薛。）之目，英宗遇弑，必預聞其謀。帝不省，而賜圖們岱爾帶，策丹遂辭職，改工部員外郎。

43 丁亥，作吾殿。

44 癸巳，和市牝馬有駒者萬匹，敕宿衞駝馬散牧民間者，歸官廐飼之。

45 丁酉，濮州鄄城縣言城西堯冢上有佛寺，請徙之，不報。

46 丙午，僰夷及蒐雁遮殺雲南行省所遣諭蠻使者，敕追捕之。

47 丁未，封后父和勒克察爾（舊作火里兀察兒。）爲威靖王。

48 戊申，以許師敬爲中書左丞；中政使馮亨爲中書參知政事，仍中政使。

49 鞏昌路伏羌路（縣）大雨，山崩。

50 五月，辛酉，高麗國王王璋卒。

璋之留京師也，構萬卷堂於其邸，招致閻復、姚燧、趙孟頫、虞集等與之游處，以攷究自娛。時有鮮卑僧上言，帝師帕克斯巴，制蒙古字以利國家，宜今（令）天下立祠比孔子，有詔公卿耆老會議。國公楊安普力主其說，璋謂安普曰：「師製字有功於國，祀之自應古典，何必比之孔氏！孔氏百王之師，其得通祀，以德不以功，後世恐有異論。」言雖不納，聞者韙之。科舉之設，璋嘗以姚燧之言白於仁宗，及李孟執政，遂奏行焉，其端實自璋發也。右丞相圖嚕（舊作禿魯。）罷，帝欲以璋爲相，璋固辭曰：「臣小國藩宣之寄，猶懼不任，乞付於子，況朝廷之上相哉！敢以死請。」帝笑曰：「固知渠善避權也。」性好賢疾惡，尤喜談宋事。嘗使僚佐讀東都事略，至王旦、李沆、富弼、韓琦、范仲淹、歐陽修、司馬光諸傳，必舉手加額以致景慕；至丁謂、蔡京、章惇等傳，未嘗不切齒憤惋。及是卒於京邸，賜謚曰忠宣。

51 辛未，遣察納（舊作察乃。）使於周王和實拉。（舊作和世㻋。）

52 丙子，舒瑪爾節等以國用不足，請裁廐馬，汰衞士，及節諸王濫賜，從之。

53 浙西諸郡霖雨，江湖水溢，命江浙行省興役疏洩之。

54 置諫議書院於昌平縣，祀唐劉蕡。

55 大都路檀州大水，平地深丈有五尺。汴梁路十五縣河溢。江陵路江溢。

56 六月，己卯朔，皇子生，命巫祓除於宫。
57 葺萬歲山殿。
58 廣西靜江傜爲寇，宣慰使發兵討捕。既而柳州傜亦謀變，戍兵討斬之。
59 癸未，潯州平南縣傜爲寇，達嚕噶齊（舊作達魯花赤。）圖堅、（舊作禿堅。）都監姚泰亨死之。
60 丙申，中書參知政事尊達布哈（舊作左塔不花，今改。）言：「大臣兼領軍衞，前古所無。特克實以御史大夫，額森特穆爾以知樞密院事，皆領衞兵，如虎而翼，故成逆謀。今軍衞之職，請勿以大臣領之，庶勳舊之家得以保全。」從之，仍賜幣帛以旌其直。
61 丁酉，敕廣西守將捕靜江傜寇，旋命湖廣行省督所屬捕柳州傜。
62 息州民趙丑廝、郭菩薩，妖言彌勒佛當有天下，有司以聞，命宗正府、刑部、樞密院、御史臺及河南行省官雜鞫之。
63 丁未，立都水庸田使司，浚吳、松二江。
64 通州三河縣大雨，水丈餘。潼川府綿江、中江水溢入城郭。冀寧路汾水溢。秦州秦安山移。
65 秋，七月，庚戌，遣阿實特（舊作阿失伯。）祀宅神於北部行幄。
66 甲寅，寧珠、許師敬編類帝訓成，請於經筵進講，仍俾皇太子觀覽，命譯其書以進。

67 丙辰，饗太廟。

68 播州蠻黎平愛等集羣夷爲寇，湖廣行省請兵討之，不許，詔播州宣撫使楊額勒布哈（舊作也里不花。）招諭之。

69 戊午，遣使代祀龍虎、武當二山。

70 己未，置車里軍民總管府，以土人寒賽爲總管，佩金虎符。

71 中書省言：「往歲征傜，廉訪使劾其濫殺，今凡出師，請廉訪司官一員涖軍糾正。」從之。

72 癸亥，以許師敬及郎中邁閭（舊作買驢。）兼經筵官。

73 廣西諸傜寇城邑，遣湖廣行省左丞奇珠、（舊作乞住。）兵部尚書李大成、中書舍人邁閭將兵二萬二千人討之，仍以諸王鄂爾多罕（舊作斡耳朵罕。）監其軍。

74 庚午，以國用不足，罷書金字藏經。

75 辛未，立河南行都水監。

76 申禁漢人藏執兵仗；有軍籍者，出征則給之，還，復歸於官。

77 壬申，御史臺言：「廉訪司涖軍，非世祖舊制。賈胡鬻寶，西僧修佛事，所費不貲，於國無益，並宜除罷。」從之。

78 敕太傅圖台、（舊作朶台。）太保圖呼嚕日至禁中集議國事。

79 赦山東州縣收養流民遺棄子女。
80 是月，宗仁衞屯田隕霜殺禾。睢州河決。
81 八月，戊子，修上都香殿。
82 辛卯，雲南白夷寇雲龍州。
83 辛丑，敕：「諸王私入京者，勿供其所用；諸部曲宿衞私入京者罪之。」
84 衞輝路汲縣河溢。

續資治通鑑卷第二百三

賜進士及第兵部尚書兼都察院右都御史總督湖北湖南等處地方軍務兼理糧餉世襲二等輕車都尉　畢沅　編集

元紀二十一　起旃蒙赤奮若（乙丑）九月，盡強圉單閼（丁卯）十二月，凡二年有奇。

泰定帝

泰定二年（乙丑、一三二五）

1 九月，戊申朔，分天下爲十八道，遣使宣撫。

詔曰：「朕祗承洪業，夙夜惟寅，凡所以圖治者，悉遵祖宗成憲。曩屢詔中外百官，宜布德澤，蠲賦詳刑，賑卹貧民，思與黎元共享有土之樂。尙慮有司未體朕意，庶政或闕，惠澤未洽，承宣者失於撫綏，司憲者怠於糾察，俾吾民重困，朕甚憫焉。今遣奉使宣撫，分行諸道，按問官吏不法，詢民疾苦，審理冤沈，凡可以興利除害，從宜舉行。有罪者，四品以上，停職申請，五品以下，就便處決。其有政績尤異，暨晦迹丘園，才堪輔治者，具以名聞。」

太史院使齊履謙之江西、福建宣撫，黜罷官吏之貪汙者四百餘人，蠲免括地虛加糧數萬石，州縣有以先賢子孫充防夫諸役者，悉罷遣之。福建憲司職田，每畝歲輸米三石，民不勝苦，履謙命準令輸之，由是召怨，及還京，憲司果誣以他事。未幾，誣履謙者皆坐事免，履謙始得直，復爲太史院使。

2 以郡縣饑，詔：「運米十五萬石，貯瀕河諸倉，以備賑救。仍敕有司置義倉，募富民入粟拜官，二千石從七品，千石正八品，五百石從八品，三百石正九品，不願仕者旌其門。」

3 己酉，海運江南糧百七十萬石至京師。

4 癸丑，帝至自上都。

5 甲寅，禁飢民結扁擔（擔）社，傷人者杖一百，著爲令。

6 乙卯，饗太廟。

7 己未，懷遠大將軍、來安路總管岑世興上言，自明其不反，請置蒙古、漢人監貳官，優詔從之。

8 丁丑，浚河間陳玉帶河。

9 禮部員外郎元永貞言：「特克實（舊作鐵失。）弒逆，皆由特們德爾（舊作鐵木迭兒。）始禍，請明其罪，仍錄付史館，以爲人臣之戒。」

10 漢中道文州霖雨，山崩。開元路三河溢。

11是秋，以太子賓客曹元用爲禮部尚書兼經筵官，及大朝會爲糾儀官，申卷班之令，俾以序退，無爭門而出之擾。又謂太醫、儀鳳、教坊等官不當序正班，當自爲一列，後皆行之。時宰執有欲罷科擧者，元用以爲國家文治正在於此，何可罷也！又有欲損太廟四時之祭，止存冬祭者，元用謂：「禴祀烝嘗，四時之饗，不可闕一，乃經禮之大者，其可惜費而廢禮乎！」

12冬，十月，戊寅朔，張珪歸保定上冢，以病辭祿，不允。

13岑世興及子特穆爾（舊作鐵木兒。）率衆寇上林等州，命撫諭之。

14癸未，以都爾蘇（舊作倒刺沙。）爲御史大夫。

15丁亥，饗太廟。

16翰林學士吳澄致仕。

先是澄廟議不行，已有去志，會修英宗實錄，命總其事。居數月，實錄成，未上，卽移疾不出，中書左丞許師敬奉詔賜宴國史院，仍致朝廷勉留之意。宴罷，卽出城，登舟去，中書聞之，遣官驛追，不及而還，言於帝曰：「吳澄國之名儒，朝之舊德，今請老而歸，不忍重勞之，宜有所褒異。」詔加資善大夫，仍以金織文綺二及鈔五千貫賜之。

17乙未，皇后受佛戒於帝師。

18丁酉，廣西傜酋何重〔童〕降，請防邊自效，許之。

19 十一月，戊申朔，周王和實拉（舊作和世㻋。）遣使以豹來獻。
20 庚戌，舒瑪爾節（舊作旭邁傑。）以歲饑，請罷皇后上都營繕，從之。
21 寧珠（舊作紐澤。）以病乞罷，不允。
22 丙辰，郭菩薩等伏誅，杖流其黨。
23 丁巳，幸大承華普慶寺，祀昭獻元聖皇后於影堂，賜僧鈔千錠。
24 岑世興結八番蠻班光金等合兵攻石頭等寨，敕調兵禦之。八番宣慰使〔司〕官以失備坐罪。
25 庚申，倭船來互市。
初，成宗遣僧使日本，而日本人竟不至。至是越二十餘年，始來互市。
26 壬戌，敕軍民官廕襲者，由本貫圖宗支，申請銓授。
27 丙寅，都爾蘇復爲中書左丞相、錄軍國重事。
都爾蘇密專命令，不使中外預知，監察御史趙師魯上言：「古之人君，將有言也，必先慮之於心，咨之於衆，決之於故老大臣，然後行之，未有獨出柄臣之意，不咨衆謀者也。」不報。都爾蘇雖剛狠，亦服其敢言。
28 丁卯，罷蒙山銀冶提舉司，命瑞州路領之。

29壬申，諸王鄂爾多罕，（舊作斡耳多罕。）以追捕廣西傜寇上聞。帝曰：「朕自卽位，累詔天下憫卹黎元，惟廣傜屢叛，殺掠良民，故命鄂爾多罕等討之。今聞迎降者甚衆，宜更以恩撫之。若果不悛，嚴兵追捕。」

30常德路水，民飢，賑之。

31十二月，戊寅，以達實特穆爾舊作塔失帖木兒，今改。爲中書右丞相、錄軍國重事，監修國史，封薊國公。

32乙酉，帝復受佛戒於帝師。旋以帝師之弟將至，詔中書持羊酒郊勞。而其兄遂尙公主，封白蘭王，賜金印，給圓符；其弟子之號司空、司徒、國公、佩金玉印章者，前後相望。爲其徒者，怙勢恣睢，氣熖薰灼，延於四方，爲害不可勝言。

33監察御史李昌言：「臣嘗經平涼府、靜、會、定西等州，見西番僧佩金字圓符，絡繹道路，馳騶累百，傳舍至不能容，則假館民舍，因迫逐男子，奸汚婦女。奉元一路，自正月至七月，往返者百八十五次，用馬至八百四十餘匹，較之諸王行省之使，十多六七，驛戶無所控訴，臺察莫敢誰何。且國家之製圓符，本爲邊防警報之虞，僧人何事而輒佩之？請更正僧人給驛法，且令臺憲得以糾察。」當時以爲切論。

34丁亥，修盝〔鹿〕頂殿。

35 鎭南王圖布哈（舊作脫不花。）薨，遣中書平章政事奈曼岱（舊作乃蠻台。）攝鎭其地。

36 中書省言山東、陝西、湖廣地接戎夷，請議選宗室往鎭，從之。

37 申禁圖讖，私藏不獻者罪之。

38 京師多盜。癸巳，達實特穆爾請處決重囚，增調邏卒，仍立捕盜賞格，從之。

39 甲午，召張珪於保定。

40 壬寅，中書左丞趙簡請行區田法於內地，以宋董煟所編救荒活民書頒州縣。

41 是歲，御河水溢。

42 廣西谿峒，自岑世興而外，諸傜所在爲寇，朝廷命行省督所屬討捕之。尋遣使奉詔分諭，或梗或降，終未能悉平也。

43 以故翰林學士布哈、（舊作不花。）中政使布延圖、（舊作普顏篤，今改。）指揮使布延呼爾（舊作卜顏忽里。）爲特克實等所繫死，贈功臣號及階勳爵謚。

44 富珠哩翀（舊作孛朮魯翀。）以國子司業出爲河南行省左右司郎中，丞相曰：「吾得賢佐矣！」翀曰：「世祖立法，成憲具在，愼守足矣。譬若乘舟，非一人之力所能運也。」翀乃開壅除弊，省務爲之一新。

泰定三年（丙寅、一三二六）

1春，正月，丙午，播州宣慰使楊薩（雅）爾布哈（舊作楊燕里不花。）招諭蠻酋黎平慶等來降。

2戊申，元江路總管普雙叛，命雲南行省招捕。

3壬子，封諸王寬徹布哈（舊作寬徹不花。）爲威順王，鎮湖廣；邁努（舊作買奴。）爲宣靖王，鎮益都。

4以山東、湖廣官田賜民耕墾，人三頃，仍給牛具。

5徵前翰林學士吳澄，不起。

6置都水庸田司於松江，掌江南河渠水利。

7戊辰，緬國亂，遣使乞援。

8安南國阮叩寇思明路，命湖廣行省督兵備之。

9賑大都屬縣饑。

10二月，丁丑，購能首告謀逆厭魅者，立賞格，諭中外。

11壬午，廣西全茗州土官許文傑率諸傜以叛，寇茗盈州，殺知州事李德卿等，命湖廣行省督兵捕之。

12丁亥，中書省臣請罷征傜，敕諸王鄂爾多罕等班師，其鎮戍者如故。

13甲午，葺眞定玉華宮。

14 丙申，建顯宗神御殿於盧師寺，賜額曰大天源延壽寺。
15 敕以金書西番字藏經。
16 戊戌，爪哇來貢方物。
17 庚子，以通政院使察納（舊作察乃。）爲中書平章政事。
18 甲辰，帝如上都。
19 歸德府屬縣河決，民飢，賑之。復賑河間、建昌諸路饑。
20 三月，乙巳朔，帝以不雨自責，命審決重囚，遣使分祀五嶽、四瀆之神及名山大川并京城寺觀。
21 丁未，敕百官集議急務。中書省臣等請汰衞士，節濫賞，罷營繕，防偹寇，諸寺官署坑治等事歸中書，並從之。
22 壬子，禜星於司天臺。
23 癸丑，八番巖霞洞蠻來降，願歲輸布二千五百匹，設蠻夷官鎭撫之。
24 乙卯，申禁民間龍文織幣。
25 戊午，詔安撫緬國。
26 甲子，命功德使司簡歲修佛事一百二十七。

27 丙寅，翰林承旨阿林特穆爾、（舊作阿鄰帖木兒。）許師敬譯帝訓成，更名曰皇圖大訓，敕授皇太子。

28 辛未，泉州民阮鳳子作亂，寇陷城邑，軍民官以失討坐罪。

29 癸酉，懷王圖卜特穆爾（舊作圖帖睦爾。）子伊勒哲伯舊作懿璘質班，今改。生。

30 畿內、河北、山東諸路饑。張珪赴召入見，帝問曰：「卿來時，民間如何？」珪曰：「臣老矣，少賓客，不能遠知。保定、眞定、河間，臣鄉里也，民飢甚。朝廷雖賑以金帛，惠未及者十五六。」帝憫然，命賑糧，至是復令免三路及濟南等郡縣民租之半。

31 夏，四月，丙戌，鎭安路總管岑修廣爲弟修仁所攻，來告，命湖廣行省辨治之。

32 戊戌，米洞蠻田先什用等結十二峒蠻寇長陽縣，湖廣行省遣九姓長官彭忽多布哈（舊作彭忽都不花。）招之。田先什用等五峒降，餘發兵討之。

33 修夏津、武城河隄二十三所，役丁萬七千五百人。

34 以虞集爲翰林學士兼國子祭酒。

集嘗因講罷，論京師恃東南海運，實竭民力以航不測，非所以寬遠人而因地利也。乃與同列上言：「京師之東，瀕海數千里，北極遼海，南濱青齊，萑葦之場也，海潮日至，淤爲沃壤。用浙人之法，築隄捍水爲田，聽富民欲得官者，合其衆，分授以地，官定其畔以爲限，能以萬夫耕者，授以萬夫之田，爲萬夫之長，千夫、百夫亦如之，察其惰者而易之。一年勿征也，二年勿征也，三年視其成，以地之高下定額於朝廷，以次漸征之，五年有積蓄，命以官，就所儲，給以祿，十年佩之符印，得以傳子孫，如軍官之法。則東方民兵數萬，可以近衞京師，外禦島夷，遠寬東南海運以紓疲民，遂富民得官之志而獲其用，江海游食盜賊之類，皆有所歸。」議者以爲一有此制，則執事者必以賄成而不可爲，事遂寢。其後海口萬戶之設，大略宗之。

35 五月，乙巳，修鎮雷佛事三十一所。

36 罷造福建歲貢蔗餳。

37 禁西僧馳驛擾民，始從李昌奏也。

38 甲寅，八百媳婦蠻遣子來朝。

39 甲子，中書會歲鈔出納之數，請節用以補不足，從之。

40 監察御史劾宣撫使多爾濟巴勒、（舊作朵兒只班。）學士李達喇哈、（舊作李搭剌海。）劉紹祖庸鄙不勝任。中書議：「三人皆勳舊子孫，罪無實狀，乞復其職，仍敕憲臺勿以空言妄劾。」從之。

41 丁卯，岑世興及鎮安路岑修文合山獠、角蠻六萬餘人爲寇，命湖廣、雲南行省招諭之。

42 遣指揮使烏圖曼（舊作兀都蠻。）鐫西番咒語於居庸關崖石。

43庚午，乞住（下改作奇珠。）招諭永明縣五峒傜來降。

44徵處士札實舊作瞻思，今改。至上都。札實，其先大食國人，後家於眞定，博極羣籍，見諸踐履，皆篤實之學。延祐初，詔以科舉取士，有勸其就試者，札實不應；旣而侍御史郭思貞，翰林學士劉賡，參知政事王士熙，交章論薦。及是以遺逸徵，見帝於龍虎臺，眷遇優渥。時都爾蘇柄國，西域人多附焉，札實獨不往見。都爾蘇屢使人招致之，卽以養親辭歸。

45六月，癸酉朔，以圖哈特穆爾（舊作禿哈帖木兒。）爲四川行省平章政事；請終母喪，從之。

46癸未，播州蠻黎平愛復叛，合謝烏窮爲寇，宣撫使楊雅爾布哈招平愛出降。烏窮不附，命湖廣行省討之。

47丁酉，遣道士吳全節修醮事於龍虎、三茅、閤皁三山。

48戊戌，遣使祀解州鹽池神。

49中書省臣言：「比來郡縣旱蝗，臣等不能調燮，故災異降戒。今當恐懼修省，力行善政，亦冀陛下敬愼修德，憫卹生民。」帝嘉納之。

50己亥，納皇姊嘉寧公主之女於中宮。

51道州路檪所源傜爲寇，命奇珠（舊作乞住。）督兵捕之。

52 大昌屯河決。
53 秋，七月，甲辰，車駕發上都，禁車騎踐民禾。
54 造豢豹氈車三十兩。
55 丙午，饗太廟。
56 丁未，紹慶酉陽寨冉世昌及何惹峒蠻爲亂。
57 甲寅，幸大乾〔元〕符寺，敕鑄五方佛銅像。
58 乙卯，詔翰林侍講學士阿嚕衞、（舊作阿魯威。）直學士雅克齊（舊作燕赤。）譯世祖聖訓，以備經筵進講。
59 戊午，遣日本僧瑞興等四十人還國。
60 作別殿於潛邸。
61 敕：「入粟拜官者準致仕銓格。」
62 乙丑，發兵修野狐、色澤、桑乾三嶺道。
63 戊辰，太白經天。
64 河決鄭州陽武縣，漂萬六千五百餘家，賑之。
65 大同渾源河溢。檀、順等州兩河決，溫榆水溢。

66 八月，甲戌，烏伯都拉、（舊作兀伯都剌。）許師敬，並以災變饑歉乞解政柄，不允。

67 甲申，饗太廟。

68 長春宮道士藍道元，以罪被黜。詔：「道士有妻者悉給徭役。」

69 寧遠州峒蠻刁用爲寇，命雲南行省備之。

70 辛卯，雲南行省丞相伊爾吉岱，（舊作亦兒吉䚟。）廉訪副使薩圖濟岱，（舊作散兀只台。）以使酒相抵（詆），狀聞，詔兩釋之。

71 甲午，以災變罷獵，罷行宣政院及功德使，免武備寺逋負兵器。

72 辛丑，帝次中都。

73 盝（鹿）頂殿成。

74 戶部尚書郭良坐贓免。

75 作天妃宮於海津鎮。

76 詔諭廉州蜑戶復業。

77 鹽官州大風，海溢，壞隄防三十餘里，遣使祭海神，不止，徙民居千二百五十家。

78 大都昌平大風，壞居民九百家。

79 揚州、崇明州大風雨，海水溢，溺死者給棺斂之。

80九月，庚申，帝還大都。
81壬戌，以察納領度支事。
82癸亥〔戊辰〕，中書省言：「今國用不給，陛下當法世祖之勤儉以爲永圖。臣等在職，苟有濫承恩賞者，必當回奏。」帝嘉納之。
83汾州平遥縣汾水溢。
84冬，十月，辛未朔，發卒四千治通州道。
85庚辰，饗太廟。
86辛巳，天壽節，遣道士祀衞輝太一萬壽宮，敕中書省遣官從行，備供億。
87癸未，河水溢汴梁路，樂利隄壞，役丁夫六萬四千人築之。
88京師饑，發粟八十萬石，減價糶之。
89賜大天源延壽〔聖〕寺鈔二萬錠，吉安、臨江二路田千頃。
中書省言：「養給軍民，必藉地利。世祖建大宣文弘教等寺，賜永業，當時已號虛費。而成宗復構天壽萬寧寺，較之世祖，用增倍半。若武宗之崇恩福元，仁宗之承華普慶，租榷所入，抑又甚焉。英宗鑿山開寺，損兵傷農，而卒無益。夫土地祖宗所有，子孫當共惜之。臣恐兹後藉爲口實，妄興工役，徼福利以逞私欲，惟陛下察之。」帝嘉納焉，然不能用也。

90江西行省平章巴延舊作伯顏，今改。遷河南行省平章政事。舊有賜田五千頃在河南，以二千頃奉帝師祝釐，八百頃助給宿衞，自取不及其半。

91十一月，庚子(朔)，陝西行臺中丞姚煒，請集世祖嘉言善行，以時省覽，從之。

92宣撫使瑪譲哈、(舊作馬某合。)李讓劾浙西廉訪使鄂勒哲布哈(舊作完者不花。)受賄，對簿不服，詔遣刑部郎中索珠(舊作唆住。)鞫其侵奪(辱)使者，笞之。

93賑遼陽等路饑。

94癸卯，中書省言西僧每假元辰疏釋重囚，有乖政典，請罷之，詔：「自今當釋者，令宗正府審覆。」

95己酉，作鹿頂椶樓。

96辛亥，追復前平章政事李孟官。

97乙卯，廣西透江國(團)傜爲寇，宣慰使邁努諭降之。扶靈、青溪、櫟頭等峒蠻爲寇，湖南道宣慰司遣使諭降之。

98戊午，造中統、至元鈔各十萬錠。

99封諸王特穆爾布哈(舊作鐵木兒不花。)爲鎭南王，鎭揚州。

100播州蠻宋王保來降。

101 己巳，徙上都清寧殿於巴伊勒（舊作伯亦兒。）行宮。

102 錦州水溢，壞田千頃，漂死者百人，人給鈔一錠。崇明州海溢，漂民舍五百家，賑糧一月，死者鈔二十貫。

103 十二月，壬午，監察御史買奎，請祔武宗皇后於太廟，不報。

104 敕以來年元夕搆燈山於內庭，御史趙師魯以水旱請罷其事，從之。

105 丙戌，以回回陰陽家言天變，給鈔二千錠，施有道行者及乞人、繫囚，以禳之。

106 丁亥，寧夏路地震，有聲如雷，連震者四。

107 庚寅，赦天下。

左丞相都爾蘇與平章政事額卜德哷勒，（舊作烏伯都剌，今改。）以私意欲因赦酬累朝買胡所獻諸物之直，及擢用英廟至今爲憲臺奪官者，以詔稿示左司都事宋本，本曰：「今警災異而畀獻物未酬直者憒怨，此有司細故，形諸王言，必貽笑天下。司憲褫有罪者官，世祖成憲也。今上御位，累詔法世祖，今擢用之，是廢成憲而反汗前詔也。後復有邪佞贓穢者，將治之耶，置不問耶？」明日，宣詔竟，本遂稱疾不出。

108 召江浙行省右丞趙簡爲集賢大學士，領經筵事。

109 癸巳，作盝（鹿）頂殿。

110 己亥，命帝師修佛事，釋重囚三人。

111 置大承華普慶寺總管府。

112 御史言：「比年營繕，以衞軍供役，廢武事不講，請遵世祖舊制，教習五衞親軍，以備扈從。」不報。

113 是歲，亳州河溢，漂民舍八百餘家，壞田二千三百頃，免其租。大寧路大水，壞田五千五百頃，漂民舍八百餘家。死者人給鈔一錠。

泰定四年（丁卯、一三二七）

1 春，正月，乙巳，御史臺請親祀郊廟。先是監察御史趙師魯，以大禮未舉，言：「天子親祀郊廟，所以通精誠，逆福釐，生蒸民，阜萬物，百王不易之禮也。宜講求故事，對越以格純嘏。」至是臺臣復以爲言，帝曰：「朕遵世祖舊制，其命大臣攝之。」

2 庚寅，監察御史辛鈞，言西商鬻寶，動以數十萬錠，今水旱民貧，請節其費，不報。

3 壬子，以中政院金銀鐵冶歸中書。

4 甲寅，鷹師托克托（舊作脫脫。）病，賜鈔千錠。

5 戊午，命市珠寶首飾。

6 庚申，皇子允坦藏布（舊作允丹藏卜。）受佛戒於智泉寺。

7 鹽官州海水溢，壞捍海隄二千餘步。

8 丁卯，浚會通河。築漷州護倉隄，役丁夫三萬人。

9 賑遼陽諸路饑。

10 辛未，祀先農。

11 二月，甲戌，祭太祖、太宗、睿宗御容於大承華普慶寺，以翰林院官執事。

12 乙亥，親王額森特穆爾（舊作也先鐵木兒。）出鎭北邊。

13 壬午，狩於漷州。

14 丙戌，詔同簽樞密院事雅克特穆爾（舊作燕帖木兒，（一作燕鐵木兒。）今改。）教閱諸衛軍。

15 戊子，進襲封衍聖公孔思晦階嘉議大夫。

時山東廉訪副使王鵬南，言思晦襲爵上公而階止四品，於格弗稱，且失尊崇之意，故有是命。

思晦以宗祀責重，恆懼弗勝，每遇祭祀，必敬必愼。先是廟燬於兵，後雖苟完，而角樓闉牆未備，思晦竭力營度以復其舊。金絲堂壞，一新之，祭器禮服，悉加整飭。又以尼山乃毓聖之地，有廟已毀，民冒耕田且百年，思晦復其田，里（且）請置尼山書院以列於學官，朝廷從之。三氏學舊有田三千畝，占於豪民，子思書院舊有營運錢萬緡，貸於民，取子錢以供祭祀，久之民不輸子錢，并負其本，思晦皆理而復之。五季時，孔末之後方盛，欲以僞滅眞，害宣聖子孫幾盡，至是其裔復欲冒稱宣聖後。思晦以爲：「不早辨，則眞僞久益不可明，彼與我不共戴天，乃列於族，與共拜殿庭，可乎？」遂會族人，稽典故，斥之。既又重刻宗譜於石，而孔氏族裔益明。

16 庚寅，八百媳婦蠻酋來獻方物。

17 三月，辛丑，皇子允丹藏布出鎭北邊。

18 以納哈齊（舊作那海赤。）爲惠國公，商議內史府事。

19 癸卯，和寧地震，有聲如雷。

20 丙午，廷試進士，賜阿拉齊、（舊作阿察赤。）李黼等八十五人及第、出身。

21 潮州路判官錢珍，挑推官梁楫妻劉氏，不從，誣楫下獄，殺之。事覺，珍飲藥死，詔戮尸傳首。海北廉訪副使劉安仁，坐受珍賂除名。

22 庚申，遣使往江南求奇花異果。

23 辛酉，召翰林學士承旨張珪，集賢大學士廉恂，太子賓客王毅，悉復舊職，陝西行臺中丞敬儼爲集賢大學士，並商議中書省事，珪乃（仍）預經筵事。遣使召儼，儼令使者先返，而挈家歸易水。

24 壬戌，帝如上都。
25 渾河決，發軍民萬人塞之。
26 夏，四月，辛未，盜入太廟，竊武宗金主及祭器。以典守宗廟不嚴，罷太常禮儀院官。壬申，作武宗主。
太常博士東明李好文言：「在禮，神主當以木爲之，金玉祭器，宜貯之別室。」又言：「祖宗建國以來七八十年，每遇大禮，皆臨時取具，博士不過循故應答而已。往年有詔爲集禮，而乃令各省及各郡縣置局纂修，宜其久不成也。禮樂自朝廷出，郡縣何有哉！」白長院者，選僚屬數人，乃請出架閣文牘以資采錄，三年書成，凡五十卷，名曰太常集禮。
27 甲戌，作棕毛鹿頂樓。
28 己卯，道州永明縣傜爲寇。
29 癸未，鹽官州海水溢，侵地十九里，命都水少監張仲仁及行省官發工匠二萬餘人，以竹落木栅實石塞之，不止，尋命天師張嗣成修醮禳之。
30 癸巳，高州傜寇電白縣，千戶張額力戰，死之。邑人立祠，敕賜額曰旌義。
31 乙未，熒星於回回司天臺。
32 湖廣傜寇泉州義寧屬縣，命守將捕之。

33賑河南、奉元諸路饑。
34五月，己未，占城來貢。
35丁卯，罷諸王分地州縣長官世襲，俾如常調官，以三載爲攷。
36元江路總管普雙坐贓免，遂結蠻兵作亂，敕復其舊職。未幾，復叛。
37是月，睢州河溢。衞輝路大風九日，木〔禾〕盡偃。河南路洛陽縣有蝗四五畝，羣鳥食之既，數日蝗再集，又食之。
38六月，辛未，翰林侍講學士阿嚕衞、直學士雅克齊等進講，仍命譯資治通鑑以進。
39中書參知政事史惟良請解職歸養，不允。
40都爾蘇等以災變乞罷，詔留之。罷兩都營繕工役，錄諸郡繫囚。
41辛巳，造象輿六乘。
42甲申，廣西花腳蠻爲寇，命所部討之。
43乙未，汴梁路河決。
44秋，七月，己亥，御史臺言內郡、江南旱、蝗洊至，非國細故，丞相達實特穆爾、(舊作塔失帖木兒。)都爾蘇，參知政事布哈、史惟良，參議邁努並乞解職。帝曰：「朕當自儆，卿等亦宜各欽厥職。」

45 修大明殿。
46 建橫渠書院於郿縣，祀宋儒張載。
47 丁未，敕：「經筵講讀官，非有代不得去職。」
48 詔諭宗正府，決獄遵世祖舊制。
49 庚戌，遣翰林侍讀學士阿魯衛（前改作阿嚕衛。）還大都，譯世祖聖訓。
50 乙丑，周王和實拉及諸王雅濟格台（舊作燕只哥台。）等來貢，賜金銀、鈔幣有差。
51 是月，雲州黑水河溢。
52 八月，戊辰，滹沱河水溢，發丁浚冶河以殺其勢。
53 奉元路治中單鶚，言令民採捕珍禽異獸不便，請罷之，敕：「應獵者其捕以進。」
54 乙亥，苗人寇李陁寨，命湖廣行省捕之。
55 庚辰，運粟十萬石貯瀕河倉，備內郡饑。
56 田州洞傜爲寇，遣湖廣行省捕之。
57 壬辰，御史李昌，言河南行省平章政事童童，世官河南，大爲奸利，請徙他鎭，不報。
58 癸巳，諡武宗皇后曰宣慈惠聖，英宗皇后曰莊靜懿聖，升祔太廟。
59 發衞軍八千，修白浮、甕山河隄。

60是月，崇明州海門縣海水溢，扶溝、蘭陽二縣河溢，沒民田廬，並賑之。通渭縣山崩。碉門地震，有聲如雷，晝晦。天全道山崩，飛石斃人。鳳翔、興元、成都、峽州、江陵地同日震。

61九月，丙申朔，日有食之。

62敕：「國子監仍舊制歲貢生員業成者六人。」

63禁僧道買民田，違者坐罪，沒其直。

64壬寅，寧夏地震。

65甲子，御史言廣海古流放之地，請以職官贓汙者處之以示懲戒，從之。

66帝特署敬儼爲中正院使，復遣使召之，乃輿疾入見，賜食慰勞，親爲差吉日視事，朝會日無下拜。是月，拜中書平章政事，復以老疾辭，不從。【考異】元史宰相表以敬儼爲平章政事，在天曆元年十月，與傳異。然表於致和、天曆之間，事多脫略，容有舛誤，今從傳。

67閏月，己巳，太白經天。

68帝至自上都。壬申，以災變赦天下，詔問所以弭災者。禮部尚書曹元用，言應天以實不以文，修德明政，應天之實也。宜撙浮費，節財用，選守令，卹貧民，嚴禋祀，汰佛事，止造作以紓民力，愼賞罰以示勸懲，皆切中時弊。又論科舉取士之法，當革冒濫，嚴攷覈，俾得眞才之用。【考異】元史曹元用傳，作三年夏，帝以日食、地震、星變。按本紀及天文志，三年夏無日食事。蓋本在四年秋，而傳文誤早書一年也。今改正。

69廣西兩江傜爲寇，命所部捕之。

70甲戌，命祀天地，饗太廟，致祭五岳、四瀆、名山、大川。

71賑建昌諸路饑。

72冬，十月，丙申，饗太廟。

73己亥，御史德珠舊作德住，今改。請擇東宮官。

74己酉，以治書侍御史王士點爲參知政事。【考異】宰相表作十一月，今從本紀。

75癸丑，江浙行省左丞相托歡達喇罕，（舊作脫歡答剌罕。）平章政事高昉，以海溢病民，請解職，不允。

76丁巳，以御史中丞趙世延爲中書右丞，以中書參議傅巖起爲吏部尚書。御史韓鏞言：「吏部掌天下銓衡，巖起從吏入官，烏足知天下賢才！尚書三品秩，巖起累官四品，於法亦不得陞。」制可。鏞，濟南人也。

77壬戌，開南州土官阿只弄率蠻兵爲寇，雲南行省招捕之。

78大都路諸州縣霖雨，水溢，壞民田廬，賑糧二十四萬九千石。

79是月，中書平章政事致仕尙文卒，年九十二。追封齊國公，謚正獻。

文爲劉秉忠所薦，受知世祖，歷事五朝。才識弘遠，嘗曰：「天下無難事，第恐處之失其要耳。」累召，必勇退。家居，縉紳造之，隨其器量大小，必使受益。聞者稱之。【考異】尙文之卒，元史本傳不繫月，今從富珠哩翀所撰神道碑。

80 十一月，丙子，平樂傜爲寇，湖廣行省督兵捕之。

81 辛卯，雲南蒲蠻來附，置順寧府寶通州慶甸縣。

82 以歲饑，開內郡山澤之禁。

83 永平路饑，蠲其賦三年。

84 陽曲縣地震。

85 十二月，庚子，發米三十萬石賑京師饑。

86 定捕盜令，限內不獲者，償其贓。

87 癸卯〔丑〕，命中書右丞趙世延、參議韓讓、左司郎中姚庸提調國子監。

88 乙卯，翰林學士承旨蔡國公張珪卒於家。

89 是歲，汴梁諸屬縣霖雨，河決。揚州路通州、崇明州大風，海溢。

90 平樂、梧州、靜江諸傜竝爲寇，湖廣行省督兵捕之。

91 前江南行臺御史大夫哈喇托克托（舊作康里脫脫。）卒。

延祐末，托克托爲江西行省左丞相，英宗嗣位，召拜御史大夫。特齊爾（前改作特克實。一作帖赤。）先爲大夫，陰忌之，奏改江南行臺御史大夫；復嗾言者劾其擅離職守，將徙之雲南，會特齊爾伏誅，乃解，家居不出者五年，及是卒。後追封和寧王，諡忠獻。

托克托嘗卽宣德別墅延師以訓子，鄉人化之，皆向學。朝廷賜其精舍額曰景賢書院，爲設學官。其沒也，卽於中祀焉。

92 前翰林學士承旨耶律希亮卒。

希亮性至孝，困阨遐方，家貲散亡已盡，僅藏祖考畫像，四時就穹（穹）廬陳列致奠，盡誠盡敬。朔漠之人，咸相聚來觀，歎曰：「此中土之禮也！」雖疾病，不廢書史。卒年八十一。追封漆水郡公，諡忠嘉。

續資治通鑑卷第二百四

賜進士及第兵部尚書兼都察院右都御史總督湖北湖南等處地方軍務兼理糧餉世襲二等輕車都尉　畢沅　編集

元紀二十二　起著雍執徐（戊辰）正月，盡十二月，凡一年。

泰定帝

致和元年（戊辰、一三二八）

1春，正月，甲戌，饗太廟。

2命繪蠶麥圖。

3乙亥，詔：「百司凡不赴任及擅離職者，奪其官；避差遣者，笞之。」

4監察御史鄒惟亨言：「時饗太廟，三獻官舊皆勳戚大臣，而近以戶部大臣爲亞獻，人既疎遠，禮難嚴肅。請仍舊制，以省、臺、樞密、宿衞重臣爲之。」

5丁丑，頒農桑舊制十四條於天下，仍厲有司以察勤惰。

6帝將畋柳林。己卯，御史王獻等以歲饑諫，帝曰：「其禁衞士毋擾民家，命御史二人巡察之。」

7 占城來貢方物，且言爲交趾所侵，詔諭解之。

8 禁僧道匿商稅。

9 辛巳，靜江傜寇靈川、臨桂二縣，命廣西招討之。

10 戊子，罷河南鐵冶提舉司歸有司。

11 大都及河間、大名諸路饑，賑之。

12 二月，庚申，詔改元致和。

13 免河南自實錢糧一年，被災州郡稅糧一年，流民復業者差稅三年，疑獄繫三年不決者咸釋之。

14 癸亥，解州鹽池黑龍隄壞，調番休鹽丁修之。

15 賑陝西諸路饑。

16 三月，庚午，雲南安龍寨土官岑世忠與其弟世興相攻，籍其民三萬二千戶來附，歲輸布三千匹，請立宣撫司以總之，不允。置州一，以世興知州事，知縣二，聽世忠舉用。仍諭其兄弟共處。

17 達實特穆爾、（舊作塔失帖木兒。）都爾蘇，（舊作倒剌沙。）言災異未弭，由官吏以罪黜罷者怨誹所致，請量才敍用，從之。

18 辛未，大天源延壽（聖）寺顯宗神御殿成，置總管府以司財用。

19 己卯，帝御聖敎（興聖）殿受無量佛戒於帝師。庚辰，命僧千人修佛事於鎮國寺。

20 甲申，遣戶部尚書李嘉努（舊作李家奴。）往鹽官祀海神，仍集議修海岸。丙戌，帝師命僧修佛事於鹽官州，造浮屠二百一十六，以厭海溢。

21 帝畋於柳林，以疾還宮。時僉書樞密院事雅克特穆爾（舊作燕鐵木兒，一作燕帖木兒。）兼總環衞，以帝在位五年，根本未固，而都爾蘇狡愎自用，人心不附，遂謀立武宗之子以徼大功。諸王（滿）圖、（舊作滿禿。）阿穆爾台、舊作阿馬剌台，今改。太常禮儀使噶海齊、舊作哈海赤，今改。宗正達嚕噶齊（舊作札魯忽赤。）庫庫楚（舊作闊闊出。）等亦與雅克特穆爾謀曰：「主上之疾日臻，今將往上都，如有不諱，吾黨扈從者執諸王大臣殺之，居大都者卽縛大都省臺官，宣言太子已至，正位宸極，傳檄守禦諸關，則大事濟矣。」

戊子，帝如上都，滿圖、庫庫楚等扈從，西安王喇特納實哩舊作阿剌忒納失里，今改。居守，雅克特穆爾舊作燕帖木兒，今改。亦留京師。

22 賑河南、四川饑。

23 夏，四月，丙申，欽州傜黃焱等爲寇，命湖廣行省備之。

24 己亥，達實特穆爾、都爾蘇請凡蒙古、色目人效漢法丁憂者除其名，從之。
25 己酉，御史楊倬等以民飢，請分僧道儲粟濟之，不報。
26 戊午，禁僞造金銀器。
27 是月，崇明州大風，海溢。
28 五月，甲子，遣官分護流民還鄉，仍禁聚至千人者杖一百。
29 丙寅，廣西普寧縣僧陳慶安作亂，僭號，改元。
30 癸酉，籍在京流民廢疾者，給糧遣還。
31 大理怒江匍〔甸〕土官阿哀你寇樂辰諸寨，命雲南行省督兵捕之。
32 庚辰，有流星大如缶，其光燭地。
33 秋，七月，辛酉朔，寧夏地震。
34 庚午，帝崩於上都，年三十六。葬起輦谷。
帝在位，災異數見，然能守祖宗之法，天下號稱治平。
35 己卯，大寧路地震。
36 乙酉，皇后、皇太子降旨諭安百姓。
37 雅克特穆爾聞帝崩，謀於西安王喇特納實哩，陰結勇士。八月，甲午，黎明，百官集興聖宮，雅克特穆爾率阿喇特穆爾、佛倫齊（舊作孛倫齊。）等一十七人，兵皆露刃，號於衆曰：「武宗皇帝有子二人，大統所在，當迎立之，敢有不順者斬！」乃手縛平章政事烏巴圖爾、（舊作兀伯都剌。）巴延徹爾，（舊作伯顏察兒。）分命勇士執中書左丞托多、（舊作朵朵。）參知政事王士熙、參議托克托、（舊作脫脫。）吳秉道、侍御史特默格、（舊作歲木朵。）丘世傑、太子詹事丞王桓等，皆下獄。雅克特穆爾與西安王入守內庭，分處腹心於樞密，自東華門夾道重列軍士，使人傳命往來其中以防洩漏。於是籍府庫，錄符印，召百官入內聽命。

時周王和實拉（舊作和世瓎。）方遠在沙漠，猝未能至，慮他生（生他）變，乃遣前河南行省參政明埒棟阿、（舊作明里董阿，今改。）前宣政使達里瑪實勒，（舊作答剌麻失里。）馳驛迎懷王圖卜特穆爾（舊作圖帖睦爾。）於江陵，密以意諭河南行省平章政事巴延，（舊作伯顏。）令簡兵以備扈從。

是日，推前湖廣行省左丞相拜布哈（舊作別不花。）爲中書左丞相，太子詹事塔斯哈雅（舊作塔失海牙。）爲中書平章政事，前湖廣行省右丞蘇蘇（舊作速速。）爲中書左丞，前陝西行省參知政事王布璘濟達（舊作王不憐吉台。）爲樞密副使，與中書右丞趙世延、翰林學士承旨伊勒齊、（舊作亦列赤。）通政院使達什（舊作寒食。）分典機務。調兵守禦關要，以諸衛兵屯京師，出府庫犒軍士。諸衛軍無統屬者，又有謫選及罷退軍官，皆給之符牌以待調遣，既受命，未知所謝，乃指使南向拜，衆皆愕然，始知有定向。

雅克特穆爾直宿禁中，達旦不寐，一夕或再徙，人莫知其處。弟薩敦，舊作撒敦，今改。子騰斯吉（吉斯），舊作唐其勢，今改。時留上都，密遣達實特穆爾召之，皆棄其妻子來歸。

38 乙未，調諸衞兵守居庸關及盧兒嶺。丙申，遣左衞率使圖嚕（舊作禿魯。）將兵屯白馬甸，隆鎮衞指揮使鄂圖曼（舊作斡都蠻。）將兵屯泰和嶺。丁酉，發中衞兵守遷民鎮，又遣薩里布哈（舊作撒里不花。）等往江陵趣懷王早發，且令達實特穆爾矯爲使者自南來，言懷王已次近郊，使民無驚疑。

39 戊戌，徵宣靖王（邁奴、（舊作買奴。）諸王）雅克布哈（舊作燕不花。）於山東。

40 己亥，徵兵遼陽。

41 明埒棟阿等至汴梁，以其謀密告巴延，巴延曰：「此吾君之子也。」卽集僚屬，告以故。於是會計倉廩府庫穀粟金帛之數，乘輿供御牢餼膳羞、徒旅委積士馬芻糧供億之須，以及賞賚犒勞之用，靡不備至；不足，則檄州縣募民折輸明年田租及貸商人貨資，約倍息以償，又不足，則邀東南常賦之經河南者止之以給其費。徵發民丁，增置驛馬，補城櫓，浚濠池，修戰守之具，嚴儌邏斥堠，日披堅執銳，與僚佐屬掾籌其便宜。卽遣莽賚扣布哈（舊作蒙哥不花。）以其事馳告懷王，又使羅勒（舊作羅里。）報雅克特穆爾曰：「公盡力京師，河南事我當自效。」巴延別募勇士五千人以迎懷王，而躬勒兵以俟。

參政托克台（舊作脫別台。）曰：「今蒙古軍馬與宿衞之士皆在上都，而令特默齊（舊作探馬赤。）軍守諸隘，吾恐此事之不可成也。我等圖保性命，他何計哉！」巴延不從其言。是夜，托克台懷刃欲殺巴延爲變，巴延覺，拔劍殺之，奪其所部軍器，收馬千二百匹。

懷王命薩哩布哈拜巴延河南行省左丞相。

42 庚子，發宗仁衞兵增守遷民鎭。

43 辛丑，遣萬戶徹里特穆爾（舊作徹里帖木兒。）將兵屯河中。

44 癸卯，河南行省殺平章濟里、（舊作曲烈。）右丞濟特穆爾。（舊作別鐵木兒。）

45 是日，明埒棟阿等至江陵。甲辰，懷王發江陵，遣使召鎭南王特穆爾布哈、（舊作鐵木兒不花。）威順王寬徹布哈、（舊作寬徹不花。）湖廣行省特穆爾布哈（舊作鐵木兒補化。）來會。執湖廣行省左丞瑪合謨（舊作馬合某。）送京師，以集賽（舊作別薛。）代之。

46 丙午，遣前西臺御史賚瑪赫巴（舊作剌馬黑巴。）等諭陝西。

47 丁未，命薩敦以兵守居庸關，騰吉斯屯古北口。

48 戊申，復令柰曼台（舊作乃馬台。）爲北使，稱周王從諸王兵整駕南來，中外乃安。

49 己酉，上都諸王們圖、（舊作滿禿，前改作滿圖。）阿穆爾台、宗正達嚕噶齊庫庫楚、前河南行省平章政事瑪嚕、（舊作買驢。）集賢侍讀學士烏魯斯布哈、（舊作兀魯思不花。）太常禮儀院使噶海齊等十八人，同謀援大都，事覺，都爾蘇殺之。

50 庚戌，懷王至汴梁。前翰林學士承旨阿爾哈雅，（舊作阿禮海牙。）以父憂家居，聞王來，卽易服出迎。至汴郊，王命爲河南行省平章政事。巴延屬橐鞬，擐甲冑，與百官父老導入，咸俯伏稱萬歲，卽叩首勸進。王解金鎧、寶刀及海東白鶻、文豹賜巴延，明日，扈從北行。阿爾哈雅鎮汴，高價糴粟以峙糧儲，命近郡分治戎器，閱士卒，括馬民間，以備不虞。

51 辛亥，薩里布哈至自江陵，言懷王已啓塗。是日，拜雅克特穆爾知樞密院事。

52 壬子，阿蘇衞（舊作阿速衞。）指揮使托克托穆爾，（舊作脫脫木兒。）帥其軍自上都來歸，卽命守古北口。

53 癸丑，上都諸王及用事臣，以兵分道犯京畿，留遼王托克托、諸王博囉特穆爾、（舊作孛羅帖木兒。）太師多岱、（舊作朵帶。）左丞相都爾蘇、知樞密院事特穆爾圖（舊作鐵木兒脫。）居守。

54 甲寅，賚瑪赫巴等至陝西，皆見殺。

55 乙卯，托克托穆爾及上都諸王實喇、（舊作失剌。）平章政事奈瑪岱、詹事奇徹（舊作欽察。）戰於宜興，斬奇徹於陣，擒奈瑪岱，送京師殺之，實喇敗走。

56 丙辰，雅克特穆爾率百官備法駕郊迎，丁巳，懷王至京師，入居大內。

57 貴赤衞指揮使托克實（舊作托迭出。）率其軍自上都來歸，命守古北口。

58戊午，懷王以蘇蘇（舊作速速。）爲中書平章政事，前御史中丞曹立爲中書右丞，江浙行省參知政事張友諒爲中書參知政事，河南行省左丞相巴延爲御史大夫，中書左丞趙世延爲御史中丞。

59己未，以河南萬戶伊蘇岱爾（舊作也速台兒。）同知樞密院事。

60上都梁王旺沁、（舊作王禪。）右丞相達實特穆爾、太尉布哈、（舊作不花。）平章政事瑪魯、御史大夫寧珠（舊作紐澤。）等兵次榆林。

61隆鎭衞指揮使赫善，（舊作黑漢。）謀附上都，坐棄市，籍其家。

62九月，庚申朔，雅克特穆爾督師居庸關，遣薩敦襲上都兵於榆林，擊敗之，追至懷來而還。

63隆鎭衞指揮使鄂多曼，以兵襲上都諸王明里托穆爾、（舊作明里鐵木兒）托穆齊（舊作脫木赤。）於陀羅臺，執之，歸於京師。

64時都爾蘇在上都，立皇太子喇實晉巴（舊作阿速吉八，今改。）爲皇帝，年方九歲，改元天順。

65命有司括馬。

66中書左丞相拜布哈言：「回回人哈哈迪，（舊作哈哈的。）自至治間貸官鈔，違制別往蕃邦，得寶貨無算，法當沒官，而都爾蘇私其種人，不許。今請籍其家。」從之。

67雅克特穆爾請釋瑪哈謨，從之。

68陝西兵入河中府，劫行用庫鈔萬八千錠，殺同知府事布圖倫（倫圖）。（舊作不倫秃。）

69壬戌，命蘇蘇宣諭中外曰：「昔在世祖以及列聖臨御，咸命中書省綱維百司，總裁庶政，凡錢穀、銓選、刑罰、興造，罔不司之。自今除樞密院、御史臺，其餘諸司及左右近侍，敢有隔越中書奏請政務者，以違制論。監察御史其糾言之。」

70以高昌王特穆爾布哈知樞密院事，額森特（舊作也先提。）爲宣徽院使。

71徵五衞屯田兵赴京師，賜上都將士來歸者鈔各有差。

72樞密院言：「河南行省軍列戍淮西，距潼關、河中不遠；湖廣行省軍，唯平陽、保定兩萬戶，號稱精銳；請發蘄黃戍軍一萬人及兩萬戶軍爲三萬，命湖廣參政鄭昂霄、萬戶托克托穆爾將之，並黃河爲營，以便徵遣。」從之。

73召雅克特穆爾赴闕。

74上都諸王額森特穆爾、（舊作也先帖木兒。）遼東平章圖們岱爾，（舊作圖滿迭兒，今改。）以兵入遷民鎭，遣薩敦往拒，至薊州東流沙河，累戰，敗之。

75丁卯，雅克特穆爾率諸王、大臣，請早正大位以安天下，懷王固辭曰：「大兄在朔漠，予敢紊天序乎！」雅克特穆爾曰：「人心向背之機，間不容髮，一或失之，噬臍無及。」懷王曰：

「必不得已，當明著吾意以示天下而後可。」

76遣元帥阿圖爾（舊作阿兀剌。）守居庸關。

77上都軍攻碑樓口，指揮使伊蘇岱爾禦之，不克。

78戊辰，以大司農明埒棟阿、大都留守庫庫台（舊作闊闊台。）並爲中書平章政事。

79募勇士從軍，遣使分行河間、保定、眞定及河南等路，括民馬，徵鄢陵縣河西軍赴闕。

80命襄陽萬戶楊克忠、鄧州萬戶孫節以兵守武關。

81己巳，鑄御寶成。

82立行樞密院於汴梁，以同知樞密院伊蘇岱爾知行樞密院事，將兵行視太行諸關，西擊河中、潼關軍，以摺疊弩分給守關軍士。

83辛未，常服謁太廟。

84是日，額卜德呼勒、特默格棄市。托多、王士熙、巴延徹爾、托歡（舊作脫歡。）等各流於遠州，並籍其家。

85壬申，懷王卽皇帝位於大明殿，受諸王百官朝賀，大赦。詔曰：「我世祖混一海宇，爰立定制，以一統緒，宗親各受分地，勿敢妄生覬覦。世祖之後，成宗、武宗、仁宗、英宗，以公天下之心，以次相傳，宗王貴戚，咸遵祖訓。至於晉邸，具有盟書，願守藩服，而與賊臣特克實、額森特穆爾等潛通陰謀，冒干寶位，使英宗不幸罹於大故。朕兄弟播越南北，徧歷艱險，臨御之事，豈復與聞！朕以叔父之故，順承唯謹，於今六年，災異迭見。權臣都爾蘇、烏拜都喇，（舊作兀伯都剌，前改譯作額卜德呼勒。）專權自用，疎遠勳舊，廢棄忠良，變亂祖宗法度，空府庫以私其黨類。大行上賓，利於立幼，顯握國柄，用成其奸。宗王、大臣以宗社之重，統緒之正，協謀推戴，屬於眇躬。朕以非（菲）德，宜俟大兄，固讓再三。宗室、將相，百僚、耆老，以爲神器不可以久虛，天下不可以無主，周王遼隔朔漠，民庶皇皇，已及三月，誠懇迫切，朕姑從其請，謹俟大兄之至，以遂朕固讓之心。已於致和元年九月十三日，卽皇帝位於大明殿。其以致和元年爲天曆元年，可大赦天下。」

86 癸酉，封雅克特穆爾爲太平王，以太平路爲食邑，賜平江官地五百頃，加開府儀同三司、上柱國、錄軍國重事、中書右丞相、監修國史。

時遼東圖們岱爾兵至薊州，卽日命雅克特穆爾將兵擊之。己亥，次三河，而旺沁等軍已破居庸關，遂進屯三冢。丙子，雅克特穆爾蓐食倍道而進，丁丑，抵楡河關。帝出齊化門視師，將親督戰，雅克特穆爾單騎請見曰：「陛下出，民必驚。凡翦寇之事，一以責臣，願陛下亟還宮以安黎庶。」帝乃還。

87 先是徵左右阿蘇衞軍老幼赴京師，不行者斬，籍其家。阿蘇衞指揮呼圖布哈、（舊作忽都不花。）塔哈特穆爾（舊作塔海帖木兒。）等於是構變。事覺，械送京師，斬以徇。

88 戊寅，諭中外曰：「近以奸臣都爾蘇、額卜德埒勒，潛通陰謀，變易祖宗成憲，既已明正其罪。凡回回種人不預其事者，其安業勿懼；有因而煽惑其人者，罪之。」

89 命留守司完京城，軍士乘城守禦。

90 雅克特穆爾與旺沁前軍遇於榆河北，奮擊，敗之，追至紅橋北。旺沁將樞密副使阿喇特克〔穆〕爾、（舊作阿剌帖木兒。）指揮呼圖特穆爾（舊作忽都帖木兒。）引兵會戰。阿喇特穆爾執戈入刺，雅克特穆爾側身以刀格其戈，就斫之，中其左臂。部將和尚馳擊呼圖特穆爾，亦中其左臂。二人，驍將也，敵爲奪氣，遂卻，因據紅橋。兩軍阻水而陣，命善射者射之，遂退師於白浮南。命知院伊蘇岱爾、巴都爾、（舊作八都兒。）伊訥斯（舊作亦訥思。）等分爲三隊，張兩翼以角之，敵軍敗走。

91 庚辰，詔諭御史臺：「今後監察御史、廉訪司，凡有刺舉，並著其罪，無則勿妄以言。廉訪司書吏，當以職官、教授、吏員、鄉貢進士參用。」

92 加封漢前將軍關羽爲顯靈義勇武安英濟王，遣使祀其廟。

93 辛巳，雅克特穆爾與上都軍大戰於白浮之野，雅克特穆爾手斃七人。會日晡，對壘而宿，夜二鼓，遣阿蘇〔喇〕特穆爾等將精銳百騎，鼓噪射其營，敵衆驚擾，自相擊，至旦始悟，人馬死傷無數。

壬午，天大霧，旺沁等竄身山谷；癸未，集散卒復來戰。雅克特穆爾率師駐白浮西，堅壁不動。是夜，又命薩敦前軍繞其後，部曲巴都爾壓其前，夾營吹銅角以震盪之，敵亂，自相擊，已乃西遁。遲明，追及於昌平北，斬首數千級，降者萬餘人。

帝遣使賜雅克特穆爾上尊，諭旨曰：「丞相每臨陣，躬冒矢石，脫有不虞，柰何？自今第以大將旗鼓憑高督戰可也。」雅克特穆爾對曰：「凡戰，臣必以身先之。若委之諸將，萬一失利，悔將何及！」

是日，敵軍再戰再北，旺沁單騎亡命，薩敦追之不及，還至昌平南。俄報古北口不守，上都軍掠石槽，乃遣薩敦爲先驅，雅克特穆爾以大軍繼其後。至石槽，敵軍方炊，揜其不備，直擣之。大軍並進，追擊四十里，至牛頭山，擒駙馬博囉特穆爾等獻闕下，戮之，各衞將士降者不可勝計，餘兵奔竄。夜，遣薩敦襲之，逐出古北口。【考異】元人撰太平王德勝廟碑，以頌雅克特穆爾之戰功，其詞云：「非因其地利，恃其人力，倚其高詐而勝也，以德而勝哉！非奉天時，致天討，不能也。」元史文宗紀及雅克特穆爾傳，亦多偏袒之之詞。錢辛楣曰：天曆之君臣，乘國有大喪，大都空虛，挾其權謀詐力以奪人主之嫡嗣，慮天下議其後，因誣晉邸以惡名。而當時傾危阿附之徒，作爲文詞，大書深刻，謂奉天時以致天討。然萬世公論具在，其可欺乎！元史於泰定、天曆之間多徇曲筆，未明春秋之義也。

94清安王庫布哈（舊作闊不花，今改。）等將陝西兵潛由潼關南水門入，萬戶博囉（舊作孛羅。）棄關走，庫布哈等分據陝州諸縣，引兵前進，河南告急之使狎至。

95丁亥，圖們岱爾及諸王伊蘇（額森）特穆爾軍陷通州，將襲京師。雅克特穆爾急引軍還，會京城里長，召募丁壯及百工合萬人，與兵士爲伍，乘城守禦。命居庸關及冀寧、保德、靈石、代、崞、嵐石、汾、隰、吉州諸關，皆穿塹壘石爲固，調丁壯守之。

96戊子，陝西行臺御史大夫額森特穆爾引兵從大慶關渡河，擒河中府官，殺之。萬戶薩里特穆爾（舊作撒里帖木兒。）軍潰而遁，官吏皆棄城走，額森特穆爾悉以其黨代之。

97有司持詔自江浙還，言行省臣意有不服者，詔遣使問不敬狀，將悉誅之。中書左司郎中策丹（舊作自當。）言於雅克特穆爾曰：「上新卽位，雲南、四川猶未定，乃以使臣一言殺行省大臣，恐非盛德事。況江浙豪奢之地，使臣不得厭其所需，則造言以陷之耳。」雅克特穆爾以言於帝，事乃止。

98冬，十月，己丑朔，日將昏，雅克特穆爾抵通州，乘圖們岱爾等初至，擊之，敵軍狼狽走，渡潞河。庚寅，夾河而軍，敵列植秫稭，衣以氈衣，然火爲疑兵夜遁。辛卯，渡河追之。

99上都諸王圖（呼）喇台（舊作圖忽剌台。）等兵入紫荆關，將士皆潰，遣托克托穆爾等將兵四千援之。紫荆關潰卒南走保定，因肆剽掠，同知路事阿里錫（舊作阿里沙。）及故蔡國公張珪子武昌萬戶景武等率民持梃擊死數百人。壬辰，額森特軍至保定，殺阿里錫及張景武兄弟五人，並取其家貲。

100 癸巳，雅克特穆爾及陽翟王太平、國王多羅岱（舊作朵羅台。）等戰於檀子山之棗林，騰吉斯陷陣，殺太平，死者蔽野。餘胥遁，遣薩敦追之，不及而還。

101 忽喇台（上作圖剌台，下作呼喇台。）等兵自紫荆關進逼涿州，至良鄉，游騎犯南城。甲午，托克托穆爾、章吉與額森特合兵擊之，轉戰至盧溝橋，呼喇台被創，據橋而宿。乙未，雅克特穆爾率諸將循北山而西，令脫銜繫囊，盛莝豆以飼馬，士行且食，晨夜兼程，至於盧溝河，呼喇台聞之，望風西走。是日，凱旋，入自肅清門，帝大悅，丙申，賜宴興聖殿，盡歡而罷。

102 丁酉，以縉山縣民十人嘗爲旺沁鄉導，誅其爲首者四人，餘各杖一百，籍其家貲，妻子分賜守關軍士。

103 戊戌，諸將追阿喇特穆爾等至紫荆關，獲之，送京師，皆棄市。

104 己亥，圖們岱爾軍復入古北口，雅克特穆爾以師赴之，戰於檀州南野，敗之。東路蒙古萬戶哈喇那懷（舊作哈剌那懷。）率麾下萬人降，餘兵皆潰，圖們岱爾走還遼東。

105 （乙未），使者頒詔於甘肅，至陝西行省，行臺官塗毀詔書，械使者送上都。

106 湘寧王巴喇實里（舊作八剌失里。）引兵入冀寧，殺掠吏民。時太行諸關守備皆缺，冀寧路來告急，敕萬戶和尚將兵由故關援之。冀寧路官募民兵迎敵，和尚以師爲殿，殺獲甚衆。會上都兵大至，和尚退保故關，冀寧遂陷。（校者按：此條應移102前。）

初，齊王伊嚕特穆爾，（舊作月魯帖木兒。）東路蒙古元帥布哈特穆爾，（舊作不花帖木兒。）聞帝即位，乃趣上都，圍之。上都屢敗，勢蹙。辛丑，都爾蘇奉皇帝寶出降，梁王旺沁遁，遼王托克托爲齊王所殺，遂收上都諸王符印，天順帝喇實晉巴不知所終。【考異】經世大典云：天曆明詔既下，於是都爾蘇之罪暴於縣宇，中外同心，奮勇敵愾，卒至歸璽神聖，宗社奠安，三閱月之間，天下晏然。此元人爲文宗飾說也。明丘濬世史正綱云：泰定帝乃裕宗之嫡孫，甘喇瑪之長子，於屬爲宗子，非不當立者也。英宗爲特克實所弒，諸王迎立之，上初不與其謀。武宗二子次雖當立，然既爲英宗所據，則非其所有矣。泰定初立之年，喇實晉巴爲太子，至是五年，名分已定。圖卜特穆爾遣兵攻之，以致於死。史不明言其所以致死之由，然所以致之死地者，圖卜特穆爾也。按元史載天曆初年事，多本於經世大典。濬所論頗得事理之平，故錄之。

107 壬寅，以宣徽使額森特知行樞密院事，宣徽制〔副〕使章吉爲行樞密院副使，與知樞密院事伊蘇岱爾等將兵西行，擊潼關軍。以張珪女歸額森特。

108 癸卯，額森特穆爾軍至晉寧，本路軍皆遁。

109 甲辰，晉邸及遼王所轄路府州縣達嚕噶齊並罷免禁錮，選流官代之。

110 丙午，中書省言：「凡有罪者，既籍其家貲，又沒其妻子，非古者罪人不孥之意，今後請勿沒人妻子。」制可。

111丁未，告祭於南郊。

112己酉，陝西兵奪武關，萬戶楊克忠等兵潰。

113庚戌，帝御興聖殿，齊王伊嚕特穆爾及諸王大臣奉上皇帝寶。都爾蘇等從至京師，下之獄。分遣使者檄行省內郡罷兵，以安百姓。

114壬子，以河南、江西、湖廣入貢鴛鵝太頻，令減其數以省驛傳。

115癸丑，雅克特穆爾辭知樞密院事，命其叔父東路蒙古元帥布哈特穆爾代之。

116御史臺言：「近北兵奪紫荊關，官軍潰走，掠保定之民。本路官與故平章張珪子景武等五人，率其民以擊官軍，額森特不俟奏聞，輒擅殺官吏及珪五子。珪父祖三世，爲國勳臣，即珪子有罪，珪之妻女又何罪焉！今旣籍其家，又以其女歸額森特，誠非國家待遇勳臣之意。」帝命中書革正之。

117甲寅，罷徽政院，改立儲慶使司。

118湘寧王巴喇實爾之冀寧，還，次馬邑，元帥伊蘇岱爾執送京師。

119丁巳，毀顯宗室，升順宗祔右穆第二室，成宗祔右穆第三室，武宗祔左昭第三室，仁宗祔左昭第四室，英宗祔右穆第四室。

120 加命雅克特穆爾爲達喇罕，（舊作答剌罕。）仍命子孫世襲其號。

121 戊午，詔廷臣曰：「凡今臣僚，惟丞相雅克特穆爾、大夫巴延許兼三職署事，餘者並從簡省。百司事當奏者，共議以聞，不許獨請。上都官吏，自八月二十一日以後擢用者，並追收其制。」

122 赦：「天下僧道有妻者，皆令爲民。」

123 盜殺太尉布哈。

初，布哈乘國家多事，率衆剽掠，居庸以北，皆爲所擾，至是盜入其家，殺之。興和路當盜死罪，刑部議，以爲：「布哈不道，衆所聞知，遇盜殺之，而本路隱其殘剽之罪，獨以盜聞，於法不當。」中書以聞，帝嘉其議。

124 是月，河南行省平章阿爾哈雅，集省憲官問禦西兵之策，無有言者。阿爾哈雅曰：「汴在南北之交，使西人得至此，則江南三省之道，不通於畿甸，軍旅應接，何日息乎！夫事有緩急輕重，今重莫如足兵，急莫如足食。吾徵湖廣之平陽、保定兩翼軍，與吾省之鄧新翼、廬州、沂、郯礮弩手諸軍以備虎牢；裕州哈喇魯、（舊作哈剌魯。）鄧州孫萬戶兩軍以備武關、荆子口；以屬郡之兵及蒙古兩都萬戶左右兩衞諸部丁壯之可入軍者，給馬乘、資裝，立行伍，以次備諸隘；芍陂等屯兵本自襄、鄧諸軍來田者，還其軍，益以民之丁壯，使守襄陽；白土、峽州諸隘，別遣塔海以備自蜀至者，括汴、汝、荆、襄、兩淮之馬以給之。府庫不足，則命郡縣假諸殷富之家。安豐等郡之粟，泝黃河運至於陝，羅諸汴、汝，近郡者則運至滎陽以達於虎牢。吾與諸軍各奮忠義以從王事，宜無不濟者。」衆曰：「唯命。」

即日部分行事，使廉訪使董守忠、僉事錫蘇（舊作沙沙。）往南陽，右丞圖特穆爾、（舊作脫帖木兒。）廉訪使布延（舊作卜顏。）往虎牢，分遣兵馬，聽其調用，餽餉相望，阿爾哈雅親閱實之，自虎牢之南至於襄漢，無不畢給。時朝廷置行樞密院以總西事，襄漢、荆湖、河南郡縣皆缺官，阿爾哈雅便宜擇才以使之，朝廷皆從其請。

已而西兵北行者，度河中以趨懷、孟、磁，南行者特默格過武關，殘鄧州，直趨襄陽，攻破郡邑三十餘，所過殺官吏，焚廬舍，且西結囊嘉特，（舊作囊加解。）以蜀兵至。阿爾哈雅諜知之，益督餉西行，遣行院官塔海領兵攻特默克，又設備江、黃，置鐵繩於峽口，作舟艦以待戰。十九日，與西兵遇於犨縣之石渡，轉戰及暮，兩軍殺傷與墮澗谷死者相等，而虎牢遂爲敵有，兵儲巨萬，一日悉亡。諸軍斂兵而退，二十二日，至汴，民大恐。阿爾哈雅前後遣使告於朝，輒爲額特森（森特）所留，不得朝廷音問。阿爾哈雅親出拊循其民，修城闕以備衝突，戒卒伍以嚴守衞，雖當危急，怡然如平時，衆賴以安。

125 十一月，庚申，以江南行臺御史王琚仁言，汰近歲白身入官者。

126敕行臺：「凡有糾劾，必由御史臺陳奏，勿徑以封事聞。」

127辛酉，額森特兵至武安，額森特穆爾以軍降。河東州縣聞之，盡殺其所署官吏。

128癸亥，帝宿齋宮；甲子，服袞冕，饗於太廟。

129是日，西兵逼汴城，將百里而近。阿爾哈雅召行院、憲司、諸將吏告之曰：「吾荷國厚恩，惟有一死以報上。敵亦烏合之衆，何所受命而敢犯我！誠使知聖天子之命，則衆沮而散耳。吾今遣使告於朝，請降詔赦其脅從詿誤，而整軍西向以臨之。別遣精騎數千上龍門，繞出其後，使之進無所投，退無所歸，必成擒於鞏、洛之間矣。」衆皆曰：「善！」即日與行院出師。

會使者自大都還，言齊王已克上都，奉寶璽來歸，刻日至京，阿爾哈雅乃置酒相賀，發書告屬郡及江南三省。又募士得蘭珠（舊作蘭住。）者，賫書諭之，朝廷亦遣都護伊嚕特穆爾以詔放散西軍之在虎牢者。西軍多欲散走，且聞行省院以兵至，朝廷又使參政馮布哈（舊作馮不花。）親諭之，靖安王乃遣使西輩與蘭珠來請命，逡巡而去。

阿爾哈雅乃解嚴，斂餘財以還民，從陝西求民之被俘掠者歸其家，凡數千人，陝西官吏被獲者亦皆遣還。朝廷遷阿爾哈雅爲陝西行臺御史大夫以綏定之。

130庚午，命總宿衛官分簡所募勇士，非舊嘗宿衛者皆罷去。

131日本舶商至福建博易者，浙江行省選廉吏征其稅。

132中書省言：「今歲既罷印鈔本，來歲擬印至元鈔一百一十九萬二千錠，中統鈔四萬錠。」監察御史言：「戶部鈔法，歲會其數，易故以新，期於流通，不出其數。邇者都爾蘇以上都經費不足，命有司刻板印鈔；今事已定，宜急收毀。」從之。

133監察御史薩里布哈、索諾木、（舊作瑣南。）于欽、張士弘言：「朝廷政務，賞罰爲先，功罪既明，天下斯定。近因特們德爾擅權竊位，假刑賞以濟其私，綱紀始紊，迨至泰定，爵賞益濫。比以兵興，用人甚急，然賞罰不可不嚴，宜命有司，務合輿情，明示黜陟。功罪既明，賞罰攸當，則朝廷肅清，紀綱振舉，而天下治矣。」帝嘉納之。

134辛未，特默格兵入襄陽，本路官皆遁。襄陽縣尹谷廷珪、主簿張德獨不去，西兵執之使降，不屈，死之。時僉樞密院事塔海擁兵南陽不救。

135壬寅，雅克特穆爾言：「向者上都舉兵，諸王實喇、樞密同知阿奇喇（舊作阿乞剌。）等十人，南望宮闕鼓譟，其黨拒命逆戰，情不可恕。」詔各杖一百七，流遠州，籍其家貲。

136甲戌，居泰定后雍吉喇氏（舊作弘吉剌氏。）於東安州。

137丙子，蘇蘇坐受賂，杖之，徙襄陽；以母年老，詔留之京師。

138丁丑，以躬祀太廟禮成，御大明殿，受諸王、百官朝賀。

139荆王伊蘇布干（舊作也速不干。）遣使傳檄至襄陽，特默格引兵走。

140己卯，中書省言：「內外流官年及致仕者，並依階敍授以制敕，今後不須奏聞。」從之。

141諸衞漢軍及州縣丁壯所給甲冑兵仗，皆令還官。

142庚寅，遣使奉迎皇兄周王和實拉於漠北。

143以中政院使敬儼爲中書平章政事。

144壬午，第三皇子寶寧更爲太平訥，命大司農邁珠（舊作買住。）保養於其家。

145詔行樞密院罷兵還。

146癸卯，上都左丞相都爾蘇伏誅，磔其尸於市，梁王旺沁亦賜死，瑪謨錫、寧珠、薩實密實、額森特穆爾等皆棄市。

時朝議欲盡戮朝臣之在上都者，敬儼抗論，謂是皆循例從行，殺之非罪，衆賴以獲免。

147甲申，命威順王庫春布哈（舊作寬徹不花，今改。）還鎭湖廣。

先是帝嘗命王征八番，而蜀省囊嘉特拒命未平。南臺御史秦起宗言：「武昌重鎭，當備上流之師，親王不可遠去。」力止之。及王入見，帝謂曰：「八番之行，非秦元卿，幾爲失計。」遂遣王還鎭。朝議以起宗治蜀，幕府忘其名，以其字稱之曰秦元卿，嘗引筆改曰「起宗」，其眷注如此。未幾，拜中臺御史。起宗，廣平深水人也。

148御史中丞趙世延以老疾辭職，不許。用故中丞崔彧故事，加平章政事，居前職。

149丙戌，以阿魯輝特穆爾（舊作阿魯灰帖木兒。）等六人在上都欲舉義，不克而死，並賜贈謚，卹其家。

150遣諸衞兵各還鎮。

151遼王托克托之子巴都（舊作八都。）聚黨出剽掠，敕宣德府官捕之。

152四川行省平章囊嘉特自稱鎮西王，以其省左丞托克托爲平章，前雲南廉訪使楊靜爲左丞，殺其省平章寬春（舊作寬徹。）等，稱兵燒絕棧道。烏蒙路教授杜巖肖，謂「聖明繼統，方內大寧，省臣當還兵入朝，庶免一方之害」，囊嘉特杖之一百七，禁錮之。

153十二月，庚寅，命通政院整飭蒙古驛，諸關隘嘗毁民屋以塞者，賜民鈔，俾完之。

154丙午，謁武宗神御殿。

155御史臺言額森特將兵所至，擅殺官吏，俘掠子女貨財，詔刑部鞫之，籍其家，杖之，竄於南寧，命其妻歸父母家。

156庚子，赦天下。

157辛丑，江南行臺御史言：「遼王托克托，自其祖父以來，屢爲叛逆，蓋因所封地大物衆。宜削王號，處其子孫遠方，而析其元封分地。」詔中外與勳舊議其事。

158甲寅，復遣使薩迪（舊作撒迪，下改作薩題。）等奉迎皇兄於漠北。

159丁巳，封西安王喇實（特）納實哩爲豫王。

160戊午，詔：「蒙古、色目人願丁父母憂者，聽如舊制。」

161是月，加謚顏眞卿正烈文忠公，命有司歲時致祭。

162陝西自泰定二年至是歲不雨，大饑，民相食。

163朔漠諸王皆勸周王南還，王遂發，諸王察阿台、沿邊元帥多拉特、（舊作朵烈揑。）萬方（戶）瑪嚕等，咸帥師扈行，舊臣博囉、倘嘉努、（舊作倘家奴。）哈巴爾圖（舊作哈八兒禿。）皆從。至金山，嶺北行省平章政事和尼（舊作潑皮。）奉迎，武寧王庫庫圖（舊作徹徹禿。）命知樞密院事特穆爾布哈繼至，乃命博囉如京師。兩都之民聞王使者至，歡呼曰：「天子實自北來矣！」諸王舊臣爭先迎謁，所至成聚。

164是歲，兩都搆兵，漕舟後至直沽者不果輸，復漕而南還。行省欲坐罪督運者，海道都漕運萬戶王克敬曰：「若平時而往返如是，誠爲可罪。今蹈萬死完所漕而還，豈得已哉！請令其計石數，附次年所漕舟達京師。」從之。

165雅克特穆爾議封巴延王爵，衆論附之；參議中書省事策丹獨不言，雅克特穆爾問故，策丹曰：「巴延已爲太保，位列三公，而復加王封，後再有大功，將何以處之？且丞相封王，出自上意。今欲加太保王封，丞相宜請於上，王爵非中書選法也。」遂寢其議。

166 前集賢直學士鄧文原卒。

文原內嚴而外恕，家貧而行廉，自致仕歸，召爲翰林侍講學士，復拜嶺北、湖南道肅政廉訪使，皆以疾不赴，後謚文肅。

續資治通鑑卷第二百五

賜進士及第兵部尚書兼都察院右都御史總督湖北湖南等處地方軍務兼理糧餉世襲二等輕車都尉畢沅編集

元紀二十三

起屠維大荒落（己巳）正月，盡十二月，凡一年。

明宗翼獻景孝皇帝

諱和實拉，（舊作和世㻋。）武宗長子也，母曰仁獻章聖皇后伊奇哩（舊作亦乞烈，今改。）氏。帝以大德四年十一月壬子生。十一年，武宗入繼大統，立仁宗爲皇太子，命以次傳於帝。武宗崩，仁宗立，延祐三年春，立英宗爲皇太子，封帝爲周王，出鎮雲南。行至陝西，從臣不欲南行，擁帝至金山之北，遂居焉。

天曆二年（己巳、一三二九）

1春，正月，己未朔，立都督府，以總左右奇徹（舊作欽察。）及龍翔（翊）衞，命雅克特穆爾（舊作燕鐵木兒。）兼統之。

2庚申，遣前翰林學士承旨布達實哩（舊作不答失里。）赴周王行所，仍命太府太監實喇卜（舊作沙剌班，今改。）奉金幣以往。

3平章政事敬儼以傷足告歸。【考異】敬儼之歸，本傳於年月不甚詳晰，今從宰相表。

4辛酉，以高昌王特穆爾布哈（舊作帖木兒不花。）爲中書左丞相，大司農王毅爲平章政事。

5周王遣和勒圖達遜喇（舊作火里忽達孫剌。）至京師。以巴特穆爾（舊作伯帖木兒。）扈從有功，遣使以幣帛百匹卽行所賜之。

6武寧王庫庫圖（舊作徹徹禿。）遣使來言周王啓行之期。

7癸亥，以雅克特穆爾爲御史大夫。初，雅克特穆爾乞解相印，還宿衞，帝勉之曰：「卿已爲省院，惟未入臺，其聽後命。」至是遷御史大夫，依前錄軍國重事、達喇罕、（舊作答剌罕。）太平王。

8甲子，齊王伊嚕特穆爾（舊作月魯帖木兒。）薨。

9乙丑，命中書左丞伊勒特穆爾（舊作躍里帖木兒。）迎周王。

10丙寅，帝幸大承〔崇〕恩福元寺。

11戊辰，遣使獻海東鶻於周王。

12辛未，中書省言：「近籍沒奇徹（舊作欽察。）家，其子年十六，請令與其母同居；仍請自今臣僚有罪籍沒者，其妻、其子，他人不得陳乞沒爲官口。」從之。

13壬申，遣近侍星吉巴勒（舊作星吉班。）以詔往四川諭囊加〔嘉〕特。（舊作囊加台。）

14癸酉，以遼陽省、（蒙古）、高麗、肇州三萬戶將校從逆，舉兵犯京畿，拘其符印制敕。

15 囊嘉特乞師於鎮西武靖王綽斯班，（舊作搠思班。）綽斯班以兵守關隘。

16 甲戌，復命太僕卿嘉暉（舊作教化。）獻海東鶻於周王。

17 丙子，皇后媵臣章珠圖（舊作張住童。）等七人，授集賢（侍講）學士等官。

18 丁丑，囊嘉特攻破播州猫兒埡隘，宣慰使楊雅爾布哈（舊作楊燕里不花。）開關納之。陝西蒙古軍都元帥布哈台（舊作不花台。）者，囊嘉特之弟。囊嘉特遣使招之，布哈台不從，斬其使。

19 中書省言：「朝廷賞賚，不宜濫及罔功。鷹、鶻、獅、豹之食，舊支肉價二百餘錠，今增至萬三千八百錠；控鶴舊止六百二十八戶，今增至二千四百戶；又，佛事歲費，以今較舊，增多金千一百五十兩，銀六千二百兩，鈔五萬六千二百錠，幣帛三萬四千餘匹；請悉簡汰。」從之。

20 壬午，周王遣常侍博囉（舊作孛羅。）及特珠勒先（舊作鐵住訖。）至京師，賞以金幣、居宅，仍遣內侍圖嘉琿（舊作禿教化。）如周王行所。

21 乙酉，薩題（舊作撒迪。）等見周王於行幄，致命辭勸進。

22 播州楊萬戶，引四川賊兵至烏江峯，官軍擊敗之。八番元帥圖楚克（舊作脫出。）破烏江北岸賊兵，復奪關口。諸王伊嚕特穆爾，統軍五萬五千至烏江，與脫出（圖楚克）會，囊嘉特焚雞武關大橋，又燒絕棧道。

23丙戌，周王即皇帝位於和寧之北，是爲明宗。扈行諸王大臣咸入賀，乃命薩題遣人還報京師。已而布達實里等輦金銀幣帛至，遂遣薩題等還京師。帝命之曰：「朕弟曩觀書史，邇者得毋廢乎？聽政之暇，宜親賢士大夫，講論史籍，以知古今治亂得失。卿等至京師，當以朕意諭之。」

24奉元蒲城縣民王顯政，五世同居，衞輝安寅妻陳氏，河間王成妻劉氏，冀寧李孝仁妻寇氏，濮州王義妻雷氏，南陽郄二妻張氏，懷慶阿魯輝妻翟氏，皆以貞節聞，並旌其家。

25二月，己丑，曲赦四川囊嘉特。

26庚寅，大都復以雅(克)特穆爾爲中書右丞相、監修國史、知樞密院事，餘如故。辛卯，御大明殿，册命皇妃永吉喇氏。（舊作弘吉刺氏，前後多改作鴻吉哩氏。）

27壬辰，宣靖王邁努（舊作買奴。）自大都來覲於行在。

28癸巳，大都遣翰林侍講學士曹元用祀孔子於闕里。

29囊嘉特據雞武關，奪三叉、柴關等驛，以書誘鞏總帥汪延昌，又進兵至金州，據白土關，陝西行省督軍禦之。大都樞密院言：「囊嘉特阻兵四川，其亂未已，請命鎮西武靖王綽斯班等皆調軍，以湖廣行省官托歡、（舊作脫歡。）集賽（舊作別薛。）博囉及鄭昂霄總其兵進討。」戊戌，命察罕托諾爾，（舊作蔡罕腦兒。）宣慰使薩特密實，（舊作撒忒迷失。）將本部蒙古軍會鎮西武靖王討四川。

30 頒行農桑輯要及栽桑圖。

31 辛丑，大都中書省議追尊皇妣伊奇哩氏曰仁獻章聖皇后，唐古氏（舊作唐兀氏。）曰文獻昭聖皇后。伊奇哩，明宗母，唐古，文宗母也。

32 丙午，囊嘉特分兵逼襄陽，湖廣行省調兵鎭播州及歸州。

33 辛亥，大都諭廷臣曰：「薩題還，言大兄已卽皇帝位。凡二月二十一日以前除官者，速與制敕。後凡銓選，其詣行在以聞。」

34 廬州路合肥縣地震。

35 壬子，命有司造行在帳殿。

36 癸丑，諸王伊嚕特穆爾等至播州，招諭土官之從囊嘉特者，楊延里布哈（前改作楊雅爾布哈。）及其弟等皆來降。

37 大都立奎章閣學士院，秩正三品，以翰林學士承旨呼圖魯都爾、（舊作忽都魯都爾。）集賢大學士趙世延並爲大學士，侍御史薩題、翰林直學士虞集並爲侍讀（書）學士，又置承制、供奉各一員，遣使以除目奏於行在，帝並從之。

38 三月，戊午朔，帝次潔堅察罕之地。

39 辛酉，大都遣右丞相雅克特穆爾奉皇帝寶於行在所，御史中丞巴實喇、（舊作八即剌，下改作巴特勒。）知樞密院事圖爾、（舊作禿兒。）哈特穆爾（舊作哈特穆兒。）等各率其屬以從。復命有司以金銀、幣帛詣行在所以備賜予。因謂其廷臣曰：「寶璽既北上，繼今國家政事，其遣人聞於行在所。」

40 癸亥，大都命有司造乘輿服御，北迎大駕。

41 大都改潛邸所幸諸路，名建康曰集慶，江陵曰中興，瓊州曰乾寧，潭州曰天臨。

42 丙寅，耀里特穆爾（前作躍里帖木兒，一作伊勒特穆爾。）自行在還大都，諭旨曰：「朕至上都，宗王、大臣必皆會集，有司當備供帳。上都積貯，已爲都爾蘇（舊作倒剌沙。）所耗，大都府藏，聞亦盡虛，供億如有不足，其以御史臺、司農寺、樞密、宣徽、宣政等院所貯充之。」

43 戊辰，雲南諸王達實布哈、（舊作答失不花。）圖沁布哈（舊作禿堅不花。）及行省平章瑪呼斯（舊作馬忽思。）等，集衆五萬，數丞相額森吉尼（舊作也兒吉尼。）專擅十罪，將殺之。額森達爾（吉尼）遁走八番。達實布哈僞署參知政事等官。

44 己巳，大都命改集慶潛邸，建大龍翔集慶寺，以來歲興工。

45 夏，四月，壬辰，大都命浚漷州漕運河。

46 癸巳，雅克特穆爾見帝於行在，率百官上皇帝寶。帝嘉其勳，拜太師，仍命爲中書右丞相、錄軍國重事、達喇罕、太平王，餘並如故。復諭雅克特穆爾等曰：「凡京師百官，朕弟所用者，並仍其舊，卿等其以朕意諭之。」雅克特穆爾曰：「陛下君臨萬方，國家大事所係者，中書省、樞密院、御史臺而已，宜擇人居之。」帝然其言，以武宗舊人哈瑪爾圖舊作哈八兒禿，今改、爲中書平章政事，前中書平章政事巴特穆爾知樞密院事，常侍博囉爲御史大夫。

47甲午，立行樞密院，命昭武王知樞密院事，和錫（舊作火沙。）領行樞密院事，賽特穆爾（舊作賽帖木兒。）邁努並同知行樞密院事。

是日，帝宴諸王、大臣於行殿，雅克特穆爾、哈瑪爾圖、巴特穆爾、博囉等侍。帝特命臺臣曰：「太祖皇帝嘗訓飭臣下云：『美色、名馬，人皆悅之，然方寸一有係累，卽能壞名敗德。』卿等居風紀之司，亦嘗念及此乎？世祖初立御史臺，首命塔齊爾、（舊作塔察兒。）賓達傑爾（舊作奔特傑兒。）二人協司其政。天下國家，譬猶一人之身，中書則右手也，樞密則左手也。左右手有病，治之以良醫，省院缺失，不以御史臺治之，可乎？凡諸王、百司，違法越禮，一聽舉劾。風紀重則貪墨懼，猶斧斤重則入木深，其勢然也。朕有缺失，卿亦以聞，朕不以責也。」

48乙未，特命博囉等傳旨，宣諭雅克特穆爾、巴特錫、（舊作伯答沙。）和實、哈瑪爾圖、巴特勒（舊作八卽刺，上改作巴賓喇。）等曰：「凡省、院、臺、百司庶政，詢謀僉同，標譯所奏，以告於朕。軍務機密，樞密院當卽以聞，毋以夙夜爲間而稽留之。其他有所言，必先中書、院、臺，其下百司及暬御之臣，毋得隔越陳請。宜宣諭諸司，咸俾聞知。倘違朕意，必罰無赦。」

49丁酉，以陝西行臺御史大夫特穆爾圖（舊作鐵木兒脫。）爲上都留守。

50己亥，湖廣行省參知政事博囉奉詔至四川赦囊嘉特罪。囊嘉特等聽詔，蜀地悉定，諸省兵皆罷。

51癸卯，遣使如京師，卜日命中書左丞相特穆爾布哈攝告卽位於郊廟、社稷。遣武寧王庫庫圖、平章政事瑪哈（哈瑪）爾圖立皇弟圖卜特穆爾（舊作圖帖睦爾。）爲皇太子，仍立詹事院，罷儲慶司。

52以徹爾特穆爾（舊作徹里鐵木兒。）爲中書平章政事，闊爾吉（舊作闊兒吉思。）爲中書右丞。

53乙巳，監察御史言：「嶺北行省，控制一方，廣輪萬里，實爲太祖肇基之地，國家根本係焉，方面之寄，豈可輕任！平章達錫濟（舊作塔即吉。）素非勳舊，奴事都爾蘇，倔起宿衞，輒爲右丞，俄陞平章，年已七十，眊昏殊甚。右丞瑪謨（舊作馬謀。）本晉邸部民，以女妻都爾蘇，引爲都水，遂除左丞。郎中羅勒，（舊作羅里。）市井小人，呼魯呼（舊作禿魯忽。）乃晉邸衞卒，不諳政務，並宜黜退。」帝曰：「御史言甚善，其並黜之。」又諭臺臣曰：「御史劾嶺北省臣，朕甚嘉之。繼今所當言者，勿有所憚。被劾之人，苟營求申訴，朕必罪之。或廉非其實，毋輒以聞。」

54 五月，丁巳朔，帝次多勒巴津（舊作朵里伯眞。）之地。

55 是日，皇太子賜雅克特穆爾父祖紀功碑銘。

56 戊午，遣豫王特納實哩（舊作阿剌忒納失里。）還大都。

57 己未，皇太子遣翰林學士承旨〔阿〕鄰特穆爾（舊作阿璘帖木兒。）來迎大駕。

58 庚申，帝次鄂爾水〔木〕（舊作斡耳罕木。）東。癸亥，次拜薩濟圖（舊作必忒怯禿。）之地。

59 是日，皇太子復遣翰林學士承旨鄂爾多（舊作斡耳朵。）來迎大駕。

60 乙丑，命有司給行在宿衞士衣糧及馬芻豆。

61 庚午，帝命雅克特穆爾陞用嶺北行省官吏，其餘官吏並賜散官一級。選用潛邸舊臣及扈從士，受制命者八十有五人，六品以下二十有六人。

62 甲戌，皇太子命中書省臣擬用中書六部官，奏於行在所。

63 壬申，次溫都爾海（舊作探禿兒海。）之地，以重嘉努（舊作衆家奴。）爲御史中丞。

64 乙亥，次呼圖喇。（舊作禿忽剌。）敕大都省臣鑄皇太子寶。時求太子故寶不知所在，近侍巴布哈（舊作伯不花。）言寶藏於上都行幄，遣人於上都索之，無所得，乃命更鑄之。

65 丁丑，皇太子發京師，北迎大駕。鎭南王特穆爾布哈及諸王、駙馬、扈衞、百官悉從行，市馬二百匹，載乘輿服御送行在所。

66 六月，丁酉，陞都督府爲大都督府。

67 壬寅，戒近侍毋得輒有奏請。

68 庚戌，皇太子次於上都之六十店。

69 辛亥，帝次哈爾納圖（舊作哈兒哈禿。）之地。詔中書省臣：「凡國家銓選、錢穀諸大政事，先啓皇太子，然後以聞。」

70 陝西行臺御史孔思迪言：「人倫之中，夫婦爲重。內外大臣得罪就刑者，其妻妾即斷付他人，似與國朝旌表貞節之旨不侔，夫亡終制之令相反。況以失節之婦配有功之人，又與前賢所謂娶失節者以配身是已失節之意不同。今後凡負國之臣，籍沒奴婢財產，不必罪其妻子。當典刑者，則孥戮之，不必斷付他人，庶使婦人均得守節，請著爲令。」

71 壬子，海運糧至大都，凡百四十萬九千一百三十石。

72 是月，皇太子賜鳳翔府岐陽書院額。書院祀周文憲王，仍命設學官，春秋釋奠，如孔子廟儀。

73 秋，七月，丙辰朔，日有食之。自六月壬子雨，至是日乃已。

74 己未，皇太子更定遷徙法：「凡應徙者，驗所居遠近，移之千里，在道遇赦，皆得放還。如不悛再犯，徙之本省不毛之地，十年無過，則量移之。所遷人死，妻子願歸土者聽。著爲令。」

75壬申，監察御史巴迪斯（舊作把的于思。）言：「朝廷自去秋命將出師，戡定禍亂，其供給軍需，賞賚將士，所費不可勝計。況冬春之交，雪雨愆期，麥苗槁死，秋田未種，民庶遑遑，流移者衆，此正國家節用之時也。如果有功必當賞賚者，宜視其官之崇卑而輕重之，不惟省費，亦可示勸。其近侍諸臣奏請恩賜，宜悉停罷，以紓民力。」帝嘉納之，仍敕中書省以其言示有司。

76癸酉〔亥〕，太白經天。（校者按：此條應移上75前。）

77丙子，皇太子受新寶。

78辛巳，冀寧陽曲縣雨雹，大者如雞卵。

79八月，乙酉朔，帝次鴻和爾舊作王忽察都，今改。之地。丙戌，皇太子入見。是日，宴皇太子及諸王、大臣於行殿。庚寅，帝暴崩，年三十，葬起輦谷。皇太子入臨，哭盡哀。雅克特穆爾以皇后命，奉皇帝璽寶授皇太子。【考異】元史續編云：故老言：雅克特穆爾奉上璽綬，明宗從官有不爲之禮者，雅克特穆爾且怒且懼。既而帝暴崩，雅克特穆爾聞哭聲，即奔入帳中，取寶璽，扶文宗上馬南馳。本史乃言皇太子入哭盡哀，雅克特穆爾以皇后命奉皇帝寶於太子，其說不合。據庚申外史云：文宗疾大漸，召皇后、太子曰：「鴻和尼之事，爲朕生平大錯。」鴻和尼者，乃明宗皇帝從北方來，飲毒而崩之地，是以明宗爲被弒矣。明宗暴崩，實雅克特穆爾之故，而文宗亦不得辭其罪。劉基集中有犬馬引，譏順帝不能報蒼天之仇，則當日草野俱多物議矣。但飲毒之說，究無確證，今仍從元史書之，而庚申外史所述，亦附見於後。皇太子疾驅而還，雅克特穆爾從行，晝則率宿衛士以扈從，夜則躬擐甲冑，繞幄殿巡護。壬辰，次博囉察罕，（舊作孛羅察罕。）以巴延（舊作伯顏。）爲中書省（左）丞相，依前太保。奇徹台、（舊作欽察台。）阿爾斯蘭哈雅、（舊作阿兒思蘭海牙。）趙世延並中書參知（平章）政事。甘肅行省平章多爾濟（舊作朵兒只。）爲中書右丞，中書參議阿榮、太子詹事丞趙世安並中書參知政事。前右丞相達實特穆爾、（舊作塔失鐵木兒。）知樞密院事特穆爾布哈及上都留守特穆爾圖並爲御史大夫。

80 宣政院使回回聞明宗崩，流涕不能食，自是杜門不出者數年，以疾卒。回回與弟庫庫舊作巙巙，今改。（校者按：「巙巙」應作「巎巎」，說已見卷二百二泰定元年58條。）皆爲時之名臣，世號雙璧，皆博果密（舊作不忽木。）之子也。

81 癸巳，皇太子至上都，雅克特穆爾遂與諸王、大臣陳勸復進大位。

82 丙申，流諸王圖喇楚（舊作忽剌出。）於海南。

83 戊戌，四川囊嘉特以指斥乘輿，坐大不道棄市。

84 己亥，皇太子復卽位於上都之大安閣。

詔曰：「晉邸違盟構逆，據有神器，天示譴告，竟隕厥身。於是宗戚舊臣，協謀以舉義，正名以討罪，揆諸統緒，屬在眇躬。朕興（念大兄播遷朔漠，以賢以長，曆數宜歸，力拒羣言，至於再四。乃曰艱難之際，天位久虛，則衆志弗固，恐隳大業。朕雖從其請，初志不移，是以固讓之詔始頒，奉迎之使已遣。尋命喇特納實哩、雅克特穆爾奉皇帝寶璽，遠迓於途，受寶即位之日，即遣使授朕皇太子寶。朕幸釋重負，實獲素心，乃率臣民，北迎大駕。而先皇帝跋涉山川，蒙犯霜露，道路遼遠，自春徂秋，懷艱阻於歷年，望都邑而增慨，徒御弗慎，屢爽節宣，信使往來，相望於道。八月一日，大駕次鴻和爾，朕切瞻對之有期，兼程先進，相見之頃，悲喜交集。何數日之間，而宮車弗駕，國家多難，遽至於斯！念之痛心，以夜繼旦。諸王、大臣以爲祖宗基業之隆，先帝付託之重，天命所在，誠不可違，請即正位，以安九有。朕以先皇帝奄棄方新，銜哀辭對，固請彌堅，執誼伏闕者三日，皆宗社大計，乃於八月十五日即皇帝位於上都。可大赦天下。」

85 辛丑，立寧徽寺，掌明宗宮分事。壬寅，以鈔萬錠，幣帛二千匹，供明宗皇后費用。

86 乙巳，發諸衛軍浚通惠河。

87 丙午，自庚子至是日，晝霧夜晴。

88 丁未，以瑪薩爾岱（舊作馬札兒台。）爲上都留守。

瑪薩爾岱前爲陝西行臺侍御史，坐塗毀詔書得罪，以其兄巴延有功，故特官之。

89曹元用自曲阜代祀還，以司寇像及代祀記獻，帝甚喜。值大禧宗禋院副使缺，中書請以元用爲之，帝不允，曰：「此人翰林中所不可無者，將大用之。」會卒，帝嗟悼久之，追封東平郡公，謚文獻。

90己酉，車駕發上都。

91庚戌，改詹事院爲儲政院，以巴延兼儲政院使。

92河東宣慰使哈克繖（舊作哈散。）託朝賀爲名，斂所屬鈔千錠入己，事覺，徵鈔還其主。敕：「自今有以朝賀斂鈔者，以枉法論罪。」

93甲寅，監察御史劾「前丞相齊布哈，（舊作別不花。）昔以贓罷，天曆初，因人成功，遂居相位。既矯制以瑪閭（舊作買驢。）家貲賜平章蘇蘇，（舊作速速。）又與蘇蘇等潛於（呼）日者推測聖算。今奉詔已釋其罪，請竄諸海島以杜奸萌。」帝曰：「流竄海島，朕所不忍，其并妻子置之集慶。」

94加封大都城隍爲護國保寧王。

95景州蓨縣尹呂思誠，差民戶爲三等，均其徭役；刻孔子像，令社學祀事。每歲春，行田，樹畜勤敏者賞以農器，人爭趨事，地無遺力。民石安兒等，流離積年，至是聞風復業。印識文薄，俾社長藏之，季月報縣，不孝弟、不事生業者悉書之，罰其輸作。胥吏至社者何人，用飲食若干，多者責償其直。豪猾者竄名職田戶，思誠盡袪其弊。天旱，道士持青蛇曰：「盧師谷小青，謂龍也，禱之卽雨。」思誠以其惑人，殺蛇，逐道士，雨亦隨至，遂有年。縣多淫祠，動以百餘計，刑牲以祭者無虛日，思誠悉命毀之，唯存漢董仲舒祠。

96九月，乙卯朔，市故宋太后全氏田，賜大承天護聖寺。

97辛酉，詔：「凡往明宗所遣寶官吏，越次超陞者，皆從黜降。」

98丁卯，帝至自上都。

99戊辰，敕翰林國史院官同奎章閣學士采輯本朝典故，準唐、宋會要著爲經世大典。

100敕：「使者頒詔赦，率日行三百里。旣受命，逗遛三日及所至飲宴稽期者治罪。受賂者以枉法論。」

101辛未，監察御史劾奏：「知樞密院事達實特穆爾，阿附都爾蘇，又與旺沁（舊作王禪。）舉兵犯闕。今旣待以不死，而又付之兵柄，事非便。」詔罷之。

102癸酉，帝御大明殿，受諸王、百官朝賀。

103特們德爾（舊作鐵木迭兒。）諸子索珠舊作鎖住，今改。等，明宗嘗敕流於南方。雅克特穆爾言天曆初有勞於國，請各遣還田里，從之。

104甲戌，命江浙行省明年漕運糧二百八十萬石赴京師。

105乙亥，史惟良上疏言：「今天下郡邑被災者衆，國家經費若此之繁，帑藏空虛，生民凋瘵，此正更新百度之時也。宜遵世祖成憲，汰冗濫蠶食之人，罷土木不急之役，事有不便者，咸釐正之。如此，則天災可弭，禎祥可致。不然，因循苟且，其弊漸深，治亂之由，自此而分矣。」帝嘉納之。

106丙子，以衞輝路旱，罷蘇門歲輸米二千石。

107論額森特（舊作也先捏。）以不忠不敬，伏誅。

108癸未，建顏子廟於曲阜所居陋巷。

109時方建龍翔集慶寺，命阿榮、趙世安督工，臺臣監造。南臺御史蓋苗上封事曰：「臣聞使民以時，使臣以禮，自古未有不由斯道而致隆平者。陛下龍潛建業之時，居民困於供給。幸而獲覩今日之運，百姓跂足舉首以望非常之惠。今奪民時，毀民居，以創佛寺，豈聖人御天下之道乎？昔漢高祖興於豐、沛，爲復兩縣，光武中興，南陽免稅三年，今不務此而隆重佛氏，何以慰斯民之望哉？且佛以慈悲爲心，方便爲教，今尊佛氏而害生民，無乃違其方便之教乎？臺臣職專糾察，表正百司，今乃委以修繕之役，豈其理哉？」書奏，爲免臺臣監役。

110關中大饑，帝問奎章侍書學士虞集，何以救民之飢，對曰：「承平日久，人情晏安，有志之士，急於近效，則怨讟興焉。不幸大災之餘，正君子爲治作新之機也。若遣一二有仁術知民事者，稍寬其禁令，使得有所爲，隨郡縣擇可用之人，因舊民所在，定城郭，修閭里，治溝洫，限畎畝，薄征斂，招其傷殘老弱，漸以其力治之，則遠去而來歸者漸至，春耕秋斂，皆有所助。一二歲間，勿征勿徭，封域既正，友望相濟，四面而至者，均齊方正，截然有法，則三代之民將見出於空虛之野矣。」帝稱善。因進曰：「幸假臣一郡，試以此法，行之三五年間，必有以報朝廷者。」左右有曰：「虞伯生欲以此去耳。」遂寢其議。

三以張養浩爲陝西行臺御史中丞。

初，養浩以父老，棄官歸養，屢徵不赴。及聞陝西中丞之命，卽散其家之所有與鄉里貧乏者，登車就道，遇餓者則賑之。道經華山，禱雨於岳祠，大雨如注，水三尺乃止，禾黍自生，秦人大喜。

時斗米值十三緡，民持鈔出糴，稍昏卽不用，詣庫換易，則豪猾黨蔽，易十與五，累日不可得，民大困。養浩乃檢庫中未毀昏鈔文可驗者，得一千八十五萬餘緡，悉以印記其背。又刻十貫、五貫爲券，給散貧民，命米商視印記出粟，詣庫驗數以易之，於是吏弊不敢行。又率富民出粟，因請行納粟補官之令。聞民間有殺子以奉毋（母）者，爲之大慟，出私錢以濟之。到官四月，未嘗家居，止宿公署，夜則禱於天，晝則出賑飢民，終日無少怠，每一念至，卽撫膺慟哭，遂得疾不起。卒年六十，關中之人，哀之如失父母。追封濟國公，諡文忠。

112是月，太史院使齊履謙卒。

履謙少篤學勤苦，家貧無書。及爲星曆生，在太史局，會祕書監輦亡宋遺書留置本院，因晝夜諷誦，深究自得，故其學無不淹貫。時立國百有餘年，而郊廟之樂，沿襲宋、金，未有能正之者。履謙謂「樂本於律，律本於氣，而氣候之法，具在前史。可擇僻地爲祕室，取金門之竹及河內葭莩候之，上可以正雅樂，薦郊廟，和神人，下可以同度量，平物貨，厚風俗。」列其事上之。又得黑石古律管一，長尺有八寸，其製與律家所說不同，蓋古所謂玉律也。適遷他官，事遂寢，有志者深惜之。後追封汝南郡公，謚文懿。

113冬，十月，甲申朔，帝服袞冕，饗太廟。

114辛卯，雅克特穆爾率羣臣請上尊號，不許。

115申飭海道轉漕之禁。

116籍四川囊嘉特家產；其黨楊靜等皆奪爵，杖之，籍其家，流遼東。

117甲午，以登極恭謝，遣官代祀於南郊社稷。

118中書省言：「舊制，朝官以三十月爲一攷，外任則三年爲滿。比年朝官率不久於職，或數月卽改遷，於典制不類，且治蹟無從攷驗。請如舊制爲宜。」敕：「除風憲官外，其餘朝官，不許二十月內遷調。」

119 丙申，上大行皇帝尊謚曰翼獻景孝皇帝，廟號明宗，國語曰齊雅爾（舊作禮牙篤，今改。（校者按：蒙古語稱明宗爲護都篤汗，此作禮牙篤者誤。））皇帝。

120 己亥，申飭都水監河防之害（禁）。

121 辛丑，敕諸王公、官府、寺觀撥賜田租，除魯國大長公主聽遣人徵收外，其餘悉輸於官，給鈔酬其直。

122 壬寅，弛陝西山澤之禁以利民。

123 大寧路地震。

124 癸卯，監察御史劾奏：「張思明在仁宗朝，阿附權臣特們德爾，間諜兩宮，仁宗灼見其奸，既行黜降。及英宗朝，特們德爾再相，復援爲左丞，稔惡不悛，既（竟）以罷廢。今又冒居是官，宜黜罷。」詔罷之。

125 戊申，徵托多、（舊作朵朵。）王士熙等於貶所，放還鄉里。

126 庚戌，罷大承天護聖寺工役。囚在獄三年疑不決者，釋之。民欠官錢無可追徵者，盡蠲免。

127 賑常德諸路饑。

128 十一月，乙卯，受佛戒於帝師，作佛事六十日。

129 甲子，賑廬州饑。

130 己巳，以薩迪（舊作撒的，前改作薩題。）爲中書右丞。

131 命中書左丞趙世安提調國子監學。

132 丁丑，廣源傜寇掠湖廣州縣，命行省招捕之。

133 己卯，翰林國史院言纂修英宗實錄，請具都爾蘇款伏付史館，從之。

134 高麗國王王燾久病，不能朝，請命其子禎襲位。

135 以平江官田百五十頃賜大龍翔集慶寺及大崇善（禧）萬壽寺。

136 壬子，詔豫王喇特納實哩鎮雲南。

137 十二月，甲申，以帝師自西番至，命朝廷一品以下咸郊迎。大臣俯伏進觴，帝師不爲動。國子祭酒富珠哩翀（舊作孛朮魯翀。）舉觴立進曰：「帝師，釋迦之徒，天下僧人師也。予，孔子之徒，天下儒人師也。請各不爲禮。」帝師笑而起，舉觴卒飲。衆爲之悚然。

138 詔：「僧尼傜役一切無有所預。」

139 丙戌，詔：「百官一品至三品，先言朝政得失一事，四品以下，悉聽敷陳。」仍命趙世安、阿榮輯錄所上章疏，善者卽議舉行。

140 追封雅克特穆爾曾祖班都察爲溧陽王，祖托克托呼（舊作土土哈。）爲昇王，父綽和爾（舊作牀兀兒。）爲揚王。

141 乙未，改封前鎮南王特穆爾布哈爲宣讓王。初，鎮南王托布哈（舊作脫不花。）薨，子博囉布哈（舊作孛羅不花。）幼，命特穆爾布哈襲其爵。博羅布哈既長，特穆爾布哈請以王爵歸之，乃特封宣讓王，以示褒寵。

142 詔諭羣臣曰：「皇姑魯國大長公主早寡守節，不從諸叔繼尙，鞠育遺孤，其子襲其王，女配予一人。朕思庶民若是者猶當旌表，況在懿親乎！趙世延、虞集等可議封號以聞。」

143 詔：「諸僧寺田，自金、宋所有及累朝賜予者，悉除其租。其有當輸租者，仍免其役。僧還俗者，聽復爲僧。」

144 壬寅，命江浙行省印佛經二十七藏。

145 丁未，造至元鈔四十五萬錠，中統鈔五萬。

146 是歲，中書平章政事徹爾特穆爾出爲河南行省平章政事。是時黃河淸，有司以爲瑞，請聞於朝，徹爾特穆爾曰：「吾知爲臣忠，爲子孝，天下治，百姓安爲瑞，餘何益於治。」歲大饑，徹爾特穆爾議賑之，其屬以爲必自縣上之府，府上之省，然後以聞，徹爾特穆爾曰：「民飢，死者已衆，乃欲拘以常格耶！往復累月，民存無幾矣。此蓋有司畏罪，將歸怨於朝廷，吾不爲也。」大發倉廩賑之，乃請專擅之罪，帝嘉之，賜龍衣、上尊。

續資治通鑑卷第二百六

賜進士及第兵部尚書兼都察院右都御史總督湖北湖南等處地方軍務兼理糧餉世襲二等輕車都尉畢沅編集

元紀二十四 起上章敦牂(庚午)正月，盡玄黓涒灘(壬申)十二月，凡三年。

文宗聖明元孝皇帝 諱圖卜特穆爾，(舊作圖帖睦爾。)武宗次子，明宗之弟也，母曰文獻昭聖皇后唐古氏。(舊作唐兀氏。)大德八年春正月癸亥生。至治元年，出居海南；泰定元年，召還京師，封懷王。

至順元年(庚午、一三三〇)

1春，正月，丙辰，命趙世延、趙世安領纂修經世大典事。

2辛酉，時饗太廟。

3甲子，雅克特穆爾、舊作燕鐵木兒，今改。巴延舊作伯顏，今改。並辭丞相職，不允，仍命阿榮、趙世安慰諭之。

4丁卯，雲南諸王圖沁舊作禿堅，今改。及萬戶布呼、舊作伯忽，今改。阿哈舊作阿禾，今改。等叛，攻中慶路，陷之，殺廉訪司官，執左丞實都舊作忻都，今改。等，迫令署諸文牘。

5 辛未，中書省言：「科舉會試日期，舊制以二月一日、三月〔日〕、五日，近歲改爲十一、十三、十五；請依舊制。」從之。

6 壬申，衡陽傜爲寇，劫掠湘鄉州。

7 丁丑，追封三寶努（舊作三寶奴。）爲鄖城王，謚榮敏。

8 趙世延請致仕，不允。

9 庚辰，陞羣玉署爲羣玉內司，仍隸奎章閣學士院，以禮部尚書庫庫（舊作巙巙，「巙」係「巎」之誤。）兼監羣玉內司事。

庫庫嘗以祕書監丞奉命往覈泉舶，芥視珠犀，不少留目。國制，大樂諸坊，咸隸禮部，遇公讌，衆伎畢陳。庫庫視之泊如，僚佐以下皆肅然。

10 二月，壬午朔，以趙世安爲御史中丞，史惟良爲中書左丞。

11 癸未，籍張珪子五人家貲。

12 丁亥，命江南、陝西、河南等處富民輸粟，補江南萬石者官正七品，陝西千五百石、河南二千石、江南五千石者從七品，自餘品級有差。四川富民有能輸粟赴江陵者，依河南例，其不願仕，乞封父母者聽。僧、道輸粟者，加以師號。

13 己丑，圖沁、布呼等攻陷仁德府，至馬龍州。調八番元帥鄂勒哲（舊作完澤。）將八番達喇罕（舊作答剌罕。）軍千人、順元土軍五百人禦之。

14 庚寅，以修經世大典久無成功，專命奎章閣學士阿鄰特穆爾、（舊作阿璘帖木兒。）和塔拉、舊作忽都魯，今改。都哩默色舊作都兒迷失，今改。等譯國言所紀典章爲漢語，纂修則趙世延、虞集等，而雅克特穆爾如國史例監修。

15 奎章閣學士和塔拉、都哩默色、薩題、（舊作撒的。）虞集辭職，詔諭之曰：「昔我祖宗睿知聰明，其於致治之道，自然生知。朕以統緒所傳，實在眇躬，夙夜憂懼。自惟早歲跋涉艱阻，視我祖宗，既乏生知之明，於國家治體，豈能周知！故立奎章閣，置學士員，以祖宗明訓、古昔治亂得失陳說於前，使朕樂于聽聞，卿等宜推所學以稱朕意，其勿復辭。」

16 （甲午），圖沁、布呼等攻晉寧州。圖沁自立爲雲南王，布呼爲丞相，阿哈、呼喇呼（舊作忽剌忽，一作古剌忽。）等爲平章等官，立城柵，焚倉庫以拒命。

17 乙未，中書省言：「江浙民飢，今歲海運，爲米二百萬石，其不足者，來歲補運。」從之。

18 丙申，賑常德、澧州路饑。

19 丁酉，帝及皇后、皇子喇特納達喇舊作阿剌忒納答剌，今改。並受佛戒。

20 己亥，命明宗皇子受佛戒。

21 監察御史言：「中書平章多爾濟，(舊作朵兒只。)職任臺衡，不思報效，銓選之際，紊亂綱紀，貪汚著聞，恬不知恥，宜行黜罷。」從之。

22 甲辰，流旺沁(舊作王禪。)之子於吉陽軍。

23 乙巳，封明宗皇子伊勒質伯(舊作亦璘眞班，(一作懿璘眞班。)今改。)爲鄜王。

24 賑淮安饑。

25 丙午，命中尙卿蘇爾約蘇從(舊作小云失從，(校者按：兩從字衍。)今改。)以兵討雲南。

26 御史臺言：「奇徹臺(舊作欽察台。)天曆初在上都，嘗與庫庫楚(舊作闊闊出。)等謀執都爾蘇，(舊作倒剌沙。)事泄，同謀者皆死，奇徹臺以出征獲免。頃臺臣疑而劾之，不稱事情，宜雪其枉。」制可。

27 帝念雅克特穆爾擁戴之勞，既追封其三世，又命禮部尙書馬祖常製文立石于北郊以昭其功；猶謂未足以報，命獨爲丞相以尊異之。丁未，以巴延知樞密院事，依前太保、錄軍國重事。詔中書曰：「昔在世祖，嘗以宰相一人總領庶務，故治出于一，政有所統。雅克特穆爾爲右丞相，巴延既知樞密院事，左丞相其勿復置。凡號令、刑名、選法、錢糧、造作，一切中書政務，悉聽雅克特穆爾總裁。諸王、公主、駙馬、近侍人員、大小諸司，敢有隔越聞奏，以違制論。」

28戊申，中書省言：「舊制，正旦、天壽節，內外諸司各有贄獻，頃者罷之。今江浙省臣言聖恩公溥，覆幬無疆，而臣等殊無補報，凡遇慶禮，進表稱賀，請如舊制爲宜。」從之。

29徵札實（舊作瞻思，今改。）爲應奉翰林文字，賜對奎章閣。帝問有所著述否，札實進所著帝王心法，帝稱善，詔預修經世大典。以論議不合，求去，乃命奎章閣侍書學士虞集諭留之，札實堅以母老辭，遂賜幣遣之。

30庚戌〔辛亥〕，命市故瀛國公趙㬎田，賜龍翔集慶寺。御史臺言不必予其直，帝曰：「吾建寺爲子孫黎民計，若取人田而不予直，非朕志也。」

31賑茶陵等州饑。杭州火，卹之。

32三月，〔甲寅〕，乖西觧蠻三千人入松梨山，燒沿邊軍營堡。

33戊午，封皇子喇特納達喇爲燕王，立宮相府總其府事，雅克特穆爾領之。

34廷試進士，賜特勒圖、（舊作篤列圖，今改。）王文燁等九十七人及第、出身。時宗藩暌隔，功臣汰侈，政教未立。帝將策士，虞集爲讀卷官，乃擬制策以進，首以勸親親、體羣臣、同一風俗、協和萬邦爲問。帝不用。

35命彰德路歲祭羑里周文王祠。

36以河南行省平章奇珠（舊作乞住。）爲雲南行省平章，八番、順元宣慰使特穆爾布哈（舊作帖木兒不花。）爲雲南行省左丞，從豫王由八番道討雲南。

37 己巳，議明宗升祔，序於英宗之上，視順宗、成宗廟遷之例。

38 辛未，諸王伊蘇臺，（舊作也孫台。）部七百餘人入天山縣，掠民財產，遣樞密院、宗正府官往捕之。

39 壬申，祔明宗神主于太廟。

40 夏，四月，壬午朔，命西僧作佛事于仁和殿，自是日始，至十二月終罷。

41 癸未，中書省言：「各官分及宿衞士歲賜錢帛，舊額萬人，去歲增四千人，邇者增數益廣，請依舊額爲宜。」詔阿布哈雅（舊作阿不海牙。）裁省以聞。

42 壬辰，以所籍張珪諸子田四百頃賜大承天護聖寺。

43 辛丑，明宗皇后必巴實（舊作八不沙。）崩，皇后鴻吉哩氏（舊作弘吉剌氏。）與宦者拜珠（舊作拜住，今改。）謀殺之也。

44 壬寅，括益都、般陽、寧海閑田十六萬餘頃，賜大承天護聖寺。

45 烏蒙土官祿余殺烏撒宣慰司官吏，降于布呼。羅羅諸蠻俱叛，與布呼相應，平章特穆爾布哈爲其所害。祿余以蠻兵七百餘人拒烏撒、順元界，立關固守。重慶五路萬戶，軍至雲南境，值羅羅蠻萬餘人遇害，千戶祝天祥等引餘衆遁還。

46戊申，詔江浙、河南、江西三省調兵三(二)萬，命諸王運圖斯特穆爾(舊作云都思帖木兒。)及樞密判官洪浹將之，與湖廣行省平章托歡(舊作脫歡。)會兵討雲南。

47五月，戊午，帝御大明殿，雅克特穆爾率文武百官及僧道、耆老奉玉册玉寶，上尊號曰欽天統聖至德成功大文孝皇帝。是日，改元至順。

48丁卯，翰林國史院修英宗實錄成。

49戊辰，帝如上都。將立燕王喇特納達喇爲皇太子，乃以托歡特穆爾舊作妥懽帖木兒，(一作妥懽貼睦爾，今改。)乳母夫言，明宗在日，素謂太子非其子，黜之江南，驛召翰林學士阿林特穆爾、奎章閣學士烏圖嚕篤勒哲(舊作忽都魯篤彌實。)書其事于托布齊延，(舊作脫卜赤顏。)召虞集使書詔，播告中外。

50是月，以浙東宣慰使陳天祐、湖廣參知政事樊楫死于王事，贈封特加一級。龍興張仁興妻鄒氏、奉元李郁妻崔氏以志節，汴梁尹華以孝行，皆旌其門。

51六月，辛巳朔，雅克特穆爾言：「嚮有旨，惟許臣及巴延兼領三職。今趙世延以平章政事兼翰林學士承旨、奎章閣大學士，世延引疾以辭。」帝曰：「朕重老成人，其命世延仍視事中書，果病，無預銓選可也。」

52丙申，大名路黃河溢。

53 庚子，知樞密院事庫春貝、舊作闊徹伯，今改。托克托穆爾舊作脫脫木兒，今改。及通政使齊爾噶朗舊作只兒哈郎，今改。等十人，以雅克特穆爾權勢崇重，謀誅之。頁特密實托密舊作也的迷失脫迷，今改。以變告雅克特穆爾，卽率奇徹（舊作欽察。）軍掩捕，按問，並棄市，籍其家。

54 乙巳，羅羅斯土官撒加伯，合烏蒙蠻兵萬人攻建昌縣，雲南行省右丞躍里特穆爾（舊作躍里帖木兒。）拒之，斬首四百餘級；四川軍亦敗撒加伯於蘆古驛。

55 秋，七月，己未，通渭山崩。

56 辛酉，以江西、建昌萬戶府軍戍廣海者，一歲更役，往來勞苦，詔仍至元舊制，二歲一更。

57 乙丑，調諸衞卒築漷州、柳林海子隄堰。

58 庚午，中書省言：「近歲帑廩空虛，其費有五：曰賞賜，曰作佛事，曰創置衙門，曰濫冒支領，曰續增衞士鷹坊，請與樞密院、御史臺各集賽（舊作怯薛。）官同加汰減。」從之。

59 丁丑，特們德爾（舊作鐵木迭兒。）子將作使索珠（舊作鎖住。）與其弟觀音努、（舊作觀音奴。）姊夫太醫使伊埒哈雅，舊作野里海牙，今改。坐怨望咒詛，事覺，詔中書鞫之。事連前刑部尙書烏訥爾、（舊作烏馬兒。）前御史大夫博囉、（舊作孛羅。）上都留守烏訥爾舊作馬兒，今改。等，俱伏誅。

60 雲南圖沁、布呼等勢愈猖獗，烏撒、祿余亦乘勢連約烏蒙、東川、芒部諸蠻，欲令布呼弟拜延順等兵攻順元。詔卽遣使督豫王喇特納實哩及行樞密院、四川、雲南行省亟會諸軍分道進討，以烏蒙、烏撒及羅羅斯地接西番，與碉門按〔安〕撫司相爲脣齒，命宣政院督所屬軍民嚴加守備，又命鞏昌都總帥府調兵千人戍四川。

61 閏月，癸未，監察御史葛明誠言：「中書平章政事趙世延，年踰七十，志慮耗衰，固位苟容，無補於事，請斥歸田里。」詔中書議之。雅克特穆爾言：「世延向日陳致仕，不允所請。御史之言，蓋不知有旨。」帝曰：「如御史言，世延固難任中書矣，其仍任以翰林、奎章之職。」

62 雲南芒〔茫〕部路九村夷人阿斡阿里詣四川行省自陳：「本路舊隸四川，今土官撒加伯與雲南連叛，願備糧四百石，民丁千人，助大軍進征。」事聞，詔嘉其去逆效順，厚慰諭之。

63 癸巳，行樞密院言：「征戍雲南軍士二人逃歸，捕獲，法當死。」詔曰：「如臨戰陣而逃，死宜也。非接戰而逃，輒當以死，何視人命之易耶！其杖而流之。」

64 安南國王陳益稷，以天曆二年卒于漢陽府。丁酉，制贈開府儀同三司、湖廣行省平章政事，王爵如故，謚忠懿。

65 戊申，加封孔子父齊國公爲啓聖王，母魯國太夫人顏氏爲啓聖王夫人。旋封孔子妻幷官氏爲大成至聖文宣王夫人。【考異】元史文宗紀作「亓官氏」，加封詔石刻作「幷官氏」。錢辛楣曰：家語，孔子娶于宋亓官氏之女，考漢韓勅禮器碑本作「幷官」，宋祥符追封及元詔亦皆作「幷官」，文字明白可證，家語傳寫之誤。廣顗引魯先賢傳孔子娶丌官，今本亦誤爲「亓」，幸石刻猶可據也。從衍聖公孔思晦之請也。又，加封顏子兗國復聖公，曾子郕國宗聖公，子思沂國述聖公，孟子鄒國亞聖公，河南伯程顥豫國公，伊陽伯程頤洛國公。

66 羅羅斯土官撒加伯及阿陋土官阿剌、里州土官阿答，以兵八千撤毁棧道，遣把事曹通潛結西番，欲據大渡河進寇建昌。四川行省調兵一千七百人，令萬戶周勘統之，直抵羅羅斯界，以控扼西番及諸蠻部。

67 廣西傜于國安寇修仁、荔浦等縣，廣西元帥府發兵捕之，賊衆潰走，生擒國安。

68 是月，江南大水，江浙、湖廣尤甚。

69 八月，辛亥，雲南躍里特穆爾以兵屯建昌，執羅羅斯把事曹通，斬之。

70 雅克特穆爾出西道田獵，未至，丁巳，詔以機務至重，遣使趣召之。

71 己未，帝至自上都。

72 有上言蔚州廣靈縣地產銀者，詔中書、太禧院遣人蒞其事，歲所得銀，歸大承天護聖寺。

73 辛酉，御史臺臣請立燕王爲皇太子。帝曰：「朕子尚幼，非裕宗爲燕王時比，俟雅克特穆爾至，共議之。」

74 壬申，詔興舉蒙古字學。

75 中書省、樞密院、御史臺言：「比奉旨裁省衞士，今定大內四宿衞之士，每宿衞不過四百人；累朝宿衞之士，各不過二百人。鷹坊萬四千四十二〔二十四〕人，當減者四千人。內饔九百九十人，四集賽當留者各百人。累朝舊邸宮分饔人三千二百二十四人，當留者千一百二十人。媵臣、怯憐只〔口〕共萬人，當留者六千人。其汰去者，斥歸本部著籍應役。自裁省之後，各宿衞復有容匿漢、南、高麗人及奴隸濫充者，集賽官與其長杖五十七，犯者與典給散者皆杖七十七，沒家貲之半，以籍入之半爲告者賞。仍令監察御史察之。」制可。

76 九月，庚辰，罷入粟補官例。

77 大寧路地震。

78 甲申，命藝文監以雅克特穆爾世家刻板行之。

79 監察御史葛明誠劾奏：「遼陽行省平章哈喇特穆爾，（舊作哈剌鐵木兒。）嘗坐贓被杖罪，今復任以宰執，控制東藩，亦足見國家名爵之濫，請行黜罷。」從之。

80 己丑〔辛卯〕，監察御史哆囉台、（舊作朵羅台。）王文若言：「嶺北行省，乃太祖肇基之地，武宗時，太師伊齊徹爾（舊作月赤察兒。）爲右丞相，太傅達爾罕（舊作答剌罕。）爲左丞相，保安邊境，朝廷無北顧之憂。今乃命哈瑪爾圖（舊作哈八兒禿，今改。）爲平章政事，其人瑣瑣無正大之稱，錢穀甲兵之事，懵無所知，豈能昭宣皇猷，贊襄國政！且以伊齊徹爾輩居於前而以斯人繼其後，賢不肖固不待辨而明，理宜黜罷。」制可之。

81 置麓川路軍民總管府。復立總管府於哈喇火州。（舊作哈剌火州。）

82 乙未，御史臺臣劾奏：「前中書平章蘇蘇，（舊作速速。）叨居臺鼎，專肆貪淫，兩經杖斷，方議流竄。幸蒙恩宥，量徙湖廣，不復畏法自守，而乃攜妻取妾，濫汚百端。況湖廣乃屯兵重鎮，豈宜居此！請屏之遠裔，以示至公。」詔永竄雷州，湖廣行省遣人械送。

83 己亥，敕：「諸色人非其本俗，敢有弟收其嫂，子收庶母者，坐罪。」

84 丁未，敕有司繕治南郊齋宮。

85 辰州萬戶圖克里布哈（舊作圖（格）里不花，今改。）母舒穆嚕氏（舊作石抹氏。）以志節，漳州龍溪縣陳必達以孝行，並旌其門。

86 冬，十月，辛酉，帝始服大裘、袞冕，親祀昊天上帝于南郊，以太祖配，蓋自世祖至是凡七世，而南郊親祀之禮始克舉焉。

87 乙丑，廣西傜寇橫州及永淳縣，敕廣西元帥府率兵捕之。

88 壬申，御史臺言：「內外官吏令家人受財，以其干名犯義，罪止杖斥。今貪汚者緣此犯法愈多，請依十二章計贓多寡論罪。」從之。

89乙亥，賜伯夷、叔齊廟額曰聖清，歲春秋祀以少牢。

90遣使趣四川、雲南行省兵進討。于是四川行省平章達春（舊作塔出。）引兵由永寧、左丞博囉（舊作孛羅。）引兵由青山芒（茫）部並進，陳兵周泥驛，及祿余等戰，殺蠻兵三百餘人。祿余衆潰，即奪其關隘，以導順元諸軍。時雲南行省平章奇珠等俱失期不至。

91十一月，辛巳，御史臺臣言：「陝西行省左丞齊喇，（舊作怯列。）坐受人僮奴一人及鸚鵡，請論如律。」詔曰：「位至宰輔，食國厚祿，猶受人生口，理宜罪之。但鸚鵡微物，以是論贓，失于太苛，其從重者議罪。今後凡饋禽鳥者，勿以贓論，著爲令。」

92丙戌，羅羅斯撒加伯、烏撒阿答等合諸部萬五千人攻建昌，躍里特穆爾等引兵追戰于木托山下，敗之，斬首五百餘級。

93廣西廉訪司言：「今討叛傜，各行省官將兵二萬人，皆屯住靜江，遷延不進，曠日持久，恐失事機。」詔遣使趣之。

94知樞密院事雅克布達，（舊作燕不憐。）請依舊制全給鷹坊芻粟，使無貧乏，帝曰：「國用皆百姓所供，當量入爲出，朕豈以鷹坊失其利，重困吾民哉！」不從。

95辛丑，敕河南行省：「民間自實田土糧稅，不通舟楫之處，得以鈔代輸。」

96十二月，己酉，以董仲舒從祀孔子廟，位列七十子之下。

97 國子生積分及等者，省、臺、集賢院、奎章閣官同考試，中式者以等第試官，不中者復入學肄業。

98 辛亥，立燕王喇特納達喇爲皇太子，詔天下。

99 戊午，以郊祀禮成，御大明殿受文武百官朝賀，大赦天下。

100 癸酉，詔宣忠扈衞親軍都萬戶府：「凡立營司境內所屬山林川澤，其禽獸魚鼈悉供內膳，諸獵捕者坐罪。」

101 監察御史秦起宗，劾中丞和尙受人婦女，賤買縣官屋，不報。起宗入見，跪辨久之，敕令起，起宗不起，會日暮，出。明日，立太子，有赦，起宗又奏：「不罪和尙，無以正國法。」和尙乃伏辜。帝曰：「爲御史當如是矣。」元會，賜濟遜舊作只孫，今改。服，令得與大宴。

102 甲戌，敕各行省：「凡遇邊防有警，許令便宜發兵，事緩則驛聞。」

103 淸江范梈，以朝臣薦爲翰林院編修官，秩滿，擢海南、海北道廉訪司照磨，巡歷遐僻，不憚風波瘴癘，所至興學教民，雪理冤滯甚衆。遷福建閩海道知事，閩俗素汙，文繡局取良家子爲繡工，無別尤甚。梈作歌詩一篇述其弊，廉訪使取以上聞，皆罷遣之，其弊遂革。未幾，移疾歸，是歲卒。

104 奎章閣初開，首擢翰林應奉揭傒斯爲授經郎，以教勳戚大臣子孫。帝時幸閣中，有所咨訪，奏對稱旨，恆以字呼之而不名。每中書奏用儒臣，必問曰：「其才何如揭曼碩？」間出所上太平政要四十九章以示臺臣曰：「此朕授經郎揭曼碩所進也。」其見親重如此。【考異】歐陽圭齋集，言揭傒斯在奎章時，上覽所撰秋官憲典，驚曰：「茲非唐律乎？」又覽太平政要四十九章，喜而呼其字。黃文獻集亦云：文宗聚勳戚大臣子孫于奎章閣敎之，命學士院擇可爲之師者，無以易公。是傒斯深受知于文宗也。輟耕錄乃云，文宗御奎章日，學士虞集、博士柯九思常侍從，以討論法書、名畫爲事，時授經郎揭傒斯在列，寵眷稍疏，恐未得其實也。元史本傳略本圭齋集，今從之。

傒斯，富州人。地不產金，官民惑于奸民之言，募淘金戶三百戶而以其人總之，散往他郡采金以獻，歲課自四兩，累增至四十九兩。其人既死，而三百戶所存無什一，又貧不聊生。有司乃責民之受役于官者代輸，民多以是破產。中書因傒斯言，遂蠲其徵，民賴以甦。

至順二年（辛未、一三三一）

1春，正月，己卯，御製奎章閣記，親書，刻於石。【考異】馬祖常石田集有御書奎章閣記贊，黃溍集亦有御書跋，元史不載御書，今補入。

2行樞密院使徹爾特穆爾（舊作徹里帖木兒。）等言：「十一月，仁德府權達嚕噶齊（舊作達魯花赤。）田（曲）朮，糾集兵衆以討雲南，首敗布呼賊兵於馬龍州，以是月十一日殺布呼弟拜延，獻馘于豫王。十三日，戰于馬金山，獲布呼及其弟巴延徹爾，（舊作伯顏察兒。）其黨拜布哈（舊作拜不花。」等十餘人，誅之，餘兵皆潰。」獨祿余據金沙江，詔趣進兵討之。

3丁亥，以壽安山英宗所建寺未成，詔中書省給鈔十萬錠供其費，仍命雅克特穆爾、薩題等總督其工役。

4戊子，造歲額鈔本，至元鈔八十九萬五千錠，中統鈔五千錠。

5命興和路建雅克特穆爾鷹棚。

6辛卯，皇太子喇特納達喇薨。壬辰，命宮相法哩（舊法法里。）等護靈轝北祔葬于山陵，仍命法哩等守之。

7御史臺臣劾奏福建宣慰副使哈濟（舊作哈只。）前爲廣東廉訪副使，貪汙狠籍，宜罷黜，從之。

8甲辰，建孔子廟于後衞。

9乙巳，鎭西武靖王綽斯班、（舊作搠思班。）豫王喇特納實哩（舊作阿剌忒納失里。）及行省、行院官同討雲南，兵十餘萬，以去年十一月（十一日），綽斯班師次羅羅斯，期躍里特穆爾會于曲靖、馬龍等州。躍里特穆爾倍道兼進，奪金沙江。十二月十七日，大軍擊敗阿哈兵，阿哈僞降，明日，率兵來襲我營，綽斯班等又擊敗之，阿哈竄走。大軍直趨中慶，遇賊于安寧州，再戰，大敗之。二十八日，阿哈來逆戰，遂就擒，斬于軍前。三十日，將抵中慶，賊兵七千猶拒戰于伽橋、古壁口，躍里特穆爾左頰中流矢，洞耳後，拔矢復戰，大捷，遂復行省治，諸軍皆會，駐于城中，分兵追捕殘賊于嵩明州。捷聞，詔總兵官量度緩急，從宜區處。

行樞密院使徹爾特穆爾，治軍有紀律，所過秋毫無犯，賊平，賞賚甚厚，悉分賜將士，囊裝惟巾櫛而已。

10 二月，戊申，立廣教總管府，以掌僧尼之政，凡十六所，秩正三品。府設達嚕噶齊、總管、同知府事、判官各一員，宣政院選流內官擬注以聞，總管則僧爲之。

11 四川行省招諭懷德府驢谷、什同〔用〕等四峒及生蠻十二峒皆內附，詔陞懷德府爲宣撫司以鎮之。諸峒各設長官司及巡檢司，且命各還所掠生口。

12 湖廣參政徹爾特穆爾與蘇蘇、班坦（舊作班丹。）俱坐出怨言，刑部鞫實定罪，會赦，並流荒僻州郡，仍籍其家；蘇蘇禁錮終身。

13 己酉，樞密院言：「徹爾特穆爾、博囉以正月戊寅敗烏撒蠻兵，射中祿余，降其民，烏蒙、東川、易良州蠻兵、夷獠等俱款附。綽斯班等駐中慶，復行省事。」又言：「澂江路蠻官郘〔郡〕容報賊古喇呼（前改作呼喇呼，舊作古剌忽，一作忽剌忽。）及圖沁之弟拜喇圖密實（舊作必剌都迷失。）等僞降于豫王而反圍之，至易龍驛，古喇呼等掩襲官軍。四川平章達春（舊作塔出。）頓兵不進。平章奇珠妻子孳畜爲賊所掠。諜知圖沁方修城堡，布兵拒守，無出降意。」詔速進兵討之。

14 辛亥，建雅克特穆爾居第于興聖宮之西南，詔薩題及留守司董其役。

15 乙卯，雲南統兵官報諸蠻悉降，惟祿余追捕未獲。

16 諸王齊齊克圖、（舊作徹徹禿。）錫格，（舊作沙哥。）坐妄言不道，詔安置齊齊克圖廣州，錫格雷州。

17 三月，辛巳，御史臺臣劾奏燕南廉訪使布哷爾，（舊作卜咱兒。）前爲閩海廉訪使，受贓累萬，雖遇赦原，宜追奪制命，籍沒流竄，詔如所言，仍暴其罪。

18 甲申，繪皇太子眞容，祀（校者按：祀字衍。）奉安慶壽寺之東鹿頂殿，（祀之）如累朝神御殿儀。以宦者拜珠侍皇太子疾不謹，杖斥之。

19 冠州有蟲食桑四十餘萬株。

20 丙戌，雨土霾。

21 司徒錫沙舊作香山，今改。言：「陶弘景胡笳曲，有『負扆飛天曆，終是甲辰君』之語，今陛下生年、紀號適與之合，此實受命之符，請錄付史館，頒告中外。」詔翰林、集賢、奎章、禮部雜議之。翰林諸臣議以爲：「唐開元間，太子賓客薛讓進武后鼎銘云：『上元降監，方建隆基。』爲玄宗受命之符。姚崇表賀，請宣示史官，頒告中外。而宋儒司馬光斥其采偶合之文以爲符瑞，乃小臣之詔，而宰相實之，是侮其君也。今弘景之曲，雖于生年、紀號若偶合者，然陛下應天順人，紹隆正統，于今四年，薄海內外，罔不歸心，固無待于旁引曲說以爲符命。（從其所言），恐啓讖緯之端，非所以定民志。」事遂寢。

22 戊午，以龍慶州之流杯園池、水碨上田賜雅克特穆爾。

23 癸巳，修普天大醮。

24 豫王喇特納實哩、鎮西武靖王綽斯班等擒雲南諸賊及其將校，磔以徇。

25 癸卯，中書省言：「嘉興、平江、松江、江陰蘆場、蕩山、沙土〔塗〕、沙田之籍于官者，賞〔嘗〕賜他人，今請改賜雅克特穆爾。」令有司如數給付。

26 夏，四月，丙午朔，全寧民王托歡（舊作王脫歡。）獻銀鑛。詔設銀場提舉司，隸中政院。

27 命西僧於五臺及霧靈山作佛事各一月，爲皇太（校者按：太字衍。）子古嚕達喇（舊作古剌〔納〕答納〔剌〕，今改。）祈福。

28 戊申，皇姑魯國大長公主薨。

29 以宮中高麗女子賜雅克特穆爾，高麗國王請割國中田爲資送，詔遣使往受之。

30 發衞卒三千助大承天護聖寺工役。

31 庚戌，詔建雅克特穆爾生祠于紅橋南，樹碑以紀其勳。

32 眞定武陟縣地震，踰月不止。

33戊午，命興和建屋居海青，上都建屋居鷹鶻。

34庚申，寧國路涇縣民張道，殺人爲盜，道弟吉從而不加功，拘囚七年不決。吉母老，無他子孫，中書省臣以聞，敕免死，杖而釋之，俾養其母。

35壬戌，樞密院言：「雲南已平，鎭西武靖王綽斯班奏請（言）：『種人叛者雖已略定，其餘黨逃竄山谷，不能必其無反側，請留荆王額蘇額布罕（舊作也速也不干。）及諸王索諾木（舊作鎖南。）等各領所部屯駐一二歲，以示威重。』」從之。仍命豫王分兵共守一歲以鎭輯之，餘軍皆遣還所部，統兵官召赴闕。

36甲子，詔：「故尙書省丞相托克托，（舊作脫脫。）可視三寶努例，以所籍家貲還其家。」

37御史臺言同僉中政院事殷仲容，奸貪邪佞，冒哀居官，詔黜之。

38戊辰，奎章閣以纂修經世大典，請從翰林、國史院取托布齊延一書以紀太祖已來事蹟，詔以命翰林學士承旨押布哈、（舊作押不花。）塔斯哈雅。（舊作塔斯海牙。）押布哈言：「托布齊延事關祕集（禁），非可令外人傳寫，臣等不敢奉詔。」從之。

39衡州路比歲旱蝗，仍大水，民食草木殆盡，又疫癘者十九。壬申，湖南道宣慰司請賑糧米萬石，從之。

40五月，甲午，以平江官田五百頃立稻田提舉司，隸宮相都總管府。

41 乙未，纂修皇朝經世大典成。

42 丙申，帝如上都，敕在京百司日集公署，自辰至暮勿廢事。

43 戊戌，次紅橋，臨視雅克特穆爾生祠。

44 六月，乙巳朔，監察御史韓元善言：「歷代國學皆盛，獨本朝國學生僅四百員，又復分辨蒙古、色目、漢人之額。請凡蒙古、色目、漢人，不限員額皆得入學。」又，監察御史陳守中言：「凡仕者親老，別無他丁侍養，請不限地方名次，從優附近遷調，庶廣忠孝之道。」皆不報。

45 乙卯，監察御史陳良，劾浙東廉訪使托克托齊延（舊作脫脫赤顏。）「阿附權奸都爾蘇，又，其生母何氏，本父之妾而兄妻之，乃冒請封贈，請黜罷憲職，追還贈恩。」從之。

46 癸亥，詔：「諸官吏在職役或守代未任，爲人行賕關說，其有所取者，官如十二章論贓，吏罷不敍終其身；雖無所取而訟起滅由己者，罪加常人一等。」

47 雲南出征軍悉還，烏撒、羅羅蠻復殺戍軍黃海潮等，撒加伯又殺掠良民爲亂。丙寅，命雲南行省、院：「凡境上諸關戍兵，未可輕撤，宜俟緩急以制其變。」

48 秋，七月，辛巳，濟爾哈達爾（舊作只兒哈答兒。）坐罪當流遠，以騰吉斯（舊作唐其勢。）舅氏故釋之。

49 壬午，監察御史張益等言：「四川行省平章奇徹臺（舊作欽察台。）爲人反覆，不可信任，今雲南未平，與蜀接境，宜削官遠竄。」詔奪其制命、金符，同妻孥禁錮于廣東。

50 丁亥，海南黎賊作亂，詔江西、湖廣兩省合兵捕之。

51 乙未，立閔子書院于濟南。

52 庚子，廣西傜賊平。

53 癸卯，知行樞密院事徹爾特穆爾以兵討叛蠻，戮其黨七百餘人。

54 大寧和衆縣何千妻殉夫，旌其門。

55 八月，甲辰朔，日有食之。

56 辛亥，帝至自上都。

57 甲寅，命宣課提舉司毋收雅克特穆爾邸舍商貨稅。

58 江浙水，壞田四十八萬八千餘頃。

59 詔皇子古嚕達喇出居雅克特穆爾家。九月，癸酉朔，市鄂爾根薩哩（舊作阿魯渾薩里。）宅，命雅克特穆爾奉皇子古嚕達喇居之。

60 乙亥，命留守司發軍士築駐蹕臺于大承天護聖寺東。

61 御史臺臣劾奏：「四川行省參政馬鎔，發糧六千石餉雲南軍，中道輒還，預借俸鈔一十九錠以娶妾，又詬罵平章汪壽昌，罪雖蒙宥，難任宰輔。」帝曰：「綱常之理，尊卑之分，懵無所知，其何以居上而臨下！亟罷之！」

62 丙子，海南賊王周糾率十九峒蠻二萬餘人作亂。命調廣東、福建兵隸湖廣左丞伊喇四努，（舊作移刺四奴，下作伊喇世努。）統領討捕。

63 湖州安吉縣久雨，太湖溢，漂沒居民，賑之。

64 丁亥，御史臺言：「江西行省參政李允中，乃故內侍李邦寧養子，器質庸下，誤叨重選，宜黜罷。」從之。

65 雲南祿余復叛，殺烏撒宣慰使伊嚕、（舊作月魯。）東川路總管府判官嘉琿迪（舊作教化的。）等二十餘人，率兵擊羅羅斯，寇順元路。丁酉，雲南行省遣都事諾海、（舊作那海。）鎮撫欒智等奉詔往諭祿余及授以參政制命，至撒家關，祿余拒不受。俄而賊大至，諾海因與力戰，賊乃退。及晚，烏撒兵入順元境，左丞特穆爾布哈禦賊，諾海復就陣宣詔招之，遂遇害，特穆爾布哈等斂兵還。

66 冬，十月，己酉，爲皇子古嚕達喇作佛事，釋在京囚死罪者二人，杖罪者四十七人。

67 癸丑，蒙古都元帥齊喇（舊作怯烈。）引兵擊阿哈賊黨于靖江路海中山，爲雲梯登山，破其柵，殺賊五百餘人。圖沁之弟必里克圖庫圖齊，（舊作必剌都古彖失，今改。）舉家赴海死。

68 戊午，（校者按：二字衍。）吳江州大風雨，太湖溢，漂沒廬舍。辛酉，命江浙行省賑之。

69 丙寅，雅克特穆爾取犛牛五千〔十〕于西域來獻。

70 十一月，壬申朔，日有食之。

71 雲南行省言：「伊奇布錫（舊作亦乞不薛。）之地所牧國馬，歲給鹽，以每月上寅日啖之，則馬健無病。比因布呼叛亂，雲南鹽不可到，馬多病死。」詔四川行省以鹽給之。

72 乙亥，李彥通、蕭布蘭奚（舊作蕭不蘭奚。）等謀反，伏誅。

73 癸未，詔養雅克特穆爾之子塔喇哈（舊作塔剌海。）爲子，賜居第。

74 隆祥司使晃忽爾布哈（舊作晃忽兒不花。）言：「海南所建大興龍普時〔明〕寺，工費浩穰，黎人不勝其擾，以故爲亂。」詔湖廣行省臣布哈（舊作玥璐不花。）及宣慰、宣撫二司領其役，仍命廉訪司涖之。

75 十二月，戊申，陝西行臺御史尼古巴、（舊作捏古伯。）高担〔坦〕等，劾奏：「本臺監察御史陳良，恃勢肆毒，徇私破法，請罷職籍贓，還歸田里。」詔：「雖會赦，其準風憲例，追奪敕命，餘如所奏。」

76 以黃金符鐫文曰「翊忠徇義、迪節同勳」，賜西域親軍副都指揮使奇徹，以旌其天曆初紅橋戰功。

77 壬子，復命諸王呼喇春（舊作忽剌出。）還鎮雲南。

78癸丑，河南、河北道廉訪副使僧嘉努舊作僧家奴，今改。言：「自古求忠臣必于孝子之門。今官于朝十年不省覲者有之，非無思親之心，實由朝廷無給假省親之制，而有擅離官次之禁。古律，諸職官父母在三百里，於三年聽一給定省假二十日；無父母者，五年聽一給拜墓假十日。以此推之，父母在三百里以至萬里，宜計道里遠近，定立假期。其應省覲而不省覲者坐以罪。若詐冒假期，規避以掩其罪，與詐奔喪者同科。」命中書省、禮部、刑部及翰林、集賢、奎章閣議之。

79癸亥，雨木冰。

80是歲，以集賢大學士岳柱爲江西行省平章政事。時有誣告富民負永寧王官帑銀八百餘錠者，中書遣使諸路徵之。使至江西，岳柱曰：「事涉誣罔，不可奉命。」僚佐重違宰臣意，岳柱曰：「民爲邦本，傷本以斂怨，亦非宰相福也。」令使者以此意復命。雅克特穆爾聞其言感悟，命刑部詰治，得誣罔狀，坐告者罪，以其事聞，帝嘉之，特賜幣帛及上尊酒。

桂陽州民張思進等，嘯聚二千餘衆，州縣不能治，廣東宣慰司請發兵捕之，岳柱曰：「有司不能撫綏邊民，乃欲僥倖興兵以爲民害邪！」遣千戶王英往問狀。英直抵賊巢，諭以禍福，賊曰：「致我爲非者，兩巡檢司耳，我等何敢有異心哉！」諭其衆使復業，一方以寧。岳柱，鄂爾根薩理之子也。

81監察御史陳思謙言：「銓衡之弊有四：入任〔仕〕之門太多，黜陟之法太簡，州郡之任太淹，朝省之除太速。請設三策以救四弊：一曰至元三十年以後增設衙門，冗濫不急者，從實減并；其外有選法者，并入中書。二曰宜參酌古制，設辟舉之科，令三品以下各舉所知，得才則受賞，失實則受罰。三曰古者刺史入爲三公，郎官出宰百里，蓋使外職識朝廷治體，內官知民間利病。今後歷縣尹有能聲善政者，授郎官、御史，歷郡守有奇才異績者，任憲使、尚書，其餘各驗資品通遷。在內者不得三考連任京官，在外者須歷兩任乃遷內職；績非出類，守不敗官者，則循以年勞，處以常調。凡朝缺官員，須二十月之上，方許遷除。」帝命中書議行之。

時有官居喪者，往往奪情起復，思謙言：「三年之喪，謂之達禮，自非金革，不可從權。」遂著于令。有詔起報嚴寺，思謙曰：「兵荒之餘，當罷土木以舒民力。」帝嘉之曰：「此正得祖宗立臺憲之意，繼此事有當言者無隱。」賜縑綺旌之。思謙，祐之孫也。

82帝幸奎章閣，命取國史閱之，左右舁匱以往，國史院長貳無敢言。編修呂思誠爭曰：「國史紀當代人君善惡，自古天子無觀閱之者。」乃止。

至順三年（壬申、一三三二）

1春，正月，癸酉，命前高麗國王王燾仍爲高麗國王，賜金印。初，燾有疾，命其子楨襲王爵。至是囊疾愈，故復位。

2 己卯，罷諸建造工役，惟城郭、河渠、橋道、倉庫勿禁。

3 廣西羅㚔里叛寇馬武沖等攻陷那馬達等砦，命廣西宣慰司嚴軍禦之。

4 伊闕徹爾（舊作月闊察兒。）冒請衞士芻粟，當坐罪，雅克特穆爾請釋之。

5 戊子，萬安軍黎賊王奴羅等寇臨水縣。

6 己丑，四川行省言：「去年九月，左丞特穆爾布哈與祿余賊兵戰被創，賊遂侵境，請調重慶、欽（敍）州兵二千五百人往救之。」順元宣撫司亦言：「賊列行營爲十六所，請調兵分道備禦。」

7 詔上都留守司爲雅克特穆爾建居第。

8 御史臺言：「選除雲南廉訪司官，多託故不行，今有如是者，風憲勿復用。」制可。

9 庚子，夔路忠信寨峒主阿具什用合峒蠻八百餘人寇施州。

10 二月，戊申，雲南行省言：「會通州上（土）官阿賽及河西阿勒等與羅羅賊等千五百人寇會川路之卜龍村，又，祿余將引兵與芒（茫）部合寇羅羅斯，截大渡河、金沙江以攻東川、會通等州，請奉先所降詔書招諭之，不奉命則從宜進軍。」制可。

11 己酉，祿余言于四川行省曰：「自父祖世爲烏撒土官宣慰使，佩虎符，素無異心。曩爲布呼誘脅。比聞朝廷招諭，而今限期已過，乞再降詔赦，即率四路土官出降。仍乞改屬四川省，隸永寧路，冀得休息。」行省以聞。詔中書、樞密、御史諸大臣雜議之。

12集賢大學士致仕王約卒。

13辛酉，雅克特穆爾兼奎章閣大學士、領奎章閣學士院事。

14己巳，詔修曲阜先聖廟。

15邛州有二井，舊名金鳳、茅池。天曆初地震，鹽水湧溢，州民侯坤願作什器煮鹽而輸課于官，詔四川轉運鹽司主之。

16三月，庚午朔，中書省言：「凡遠戍軍官死而歸葬者，宜視民官例，給道里之費。又，四川驛戶，比以軍興消乏，宜遣官同行省量濟之。」制可。

17雅克特穆爾言：「平江、松江澱山湖圩田方五百頃有奇，當入官糧七千五（七）百石。其總田者死，頗爲人占耕。今臣願增糧爲萬石入官，令人佃種，以所得餘米贍臣弟薩敦。」（舊作撒敦。）從之。

18洛水溢。

19己丑，復立功德使司。

20癸巳，皇子古嚕達喇更名雅克特古斯（舊作燕帖古思，今改。）

21夏，四月，戊申，大寧路地震。

22戊午，國師必蘭納識里（舊作必剌忒納失里。）與故安西王子伊嚕特穆爾（舊作月魯帖木兒。）等謀爲不軌，伏誅。有司籍之，得其人畜、土田、金銀、貨貝、錢幣、邸舍、書畫、器玩以及婦人七寶裝具，價值鉅萬萬。

23命有司爲巴延建生祠，立紀功碑于涿州；仍別建祠，立碑于汴梁。

24戊辰，免雲南行省田租三年。

25前中書右丞相太傅巴達錫（舊作伯答沙。）卒。巴達錫清愼寬厚，號稱長者，其歿也，貧無以爲斂。贈太師，追封威平王。

26五月，甲戌，薩題請備錄登極以來固讓明宗往復奏言，其餘訓敕、辭命及雅克特穆爾等宣力效忠之蹟，命多來（舊作朵來。）續爲蒙古托布齊延一書，置之奎章閣，從之。

27戊寅，京師地震有聲。

28庚寅，帝如上都。

29壬辰，太常博士王瓚言：「各處請加封神廟，濫及淫祠。按禮經，以勞定國，以死勤事，能禦大災，能捍大患則祀之。其非祀典之神，今後不許加封。」制可。

30追封顏子父顏無繇爲杞國公，諡文裕；母齊姜氏杞國夫人，諡端獻；妻宋戴氏兗國夫人，謚貞素。

31 汴梁之睢州、陳州，開封之蘭陽、封丘諸縣河水溢。滹沱河決。

32 六月，己酉，以御史中丞趙世延（安）爲中書左丞。

33 乙丑，禁諸卜筮、陰陽人毋出入諸王公大臣家。

34 江南行臺監察御史蘇天爵慮囚于湖北。

湖北地僻遠，民獠所雜居，天爵冒瘴毒，徧歷其地。囚有言冤狀者，天爵曰：「憲司歲兩至不言，何也？」皆曰：「前此慮囚者，應故事耳。今聞御史至，當受刑，故不得不言。」天爵爲之太息，每事必究心，雖盛暑，猶夜篝燈治文書無倦。天爵，眞定人也。

35 秋，七月，戊辰（辛未）朔，調軍士修柳林海子橋道。

36 丁丑，湖廣行省言：「黎賊勢猖獗，請益兵三千以備調用。」命依前詔，促伊喇世努尅日進兵。

37 八月，己酉，帝崩于上都。是日，隴西地震。癸丑，葬起輦谷。

初，帝大漸，召皇后及皇子雅克特古斯、丞相雅克特穆爾謂曰：「昔日鴻呼尼（舊作王忽察都。）之事，爲朕平生大錯，悔之無及。雅克特古斯雖爲朕子，然今日大位，乃明宗之大位也。汝輩如愛朕，立明宗之子，使紹茲大位，則朕見明宗于地下，亦可有辭以對。」鴻呼尼，明宗自北來飲毒而崩之地也。雅克特穆爾內懼，躊躇者累日，念鴻呼尼之事，己實造謀，恐明宗之子立而治其罪，祕遺詔不發，因謂皇后曰：「阿婆且權守上位玉寶，我與宗戚諸王徐議之可也。」于是遣使徵諸王會京師。中書百司政事，咸啓中宮取進止。【考異】元史文宗紀，但云遺詔立明宗之子，不復詳其語。惟庚申外史言文宗深悔往事，大漸時自吐其實，願立明宗之子以自贖。所謂人之將死，其言也善。文宗與雅克特爾穆之謀弒，元史每多微辭，今從外史。徐氏後編曰：明宗之子，蓋謂鄜王伊勒哲伯也。至元元年七月戊申之詔，言文皇有旨，傳次于予，雅克特穆爾貪利幼弱，故舍己而立寧宗。而外史亦云遺詔使召托懽特穆爾來登大位，與詔書合。然文宗先嘗詔告天下以托懽特穆爾非明宗之子矣，至是豈肯立之！及伊勒哲伯崩，明宗子惟托懽特穆爾在，而太后決意迎立，雅克特穆爾不得已而從之耳。詔書殆未可信，故依元史云明宗之子而不著其名。

乙卯，雅克特穆爾以中宮旨，賜駙馬諸王大臣金銀幣帛有差。

38 九月，辛巳，修皇太后儀仗。

39 是夜，地震有聲來自北。

40 時大位猶虛，而雅克特穆爾禮絕百僚，威燄熏灼，宗戚諸王無敢言者。又久之，尚不立君，中外頗以爲言，雅克特穆爾乃請立皇子雅克特古斯，皇后命立明宗第二子鄜王伊勒哲伯。雅克特穆爾不得已乃奉命。十月，庚子，鄜王即皇帝位于大明殿。

41 辛丑，以知樞密院事薩敦爲御史大夫，中書右丞薩題爲中書平章政事，宣政使奇爾濟蘇（舊作闊里吉思。）爲中書左丞，中書平章政事圖爾哈特穆爾（舊作禿兒哈鐵木兒。）知樞密院事。

42 丙寅，楚丘縣河隄壞，發民丁修之。

43 十二〔一〕月，戊寅，尊皇后曰皇太后。

44 壬辰，帝崩，年七歲，在位四十三日。甲午，葬起輦谷，謚寧宗。

時燕有妄男子上變，言部使者謀爲不軌，按問皆虛。法司謂唐律告叛者不反坐，參議中書省事張起巖奮謂同列曰：「方今嗣君未立，人情危疑，不急誅此人以杜奸謀，慮妨大計。」趣有司具獄，都人肅然。

45 皇太后臨朝，雅克特穆爾復與羣臣議立雅克特古斯。太后曰：「天位至重，吾兒方幼，豈能任耶！托歡特穆爾在廣西，今年十三矣，且明宗之長子，禮當立之。」乃命中書左丞奇爾濟蘇迎托歡特穆爾于靜江。

46 皇太后在興聖宮，正旦，議循故事行朝賀禮，禮部尚書宋本，言宜上表興聖宮，廢大明殿朝賀，衆是而從之。

續資治通鑑卷第二百七

賜進士及第兵部尚書兼都察院右都御史總督湖北湖南等處地方軍務兼理糧餉世襲二等輕車都尉畢沅編集

元紀二十五 起昭陽作噩(癸酉)二月，盡著雍攝提格(戊寅)十二月，凡六年。

順帝 諱托歡特穆爾，明宗之長子，母南富魯氏，(舊作罕祿魯氏。)延祐七年四月丙寅，生帝於北方。大(天)曆二年，明宗崩。至順元年四月，徙帝於高麗，明年，移於廣西之靜江。

元統元年(癸酉、一三三三)

1春，二月，托歡特穆爾舊作妥懽帖木爾，(元史明宗紀作妥懽帖木爾，順帝紀作妥懽貼睦爾。)今改。北行至良鄉，京師具鹵簿迎之。雅克特穆爾舊作燕鐵木兒，今改。並馬而行，於馬上舉鞭指畫，告以國家多難，遣使奉迎之故，而托歡特穆爾一無酬答。雅克特穆爾疑其意不可測，且恐追理明宗暴崩之故，心志日以瞀亂。會太史亦言托歡特穆爾不可立，立則天下亂，以故議未決。遷延者數月，國事皆決於雅克特穆爾，奏皇太后而行之。

雅克特穆爾自文宗復辟，遂秉大權，挾震主之威，肆意無忌，一宴或宰十三馬。取泰定帝后爲夫人，前後尙宗室之女四十人，或有交禮三日遽遣歸者。後房充斥，不能盡識，一日宴趙世延家，男女列坐，名爲鴛鴦會，見坐隅一婦色甚麗，問曰：「此爲誰？」意欲與俱歸，左右曰：「此太師家人也。」至是荒淫日甚，體羸，溺血而死。

太后乃與大臣定議立托歡特穆爾，且曰：「萬歲之後，其傳位於雅克特古斯，（舊作燕帖古思。）若武宗、仁宗故事。」諸王、宗戚奉上璽綬勸進。六月，己巳，托歡特穆爾卽皇帝位于上都。詔赦天下。

2 辛未，命巴延（舊作伯顏。）爲太師、中書右丞相、監修國史，薩敦（舊作撒敦。）爲太傅、左丞相。

時有阿魯輝特穆爾（舊作阿魯輝帖木兒。）者，明宗親臣也，言於帝曰：「天下事重，宜委宰相決之，庶可責其成功。若躬自聽斷，則必負惡名。」帝信之，由是深居宮中，每事決於宰相，而已無所專焉。

3 是月，大霖雨，京畿水，平地丈餘。涇水溢，關中水災。黃河大溢，河南水災。兩淮旱，民大饑。

4 帝初受佛戒時，見瑪哈喇佛前有物爲供，因問學士實喇卜（舊作沙剌班。）曰：「此何物？」曰：「羊心。」帝曰：「曾聞用人心肝者，有諸？」曰：「聞之，而未嘗目睹。請問賴嘛。」賴嘛者，帝師也。帝遂命實喇卜問之，答曰：「有之，凡人萌歹心害人者，事覺，則以其心肝作供耳。」曰：「此羊曾害人乎？」帝師不能答。

5前翰林學士吳澄卒。

澄答問亹亹，使人渙若冰釋。四方之士，來學者不下千數百人，稱爲草廬先生。卒年八十五。贈江西行省左丞，追封臨川郡公，謚文正。

6秋，七月，霖雨。

7八月，壬申，鞏昌徽州山崩。

8是月，立奇徹氏（舊作欽察氏。）爲皇后。后，雅克特穆爾之女也。

9奎章閣侍書學士虞集謝病歸。

初，御史中丞馬祖常，求集薦引其客龔伯璲，集曰：「是子雖小有才，然非遠器，恐不得令終。」祖常固請，集固拒之，祖常不悅。寧宗崩，大臣將立帝，用至大故事，召諸老臣赴上都議政，集在召列，祖常使人告之曰：「御史有言。」乃謝病歸臨川。初，文宗黜帝居江南，使集書詔播告中外。時省、臺臣皆文宗素所信用，御史亦不敢斥言其事，意在諷集速去而已。

【考異】庚申外史以馬祖常在文宗時亦同草詔者。按祖常爲中丞，非草詔之官，且使果同草詔，何以諷集使去？此說誣也。

伯璲後坐事見殺，世乃服集知人。

10 九月，甲寅，中書省言：「官員遞陞，窒礙選法，請自省、院、臺官外，其餘不許遞陞。」從之。

11 庚申，詔太師、右丞相巴延，太傅、左丞相薩敦，專理國家大事，餘皆不得兼領三職。

12 詔免儒人役。

13 秦州山崩。

14 冬，十月，丙寅，鳳州山崩。

15 戊辰，詔改至順四年爲元統元年。

16 中書省臣言：「凡朝賀遇雨，請便服行禮。」從之。

17 丁丑，依皇太后行年之數，釋放罪狀〔囚〕二十七人。

18 戊子，封薩敦爲榮王，騰吉斯（舊作唐其勢。）襲父封爲太平王。

19 庚子〔寅〕，中書省臣請集議武宗、英宗、明宗三朝皇后升祔。

20 衍聖公孔思晦卒，子克堅襲。

21 十一月，丙申，鞏昌成紀縣地裂山崩，令有司賑被災人民。

22 丁〔辛〕丑，起棕毛殿。

23 辛亥，追謚濟雅爾（舊作札牙篤，今改。）皇帝爲聖明元孝皇帝，廟號文宗。時寢廟未建，于英宗室次權結綵殿以奉安神主。

24封巴延爲秦王。

25江西、湖廣、江浙、河南復立榷茶運司。

26是日，秦州山崩地裂。

27乙卯，以雅克特穆爾平江所賜田五百頃，復賜其子騰吉斯。

28詔秦王、右丞相巴延，榮王、左丞相薩敦，總百官，總庶政。

29十二月，乙丑，廣西傜寇湖南，陷道州，千戶郭震戰死，傜焚掠而去。

30壬申，遣省臺官分理天下囚，罪狀明者處決，冤者辨之，疑者讞之，淹滯者罪其有司。

31乙亥，爲皇太后置徽政院，設官屬三百六十有六員。

32監察御史多爾濟巴勒（舊作朵爾直班。）上疏陳時政五事：其一日太史言明年三月癸卯望，日食既，四月戊午朔，日又食。皇上宜奮乾綱，修刑政，疎遠邪佞，專任忠良，庶可消弭災變以爲禎祥。二日親祀郊廟。三日博選勳舊之子端謹正直者，前後輔導，使嬉戲之事不接於目，俚俗之言不及於耳，則聖德日新矣。四日樞機之臣固宜尊寵，然必賞罰公則民心服。五日弭安盜賊，賑救飢民。多爾濟巴勒，穆呼哩（舊作木華黎。）七世孫也。

33是月，河南、江北行省平章政事岳柱卒。

岳柱天資孝友，嗜經史，自天文、醫藥之書，無不究極。度量弘廓，有欺之者，恬不爲意，或問之，則曰：「彼自欺也，我何與焉！」母郜氏亦嘗稱之曰：「吾子，古人也。」

34是歲，以刑部尚書達爾瑪（舊作答里麻。）爲遼陽行省參知政事。高麗國使朝京，道過遼陽，謁行省官，各奉布四匹，書一幅，用征東省印封之。達爾瑪詰其使曰：「國家設印，以署公牘，防姦僞，何爲封私書？況汝出國時，我尚在京，未爲遼陽省官，今何故有書遺我？汝君臣何欺詐如是耶？」使辭屈，還其書與布。答里麻，（上改作達爾瑪。）高昌人也。

35國制，日進御膳用五羊，而帝自卽位以來，日減一羊，以歲計之，省羊三百五十有奇。

36起前吏部尚書王克敬爲江浙行省參知政事。

克敬至，請罷富民承佃江、淮田。松江大姓有歲漕米萬石獻京師者，其人既死，子孫貧且行乞，有司仍歲徵，弗足則雜置松江田賦中，令民包納，克敬曰：「匹夫妄獻米，徼名爵以榮一身，今身死家破，又已奪其爵，不可使一郡之人均受其害。國用寧乏此耶！」具論免之。嶺海傜賊竊發，朝廷調兵戍之在行省者往討之。會提調兵馬官缺，故事，漢人不得與軍政，衆莫知所爲，克敬抗言：「行省任方面之寄，假令萬一有重於此者，亦將拘法坐視耶！」乃調兵往捕之。軍行，給糧有差。事聞於朝，卽令江西、湖廣二省給糧亦如之。視事五月，請老，年甫五十九，謂人曰：「穴趾而峻墉必危，再實之木，必傷其根。無功德而忝富貴，何以異此！故常懷止足之分也。」又曰：「世俗喜言勿認眞，此非名言，臨事不認眞，豈盡忠之道乎？」故其歷官所至，俱有政績可紀。

元統二年（甲戌、一三三四）

1春，正月，庚寅朔，朝賀大明殿。監察御史多爾濟巴勒上言：「百官踰越班次者，當同失儀論，以懲不敬。」

先是教坊班位在百官後，御史大夫薩迪（舊作撒迪。）傳旨，俾入班。多爾濟巴勒執不可。薩勒〔迪〕曰：「御史不奉詔耶！」多爾濟巴勒曰：「事不可行，大夫復奏可也。」

2是日，雨血於汴梁，著衣皆赤。

3以御史大夫托勒岱（舊作脫列台。）爲中書平章政事，阿爾哈雅（舊作阿禮海牙。）爲河南行省左丞相。

4丁酉，饗於太廟。

5甲寅，立行宣政院於杭州。

6二月，己未朔，詔內外興舉學校。

7癸亥，廣西傜寇邊，殺官吏。廣海官已除而未上者罪之。

8甲申，太廟木陛壞，遣官告祭。

9 是月，灤河、漆河溢，永平諸縣水災。

10 三月，己丑朔，詔：「科舉取士，國子監積分、膳學錢糧，儒人免役，悉依累朝舊制。學校官選有德行學問之人以充。」

11 辛卯，以陰陽家言，罷造作四年。

12 癸巳，廣西傜賊復起，殺同知元帥吉賴斯，（舊作吉烈思。）掠庫物。遣右丞圖嚕密實（舊作禿魯迷失。）將兵討之。

13 癸卯，月食既。

14 乙巳，中書省言益都、眞定盜起，請選省、院官往督捕之，仍募能擒獲者倍其賞，獲三人者與一官，從之。

15 壬子，廣西慶遠府傜寇全州，詔平章政事特默齊（舊作探馬赤。）統兵二萬人擊之。

16 丁巳，詔：「蒙古、色目犯奸盜詐僞之罪者，隸宗正府；漢人、南人犯者，屬有司。」

17 湖廣旱，自是月不雨至於八月。

18 夏，四月，戊午朔，日有食之。

19 壬申，命騰吉斯爲總管高麗、女直、漢軍萬戶府達魯花赤，（前改作達嚕噶齊。）與滿濟勒噶台（舊作馬札兒台，今改。）並爲御史大夫。

20丁丑，太白經天。

21己卯，奉文宗神主祔於太廟，躬行告祭之禮，樂用宮懸，禮三獻。先是御史臺言：「郊廟，國之大典，王者必行親祀之禮，所以盡尊尊、親親之誠，宜因升祔有事於太廟。」帝從之。

是日，罷夏季時饗。

22壬午，帝命錄許衡孫從宗爲章佩監異珍庫提點。

23癸未，立鹽局於京師南北城，官自賣鹽，以革專利之弊。

24乙酉，中書省言佛事布施費用太廣，請除累朝期年忌日之外，餘皆罷，從之。

25是月，帝如上都。【考異】馮鷺庭曰：元史順帝紀：至順四年六月己巳，帝即位于上都。詔曰「以至順四年六月初八日即皇帝位于上都」云云，元統二年夏四月，車駕時巡上都，然于中無帝還大都之文。據寧宗即位于大明殿，殿在大都。寧宗在位止四十三日，而順帝自靜江至京，雖遷延未即立，然只在大都。如元統元年十月之奉文宗御容于大承天護聖寺，十一月之饗太廟，二年正月饗太廟，上文宗謚號，告祭南郊，四月文宗祔于太廟及行親祀之禮，皆是在大都事。正疑順帝之即位在大都而不在上都，其所云即位于上都者，字或誤也。此姑仍帝紀之舊，而存其說于此。

26集賢大學士陳顥扈從至龍虎臺，帝命顥造膝前，握其手曰：「卿累朝老臣，更事多矣，凡政事宜極言無隱。」顥頓首謝。顥每集議，其言無不剴切。

27河南旱，自是月不雨至於八月。

28 五月，己丑，宦者博囉特穆爾（舊作孛羅帖木兒。）傳皇后旨，取鹽十萬引入中政院。

29 辛卯，以騰吉斯代薩敦爲中書左丞相，薩敦仍商量中書省事。

30 戊申，詔文濟王曼濟（舊作蠻子。）鎮大名，雲南王阿嚕（舊作阿魯。）鎮雲南。

31 是月，贈故中書平章政事王泰亨謚清憲。

舊令，三品以上官，立朝有大節及有大功勳於王室者，得賜功臣號及謚。時寖冗濫失實，惟泰亨在中書時，安南請佛書，請以九經賜之，使高麗不受禮遺，爲尙書貧不能自給，故特賜是謚。

32 贈漳州萬戶府知事闞文興英毅侯，妻王氏貞烈夫人，廟號雙節。

33 六月，戊午，淮水漲，山陽縣滿浦、清江〔岡〕等處民畜房舍多漂溺。

34 乙亥，騰吉斯辭左丞相不拜，復命薩敦爲左丞相。

35 辛巳，詔蒙古、色目人行父母喪。

36 癸未，復立繕工司，造繒帛。

37 乙酉，追封雅克特穆爾爲德王，謚忠武。

38 是月，彰德雨白毛。民謠云：「天雨線，民起怨，中原地，事必變。」

39 秋，七月，丁亥，戒陰陽人毋得於貴戚之家妄言禍福。

40 辛卯，祭太祖、太宗、睿宗三朝御容，罷秋季時饗。

41 壬辰，帝幸大安閣。是日，宴侍臣於奎章閣。

42 壬寅，詔：「蒙古、色目人犯盜者免刺。」

43 是日至九月，太白屢經天。

44 監察御史多爾濟巴勒條陳九事：（一）曰比日倖門漸啓，刑罰漸差，無功者覬覦希賞，有罪者僥倖求免。恐刑政漸弛，紀綱漸紊，勞臣何以示勸，奸臣何以警懼！二曰天下之財皆出於民，民竭其力以佐公上，而用猶不足，則嗟怨之氣，上干陰陽之和，水旱災變所由生也。宜專命中書省官二員，督責戶部，議定減省，罷不急之工役，止無名之賞賜。三曰禁中常作佛事，權宜停止。四曰官府日增，選法愈敝，宜省冗員。五曰均公田。六曰鑄錢幣。七曰罷山東田賦總管府。八曰蠲河南自實田糧。九曰禁取姬妾於海外。

45 八月，辛未，赦天下。

46 京師地震，鷄鳴山崩，陷爲池，方百里，人死者甚衆。

47 癸未，中書平章政事阿爾哈雅罷。

48 是月，南康路旱蝗，賑之。

49 九月，辛卯，帝至自上都。

50甲午，傜賊陷賀州，發河南、江浙、江西、湖廣諸軍及八番義從軍，命廣西宣慰使都元帥章巴延（舊作章伯顏。）將以擊之。

51壬子，賑吉安路水災。

52冬，十月，乙卯朔，正內外官朝會儀班次，一依品從。

53戊午，饗於太廟。

54辛酉，以侍御史許有壬爲參知政事，知經筵事。

55丁卯，立湖廣黎兵屯田萬戶府。

56己卯，上皇太后尊號曰贊天開聖仁壽徽懿昭宣皇太后。赦天下，免今年民租之半，內外官四品以下減一資。

先是監察御史台布哈（舊作太不花，（元史本傳作泰不華。）今改。）率同列上章，言嬸母不宜加徽稱，太后怒，欲殺言者，台布哈語衆曰：「此事自我發之，甘受誅戮，決不敢累諸公也。」已而太后怒解，曰：「風憲有臣如此，豈不能守祖宗之法乎！」賜金幣二匹以旌其直，然其言終不用也。

57郤獻天鵝。

58十一月，戊子，中書省臣請發兩艘船下番，爲皇后營利。

59是月，集賢直學士兼國子祭酒宋本卒。

本制行純白，不可干以私，而篤朋友之義，人有片善，稱道不少置。尤以植立斯文自任，知貢舉，取進士滿百人額；爲讀卷官，增第一甲爲三人。父官南中，貧，賣宅以去；居官清愼，饘粥至不給。本未弱冠，聚徒以養親，殆二十年，歷仕通顯，猶僦屋以居。

60十二月，甲戌，詔整治學校。

61是歲，始以珍格（舊作眞哥。）皇后配饗武宗。

時議三朝皇后升祔未決，巴延以問太常博士逯魯曾曰：「先朝既以珍格皇后無子，不爲立主，今所當立者，明宗母耶，文宗母耶？」對曰：「珍格皇后在武宗朝，已膺寶册，則明、文二母皆爲妾。今以無子之故不得立主，而以妾母爲正，是爲臣而廢先君之后，爲子而封先父之妾，於禮不可。昔燕王慕容垂卽位，追廢其母后，而立其生母爲后以配饗先皇，爲萬世笑。豈可復蹈其失乎？」集賢學士陳顥素嫉魯曾，乃曰：「唐太宗册曹王明之母爲后，是亦二后也，奚爲不可？」魯曾曰：「堯之母爲帝嚳庶妃，堯立爲帝，未聞册以爲后而配嚳。皇上爲大元天子，不法堯、舜而法唐太宗耶？」衆服其議，而巴延亦是之，遂以珍格皇后配饗武宗，擢魯曾爲監察御史。

62禁私創寺觀菴院。僧道入錢五十貫，給度牒，方聽出家。

至元元年（乙亥、一三三五）

1春，正月，癸巳，申命廉訪司察郡縣勸農勤惰，達大司農司以憑黜陟。

2二月，甲寅朔，革宂官。

3乙卯，帝將畋於柳林，御史臺臣諫曰：「陛下春秋鼎盛，宜思文皇付託之重，致天下於隆平。況今赤縣之民，供給繁勞，農務方興而馳騁冰雪之地，脫有銜橛之變，如宗廟社稷何！」遂止。

4三月，壬辰，河州路大雪十日，深八尺，牛羊駝馬凍死者十九，民大飢。

5庚子，御史臺言：「高麗爲國首效臣節，而近年屢遣使往選取媵妾，至使生女不舉，女長不嫁，宜賜止禁〔禁止〕。」從之。

6中書省臣言帝生母太后神主宜於太廟安奉，命集議其禮。

7己〔乙〕巳，以中書左丞王結參知政事。

中宮命僧尼於慈福殿作佛事，已而殿災，結言僧尼褻瀆，當坐罪。左丞相薩敦疾革，家人請釋重囚禳之，結極陳其不可。先是有罪者，北人則徙廣海，南人則徙遼東，去家萬里，往往道死。結請移鄉者止千里外，改過聽還其鄉，因著爲令。職官坐罪者多從重科，結曰：「古者刑不上大夫。今貪墨雖多，然士之廉恥不可以不養也。」聞者謂其得體。

8 封安南世子陳端午爲安南國王。

9 夏，四月，癸丑朔，詔：「諸官非節制軍馬者，不得佩金虎符。」

10 己卯，詔翰林國史院纂修累朝實錄及后妃、功臣列傳。

11 庚辰，禁犯御名。

12 五月，戊子，帝如上都。

13 遣使者詣曲阜孔子廟致祭。

14 壬辰，命嚴謚法以絕冒濫。

15 甲辰，巴延請以右丞相讓騰吉斯，詔不允，命騰吉斯爲左丞相。

16 六月，辛酉，有司言甘肅撒里畏產金銀，請遣官稅之。

17 癸酉，禁服色不得僭上。

18 乙亥，罷江淮財賦總管府所管杭州、平江、集慶三處提舉司，以其事歸有司。

19 庚辰，巴延奏左丞相騰吉斯及其弟塔喇海（舊作塔剌海。）謀逆，誅之。

初，薩敦已死，巴延獨秉政，騰吉斯忿然曰：「天下，吾家之天下，巴延何人而位吾上！」遂與其叔父句容郡王達朗達賚（舊作答鄰答里。）潛蓄異心，謀立諸王鴻和特穆爾。（舊作晃火帖木兒，今改。）帝數召達賚不至，郯王齊齊克圖（舊作徹徹禿，今改。）發其謀。騰吉斯伏兵東郊，率勇士突入宮闕，巴延及鄂勒哲特穆爾、（舊作完者帖木兒。）定珠、（舊作定住。）奇爾濟蘇（舊作闊里吉思。）等捕獲之。騰吉斯、塔喇海並伏誅，而其黨北奔達賚所，達賚即應以兵。帝遣使諭之，達賚殺使者而率其黨逆戰，爲綽斯戩（舊作掤思監，今改。）等所敗，遂奔鴻和特穆爾。帝命追襲之，執達賚等送上都，鴻和特穆爾自殺。

20先是巴延、騰吉斯二家之奴，怙勢爲民害，多爾濟巴勒巡歷灤州，悉捕其人置於法。及還，騰吉斯怒曰：「御史不禮我已甚，辱我家人，我何面目見人耶！」答曰：「多爾濟巴勒知奉法而已，他不知也。」騰吉斯從子瑪克錫（舊作馬馬沙。）爲奇徹親軍指揮使，恣橫不法，多爾濟巴勒劾奏之。瑪克錫因集無賴子欲加害，會騰吉斯被誅，乃罷。

21是月，大霖雨。

22中書省員外郎陳思謙上言：「強盜但傷事主者，皆得死罪。而故殺從而加功之人與鬬而殺人者，例杖一百七，得不死，與私宰牛馬之罪無異，是視人與牛馬等也。法有加重，因姦殺夫，所姦妻妾同罪，律有明文。今坐所犯，似失推明。」遂令法曹議，著爲定制。

23初，騰吉斯事敗被擒，攀折殿檻不肯出。塔喇海走匿皇后座下，后匿蔽之以衣，左右拽出斬之，血濺后衣。巴延使人并執后，后呼帝曰：「陛下救我！」帝曰：「汝兄弟爲逆，豈能相救！」乃遷后出宮。秋，七月，壬午，巴延鴆殺之於開平民舍。

24壬寅，專命巴延爲中書右丞相，罷左丞相不置。

25乙巳，罷雅克特穆爾、騰吉斯舉用之人。

26戊申，誅達朗達賚（舊作答林答里，今改。「林」一作「鄰」。）等於市。

詔曰：「曩昔文宗皇帝以雅克特穆爾嘗有勞伐，父子兄弟，顯立朝廷，而輒造事釁，出朕遠方。文皇尋悟其妄，有旨傳次於予。雅克特穆爾貪利幼弱，復立朕弟伊勒哲伯，（舊作懿璘質班。）不幸崩殂。今丞相巴延，追奉遺詔，迎朕於南，既至大都，雅克特穆爾猶懷兩端，遷延數月，天隕厥躬。巴延等同時翊戴，乃正宸極。後薩敦、達賚、騰吉斯相襲用事，交通宗王鴻和特穆爾，圖危社稷，阿喇楚（舊作阿察赤。）亦嘗與謀，賴巴延等以次掩捕，明正其罪。元凶構難，貽我太皇太后震驚，朕用兢惕。永惟皇太后後其所生之子，一以至公爲心，親挈大寶，畀予兄弟，迹其定策兩朝，功德隆盛，近古罕比。雖嘗奉上尊號，揆之朕心，猶爲未盡，已命大臣特議加禮。巴延爲武宗捍禦北邊，翼戴文皇，茲又克清大憝，明飭國憲，爰賜達爾罕（舊作答剌罕。）之號，至於子孫，世世永賴。可赦天下。」

27八月，己卯，議尊皇太后爲太皇太后。許有壬曰：「皇上於太后，母子也，若加太皇太后，則爲孫矣。且今制，封贈祖父母，降父母一等，蓋推恩之法，近重而遠輕。今尊皇太后爲太皇太后，是推而遠之，乃反輕矣。」不從。

28是月，廣西傜反，命湖廣行省左丞鄂勒哲（舊作完者。）討之。

29九月，庚辰朔，車駕駐扼胡嶺。

30丙戌，赦。

31（庚子），御史臺言：「國朝初用宦官，不過數人，今內府執事不下千餘。請依舊制，裁減冗濫，廣仁愛之心，省糜（縻）費之意。」從之。

32丙午，詔以烏撒、烏蒙之地隸四川行省。

33是月，帝至自上都。

34冬，十月，丁巳，流鴻和特穆爾、達朗達賚及騰吉斯子孫于邊地。

35帝既除權奸，思更治化，翰林學士承旨知經筵事庫庫，（舊作巎巎，（「巎」爲「巙」之誤。）今改。）日勸帝務學，帝輒就之習授，欲寵以師禮，庫庫力辭不可，凡四書、五經所載治道，爲帝紬繹而言，必使辭達，感動帝衷而後已。若柳宗元梓人傳，張商英七臣論，尤常所誦說，嘗于經筵，力陳商英所言七臣之狀，左右錯愕。帝暇日欲觀古名畫，庫庫卽取郭忠恕比干圖以進，因言商王受不聽忠臣之諫，遂亡其國。帝一日覽宋徽宗畫稱善，庫庫進言：「徽宗多能，惟一事不能。」帝問：「何一事？」對曰：「獨不能爲君爾。身辱國破，皆由不能爲君所致。人君貴能爲君，他非所尚也。」或遇天變民災，必憂見于色，乘間則進告于帝曰：「天心仁愛人君，故以變示儆。譬如慈父于子，愛則教之戒之，子能起敬起孝，則父怒必釋；人君側身修行，則天意必回。」帝察其眞誠，虛己以聽，特賜濟遜（舊作只孫。）燕服九襲及玉帶、楮幣。庫庫嘗言：「天下事在宰相當言；宰相不得言，則臺諫言之；臺諫不敢言，則經筵言之。備位經筵，當言人所不敢言于天子之前，志願足矣。」故于時政得失有當匡救者，未嘗緘默。

36 癸亥，流御史大夫鄂勒哲特穆爾（舊作完者帖木兒，今改。）于廣海。鄂勒哲特穆爾，額森特穆爾（舊作也先帖木兒，今改。）骨肉之親也，監察御史以爲言，故斥之。

37 選省、院、臺、宗正府通練刑獄之官，分行各道，與廉訪審決天下囚。

38 十一月，庚辰，敕以所在儒學貢士莊田租給宿衞糧。

39 詔罷科舉。

初，徹爾特穆爾（舊作徹里帖木兒，今改。）爲江浙平章，會科舉，驛請考官，供張甚盛，心不能平。及復入中書，首議罷科舉，乃論學田租可給衞士衣糧，動當國者以發其機，又欲損太廟四祭爲一。呂思誠等劾之，不報，徹爾特穆爾持議益堅。

時罷科舉詔已書而未用璽，參政許有壬力爭之，巴延怒曰：「汝風臺臣言徹爾特穆爾耶？」有壬曰：「太師擢徹爾特穆爾在中書，御史三十人，不畏太師而聽有壬，豈有壬權重于太師耶？」巴延意稍解。有壬乃曰：「科舉若罷，天下才人觖望。」巴延曰：「舉子多以贓敗。」

有壬曰：「科舉未行時，臺中贓無算，豈盡出於舉子？」巴延曰：「舉子中可任用者惟參政耳。」有壬曰：「若張起巖、馬祖常輩，皆可任大事；卽歐陽原功之文章，亦豈易及！」巴延曰：「科舉雖罷，士之欲求美衣食者，自能向學，豈有不至大官者耶？」有壬曰：「爲士者初不事衣食，其事在治國平天下耳。」巴延曰：「科舉取人，實妨選法。」有壬曰：「今通事、知印等，天下凡三千三百餘名。今歲自四月至九月，白身補官受宣者亦且七十三人，而科舉一歲僅三十餘人，選法果相妨乎？」巴延心然其言，而其議已定，不可中輟，乃溫言慰解之。翊日，宣詔，特令有壬爲班首以折辱之，有壬懼禍不敢辭。治書侍御史布哈（舊作溥化，今改。）誚有壬曰：「參政可謂過橋折（拆）橋者矣！」有壬以爲大恥，移疾不出。

40 甲申，太白經天。

41 乙酉，巴延請內外官悉循資銓注，今後無得保舉，澀滯選法，從之。

42 丙戌，太白經天。

43 甲午，以雅克特穆爾、騰吉斯、達朗達賚所奪高麗田宅還其王喇特納賚里。（舊作阿剌忒納失里。）

44 戊戌，召前知樞密院事福鼎實喇布哈、（舊作福丁失剌不花。）薩爾迪格（舊作撒兒的哥。）還京師。

初，二人以帝未立，謀誅雅克特穆爾，爲所誣貶，故正之。

45 太史屢言星文示儆，帝以世祖在位久，欲祖述之，辛丑，下詔改元。詔略曰：「惟世祖皇帝，在位長久，天人協和，諸福咸至，祖述之意，良切朕懷。今特改元統三年爲至元元年。」監察御史李好文言：「年號襲舊，於古未聞；襲其名而不蹈其實，未見其益也。」因言時弊不如至元者十餘事，不報。

好文錄囚河東，有李拜拜者殺人，而行凶之狀不明，凡十四年不決，好文曰：「豈有不決之獄如是其久乎？」立出之。王傅薩都喇（舊作撒都剌。）以足蹋人而死，衆皆曰：「殺人非刃，當杖之。」好文曰：「怙勢殺人，甚于用刃。況因有所求而殺之，其情爲尤重。」乃置之死，河東爲之震肅。

46 立常平倉。

47 趙世延自至順中移疾歸，旋有詔徵還朝，不能行，仍除奎章閣大學士、翰林學士承旨、中書平章政事。【考異】元史宰相表，至元元、二年間不書世延復中書，疑次年至都，仍未上也。今從本傳書之。

48 十二月，戊午，日色如赭。

49 乙丑，上太皇太后尊號曰贊天開聖徽懿宣昭貞文慈佑儲善衍慶福元太皇太后。

50 丙子，安慶、蘄、黃地震。

51 丁丑，西番賊起，遣兵擊之。

52 戊寅，蒙古國子監成。

53 閏月，丁亥，日赤如赭，凡二日。

54 中書平章政事徹爾特穆爾嘗指斥武宗，于是臺臣復劾之，而巴延亦惡其忤己，壬寅，流之于安南，人皆快之，尋卒。

55 是歲，賜天下田租之半。

56 詔：「凡有妻室之僧，還俗爲民。」既而復聽爲僧。

57 山東盜起。陳馬騾及新李白晝殺掠，山東廉訪使達爾瑪以爲吏貪汙所致，先劾去之，而後上擒賊方略，朝廷嘉納之。即遣兵擒獲，齊、魯以安。

至元二年（丙子、一三三六）

1 春，正月，乙丑，宿松縣地震，山裂。

2 是月，置都水庸田使司於平江。

3 前中書左丞王結卒，追封太原郡公，謚文忠。結立言制行，皆法古人。故相張珪曰：「王結非聖賢之書不讀，非仁義之言不談。」識者以爲名言。

4 二月，甲申，太白經天。

5 戊子，詔以世祖所賜王積翁田八十頃還其子都中。

初，積翁齎詔諭日本，死于王事，嘗受賜，後收入官，故復賜之。

6 己丑，立穆陵關巡檢司。

7 丁酉，追尊帝生母瑪勒岱舊作邁來的，今改。爲貞裕徽聖皇后。

8 三月，丁巳，以累朝珠衣、七寶項牌賜巴延。

9 庚申，日赤如赭；壬戌，復如之。

10 乙丑，以薩敦上都居第賜太保定珠，仍敕有司籍薩敦家財。

11 甲戌，復四川鹽茶之禁。

12 夏，四月，丁丑朔，日赤如赭。

13 丁亥，禁服麒麟、鸞鳳、白兔、靈芝、雙角五爪龍、八龍、九龍、萬壽、福壽、赭黃等服。

14 戊戌，帝如上都。

15 五月，丙午朔，黃河復於故道。

16 乙卯，南陽、鄧州大霖雨，自是日至六月甲申，湍河、白河大溢，水爲災。

17 壬申，秦州山崩。

18六月，丁丑，禁諸王、駙馬從衞服濟遜衣，繫絲環。

19辛卯，以汴梁、大名諸路圖卜臺舊作脫別臺，今改。地土賜巴延。

20禮部侍郎呼勒岱（舊作忽里台。）請復科舉取士之制，不聽。

21庚子，涇水溢。

22秋，七月，庚申，禁隔越中書口傳敕旨，冒支錢糧。

23庚午，敕賜上都孔子廟碑，載累朝尊崇之意。

24是月，黃州蝗，督民捕之，日有五斗。

25八月，甲戌朔，日有食之。

26詔：「雲南、廣海、八番及甘肅、四川邊遠官，死而不能歸葬者，有司給糧食舟車護送還鄉；無親屬者，官爲瘞之。」

27庚子，詔：「強盜罪皆死；盜牛馬者劓；盜驢騾者黥額，再犯劓；盜羊豕者墨項，再犯黥，三犯劓；劓後再犯者死。盜諸物者，照其數估價。省、院、臺、五府官三年一次審決。著爲令。」

28九月，戊辰，帝至自上都。

29冬，十月，己亥，詔：「每日，右丞相巴延、太保定珠、中書平章政事昂吉爾舊作阿吉刺，今改。聚議于內廷。平章政事塔斯哈雅、(舊作塔失海牙。)右丞相袞巴布勒、舊作鞏班，今改。參知政事納琳、舊作納麟，今改。許有壬等聚議于中書。」

30十一月，壬子，武宗、英宗、明宗三朝皇后升祔入廟，命官致祭。

31丁巳，遣河南行省平章政事勒格布哈(舊作玥璐普華。)於西番爲僧。

32是月，中書平章政事趙世延卒，年七十七，追封魯國公，謚文忠。世延歷官省、臺五十餘年，凡軍國利病，生民休戚，知無不言，而於儒者名教尤拳拳焉。

【考異】世延之卒，徐氏後編誤係於元年，今從傳。

33十二月，江州諸縣饑，總管王大中貸富人粟以賑貧民，免富人雜徭以爲息，約年豐還之，民不病饑。

34陝西行臺監察御史札實舊作瞻思，今改。上封事十條，曰法祖宗，攬權綱，敦宗室，禮勳舊，惜名器，開言路，復科舉，罷數軍，一刑章，寬禁網。時巴延等變亂成憲，帝方虛己以聽，札實所言，皆一時羣臣所不敢言者。侍御史趙承慶見之，歎曰：「御史言及此，天下福也！」咸里有執政陝西行省者，恣爲不道，札實發其罪而按之，棄職夜遁，有詔勿逮問，然猶杖其私人。

35是歲，江浙旱，自春至於八月不雨，民大飢。

至元三年（丁丑、一三三七）

1春，正月，癸卯，廣州增城縣民朱光卿反，其黨石昆山、鍾大明率衆從之，僞稱大金國，改元赤符，命指揮紐薩爾、（舊作狗札里。）江西行省左丞錫諦（舊作沙的。）討之。

2辛亥，升祔伊勒哲伯皇帝于太廟，謚曰沖聖嗣孝，廟號寧宗。

3豫王喇特納實里買池州銅陵産銀地一所，請用私財煆煉，輸納官課，從之。

4戊午，帝獵于柳林，凡三十五日。監察御史綽迪、（舊作丑的。）宋詔（紹）明進諫，帝嘉納之，賜金幣。綽迪等固辭，帝曰：「昔魏徵進諫，唐太宗未嘗不賞，汝其受之。」

5二月，壬申朔，日有食之。

6棒胡反于汝寧、信陽州。

棒胡本陳州人，名閏兒，好使棒，棒長六七尺，進退技擊如神，故稱「棒胡」。至是以燒香惑衆，妄造妖言作亂，破歸德府、鹿邑，焚陳州，屯營於杏岡，命河南行省左丞慶圖（舊作慶童。）以兵討之。

7丙子，立船戶提舉司十處，提領二十處。定船戶科差船一千，料之上者歲納鈔六錠，以下遞減。

8甲申，定服色、器皿、輿馬之制。

9己丑，汝寧獻所獲棒胡彌勒佛、小旗、僞宣敕幷紫金印、量天尺。時大臣有忌漢官者，取所獻班地上，問曰：「此欲何爲耶？」意漢官諱言反，將以罪中之。侍御史許有壬曰：「此曹建年號，稱李老君太子，部署士卒以敵官軍，反狀甚明，尙何言！」其語遂塞。

10辛卯，發鈔四十萬錠賑江浙等處飢民四十萬戶，開所在山場、河泊之禁，聽民樵采。

11廣西傜賊復反，命湖廣行省平章諾海、（舊作那海。）江西行省平章圖爾密實哈雅（舊作禿兒迷失海牙。）總兵捕之。

12庚子，中書參知政事納琳等請立采珠提舉司。先是嘗立提舉司，泰定間以其煩擾罷去，至是復立之，且以蜑戶四萬賜巴延。

13三月，戊午，立鴻吉哩氏（舊作弘吉剌氏。）爲皇后。因雨輟賀。后，武宗宣慈惠聖皇后之姪，毓德王博囉特穆爾之女也。

14夏，四月，癸酉，禁漢人、南人、高麗人不得執持軍器，有馬者拘入官。

15己卯，帝如上都。

16辛卯，合州大足縣民韓法師反，自稱南朝趙王。

17己亥，惠州歸善縣民聶秀卿、譚景山等造軍器，拜戴甲爲定光佛，與朱光卿相結爲亂；命江西行省左丞錫迪（舊作沙的。）捕之。

18是月，詔：「省、院、臺、部、宣慰司、廉訪司及部府幕官之長，並用蒙古、色目人。禁漢人、南人不得習學蒙古、色目文字。」

19五月，辛丑，民間訛言朝廷拘刷童男、童女，一時嫁娶殆盡。

20庚〔戊〕申，詔：「汝寧棒胡，廣東朱光卿、聶秀卿等，皆係漢人，漢人有官于省、臺、院及翰林、集賢者，可講求誅捕之法以聞。」

21甲寅，西番賊起，殺鎮西王子丹巴。舊作黨兀班，今改。立行宣政院，以額森特穆爾爲院使，往討之。

22壬戌，命四川行省參政舉理等捕反賊韓法師。

23丁卯，彗見于東北，大如天船星，色白，約長尺餘，彗指西南，至八月庚午始滅，凡六十三日，自昴至房，凡歷十五宿。

24六月，戊寅，贈丞相安圖（舊作安童。）推忠佐運開國元勳，東平忠憲王，於所封城內建立嗣〔祠〕廟，官爲致祭。

25辛巳，大霖雨，自是日至癸巳不止。御河、黄河、沁河、渾河水皆溢，沒人畜、廬舍甚衆。

26戊子，加封尹子、庚桑子、徐甲、列子、莊子各爲眞君。

27壬辰，彰德府大水，平地深一丈。

28 秋，七月，癸卯，帝出獵。丙午，幸實喇鄂爾多。（舊作失剌斡耳朵。）丁未，幸龍岡，灑馬乳以祭。

29 庚戌，河南武陟縣禾將熟，有蝗自東來，縣尹張寬仰天祝曰：「寧殺縣尹，毋傷百姓。」俄有魚鷹羣飛啄食之。

30 庚申，詔：「除人命重事之外，凡盜賊諸罪，不須候五府官審錄，有司依例決之。」

31 是月，紐薩爾、錫諦擒朱光卿，尋追擒石昆山、鍾大明。

32 衞輝府自六月淫雨至是月，平地水深二丈餘，漂沒人民房舍，民皆栖於樹木。郡守僧嘉努（舊作僧家奴。）以舟載飯食之，移老弱居城頭，日給糧餉。月餘，水方退。

33 八月，辛巳，京畿盜起。壬午，京師地大震，太廟梁柱裂，各室牆壁皆壞，壓損儀物，文宗神主及御牀盡碎。西湖寺神御殿壁仆，壓損祭器。自是累震，至丁亥方止，所損人民甚衆。

34 癸未，河南地震。

35 弛高麗執持軍器之禁。

36 是月，帝至自上都。

37 九月，己酉，立皮貨所于寧夏，設提領使、副主之。

38 立四川、湖廣、江浙行樞密院。

39 冬，十月，癸酉，日赤如赭。

40 乙亥，命江浙行省丞相綽斯戩提調海運。國用所倚，海運爲重。綽斯戩措置有方，所漕米三百餘萬石，悉達京師，無耗折者。

41 是月，金華處士許謙卒。當時學者，稱何基、王柏、金履祥及謙爲金華四子。

42 十一月，丙午，立屯田於雄州。

43 是月，太白屢經天。

44 十二月，以滿濟勒噶臺（舊作馬札兒台。）爲太保、分樞密院，鎮北邊。滿濟勒噶臺，巴延弟也，時議進爵爲王，辭曰：「兄封秦王，弟不宜並受王爵。」故有是命。

45 是歲，巴延請殺張、王、劉、李、趙五姓漢人，帝不從。

46 詔賜孝子靳昺碑。昺，絳州曲沃人，兄榮，爲奎章閣承制學士，奉母王氏官於朝，母歿，昺與榮護喪還家。至平定，大雷雨，流水驟至，昺伏柩上，榮呼之避水，昺不忍舍去，遂爲水所漂沒。後得王氏柩于三里外，得曷戶於五里外，故特賜碑以旌之。

47 札實除僉浙西廉訪司事。

至，即按問都轉運鹽使、海道都萬戶、行宣政院等官贓罪，由是郡縣無敢爲貪墨者。又以諸僧寺私芘猾民，有所謂道人、道民、行童者，類皆瀆倫常，隱徭役，使民力日耗，契勘嘉興一路，爲數已二千七百。建議請勒歸本族，俾供皇賦，庶少寬民力，朝廷是之，即著爲令。

48 詔知嶺北行樞密院事奈曼台（舊作乃蠻台。）襲國王，授以金印。繼又以安邊睦隣之功，賜珠絡半臂并海東名鷹、西域文豹，國制以此爲極恩云。

至元四年（戊寅、一三三八）

1 春，正月，丙申，以地震，赦天下。

2 詔：「內外廉能官，父母年七十無侍丁者，附近銓注，以便就養。」

3 宣政院使布埒齊（舊作不蘭奚。）以年七十致仕，授大司徒，給全俸終身。

4 是月，詔修曲阜孔子廟。

5 二月，丁卯，罷河南等五省行樞密院。

6 庚午，帝畋于柳林。

7 乙酉，奉聖州地震。

8 三月，辛酉，命中書平章政事昂吉爾監修至正條格。

9 夏，四月，辛未，京師天雨紅沙，晝晦。

10 癸酉，以御史中丞托克托舊作脫脫，今改。爲御史大夫。托克托，滿濟勒噶台之子也，早爲文宗所器，曰：「此子可大用。」至是掌風憲，大振綱紀，中外肅然。

11 己卯，帝如上都。

12 河南執棒胡至京師，誅之。

13 癸巳，帝薄暮至八里塘，雨雹，大如拳，其狀有小兒、環玦、獅、象、龜卵之形。

14 五月，命佛嘉律舊作佛家閭，今改。爲考功郎中，喬林爲考功員外郎，魏宗道爲考功主事，考校天下郡縣官屬功過。

15 六月，辛巳，袁州民周子旺反，僭稱周王，改年號。尋擒獲，伏誅。

16 己丑，邵武路大雨，水入城郭，平地二丈，漂民居殆盡。

17 是月，信州路靈山裂。

18 漳州路南勝縣民李志甫，聚衆圍漳州城，守將綽斯戩（舊作搠思監。）與戰，失利。賊轉掠龍溪，縣民蕭景茂結鄉兵拒之，戰敗，被執，賊脅使從己，景茂罵曰：「狗盜，我生爲大元民，死作隔州鬼，豈從汝爲逆耶！」隔州，其居里所也。賊怒，縛景茂于樹，臠其肉，使自啖，景茂益憤罵，賊以刀抉其口至耳旁，景茂罵不絶聲而死。有司上其事，朝廷命褒表之，仍給錢以葬。時賊勢益盛，詔江浙平章拜布哈（舊作別不花。）發閩、浙、江西、廣東四省兵討之，不克。龍巖尉黃佐才與賊戰，妻子四十餘口皆被害。事聞，授佐才龍巖縣尹。

19 秋，七月，壬寅，詔以巴延有功，立生祠于涿州、汴梁。

20 己酉，奉聖州地大震，損壞人民廬舍。

21 丙辰，鞏昌府山崩，壓死人民。

22 八月，癸亥朔，日有食之。

23 己巳，申取高麗女子及閹人之禁。

24 辛未，宣德府地大震。丙子，京師地震，日二三次，至乙酉乃止。

25 癸未，改宣德府爲順寧府，奉聖州爲保安州，以其地數震故也。

26 是月，帝至自上都。

27 閏月，戊戌，日赤如赭，己亥、壬寅復如之。

28 九月，癸酉，奔星如杯大，色白，起自右旂之下，西南行，沒于近濁。

29 冬，十月，辛卯，饗於太廟。

30 十一月，丁卯，立紹熙府軍民宣撫都總使司。

紹熙府本領六州、二十縣、一百五十二鎮，國初，以其地荒而廢之，至是居民二十餘萬，故立府治之。命御史大夫托克托兼都總使，治書侍御史吉當普爲副都總使。

初，帝發上都，至鷄鳴山之渾河，將畋于保安州，馬蹶。托克托諫曰：「古者帝王端居九重之上，日與大臣、宿儒講求治道，至于飛鷹、走狗，非其事也。」帝納其言。

31壬午，四川散毛峒蠻反，遣使賑被寇人民。

32十二月，戊戌，立邦牙等處宣慰司都元帥府幷總管府。先是世祖既定緬地，以其處雲南極邊，就立其酋長爲帥，令三年一入貢，至是來貢，故立官府。

33是月，太白屢經天。

34是歲，集賢大學士陳顥致仕，命食全俸于家。

35前樞密副使馬祖常卒，追封魏郡公，謚文貞。

祖常立朝既久，多所建明，嘗議：「今國族及諸部，既誦聖賢之書，當知尊諸母以厚彝倫。」又議：「將家子弟驕脆，有孤任使，而庶民有挽強蹶張，老死草野者，當建武學、武舉，儲材以備非常。」時雖弗用，識者韙之。

續資治通鑑卷第二百八

賜進士及第兵部尙書兼都察院右都御史總督湖北湖南等處地方軍務兼理糧餉世襲二等輕車都尉畢沅編集

元紀二十六 起屠維單閼（己卯）正月，盡旃蒙作噩（乙酉）十二月，凡七年。

順帝

至元五年（己卯、一三三九）

1春，正月，癸亥，禁濫予僧人名爵。

2二月，庚寅，信州雨土。

3庚子，免廣海添辦鹽課萬五千引，止辦元額。

4集賢大學士致仕陳顥卒。顥出入禁闥數十年，樂談人善，薦牘累數百。有訐之者，顥曰：「吾寧以謬舉受罰，蔽賢誠所不忍。」士大夫因其薦拔以至通顯，有終身莫知所自者。追封薊國公，謚文忠。

5夏，四月，癸巳，立巴延（舊作伯顏。）南口、過街塔二碑。

6 乙未，加封孝女曹娥爲慧感靈孝昭順純懿夫人。

7 己酉，申漢人、南人、高麗人不得執軍器、弓矢之禁。

8 是月，帝如上都。

9 鎭江丹陽縣雨紅霧，草木葉及行人衣裳皆濡成紅色。

10 六月，庚戌，長汀大水，沒民廬八百家，賑卹之。

11 秋，七月，戊寅，詔：「諸王位下官毋入常選。」

12 甲申，常州宜興山水出，勢高二〔一〕丈，壞民廬。

13 八月，丁亥，帝至自上都。

14 九月，丁巳，賑瀋陽饑。

15 自七月至是月，太白屢經天。

16 冬，十月，辛卯，饗於太廟。

17 壬辰，禁倡優盛服，許男子裹青巾，婦女服紫衣，不許戴笠、乘馬。

18 甲午，命巴延爲大丞相，加元德上輔功臣之號，賜七寶玉書、龍虎金符。

19 十一月，戊辰，河南行省掾杞縣范孟端【考異】元史帝紀作「范孟」；後編依庚申外史作孟端，今從之。謀不軌，詐爲詔使，入行省，殺平章政事伊祿特穆爾、（舊作月祿帖木兒。）廉訪使鄂勒哲布哈（舊作完者不花。）等，召官屬及去位者署而用之。執大都路儒學提舉歸暘，俾北守黃河口。暘力拒不從，賊怒，繫之獄。既而官軍捕孟端，誅之，凡汙賊者皆得罪，惟暘獨免。暘同里有吳炳者，嘗以翰林待制徵不起，賊召司卯酉曆，炳懼不敢辭。時人爲之語曰：「歸暘出角，吳炳無光。」暘之名用是大著。尋由國子博士拜監察御史，入謝，臺臣奏曰：「此河南抗賊不屈者。」帝曰：「好事卿嘗數爲之。」賜以上尊。

20 癸酉，瑞州路、新昌路雨木冰，至明年二月始解。

21 十二月，巴延構陷郯王徹徹克圖，（舊作徹徹篤，今改。）請賜之死；帝未允，輒傳旨殺之。又奏貶宣讓王特穆爾布哈、（舊作帖木兒不花，今改。）威順王庫春布哈，（舊作寬徹普化，今改。）不俟命即遣之。帝爲之不平。

至元六年（庚辰、一三四〇）

1 春，二月，己亥，黜中書大丞相巴延爲河南行省左丞相。

詔曰：「朕踐位以來，命巴延爲太師、秦王、大丞相，而巴延不能安分，專權自恣，欺朕年幼，輕視太皇太后及朕弟雅克特古斯，（舊作燕帖古思。）變亂祖宗成憲，虐害天下。加以極刑，允合輿論。朕念先朝之故，尚存憫卹，今出爲河南行省左丞相。所有元領諸衞親軍并集賽丹（舊作怯薛丹。）人等，詔書到時，即許散還本衞。」

初，巴延既誅騰吉斯，（舊作唐其勢。）獨秉國鈞，漸有異謀，帝患之。巴延素養其姪托克托（舊作脫脫。）爲己子，欲令宿衛，偵帝起居，懼涉物議，乃以知樞密院旺嘉努、舊作汪家奴，今改。翰林學士承旨實喇卜舊作沙剌班，今改。同侍禁近。巴延自領諸衞精兵，以楊珠布哈舊作燕者不花，今改。爲羽翼，導從之盛，填溢街衢，而帝之儀衞反落落然，天下之人知有巴延而已。托克托深憂之，私請于其父滿濟勒噶台（舊作馬札兒台。）曰：「伯父驕縱已甚，萬一天子震怒，吾族赤矣，曷若于未敗圖之！」其父亦以爲然。托克托復質于其師浦江吳直方，直方曰：「傳有之，大義滅親。大夫果欲忠于國，餘復何顧！」一日，乘間于帝前自陳忘家徇國之意，帝猶未之信。時帝前後左右皆巴延之黨，獨沙克嘉本、舊作世傑班，今改。阿嚕（舊作阿魯。）爲帝腹心，乃遣二人與托克托游，日以忠義之言相與往復論辨，乃悉其心靡他。二人以聞于帝，帝始信之不疑。

及巴延擅貶二王，帝決意逐之，一日泣語托克托，托克托亦泣下。歸與直方謀，直方曰：「此大事，議論之際，左右爲誰？」曰：「阿嚕及托克托穆爾。（舊作脫脫木兒。）」直方曰：「子之伯父，挾震主之威，此輩苟利富貴，其語一泄，則主危身戮矣。」托克托乃延二人于家，置酒張樂，晝夜不令出。遂與沙克嘉本等謀，欲俟巴延入朝擒之，戒衞士，嚴宮門出入，螭坳皆置兵。巴延見之大驚，召托克托責之，對曰：「天子所居，防禁不得不爾。」然遂疑托克托，亦增兵自衞。

至是巴延以所領兵衞請帝出畋，托克托勸帝稱疾不往；巴延固請，乃命太子雅克特古斯與巴延出次柳林。托克托遂與阿嚕等合謀，悉拘京城門鑰，命所親信列布城門下。是夜，奉帝居王〔玉〕德殿，召省、院大臣先後入見，出五門聽命。夜二鼓，遣集賽伊徹察喇（舊作月可察兒，今改。）率三十騎抵營中，奉太子入城，又召楊瑀、范匯入，草詔數巴延罪狀，命平章政事珠爾噶岱（舊作只兒瓦歹，今改。）齎赴柳林。黎明，巴延遣騎士至城下問故，托克托踞城上，宣言：「有旨黜丞相一人，諸從官無罪，可各還本衞。」巴延乞陛辭，不許。道出真定，父老奉觴酒以進，巴延曰：「爾曹見子殺父事乎？」對曰：「不曾見子殺父，惟聞有臣弒君。」巴延俯首有慙色。

2 以太保滿濟勒噶台爲太師、中書右丞相，太尉塔斯哈雅（舊作塔失海牙。）爲太傅、知樞密院事，特默齊（舊作探馬赤。）爲太保，御史大夫托克托爲知樞密院事，旺嘉努爲中書平章政事，嶺北行省平章政事額森特穆爾（舊作也先帖木兒，今改。）爲御史大夫。額森特穆爾，托克托之弟也。

3 壬寅，詔：「除托克托之外，諸王侯不得懸帶弓箭、環刀輒入內府。」

4 乙巳，罷各處船戶提舉、廣東采珠提舉二司。

5 丁未，罷通州、河西務等處抽分。

6 己酉，彗星如房星大，色白，狀如粉絮，尾迹約長五寸餘。彗指西南，漸向西北行。

7 三月，甲寅，漳州義士陳君用，襲殺反賊李志甫，授君用同知漳州路總管府事。

丙辰，赦漳、潮二州民爲李志甫、劉虎仔脅從之罪，褒贈軍將死事者。

8 辛未，詔徙巴延于南恩州陽春縣安置；行至龍輿（興）路驛舍，病死。

9 庚辰，彗滅，自二月己酉至是日，凡三十二日。

10 夏，四月，丙午，詔封滿濟勒噶台爲忠王，賜號達爾罕，（舊作答剌罕。）固辭不受。御史請示天下以勸廉讓，從之。

11 五月，癸丑，禁民間藏軍器。

12 甲子，慶元奉化州山崩，水湧出平地，溺死人甚衆。

13 丙子，帝如上都。

14 六月，丙申，詔廢文宗廟主，遷太皇太后鴻吉哩氏（舊作弘吉剌氏。）於東安州安置，放雅克特古斯於高麗。

詔曰：「自武宗升遐，太后惑于憸慝，皇考出封雲南。英宗遇害，皇考以武宗之嫡，逃居沙漠，宗王大臣同心翊戴，以地近先迎文宗暫總機務。繼知天理人倫所在，假讓位之名，以寶璽來上，皇考推誠不疑，即立爲皇太子。文宗當躬迓之際，乃與其臣伊嚕布哈、(舊作月魯不花，今改。)額勒雅、(舊作也里牙，今改。)(明)埒棟阿(舊作明理董阿。)等謀爲不軌，使我皇考飲恨上賓。歸而再御宸極，又私圖傳子，乃搆流言，嫁禍于必巴實(舊作八不沙。)皇后，謂朕非明宗之子，遂俾出居遐陬，內懷愧歉，則殺額勒雅以杜口，上天不佑，隨降殞罰。叔嬸布達實哩，(舊作卜答失里。)怙其勢燄，不立明宗之冢嗣而立孺稚之弟伊埒哲伯，(舊作懿璘質班，今改。)奄復不年，諸王大臣以賢以長，扶朕踐位。賴天之靈，權奸屏黜，盡孝正名，不得復緩，永惟鞠育罔極之恩，忍忘不共戴天之意。既往之罪，不可勝誅，其命太常徹去圖卜特穆爾(舊作圖帖睦爾。)在廟之主，布達實哩削太皇太后之號，徙東安州安置，雅克特古斯放諸高麗。當時賊臣布哈、(即月魯不花。)額勒雅已死，其以明埒棟阿等明正典刑。」【考異】庚申外史云：太后每言：「帝不用心治天下，而乃專作嬉戲。」至元五年己卯，臺官奏曰：「太皇太后，非陛下母也，乃陛下嬸母也，前嘗推陛下母墮燒羊爐中以死。父母之讎，不共戴天。」乃貶太后東安州安置，太子雅克特古斯瀋陽安置，尋皆遇害。尙書省因希旨，謂文宗在日，素謂陛下非明宗子，帝大怒，徹去文宗廟主。按順帝以明宗子入繼大統，則太后爲嬸母，何待於臺臣之奏而始知之？其以六年爲五年，皆傳聞之失實也，今不取。

監察御史崔敬言：「文皇獲不軌之愆，已撤廟祀；叔母有階禍之罪，亦削鴻名。盡孝正名，斯亦足矣。惟念皇弟雅克特古斯太子，年方在幼，罹此播遷，天理人情，有所不忍。方明皇上賓，皇弟尚在襁褓，未有知識，義當矜憫。蓋武宗視明、文二帝，皆親子也，陛下與太子，皆嫡孫也。以武皇之心爲心，則皆子孫，固無親疏；以陛下之心爲心，未免有彼此之論。臣請以世喻之，常人有百金之產，尚置義田，宗族困厄者，爲之教養，不使失所，況皇上貴爲天子，富有四海，子育黎元，當使一夫一婦無不得其所。今乃以同氣之人置之度外，適足貽笑邊邦，取辱外國。況蠻夷之心，不可測度，倘生他變，關係非輕，興言及此，良爲寒心！望陛下遣歸太后、太子，以全母子之情，盡骨肉之義。天意回，人心悅，則宗社幸甚！」書奏，不報。未幾，太后崩於東安州，雅克特古斯於中道遇害。

15 己亥，秦州成紀縣山崩地坼。

16 庚戌，處州松陽、龍泉二縣積雨，水漲入城中，深丈餘，溺死者五百餘人。遂昌縣尤甚，平地二丈餘。桃源鄉山崩，壓死者三百六十餘。

17 秋，七月，甲寅，詔封微子爲仁靖公，箕子爲仁獻公，比干加封爲仁顯忠烈公。

18 戊午，以星文示異，地道失寧，蝗旱相仍，頒罪己詔於天下。

19 戊寅，命翰林學士承旨腆哈、奎章閣學士庫庫（舊作巙巙，「巙」爲「巎」之誤。）等刪修大元通制。

20 是月，禁色目人勿妻其叔母。

21 八月，帝至自上都。

22 九月，辛亥，明埒棟阿伏誅。

23 癸丑，加封漢張飛武義忠顯英烈靈惠助順王。

24 丙寅，詔：「今後有罪者，毋籍其妻女以配人。」

25 冬，十月，甲申，尊皇考爲順天立道睿文知武大聖孝皇帝，親祼太室。

26 壬辰，立曹南王阿喇罕、（舊作阿剌罕。）淮安王巴延、河南王阿珠（舊作阿朮。）祠堂。

27 壬寅，滿濟勒噶台辭右丞相職，仍爲太師；以托克托爲中書右丞相，宗正達嚕噶齊（舊作札魯忽赤。）特穆爾布哈爲左丞相。

滿濟勒噶台使人于通州開酒館、糟房，日賣至萬石，又廣販長蘆、淮南鹽，托克托不以爲然，屬參政佛家律（舊作佛家閭，今改。）曰：「吾父喜君，君所言無不聽，盍諫吾父使解職！不然，人將議我家逐其兄而攘其位，衆口甚可畏也。」佛嘉律如其言，乘間諷之。滿濟勒噶台遂辭職家居，而托克托代其位。

28 是月，河南府宜陽等縣大水，漂沒民廬，溺死者衆，人給殯葬鈔一錠，仍賑義倉糧兩月。

29 十一月，辛未，以孔克堅襲封衍聖公。

30 十二月，詔復行科舉。國子監積分生員，三年一次，依科舉入會試，中者取一十八人。

初，中書參知政事阿榮，精於數學，逆推多奇中。天曆三年，策士之日，與虞集會於直盧，語集曰：「更一科後，科舉當輟，輟兩科而復，復則人材彬彬大出矣。」已而果然。

31 戊子，罷天曆以後增置官屬。

初，文宗設太禧宗禋等院及奎章閣、藝文監，至是大臣議悉革罷。翰林學士承旨庫庫曰：「民有千金之產，尚設家塾以延館客，堂堂天朝，一學房乃不能容耶？」帝然之，改奎章閣爲宣文閣，藝文監爲崇文監，就命庫庫董治，餘悉罷之。庫庫又請置檢討等職十六員以備進講，帝皆俞允。

32 虞集既謝病歸，帝嘗遣使賜上尊酒，金織文錦二，召還禁林。集病作，不能行，屢有敕即家撰文以褒錫勳舊，至是侍臣有以舊詔爲言者，帝不懌曰：「此我家事，豈由彼書生耶？」

【考異】元史虞集傳，以順帝「此我家事」之言繫于元統二年，按其時尚未追理文宗舊詔也。蓋元史連書之，失于限斷，今酌附於至元六年。又，庚申外史謂順帝撤去文宗廟主，幷逮當時草詔者。瞿宗吉歸田詩話云：集已謝病在家，以皮繩拴腰，馬尾縫眼，夾兩馬間，逮捕至大都，則以文宗親改詔稿呈上。帝覽之曰：「此朕家事，外人豈知！」托克托亦爲之言，得釋，然兩目由是喪明。宗吉所述，近委巷之言，殆惡集者爲之也。使文宗當日果有親改詔書，是爲御筆改定，其稿當藏之禁中，豈得爲集所藏，留爲他日地步耶！今仍從元史。

33 是歲，立奇氏爲第二皇后。后，高麗人，徽政院使圖們岱爾（舊作禿滿迭兒。）進爲宮女，主供茗飲以事帝，性穎黠，日見寵幸。奇徹（舊作欽察。）皇后方驕妬，數箠辱之。奇徹后旣遇害，帝欲立之，丞相巴延爭不可。巴延死，實喇卜（舊作沙剌班。）遂請立爲第二皇后，居興聖宮，置資正院使以掌其財賦。后無事則取女孝經、史書，訪問歷代皇后之有賢行者爲法。四方貢獻，或有珍味，輒先遣使薦太廟，然後敢食。奇氏在高麗家微，用后貴，三世皆追封王爵。

至正元年（辛巳、一三四一）

1 春，正月，己酉朔，詔改至元七年爲至正元年，與天下更始。

2 癸亥，詔天壽節禁屠宰六日。

3 是月，命右丞相托克托領經筵事。

4 免天下稅糧五分。

5 命永明寺寫金字經一藏。

6 二月，印造至元鈔九十九萬錠，中統鈔一萬錠。

7 三月，己未，汴梁地震。

8 夏，四月，丁丑，道州土賊蔣丙等反，破江華縣，掠明遠縣。

9 戊寅，彰德有赤風自西北起，忽變爲黑，晝晦如夜。

10 庚寅，帝幸護聖寺。

11命中書右丞特穆爾達實（舊作鐵木兒塔識。）爲平章政事，阿嚕爲右丞，許有壬爲左丞。特穆爾達實，國王托克托之子也。巴延罷相，庶務多所更張，特穆爾達實盡心輔贊，每入番直，帝爲出宿宣文閣，賜坐榻前，詢以政道，必夜分乃罷。

12己亥，立吏部司績官。

13庚子，復封太師滿濟勒噶台爲忠王。

14罷漷州河西務行用庫。

15是月，帝如上都。

16五月，戊申，以崇文監屬翰林國史院。

17閏月，甲午，賞賜扈從明宗諸王官屬八百七人金銀幣帛各有差。

18壬寅，詔刻宣文、至正二寶。

19六月，戊午，禁高麗及諸處民以親子爲宦者，因避賦役。

20是月，揚州路崇明、通、泰等州，海潮湧溢，溺死一千六百餘人，賑鈔萬一千八百餘錠。

21時帝在上都，不御內殿，監察御史崔敬上疏曰：「世祖以上都爲清暑之地，車駕行幸，歲以爲常。閣有大安，殿有鴻禧、睿思，所以保養聖躬，適起居之宜，存敬畏之心也。實勒鄂爾多斯，（舊作失剌斡耳朵思，今改。）乃先皇所以備晏游，非常時臨御之所。今國家多故，天道變更，願大駕還大內，居深宮，嚴宿衞，與宰臣謀治道，萬幾之暇，則命經筵進講，究古今盛衰之由，緝熙聖學，乃宗社之福也。」

帝又數以歷代珍寶分賜近侍，敬復上疏曰：「臣聞世皇時，大臣有功，所賜不過鞶帶，重惜天物，爲後世慮至遠也。今山東大饑，燕南亢旱，海潮爲災，天文示儆，地道失寧，京畿南北蝗飛蔽天，正當聖主卹民之時。近侍之臣，不知慮此，奏稟承請，殆無虛日，甚至以府庫百年所積之寶物，偏賜僕御、閹寺之流，乳稚、童孩之子，帑藏幾空。萬一國有大事，人有大功，又將何以爲賜乎？宜追回所賜，以示恩不可濫，庶允公論。」

22 秋，八月，帝至自上都。

23 九月，壬寅，許有壬進講明仁殿，帝悅，賜酒宣文閣中，仍賜豹裘、金織文幣。

24 冬，十月，戊午，月食既。

25 十一月，傜賊寇邊，湖廣行省平章袞巴布勒（舊作鞏卜班。）總兵討平之。

26 十二月，乙卯，詔：「民年八十以上，蒙古人賜縉帛二表裏，其餘州縣，旌以高年耆德之名，免其家雜役。」

27 道州路民何仁甫等兵起，土賊蔣丙等與之合，攻破江華等州縣，谿峒傜二百餘寨亦相率入邊抄掠。

28 山東、燕南，強盜縱横，至三百餘處，選官捕之。

29 是月，復立司禋監，加封眞定路滹沱河神爲昭佑靈源侯。

30 太常博士逯魯曾復拜監察御史，劾太尉達實哈雅昂吉爾，（舊作塔失海牙阿吉剌。）右丞袞巴布勒，刑部尙書鄂都瑪勒，（舊作兀突蠻。）御史吉當普，院使哈剩（剌）、鄂哲勒（勒哲），（舊作完者。）伊嚕布哈，郎中呂思誠，皆黜之。八人之中，惟思誠少過，亦變祖宗選法，餘皆巴延之黨，朝廷肅然。

除樞密院都士（事）上言：「前巴延專殺大臣，其黨利其妻女，巧誣以罪。今大小官及諸人有罪，止坐其身，不得籍其妻女。鄭王爲巴延構陷，妻女流離，當卹其無辜，給復子孫。」從之。除刑部員外郎，悉辨正横罹巴延所誣者。

31 時國子監蒙古、回回、漢人生員凡千餘，然祭酒、司業、博士多非其人，惟粉飾章句，補葺時務，以應故事。在監諸生，日啖籠炊粉羹，一人之食，爲鈔五兩。而十百爲羣，恬嬉翫愒，以嫚侮嘲謔相尙，或入茶酒肆，則施屏風以隔市人，飲罷不償直，掉臂而出，莫敢誰何。

至正二年（壬午、一三四二）

1 春，正月，丙戌，托克托用人言，于都城外開河置牐，引金口渾河之水，東達通州以通舟楫，深五十尺，廣一百五十尺，役夫十萬人。時廷臣多言不可，而托克托排羣議不納。左丞許有壬言：「渾河之水，湍悍易決，足以爲害；淤淺易塞，不可行舟。況西山水勢高峻，金時在城北，流入郊野，縱有衝決，爲害亦輕。今則在都城西南，若霖潦漲溢，加以水性湍決，宗社所在，豈容僥倖！卽成功一時，亦不能保其永無衝決之患。」托克托終不聽。

2 是月，大同饑，人相食，運京師糧賑之。

3 二月，壬寅，頒農桑輯要。

4 乙卯，李沙的僞造御寶聖旨，稱樞密院都事，伏誅。

5 三月，戊寅，親試進士七十八人，賜拜珠、（舊作拜住。）陳祖仁等及第、出身。

6 夏，四月，辛丑，冀寧路平晉縣地震，聲如雷，裂地尺餘，民居皆傾。

7 是月，帝如上都。

8 金口河工畢，啓牐放水，湍急沙壅，船不可行。而開挑之際，毀民廬舍、墳塋，夫丁死傷甚衆，費用不貲，卒以無功。旣而御史糾劾建言者，中書參議博囉特穆爾、（舊作孛羅帖木兒。）都水傅佐並伏誅。

9 五月，甲申，太白經天。

10 丁亥，東平雨雹，如馬首。

11 六月，戊申，命江浙撥賜僧道田，運官徵糧以備軍儲。

12 壬子，濟南山崩，水湧。

13 是月，汾水大溢。

14 秋，七月，庚午，惠州路羅浮山崩。

15 己亥，慶遠路莫八聚衆反，攻陷南丹、左·右兩江等處，命托克托赤顏（舊作脫脫赤顏。）討平之。

16 立司獄司于上都，比大都兵馬司。

17 是月，佛郎國貢異馬，長一丈一尺三寸，高六尺四寸，身純黑，後蹄皆白。

18 八月，庚子朔，日有食之。

19 九月，己巳，詔遣湖廣行省平章政事袞卜布勒領河南、江浙、湖廣諸軍討道州賊，平之，復平谿峒堡塞二百餘處。

20 辛未，帝至自上都。

21 丁丑，京城強賊四起。

22 是月，歸德府睢陽縣因黃河爲患，民飢，賑糶米萬三千五百石。

23 冬，十月，己亥朔，日有食之。

24 壬戌，詔遣官致祭孔子於曲阜。

25 罷織染提舉司。

26 甲子，權免兩浙額鹽十萬引，福建餘鹽三萬引。

27 十二月，己酉，京師地震。

28 癸亥，阿嚕、（舊作阿魯。）圖們等以謀害宰臣，圖爲叛逆，伏誅。

29 是歲，以御史大夫博爾濟布哈（舊作別兒怯不花。）爲江浙行省左丞相。行至淮東，聞杭城大火，燒官廨民廬幾盡，仰天揮涕曰：「杭，江浙省所治，吾被命出鎭而火如此，是吾不德累杭人也！」疾馳赴鎭，卽下令，錄被災者二萬三千餘戶，戶給鈔一錠，焚死者亦如之，人給月米一斗，幼稚給其半。又請日減酒課，爲錢千二百五十緡，織坊減元額之半，軍器、漆器權停一年，泛稅皆停。事聞，朝廷從之。又大作省治，民居附其旁，增直買其基，募民就役，則厚其傭直。又請歲減江浙、福建鹽課十三萬引。或遇淫雨亢旱，輒禱于神祠，無不應。在鎭二年，雖兒童、婦女，莫不感其恩。

30 以戶部郎中蓋苗爲御史臺都事。御史大夫欲以故人居言路，苗曰：「非其才也。」大夫不悅而起。其晚，邀至私第以謝，人兩賢之。尋出爲山東廉訪副使。益都、淄、萊地舊稱產金，朝廷建一府、六所綜其事，民歲買金以輸官，至是六十年矣。民有忤其官長意，輒謂所居地有金礦，掘地及泉而後止。

猾吏爲奸利，莫敢誰何，苗建言罷之，其害遂息。

31 監察御史成遵扈從至上都，上封事言：「天子宜愼起居，節嗜慾，以保養聖躬，聖躬安則社稷安矣。」言甚迫切，帝改容稱善。又言臺察四事：一曰差遣臺臣，越職問事；二曰左遷御史，杜塞言路；三曰御史不思盡言，循敍求進；四曰體覆廉訪，聲蹟不實，賢否混淆。帝皆嘉納，諭臺臣曰：「遵所言甚善，皆世祖風紀舊規也。」特賜上尊旌其忠。遵又言江浙火災當賑卹，及劾達嚕噶齊不法十事，皆從之。復上封事言時務：一曰法祖宗，二曰節財用，三曰抑奔競，四曰明激勸。奏入，帝稱善久之，命中書速議以行。一歲之中，言事并舉劾凡七十餘章，皆指訐時弊。執政者惡之，改刑部員外郎，尋出爲陝西行省員外郎，以母病辭歸。遵，穰縣人也。

至正三年（癸未、一三四三）

1 春，正月，丙子，中書左丞許有壬罷。

先是有壬父熙載仕長沙日，設義學訓諸生，旣沒而諸生思之，爲立東岡書院，朝廷賜額設官，以爲育才之地。南臺監察御史穆巴喇錫，（舊作木八刺沙。）緣睚眦之怨，言書院不當立，并搆浮辭誣衊有壬及其二弟有儀、有孚，有壬遂稱病歸。

2 二月，丁未，遼陽沃濟（舊作吾者，今改。）野人叛。

3是月，汴梁新鄭、密二縣地震。秦州成紀縣、鞏昌府寧遠、伏羌縣山崩，水湧，溺死者無算。

4三月，壬申，造鹿頂殿。

5監察御史成遵等請用終場下第舉人充學正、山長，國學生會試不中者，與終場舉人同。

6戊寅，詔：「作新風憲。在內之官有不法者，監察御史劾之；在外之官有不法者，行臺監察御史劾之。歲以八月終出巡，次年四月中還司。」

7是月，詔修遼、金、宋三史。

初，世祖立國史院，首命王鶚修遼、金二史。宋亡，又命史臣通修三史。延祐末，國史院編修官袁桷請購求遼、金、宋遺事，從之。然義例未定，有欲如晉書例，以宋爲本紀而遼、金爲載記者；或又謂遼立國先於宋五十年，宋南渡後嘗稱臣於金，以爲不可；又有待制王理者，著三史正統論，欲以遼、金爲北史，建隆至靖康爲宋史，建炎以後爲南宋史；一時士論不決。至是詔釐爲三史，而各統其所統，以中書右丞相托克托爲都總裁官，平章政事特穆爾達實、右丞賀惟一、御史中丞張起巖、翰林學士歐陽玄、侍御史呂思誠、翰林侍講學士揭傒斯爲總裁官。惟一，勝之子也。

托克托問修史以何爲本，傒斯曰：「用人爲本。有學問文章而不知史事者不可與，有學問文章知史事而心術不正者不可與，用人之道，又當以心術爲本也。」又與僚屬言：「欲求作史之法，須求作史之意。古人作史，雖小善必錄，小惡必記。不然，何以示懲勸！」由是毅然以筆削自任，凡政事得失、人才賢否，一律以是非之公。至於物論之不齊，必反覆辨論，以求歸於至當而後止。

起巖熟於金源典故，宋儒道學原委，尤多究心。有露才自是者，每立言未當，起巖據理竄定，深厚醇雅，理致自足。

玄發凡舉例，俾論撰者有所據依。史官中有悻悻露才，議論不公者，玄不以口舌爭，俟其呈稿，援筆竄定之，統系自正。其於論贊、表奏，皆玄屬筆。

8 夏，四月，丙申朔，日有食之。

9 是月，帝如上都。

10 六月，壬子，命經筵官月進講者三。

11 是月，中書戶部以國用不足，請撙節浮費。

12 回回剌里五百餘人，渡河寇掠解、吉、隰等州。

13 秋，七月，戊辰，修大都城。

14 是月，興國路旱。河南自四月至是月，霖雨不止。

15 八月，山東有賊焚掠兗州。

16 帝至自上都。

17 九月，甲子，湖廣行省平章衮巴布勒，擒道州、賀州傜賊首唐大二、蔣仁五至京師，誅之。其黨蔣丙，自號順天王，攻破連、桂二州。

18 冬，十月，戊戌，帝將祀南郊，告祭太廟。至寧宗室，遣阿嚕問同知太常禮儀院事李好文曰：「朕，寧宗兄也，當拜否？」好文與博士劉聞對曰：「寧宗雖弟，其爲帝時，陛下爲之臣。春秋時，魯閔公，弟也，僖公，兄也，閔公先爲君，宗廟之祭，未聞僖公不拜。爲人後者，爲之子也。陛下當拜。」帝乃拜。由是每親祀，必命好文攝禮儀使。

19 己酉，帝親祀上帝於南郊，以太祖配。

20 己未，以南郊禮成，大赦天下，蠲民間田租五分，賜高年帛。

21 十二月，丙申，詔寫金字藏經。

22 丁未，以翰林學士承旨博爾濟布哈爲中書左丞相，特穆爾布哈罷。

23 是月，膠州及屬縣高密地震。

24 是歲，詔立常平倉，罷民間食鹽。

25 徵遺逸托音巴延、（舊作脫因伯顏。）張瑾、杜本。本辭不至。

本，清江人，在武宗時，嘗被召至京師，卽歸武夷山中，文宗聞其名徵之，不起。至是右丞相托克托薦之，召爲翰林待制兼國史院編修官。使者致君相意趣之行，至杭州，稱病固辭，而致書於托克托曰：「以萬事合爲一理，以萬民合爲一心，以千載合爲一日，以四海合爲一家，則可言制禮作樂，而躋五帝、三王之盛矣。」遂不行。時有金華張樞，亦屢徵不起。旣又徵隱士鄂勒哲圖、（舊作完者圖，今改。）濟爾噶朗、（舊作執禮哈郎，今改。）董立、李孝光，詔以鄂勒哲圖、濟爾噶朗爲翰林待制，立修撰，孝光著作郎。或疑其太優，右丞相特穆爾達實曰：「隱士無求於朝廷，朝廷有求於隱士，名爵豈足吝惜耶！」識者誦之。

26 衞輝、冀寧、忻州大饑，人相食。

27 監察御史李稷劾奏宦官高龍卜，特賴恩私，侵撓朝政，擅作威福，交通時相，爲國基禍，請竄逐之，章上，流龍卜於征東。又言御史封事須至御前開拆，以防壅蔽之患；言事官須優加擢用，以開諫諍之路；殿中侍御史、給事中、起居注須任端人直士，書百司奏請及上所可否，月達省臺，付史館，以備纂修之實。承天護聖寺火，詔更作之，稷言水旱相仍，公私俱乏，不宜妄興大役，議遂寢。稷，滕州人。

28 監察御史烏古遜（舊作烏古孫。）良楨，以帝方攬萬幾，不可不求賢自輔，乃上疏言：「祈天永命之術，在乎敬身修德而已。今經筵多領以職事臣，數日一進講，不踰數刻已罷，而暬御小臣，恆侍左右，何益於盛德哉！請招延宿儒若許衡者數人，置於禁密，常以唐、虞、三代之道啓沃宸衷，日新其德。」又以國俗父死則妻其後母，兄弟死則收其妻，父母死無憂制，遂上言：「綱常皆出於天而不可變。議法之吏，乃云國人不拘此例，諸國人各從本俗，是漢人、南人當守綱常，國人、諸國人不必守綱常也。名曰優之，實則陷之；外若尊之，內實侮之；推其本心，所以待國人者不若漢人、南人之厚也。請下禮官有司及右科進士在朝者會議；自天子至於庶人，皆從禮制，以成列聖未遑之典，明萬世不易之道。」奏入，皆不報。

至正四年（甲申、一三四四）

1 春，正月，辛巳，詔：「定守令黜陟之法，六事備者陞一等，四事備者減一資，三事備者平遷，六事俱不備者降一等。」

2 庚寅，河決曹州，雇夫萬五千八百修築之。

3 是月，河又決汴梁。

4 三月，壬寅，特授巴圖瑪多爾濟（舊作八禿麻朵兒只。）征東行省左丞相，嗣高麗國王。王本名昕，高麗國王王楨之長子也。楨在國淫暴無道，帝以檻車徵至，流之於揭陽，無一人從行者。楨手持衣袱以去，至岳陽而死，帝乃命昕嗣其位。

5 夏，四月，帝如上都。

6 五月，甲辰，中書右丞相托克托罷，以知樞密院事阿嚕圖（舊作阿魯圖。）爲右丞相。托克托固辭相位，帝問誰可代者，以阿嚕圖對，遂擢用之。封托克托爲鄭王，食邑安豐，賜金印及海青、文豹等物，俱辭不受。

阿嚕圖既爲相，議除一人爲刑部尚書，或難之曰：「此人柔輭，于刑部非所宜。」阿嚕圖曰：「選儈子邪？若選儈子，須用強壯人。尚書詳讞刑獄，不枉人壞法，卽是好官，何用強壯者爲！」其爲治知大體如此。

7 是月，大霖雨二十餘日，黃河暴溢，北決白茅隄。

8 六月，己巳，賜托克托松江田，爲立松江等處稻田提領所。

9 是月，黃河又北決金隄，曹、濮、濟、兖皆被災，民老弱昏墊，壯者流離四方。水勢北侵安山，沿入會通、運河，延袤濟南、河間，將壞兩漕司鹽場，省臣以聞。朝廷患之，遣使體量，仍督大臣訪求治河方略。

10 秋，七月，戊子朔，溫州颶風大作，海水溢，地震。

11 益都瀕海鹽徒郭火你赤作亂。

12 是月，灤河水溢。

13 八月，丁卯，山東霖雨，民飢相食，賑之。

14 丙戌，賜托克托金銀鈔帛，辭不受。

15 是月，莒州蒙陰縣地震。

16 郭火你赤上太行，由陵川入壺關，至廣平，殺兵馬指揮，復還益都。

17 帝至自上都。

18 九月，丁亥朔，日有食之。

19 丙午，命中書平章政事賀惟一提調都水監。

20 冬，十月，乙酉，議脩黃河、淮水隄堰。

21 十一月，丁亥朔，令民入粟補官以備賑濟。有匿姦罪而輸粟得七品雜流者，爲怨家所告，有司議，輸粟例無有過不與之文。中書右司郎中成遵以爲「賣官鬻爵，已非令典；況又賣於奸淫之人，其何以爲治，必奪其敕，還其粟，著爲令。」從之。

又有議贓吏喪不許歸葬，須竟其獄者，遵曰：「惡人固可怒，然與人倫孰重？國家以孝治天下，寧失罪人，不可使天下有無親之子。」議遂寢。

22 十二月，戊寅，猺賊寇靖州。

23 是月，漢陽、東平皆地震。

24 是歲，遼史成，仍督早成金、宋二史。總裁官翰林侍讀學士揭傒斯留宿史館，朝夕不敢休，因得寒疾，七日卒。

先是傒斯數求去，不許，命丞相托克托及執政大臣面諭毋行，傒斯曰：「使揭傒斯有一得之獻，諸公用其言而天下蒙其利，雖死于此何恨！不然，何益之有！」托克托因問：「方今致治何先？」傒斯曰：「儲材爲先。養之于名位未隆之時，而用之於周密庶務之後，則無失材廢事之患矣。」一日，集議朝堂，傒斯抗言當兼行新舊銅錢以救鈔法之弊，執政言不可，傒斯持之益力，托克托雖稱不阿，而竟莫行其言也。至是卒，給驛護喪歸江南，追封豫章郡公，謚文安。

25 傜賊寇潯州，同知府事保董（舊作保童。）率民兵擊走之。

至正五年（乙酉、一三四五）

1 春，正月，薊州地震。

2 三月，辛卯，帝親試進士七十有八人，賜巴布哈、（舊作普顏不花。）張士堅等及第、出身。

3 是春，東平路及徐州路大饑，人相食。

4 以陳思謙參議中書省事。

先是思謙建言：「所在盜起，蓋由歲饑民貧，宜大發倉廩賑之以收人心，仍分布重兵鎮撫中夏。」不聽。

5 夏，四月，募富戶出米五十石以上者，旌以義士之號。

6 帝如上都。

7 五月，己丑，詔以軍士所掠雲南子女千一百人放還鄉里，仍給其行糧，不願歸者聽。

8 辛卯，翰林學士承旨庫庫卒，年五十一，謚文忠。

庫庫在帝左右，論思獻納，多所匡救。以重望居高位，而雅愛儒士，甚于飢渴，以故四方士大夫翕然萃于其門。達官有怙勢者，言曰：「儒有何好，君酷愛之？」庫庫曰：「世祖以儒足以致治，命裕宗學於贊善王恂。今祕書所藏裕宗倣書，當時御筆于『學生』之下，親署『御名習書謹呈』，其敬愼若此。世祖嘗暮召我先人坐寢榻下，陳說四書及古史治亂，至丙夜不寐，世祖喜曰：『朕所以令卿從許平仲學，正欲卿以嘉言入告朕耳。卿益加懋敬以副朕志。』今汝言不愛儒，寧不念聖祖神宗篤好之意乎！且儒者之道，從之則君仁，臣忠，父慈，子孝，人倫咸得，國家咸治；違之則人倫咸失，國家咸亂。汝欲亂而家，吾弗能禦；汝愼勿以斯言亂吾國也。儒者或身若不勝衣，言若不出口，然腹中貯儲，有過人者，何可易視也！」

旣而出爲江浙行省平章政事，明年，復以翰林學士承旨召還。時中書平章政事闕員，近臣欲有所薦用，以言覘帝意，帝曰：「平章已有人，今行半途矣。」近臣知帝意在庫庫，不復薦人。至京七日，感熱疾卒。家貧，幾無以爲斂。帝聞，震悼，賜賻銀五錠，其所負官中營運錢，臺臣奏以罰布爲之代償。

9 六月，廬州張順興出米賑饑，旌其門。

10 秋，七月，丁亥，河決濟陰，漂官民廬舍殆盡。

11 丙午，命額森特穆爾、特穆爾達實並爲御史大夫。詔作新風紀。

12 八月，帝至自上都。

13 九月，壬午朔，日有食之。

14 辛丑，以中書右丞達實特穆爾（舊作達識帖睦邇。）爲翰林學士承旨，中書參知政事綽斯戩（舊作搠思監。）爲右丞，資政院使多爾濟巴勒（舊作朶兒直班。）爲中書參知政事。旋命多爾濟巴勒同知經筵事、提調宣文閣。時纂集至正條格，多爾濟巴勒曰：「是書上有祖宗制誥，安得獨稱今日年號！又律中條格，乃其一門耳，安可獨以爲書名！」時相不能從，唯除制誥而已。

15 冬，十月，壬子，以中書平章政事賀惟一爲御史大夫。

初，惟一遷宣徽院使，宣徽典飲膳，權勢多橫索，惟一取簿閱之，惟太常禮儀使阿喇布哈（舊作阿剌不花。）一無所需，惟一因言于帝，請擢居近職，且厚賜之。故事，臺端非國姓不以授，惟一固辭，詔特賜蒙古氏，而改其名曰泰費音。舊作太平，今改。

16 辛酉，命諸臣奉宣撫巡行天下。

集賢侍講學士蘇天爵巡京畿道，究民所疾苦，察吏之奸貪，其興除者七百八十有三事，其糾劾者九百四十有九人。都人有包、韓之譽。然以忤時相意，竟坐不稱職，罷歸。

17 辛未，遼、金、宋三史成。右丞相阿嚕圖進之，鼓吹導從，自史館進至宣文閣，帝具禮服接之，因謂羣臣曰：「史既成書，前人善者取以爲法，惡者取以爲戒，非獨爲君者當然，人臣亦宜知之。」是日，大宴羣臣于宣文閣。托克托進曰：「給事中、殿中侍御史所紀錄陛下卽位以來事迹，亦宜漸加修撰，收入金縢。」帝曰：「待朕他日歸天，令吾兒修之可也。」仍以御圖書封藏金縢，自今以後，不許有所入。」托克托遂不復言。時給事、殿中之職，皆紈袴子弟爲之，備員而已，全無所書，史事遂廢。

18 己卯，監察御史布達實里（舊作不答失里。）請罷造作不急之務。

19 十一月，甲午，至正條格成。

20 奉元路民陳望叔，僞稱雅克特古斯太子，伏誅。

21 十二月，丁巳，詔定薦舉守令法。

22 是歲，以河決，遣禮部尚書台哈布哈（舊作泰不華。）奉珪玉、白馬致祭於河神。台哈布哈還，言：「淮安以東，河入海處，宜倣宋置撩清夫，用輥江龍鐵埽撼蕩沙泥，隨潮入海。」朝廷從其言。會用夫屯田，其事中廢。

續資治通鑑卷第二百九

賜進士及第兵部尚書兼都察院右都御史總督湖北湖南等處地方軍務兼理糧餉世襲二等輕車都尉　畢　沅　編集

元紀二十七

起柔兆閹茂（丙戌）二月，盡上章攝提格（庚寅）十二月，凡五年。

順帝

至正六年（丙戌、一三四六）

1 春，二月，庚戌朔，日有食之。

2 辛未，興國雨雹，大者如馬首。

3 是月，山東地震，七日乃止。

4 司天監奏：「天狗星墜地，血食人間五千日，始於楚，徧及齊、趙，終於吳，其光不及兩廣。」後天下之亂，皆如所言。

5 三月，辛未，盜扼李開務之牐河，劫商旅船。兩淮運使宋文瓚言：「世皇開會通河千有餘里，歲運米至京者五百萬石。今騎賊不過四十人，劫船三百艘而莫能捕，恐運道阻塞，請選能臣率壯勇千騎捕之。」不聽。

6 戊申，京畿盜起，范陽縣請增設縣尉。

7 山東盜起，詔中書參知政事索諾木巴勒（舊作鎖南班。）至東平鎮遏。

8 是月，高苑縣地震，壞民居。

9 夏，四月，壬子，遼陽爲捕海東青煩擾，沃濟（舊作吾者。）野人及碩達勒達（舊作水達達，今改。）皆叛。萬戶邁珠（舊作買住。）等討之，遇害，詔卹其家。

10 癸丑，頒至正條格於天下。

11 甲寅，以中書參知政事呂思誠爲左丞。

12 乙卯，饗於太廟。

13 丁卯，帝如上都，中書平章政事特穆爾達實（舊作鐵木兒塔識。）留守。

舊法，細民糴於官倉，出印券月給之者，其直三百文，謂之「紅帖米」；賦籌而給之，盡三月止者，其直五百文，謂之「散籌米」；貪民買其籌帖以爲利。特穆爾達實請別發米二十萬石，遣官坐市肆，使人持五十文即得米一斗，姦弊遂絕。

14 以中書左丞呂思誠知經筵事。命左右二司、六部吏屬於午後講習經史。

15 五月，壬午，廣西象州盜起。

16 江西田賦提舉司擾民，罷之。

17 丁亥，盜竊太廟神主。

18 遣和爾呼達（舊作火兒忽答。）討沃濟野人。

19 辛卯，絳州雨雹，大者二尺餘。

20 丁酉，以黃河決，立河南、山東都水監。

21 六月，己酉，汀州連城縣民羅天麟、陳積萬叛，陷長汀縣，福建元帥府經歷眞實（寶）、萬戶廉和尙等討之。

22 丁巳，詔以雲南賊死可伐盜據一方，侵奪路甸，命伊圖琿（舊作亦禿渾。）爲雲南行省平章政事，討之。旋降詔招諭。

23 是月，羅浮山崩，水湧，溺死百餘人。

24 秋，七月，己卯，饗於太廟。

25 癸巳，詔選集賽（舊作怯薛。）官爲路、府、縣達嚕噶齊。（舊作達魯花赤。）

26 丙申，以參知政事多爾濟巴勒（舊作朶爾直班。）爲中書左丞。時有善音樂得幸者，帝命爲崇文監丞，多爾濟巴勒他擬一人以進，帝怒曰：「選法盡由中書邪？」多爾濟巴勒頓首曰：「用幸臣居清選，恐後世以此議陛下。今選他人，臣實有罪，省臣無與焉。」帝悅，擢爲右丞。

27甲辰，京畿奉使宣撫鼎鼎（舊作定定，今改。）奏御史薩巴爾（舊作撒八兒。）等罪，杖黜之。時諸道奉使，皆與臺憲互相掩蔽，惟鼎鼎與湖廣道巴實（舊作拔實。）糾舉無避。

28是月，鄜州雨白毛如馬鬃。

29八月，丙午，命江浙行省右丞呼圖克布哈（舊作忽都不花，今改。）江西行省右丞圖嚕（舊作禿魯。）統軍合討羅天麟。

30是月，帝至自上都。

31益都臨淄縣雨雹，大如杯盂，野無青草，赤地如赭。

32九月，乙酉，克復長汀。

33戊子，邵武地震，有聲如鼓，至夜復鳴。

34冬，十月，思靖傜寇武岡，詔湖廣省臣及湖南宣慰元帥鄂勒哲特穆爾（舊作完者帖木兒。）討之，俘斬數百級，傜賊敗走。

35閏月，乙亥，詔赦天下，免差稅三分，水旱之地全免。

36靖州傜賊吳天保陷黔陽。

37癸未，汀州賊徒羅德用殺羅天麟、陳積萬，以首級送官，餘黨悉平。

38 十二月，丁丑，省臣改擬明宗母壽章皇后徽號曰莊獻嗣聖皇后。

39 辛卯，有司以賞賚汎濫，奏請恩賜必先經省、臺、院定擬。

40 壬寅，山東、河南盜起，遣左右阿蘇衞（舊作阿速衞。）指揮布爾國（舊作不兒國。）等討之。

41 是歲，尚書李洞（絅）以河災，請躬祀郊廟，近正人，遠邪佞，以崇陽抑陰，不報。

42 以侍御史蓋苗爲中書參知政事。

時大臣以兩京馳道狹隘，請毀民田廬廣之，已遣使督有司治之矣，苗議曰：「馳道創自至元初，何今日獨爲隘乎？」力辨，乃罷。時議以宿衞士悉出爲郡長官，俾以養貧，苗議曰：「郡長所以牧民，豈養貧之地哉！果有不能自存，賜之錢可也。若任郡寄，必擇賢才而後可。」議遂寢。又欲以鈔萬貫與角觝者，苗曰：「諸處告饑，不蒙賑䘏；力戲何功，獲此重賞乎！」又簽四川廉訪司事家人違例收職田，奉使宣撫直坐其主，宰相命奉使卽行遣，苗請付法司詳議，勿使憲司以爲口實。於是宰相顧謂僚佐曰：「所以引蓋君至樞機者，欲其相助也，乃每事相抗，何耶？今後有公務，毋白參政。」苗歎曰：「猥以非才，待罪執政，中書之事，皆當與聞。今宰相言若此，不去何俟！」將引去，適詔拜江南行臺御史中丞，宰相怒苗終不解，比至，卽除甘肅行省左丞。時苗已致仕歸田里，宰相復奏，旨趣赴任，苗昇疾就道。至鎭，卽上言：「西土諸王，爲國藩屏，賜賚雖有常制，而有司牽於文法，遂使恩澤不以時乃

〔及〕，有匱乏之憂，大非隆親厚本之意。」又言：「甘肅每歲中糧姦弊百端，請以糧鈔兼給，則軍民兼利矣。」從之。遷陝西行臺中丞，到官數日，即上疏乞骸骨，歸踰年而卒。追封魏國公，謚文獻。

苗學術淳正，性孝友，喜施與，置義田以贍宗族。平居恂恂謙謹，及至遇事，〔張目〕敢言，雖經挫折，無少回撓，有古遺直之風焉。

至正七年（丁亥、一三四七）

1 春，正月，甲辰朔，日有食之。大寒而風，朝官仆者數人。

2 壬子，以中書左丞相博爾濟布哈（舊作別兒怯不花，今改。）爲右丞相。

先是博爾濟布哈與右丞相阿嚕圖（舊作阿魯圖。）謀擠害托克托，（舊作脫脫。）阿嚕圖曰：「我等豈能久居相位，當亦有退休之日，人將謂我何！」博爾濟布哈屢以爲言，終不從。博爾濟布哈遂諷御史劾奏阿嚕圖不宜居相位，阿嚕圖即避出城。其姻黨皆爲之不平，請曰：「丞相所行皆善，而御史言者無理，丞相何不見上自陳？上必辨焉。」阿嚕圖曰：「我，開國四傑博爾濟（舊作博爾朮，今改。）之世裔，豈丞相爲難得邪？但命我，不敢辭。今御史劾我，我宜即去。御史乃世祖所設，我若與御史抗，即與世祖抗矣。爾等無復言。」阿嚕圖遂罷去。【考異】阿魯〔圖〕之罷，本紀不書，宰相表亦有闕文，今從傳。博爾濟布哈尋亦辭職而罷。

3 二月，己卯，山東地震，壞城郭，棣州有聲如雷。河南、山東盜蔓延濟寧、滕、邳、徐州等處。

4 丙戌，以宦者拜特穆爾（舊作伯帖木兒，今改。）爲司徒。

5 是月，傜賊吳天保寇沅州。

6 三月，甲辰，中書省言臣（臣言）：「世祖之朝，省、臺、院奏事，給事中專掌之，以授國史纂修。近年廢弛，恐萬世之後，一代成功無從稽考，請復舊制。」從之。

7 乙巳，遣使銓選雲南官員。

8 庚戌，試國子監，會食弟子員，選補路府及各衞學正。

9 戊午，詔編六條政類。

10 庚申，監察御使（史）王士點劾集賢大學士吳直方躐進官階，奪其宣命。

11 乙丑，雲南王鄂（博）囉（舊作孛羅。）來獻死可伐之捷。

12 夏，四月，己卯，饗於太廟。

13 辛巳，以通政院使多勒奇爾（舊作朵郎吉兒。）爲遼陽行省參知政事，討沃濟野人。

14 庚寅，復以博爾濟布哈爲中書右丞相，以平章政事特穆爾達實爲左丞相。特穆爾達實天性忠亮，學術正大。帝嘗問：「爲治何先？」對曰：「法祖宗。」又問：

「王文統，奇才也，恨不得如斯人者用之！」對曰：「世祖有堯、舜之資，文統不告以王道，而乃尙霸術，要近利，世祖之罪人也。使今有文統，正當遠之，又何足取乎！」

15 臨清、廣平、灤河等處盜起，遣兵捕之。

16 通州盜起，監察御史言：「通州密邇京城而賊盜蜂起，宜增兵討之，以杜其源。」不報。

17 是月，河東大旱，民多飢死，遣使賑之。

18 帝如上都。

19 五月，庚戌，傜賊吳天保陷武岡路，詔遣湖廣行省右丞實保舊作沙班，今改。統軍討之。實保堅不欲往，左右司郎中余闕曰：「右丞受天子命，爲方岳重臣，不思執弓矢討賊，乃欲自逸邪？右丞當往。」實保曰：「郎中語固是，如芻餉不足何？」闕曰：「右丞第往，此不難致也。」闕遂下令趣之，三日皆集，實保乃行。

20 乙丑，右丞相博爾濟布哈以調燮失宜災異迭見罷，詔以太保就第。

21 是月，臨淄地震，七日乃止。河東地坼泉湧，崩城陷屋，傷人民。

22 六月，詔免太師滿濟勒噶台（舊作馬札兒台。）官，安置西寧州。時博爾濟布哈以宿憾譖滿濟勒噶台，故有是詔。

其子托克托力請與父俱行，時相欲傾之，因有告變者，復移于西域薩克蘇舊作撒思，今改。

之地。御史大夫額琳沁巴勒舊作亦憐眞班，今改。曰：「托克托父子無大過，柰何迫之于險！」乃召還甘肅。

23復以御史大夫泰費音舊作太平，今改。爲中書平章政事。

24彰德路大饑，民相食。

25秋，七月，傜賊吳天保復寇沅州，陷溆浦、辰溪縣，所在焚掠無遺。

26八月，壬午，杭州、上海浦中午潮退而復至。

27九月，癸卯，八憐內哈喇諸海、（舊作哈剌那海。）圖嚕和伯（舊作禿魯和伯。）賊起，斷嶺北驛道。

28戊申，帝至自上都。

29甲寅，詔舉才能學業之人，以備侍衞。

30丁巳，中書左丞相特穆爾達實薨。

特穆爾達實之爲相也，修飭綱紀，立內外遷調之法，朝官外補，許得陛辭，親受帝訓，責以成效，郡邑賢能吏，次第甄拔，入補朝闕。分海漕米四十萬石，置沿河諸倉，以備凶荒。先是僧人與齊民均受役於官，其法中變，至是奏復其舊。孔子後襲封衍聖公，階止四品，奏升爲三品。歲一再詣國學，進諸生而獎勵之。中書故事，用老臣豫議大政，久廢不設，特穆爾達實奏復其規，起朠合、張元朴等四人爲議事平章，曾未半年，補偏救弊之政，以次興舉。

從幸上都還，入政事堂甫一日，感暴疾而卒，年四十六。贈太師，追封冀寧王，謚文忠。

31 辛酉，以御史大夫多爾濟（舊作朶兒只。）爲中書左丞相。

32 甲子，集慶路盜起，鎮南王博囉布哈（舊作孛羅不花。）討平之。

33 丁卯，傜賊吳天保復陷武岡，延及寶慶，殺湖廣行省右丞實保於軍中。

34 冬，十月，庚辰，詔建穆呼哩、（舊作木華黎。）巴延（舊作伯顏。）祠堂於東平。

35 丙戌，額琳沁濟達勒（舊作亦憐只答兒。）反，遣兵討之。

36 辛卯，開東華射圃。

37 戊戌，西蕃盜起，凡二百餘所，陷哈剌火州，劫供御蒲萄酒，殺使臣。

38 是月，傜賊吳天保復寇沅州，州兵擊走之。

39 十一月，辛丑，監察御史庳庳〔庫庫〕，（舊作曲曲。）以宦者隴普憑藉寵幸，驟陞榮祿大夫，追封三代，田宅踰制，上疏劾之。

40 甲辰，沿江盜起，剽掠無忌，有司莫能禁。兩淮運使宋文瓚上言：「江陰、通、泰，江海之門戶，而鎮江、眞州次之，國初設萬戶府以鎮其地。今戍將非人，致賊艤往來無常。集慶花山劫賊才三十六人，官軍萬數，不能進討，反爲所敗，後竟手假〔假手〕鹽徒，雖能成功，豈不貽笑！宜亟選智勇，任兵柄，以圖後功。不然，東南五省租稅之地，恐非國家有矣。」不報。

41 撥山東十六萬二千餘頃地屬大承天護聖寺。

42 乙巳，中書戶部言：「各處水旱，田禾不收，湖廣、雲南，盜賊蜂起，兵費不給，而各位集賽冗食甚多，請加分揀。」帝牽於衆請，令三年後減之。

43 庚戌，傜賊吳天保復陷武岡，命湖廣行省平章政事紐勒（舊作苟爾。）領兵討之。

44 以河決，命工部尙書密勒瑪哈謨（舊作迷兒馬哈謀。）行視金隄。

45 甲寅，傜賊吳天保陷靖州，命威順王庫春布哈、（舊作寬徹不花。）鎭南王博囉布哈及湖廣、江西二省以兵討之。

46 戊午，命河南、山東都府發兵討湖廣峒蠻。

47 丁卯，海北、湖南傜賊竊發兩月餘，有司不以聞，詔罪之，幷降散官一等。

48 是月，滿濟勒噶台卒。

滿濟勒噶台所至，不以察察爲明，赫赫爲威，僚屬各效其勤，至于事功旣成，未嘗以爲己出也。以仁宗寵遇之深，忌日必先百官詣原廟致敬，或一食一果之美，必持獻廟中。至是卒於甘肅。帝念托克托勳勞，召還京師。

49 十二月，庚午，以中書左丞相多爾濟爲右丞相，平章政事泰費音爲左丞相。

先是多爾濟請于帝曰：「臣藉先臣之蔭，早襲國王，昧於國家之理。今備位宰相，非得泰費音不足與共事。」至是遂拜泰費音左丞相，多爾濟爲右丞相。

多爾濟爲人，寬洪有度。留守司行致賀禮，其物先陳鴻禧觀，將饋二相。多爾濟家臣察知物有豐殺，其致左相者特豐。家臣具白其事，請卻之，多爾濟曰：「彼縱不送我，亦又何怪！」即命受之。

時順江酋長樂孫求內附，請立宣撫司及置郡縣一十三處，省臣將許之，右司都事歸暘曰：「古人有言曰：『鞭雖長，不及馬腹。』使郡縣果設，有事不救，則孤來附之意，救之，則疲中國以事外夷，所謂獲虛名而受實禍也。」與左丞呂思誠抗辨甚力。泰費音問：「其策安出？」暘曰：「其酋長可授宣撫，勿責其貢賦，使者賜以金帛遣歸足矣。」卒從暘言。京師苦寒，有丐訴丞相馬前者，丞相索皮服予之，仍核在官所藏皮服之數，將悉給貧民，暘曰：「宰相當以廣濟天下爲心，皮服能幾何，而欲給之耶？莫若錄飢寒者賑之。」丞相悟而止。

多爾濟爲相，務存大體，而泰費音則兼理庶務。一時政權頗出於泰費音，趨附者衆，多爾濟處之凝然，不與較，然泰費音亦能推讓盡禮，中外皆號爲賢相云。

50 丙子，以連年水旱，民多失業，選臺閣名臣二十六人出爲守令，許以民間利害實封呈省。參知政事魏中立言于帝曰：「必欲得賢守，無如參議韓鏞者。」帝乃特書鏞姓名，授饒州路總管。

饒俗尚鬼，有覺山廟者，能禍福人，盜將行劫，必往卜之，鏞至，即撤其祠宇，沈土偶人於江，凡境內淫祠皆毀之。人初大駭，已而皆歎服。鏞乃選民俊秀入學，求尊宿有學行為五經師，朔望，幅巾深衣謁先聖，每月課試，以示勸勉，由是人人自勵于學。

鏞居官，自奉澹泊，僚屬化之。先是朝使至外郡者，所奉一不厭其欲，還即騰謗于朝。其使饒者，鏞延見郡舍中，供以糲飯，退，終無後言。尋有旨，以織幣脆薄，遣使笞行省臣及諸郡長吏，獨鏞無預焉。

51 丙戌，中書省建議，以河南盜賊出入無常，宜分撥達勒達（舊作達達。）軍與揚州舊軍于河南水陸關隘戍守，東至徐、邳，北至夾馬營，遇賊掩捕，從之。

52 湖廣行省右丞實保，既為傜賊所害，其子實迪（舊作沙的。）方為中書掾，請奔喪，丞相以實迪有兄弟，不許，歸暘曰：「孝者，人子之同情，以其有兄弟而沮其請，非所以孝治天下也。」乃許之。

53 是月，陝西行御史臺臣，劾奏博爾濟布哈乃逆臣之親子，不可居太保之職，不報。

54 是冬，衛輝路天鼓鳴。

55 是歲，隆福宮三皇后鴻吉哩氏（舊作弘吉剌氏。）薨。

56鄱陽朱公遷，以遺逸徵至京師，授翰林直學士，每勸帝親賢遠姦，抑豪強，省冗費，修德卹民，庶天意可回，民志可定，不然，恐國家之憂，近在旦夕，帝嘉納之。當國者惡其切直，不能容，公遷亦力辭；章七上，乃出爲金華路學正。

至正八年（戊子、一三四八）

1春，正月，戊戌朔，命額森特穆爾舊作也先帖木兒，今改。知樞密院事。

2丁未，饗於太廟。

3辛亥，黃河決，遷濟寧路於濟州。

4詔：「各官府諳練事務之人，毋得遷調。」

5詔翰林國史院纂修后妃、功臣列傳，學士承旨張起巖、學士楊宗瑞、侍講學士黃溍爲總裁官，左丞相泰費音、左丞呂思誠領其事。

6是月，詔給銅虎符，以宮尉鄂哲勒（勒哲）布哈、（舊作完者不花。）貴赤衞副指揮使壽山監湖廣軍。命湖廣行省右丞圖齊、（舊作禿赤。）湖廣宣慰都元帥鄂勒哲特穆爾討莫磐洞諸蠻，斬首數百級，其餘二十餘峒，縛其峒酋楊鹿五赴京師。

7二月，（丙子），命皇子阿裕實哩達喇舊作愛猷識理達臘，今改。習讀輝和爾（舊作畏吾兒。）文字。

8甲申，以宣政院使桑節舊作星吉，今改。爲江南行臺御史大夫。

時承平日久，內外方以觀望爲政，桑節獨持風裁，御史行部，必飭厲而遣之。湖東僉事三寶珠，（舊作三寶柱。）性廉介，所至搏貪猾無所貸；御史有以私請者，拒不納，則誣以事劾之。章至，桑節怒曰：「若人之廉，誰不知之，乃敢爲是言耶？」即奏杖御史而白其誣。執政者惡之，移湖廣行省平章政事。

湖廣地連江北，威順王歲嘗出獵，民病之；又起廣樂園，多萃名倡巨賈以網大利，有司莫敢忤。桑節至，謁王，王闔中門，啓左扉，召以入。桑節引繩牀坐王中門而言曰：「吾受天子命來作牧，非王私臣也，焉得由不正之道入乎？」閽者入告王，王命啓中門。桑節入，責王曰：「王，帝室之懿親，古之所謂伯父、叔父者也。今德音不聞，而騁獵、宣淫，賈怨于下，恐非所以自貽多福也。」王急握桑節手謝之，爲悉罷其所爲。

有胡僧曰小住持者，服三品服，恃寵横甚，數以事陵轢官府，桑節掩捕之，得妻、妾、女樂、婦女十有八人，獄具，罪而籍之，由是豪強斂手。桑節，河西人也。

9 是月，以前奉使宣撫賈惟貞稱職，特授永平路總管。會歲饑，惟貞請降鈔四萬餘錠賑之。

10 詔濟寧鄆城立行都水監，以工部郎中賈魯爲之。魯，高平人也。

11 三月，丁酉，詔以束帛旌守令之廉勤者。

12 遼東索和努（舊作鎖火奴。）反，詐稱大金子孫，命將討擒之。

13 壬寅，土番盜起，有司請不拘資級，委員討之。

14 福建盜起，地遠，難於討捕，詔汀、漳二州立分元帥府轄之。

15 癸卯，帝親試進士二十有八人，賜阿嚕輝特穆爾（舊作阿魯輝帖木兒。）王宗哲等及第、出身。

16 己酉，湖廣行省遣使獻石壁峒蠻捷。

17 辛酉，遼陽烏延達嚕歡，（舊作兀顏撥魯歡。）妄稱大金子孫，受玉帝符文，作亂，官軍討斬之。

18 壬戌，六條政類書成。

19 是月，猺賊吳天保復寇沅州。

20 夏，四月，辛未，河間等路以連年河決，水旱相仍，戶口消耗，乞減鹽額，詔從之。

21 乙亥，帝幸國子學，賜衍聖公銀印，升秩從二品。

22 定弟子員出身及奔喪、省親等法。

23 詔：「守令選立社長，專一勸課農桑。」

24 詔：「京官三品以上，歲舉守令一人，守令到任三月，亦舉一人自代。」

25 平江、松江水災，給海運糧十萬石賑之。

26 丁丑，遼陽董哈喇（舊作董哈剌。）作亂，鎮撫奇徹（舊作欽察。）討擒之。

27 己卯，海寧州、沭陽縣等處盜起，遣翰林學士圖沁布哈(舊作禿堅不花。)討之。

28 是月，帝如上都。

29 命托克托爲太傅，提調宮傅，綜理東宮之事。

30 湖廣平章巴延引兵捕土寇莫五萬(萬五)、蠻雷等。已而廣西峒賊乘隙入寇，巴延退走。

31 五月，丁酉朔，大霖雨，京城崩。

32 庚子，廣西山崩，水涌，灕江溢，平地水深二丈餘，屋宇、人畜漂沒。

33 乙卯，錢塘江潮比之八月中高數丈，沿江民皆遷居以避之。

34 己未，奎章閣侍書學士致仕虞集卒。

集從吳澄游，授受具有原委。性孝友，撫庶弟，嫁孤妹，恩義備至。當權門赫奕，未嘗有所附麗。集議中書，正言讜論，多見容受。屢以片言解疑誤，出人于濱死，亦不以爲德也。

35 是月，永嘉大風，海舟吹上平陸二三十里，死者千數。

36 六月，丙戌，立司天臺于上都。

37 己丑，中興路松滋縣驟雨，水暴漲，平地深丈有五尺，漂沒六十餘里，死者一千五百人。

38 是月，山東大水，民飢，賑之。

39 秋，七月，丙申朔，日有食之。

40 乙巳，饗於太廟。

41 壬子，量移竄徙官於近地安置，死者聽歸葬。

42 乙卯，遣使祭曲阜孔子廟。

43 以江州總管劉恆有政績，擢山東宣慰使。

44 八月，帝至自上都。

45 冬，十月，丁亥，廣西蠻掠道州。

46 十一月，辛亥，傜賊吳天保率衆六萬掠全州。

47 是歲，設分元帥府于沂州，以邁博齊（舊作買列的。）爲元帥，備山東寇。

48 禮部郎中成遵，奉使山東、淮北，察守令賢否，得循良者九人，貪懦者二十一人，奏之。九人者賜上尊、幣帛，仍加顯擢；其二十一人悉黜之。

49 台州黃巖民方國珍，【考異】輟耕錄諸書或作「方谷眞」，或作「谷珍」，今從元、明二史。入海爲亂。國珍世以販鹽浮海爲業，時有蔡亂頭者，行剽海上，有司發兵捕之。國珍怨家告其通寇，國珍殺怨家，遂與兄國璋、弟國瑛、國珉亡入海，【考異】元史台哈布哈（舊作泰不華。）傳云：方國珍爲蔡亂頭、王伏之讎逼，遂入海爲亂。明史方國珍傳祇書蔡亂頭剽海上，今從之。聚衆數千人，劫掠漕運，執海道千戶德流千實。事聞，詔江浙參政多爾濟巴勒總舟師捕之。追至福州五虎門，國珍知事危，焚舟將遁，官軍自相驚潰，多爾濟巴勒遂被執。國珍迫其上招降之狀。朝議授國珍定國尉，【考異】元史台哈布哈傳云：國珍兄弟皆授之以官。按國珍初降，其兄弟未嘗皆授官也。今從明史。將治多爾濟巴勒之罪，樞密參議歸暘曰：「將臣失利，罪之固當；然所部皆北方步騎，不習水戰，是驅之死地耳，宜募海濱之民習水利者擒之。今國珍遣人請降，決不可許。國珍已敗我王師，又拘我王臣，力屈而來，非眞降也，必討之以示四方。」朝廷方事姑息，卒從其請。國珍竟不肯赴，勢益猖獗。帝遣禮部尚書台哈布哈察實以聞。台哈布哈既得其狀，遂上招捕之策，不聽。

50 監察御史張楨言：「明埒棟阿、（舊作明里董阿。）額爾佳、（舊作也里牙。）伊嚕布哈，（舊作月魯不花。）皆陛下不共戴天之仇；巴延賊殺宗室嘉王、郯王一十六口，法當族誅，而其子孫兄弟尚皆仕于朝，宜急行誅竄。右丞相博爾濟布哈，阿附權姦，亦宜遠貶。今災異迭見，盜賊蜂起，海寇敢于要君，閫帥敢于玩寇，若不振舉，恐有唐末藩鎭噬臍之禍。」奏上，徽政院使高隴布（舊作高龍卜。）力爲博爾濟布哈解，帝乃出御史大夫額琳沁巴勒爲江浙左丞相中丞，（校者按：元史亦憐眞班傳作出爲江浙行省平章政事，還湖廣行省左丞相。）餘皆辭職。詔復加博爾濟布哈太保，於是兩臺各道言章交至，博爾濟布哈益不自安，尋謫居渤海縣。

51 監察御史李泌上言：「世祖誓不與高麗共事，陛下踐世祖之位，何忍忘世祖之言，乃以高麗奇氏爲皇后？今河決、地震，盜賊滋蔓，皆陰盛陽微之象，請仍降爲妃，庶幾三辰奠位，災異可息。」不聽。

至正九年（己丑、一三四九）

1 春，正月，丁酉，饗於太廟。

2 癸卯，立山東、河南等處行都水監，専治河患。

3 乙巳，廣西傜賊復陷道州，萬戶鄭均擊走之。

4 三月，丁酉，壩河淺澁，以軍士、民夫各一萬濬之。

5 是月，黃河北潰。

6 膠州大饑，人相食。

7 傜賊吳天保復寇沅州。

8 夏，四月，丁卯，饗於太廟。

9 丁丑，知樞密院事奇徹台（舊作欽察台。）爲中書平章政事。

10 己卯，以燕南廉訪使韓元善爲中書左丞。

11 是月，帝如上都。

12 五月，丙辰，定守令督攝之法，路督攝府，府督攝州，州督攝縣。

13 是月，白茅河東注沛縣，遂成巨浸，詔修金隄，民夫日給鈔三貫。

14 蜀江大溢，浸漢陽城，民大飢。

15 六月，丙子，刻小玉印，以「至正珍祕」爲文，凡祕書監所掌書，盡以識之。

16 秋，七月，庚寅，監察御史沃勒海壽，舊作斡勒海壽，今改。劾奏殿中侍御史哈瑪爾舊作哈麻，今改。及其弟舒蘇舊作雪雪，今改。罪惡，御史大夫韓吉納舊作韓嘉納，今改。以聞。

哈瑪爾者，寧宗乳母之子也，與舒蘇早備宿衞，帝深眷寵之。而哈瑪爾有口才，尤爲帝褻幸，累官殿中侍御史，舒蘇亦累官集賢學士，帝每即內殿，與哈瑪爾以雙陸爲戲。一日，哈瑪爾服新衣侍側，帝方啜茶，噀茶於其衣，哈瑪爾視帝曰：「天子固當如是耶？」帝一笑而已。其被愛幸，無與爲比。由是哈瑪爾聲勢日盛，自藩王、戚里皆賂遺之。

至正初，托克托爲丞相，其弟額森特穆爾（舊作也先帖木兒。）爲御史大夫，哈瑪爾日趨附其兄弟之門。會托克托去相位，而博爾濟布哈爲丞相，與托克托有舊怨，欲中傷之，哈瑪爾每於帝前營護，故得免。

初，博爾濟布哈與秦費音、韓吉納、圖們岱爾等情好甚密，及博爾濟布哈罷，秦費音、韓吉納、乃謀黜哈瑪爾，諷御史劾奏之。其小罪則受宣讓王等駝馬諸物，其大者則設帳房于御幄之後，無君臣之分；又恃以提調寧徽寺爲名，出入托果斯舊作脫忽思，今改。皇后宮，犯分之罪尤大。寧徽寺者，掌托果斯皇后錢糧；托果斯皇后，帝庶母也。哈瑪爾知御史有所言，先于帝前析其非罪，事皆泰費音、韓吉納所摭拾。及韓吉納以御史所言奏，帝大怒，斥弗納。明日，章再上，帝不得已，僅奪哈瑪爾、舒蘇官，居之草地，而沃埒海壽出爲陝西廉訪副使。于是泰費音罷爲翰林學士承旨，韓吉納爲宣政院使。

17 壬辰，詔皇太子阿裕實哩達喇習學漢人文字，以翰林學士李好文兼諭德，歸暘爲贊善。好文力辭，上書宰相曰：「三代帝王，莫不以教世子爲先務，蓋帝王之治本于道，聖賢之道存于經，而傳經期于明道，出治在于爲學，關係至重，要在得人。自非德堪範模，則不足以輔成德性；非學臻閫奧，則不足以啓迪聰明；宜求道德之鴻儒，仰成國家之盛事。好文天資本下，人望素輕，草野之習，久與性成，章句之學，寖以事廢，驟以重託，負荷誠難。必別加選掄，庶幾國家有得人之助，而好文免妨賢之譏。」丞相以其書聞，帝嘉歎之，而不允其辭。

好文言：「欲求二帝、三王之道，必由于孔氏，其書則孝經、大學、論語、孟子、中庸。」乃摘其要略，釋以經義，又取史傳及先儒論說有關治體而協經旨者，加以己見，倣眞德秀大學衍義之例，爲書十一卷，名曰端本堂經訓要義，奉表以進。

帝師聞之，言于奇皇后曰：「向者太子學佛法，頓覺開悟，今乃使習孔子之教，恐壞太子眞性。」后曰：「吾雖居深宮，不明道德，嘗聞自古及今治天下者，須用孔子之道，舍之他求，即爲異端。佛法雖好，乃餘事耳，不可以治天下。安得使太子不讀書耶？」

18甲午，以額森特穆爾爲御史大夫。

19乙未，以湖廣行省左丞相額琳沁巴勒知樞密院事。

20甲寅，以巴延爲集賢大學士。

21乙卯，右丞相多爾濟罷，依前爲國王。

22是月，大霖雨，水沿〔沒〕高唐州城，江、漢溢，漂沒民居、禾稼。歸德府霖雨浹十旬。

23閏月，辛酉，以太傅托克托復爲中書右丞相，出韓吉納爲江浙行省平章政事。

初，托克托自甘州還上都，將復相，中書參議趙期頤，員外郎李稷，謁翰林直學士兼贊善歸暘私第，致托克托之命，屬草詔，暘辭曰：「丞相將爲伊、周事業，入相之詔，當命詞臣視章。今屬筆于暘，恐累丞相之賢也。」期頤曰：「若上命爲之，柰何？」暘曰：「事理非順，亦當固辭。」期頤知不可屈，乃已。

24庚午，以額爾克達嚕噶齊（舊作也可札魯忽赤。）綽斯戩（舊作搠思監。）爲中書右丞。

25辛巳，詔赦湖南傜賊詿誤者。

26初，滿濟勒噶台卒，泰費音請令托克托歸葬，左右以爲難，泰費音爲之固請，托克托得還，且拜太傅；然不知泰費音之有德於己也，因汝中柏讒間成隙，欲中傷之。是時中書參知政事孔思立等，皆一時名人，泰費音所拔用者，悉誣以罪黜去。泰費音既罷，又誣劾之，而並論其子額森呼圖（舊作也先忽都。）不宜僭娶宗室女。托克托之母聞之，謂托克托兄弟曰：「泰費音，好人也，何害於汝而欲去之？汝兄弟若違吾言，非吾子也。」侍御史薩瑪特（舊作撒馬篤。）揚言于朝曰：「御史欲害正人，壞臺綱，如天下後世何！」即臥病不起。故吏田復勸泰費音自裁，泰費音曰：「吾無罪，當聽於天；若自殺，則誠有慊矣！」遂還奉元，杜門謝客，以書史自娛。

27 托克托以哈瑪爾嘗爲己營護，深德之，遂援引哈瑪爾復爲同知樞密院事。

28 八月，甲辰，以巴延爲中書平章政事。

29 是月，帝至自上都。

30 九月，甲子，詔：「凡建言中外利害者，委官選其可行之事以聞。」

31 丙子，中書平章政事定珠（舊作定住。）以病辭職，不許。

32 是月，遣御史中丞李獻代祀河瀆。

33 冬，十月，辛卯，饗於太廟。

34 丁酉，皇太子入端本堂肄業。【考異】王忠文集有端本堂頌，言皇子於十一月九日始就學，今從元史。命托克托、雅克布哈（舊作雅普化。）領其事。端本堂虛中坐以俟至尊臨幸，太子與師傅分東西向坐授書，其下僚屬以次列坐，從歸暘議也。

詔以李好文所進經訓要義付端本堂，令太子習焉。好文又集歷代帝王故事，總百有六篇：一曰聖慧，如漢孝昭、後漢明帝幼敏之類；二曰孝友，如舜、文王、唐玄宗友愛之類；三曰恭儉，如漢文帝卻千里馬、罷露臺之類；四曰聖學，如殷宗緝學及陳、隋諸君不善學之類；以爲太子問安餘暇之助。又取古史自三皇迄金、宋，歷代授受，國祚久速，治亂興廢爲書，名曰大寶錄，又取前代帝王是非善惡之所當法戒者爲書，名曰大寶龜鑑，皆錄以進。復上書曰：「殿下以臣所進諸書，參之貞觀政要、大學衍義等篇，果能一一推而行之，則太平之治，不難致矣。」

35 十一月，戊午朔，日有食之。

36 托果斯皇后以沃埒海壽之言侵己，泣訴于帝。帝怒，乃奪沃埒海壽官，屏歸田里，禁錮之，并誣韓吉納贓罪，杖流紐爾干（舊作奴兒干。）以死。而圖們岱爾自中書右丞出爲四川右丞，亦誣以罪，追至中道，殺之。

37 十二月，丁未，傜賊吳天保陷辰州。

38 是歲，詔汰冗官，均俸祿，賜致仕官及高年帛。

39 漕運使賈魯建言便益二十餘事，從其八事：其一曰京畿和糴，二曰優卹漕司舊領漕戶，三曰接運委官，四曰通州總治預定委官，五曰船戶困于壩夫，海糧壞于壩戶，六曰疏濬運河，七曰臨淸運糧萬戶府當隸漕司，八曰宜以宣中船戶付本司節制。

40 冀寧平遙等縣曹七七反，命刑部郎中巴克什、（舊作八十。）兵馬指揮錫布罕（舊作沙不丁。）討平之。

41 沅、靖、柳、桂等路傜獠竊發，朝廷以谿峒險阻，下詔招諭之。湖廣行省平章達實特穆爾（舊作達識帖睦邇。）謂「寇情不可料，請置三分省：一治靜江，一治沅、靖，一治柳、桂，以左、右丞、參政兵鎭其地，罷靖州路總管府，改立靖州軍民安撫司，設萬戶府，益以戍兵。」從之。達實特穆爾，特穆爾達實之弟也。

至正十年（庚寅、一三五〇）

1 春，正月，丙辰朔，以中書右丞綽斯戩爲平章政事。

2 甲戌，隕石棣州，色黑，中微有金星，先有聲自西北來，至州北二十里乃隕。

3 是月，前太保、中書右丞相博爾濟布哈卒于渤海縣。

4 三月，奉化州山石裂，有禽鳥、山川、人物之形。

5 是春，彰德大寒，近淸明節，雨雪三尺，民多凍餒死。

6 夏，四月，丁酉，赦天下。

7是月，帝如上都。

8五月，右丞相托克托居母憂，帝遣近臣諭之，俾出理庶務。于是托克托用烏庫遜良楨、（舊作烏古孫良楨。）龔伯璲、汝中柏、拜特穆爾等爲僚屬，皆委以腹心之寄，小大之事皆與之謀，事行而羣臣不知也。

9六月，壬子，有星大如月，入北斗，震聲若雷，三日復還。

10甲子，寧州大雨，山崩。

11丙寅，上高縣蒙山崩。

12八月，（壬寅），帝至自上都。

13九月，辛酉，祭三皇如祭孔子禮。先是歲祀以醫官行事，江西廉訪使文殊訥建言，禮有未備，乃敕工部具祭器，江浙行省造雅樂，太常定儀式，翰林撰樂章，至是用之。

14庚午，命樞密院以軍士五百修築白河隄。

15壬午，右丞相托克托以吏部選格條目繁多，莫適據依，銓選者得以高下之，請編類爲成書，從之。

16冬，十月，乙酉，安溪縣後山鳴。

17乙未，托克托欲更鈔法，乃集省、臺、兩院共議之。

先是左司都事武祺，以鈔法不行，請如舊，凡合支名目，於總庫轉支，從之。至是與吏部尚書偰哲篤俱欲迎合丞相意，請以楮幣鈔一貫文省權銅錢一千文，鈔爲母而錢爲子，衆皆唯唯，不敢出一語，中書左丞兼國子祭酒呂思誠曰：「中統、至元，自有母子，上料爲母，下料爲子，譬如達勒達（按應作蒙古。）人乞養漢人爲子，是終爲漢人之子而已，豈有以故紙爲母而以銅錢爲過房兒子者乎！」思誠又曰：「錢鈔用法，以虛換實，其致一也。今歷代錢與至正錢、中統鈔、至元鈔、交鈔分爲五項，慮下民知之，藏其貫（實）而棄其虛，恐不爲國家利。」偰哲篤曰：「至元鈔多僞，故更之。」思誠曰：「至元鈔非僞，人爲僞爾，交鈔若出，亦有爲僞者矣。且至元鈔人猶識之，交鈔人未之識，僞將滋多。」偰哲篤曰：「錢鈔兼行何如？」思誠曰：「錢鈔兼行，輕重不倫，何者爲母，何者爲子？汝不通古今，徒以口舌取媚大臣，可乎？」偰哲篤怒曰：「我等策既不可行，公有何策？」思誠曰：「我有三字策，曰行不得，行不得！」又曰：「丞相勿聽此言，如向日開金口河，成則歸功汝等，不成則歸罪丞相矣。」托克托見思誠之言直，狐疑未決。御史大夫額森特穆爾曰：「呂祭酒之言亦有是者，但不當在廊廟上大聲厲色耳。」御史劾思誠狂妄，左遷湖廣行省左丞。

遂定更鈔之議，以中統、交鈔一貫省權銅錢一千文，準至元寶鈔二貫，仍鑄至正通寶錢與歷代錢並用，以實鈔法。行之未久，物價騰踴至踰十倍。及兵興，所在郡縣皆以物貨相貿易，公私所積者皆不行，國用由是大乏。

18 是月，南陽、大名、東平、濟南、徐州，各立兵馬指揮司，以捕上馬賊。時南陽路總管莊文昭言：「本郡鴉路有上馬賊百十爲羣，突入富家，計其家資，邀求金銀爲撒花。或劫州縣官庫，取輕賫，約束裝載畢，拘妓女，置酒高會，三日乃上馬去。州郡無武備，無如之何。」於是始命立兵馬分司五處，然終不能禁。

19 十一月，壬子朔，日有食之。

20 辛酉，罷遼陽濱海民煎熬野鹽。

21 是月，三星隕於耀州，化爲石，如斧形，削之有屑，擊之有聲。

22 十二月，壬午朔，修大都城。

23 右丞相托克托慨然有志于事功，時河決五年不能塞，方數千里，民被其患，托克托請躬任其事，帝嘉納之。辛卯，以大司農圖嚕等兼領都水監。

集羣臣議黃河便益事，言人人殊，唯都漕運使賈魯昌言必當治。先是魯嘗爲山東道奉使宣撫首領官，循行被水郡邑，具得修捍成策。後又爲都水使者，奉旨詣河上相視，驗狀爲圖，以二策進獻：一議修築北隄以制橫潰，其用功省；一議疏塞並舉，挽河東行，使復故道，其功費甚大。至是復以二策進，取其後策，且以其事屬魯，魯固辭，托克托曰：「此事非子不可。」乃入奏，大稱旨。托克托出告羣臣曰：「皇帝方憂下民，爲大臣者，職當分憂。然事有難爲，猶疾有難治。自古河患，卽難治之疾也。今我必欲去其疾，而人人異論，何也？」然廷議終莫能決。帝乃命工部尚書成遵偕大司農圖嚕行視河，議具疏塞之方以聞。

24 命前同知樞密院事布延布哈（舊作不顏不花。）等討廣西傜賊。

25 方國珍復叛，己酉，寇溫州。

26 是冬，溫暖，霹靂暴雨時行，衢、饒、處等處雨黑黍，內白如粉，草木皆萌芽吐花，大雪而雷電。

27 是歲，京師麗正門樓上，忽有人妄言災禍，鞫問之，自稱薊州人，已而不知所往。

續資治通鑑卷第二百十

賜進士及第兵部尚書兼都察院右都御史總督湖北湖南等處地方軍務兼理糧餉世襲二等輕車都尉畢沅編集

元紀二十八 起重光單閼（辛卯）正月，盡玄默執徐（壬辰）六月，凡一年有奇。

順帝

至正十一年（辛卯、一三五一）

1春，正月，庚申，命江浙行省左丞博囉特穆爾（舊作孛羅帖木兒。）討方國珍。

2丁卯，蘭陽縣有紅星大如斗，自東南墜西北，其聲如雷。

3己卯，命綽斯戩（舊作搠思監。）提調大都留守司。

4是月，清寧殿火，焚寶玩萬計，由宦官熏鼠故也。

5二月，命游皇城。

初，世祖至元七年，以帝師帕克斯巴（舊作八思巴。）之言，於大明殿御座上置白傘蓋一頂，用素緞泥金書梵字于其上，謂鎮伏邪魔，護安國利。自後每歲二月十五日，于大殿啓建白傘蓋佛事，與衆祓除不祥。中書移文諸司，撥人舁監壇漢關羽神轎及供應三百六十壇幢幡、寶蓋等，以至大樂鼓吹，番部細樂，男女雜扮隊戲，凡執役者萬餘人，皆官給鎧甲、袍服、器仗，俱以鮮麗整齊爲尙，珠玉錦繡，裝束奇巧，首尾排列三十餘里，都城士女聚觀。先二日，于西鎭國寺迎太子游四門，舁高塑像，具儀仗入城。十四日，帝師率梵僧五百人，于大明殿內建佛事。至十五日，請傘蓋于御座，奉置寶輿，諸儀衞導引出宮，至慶壽寺，具素食；食罷，起行，從西宮門外垣、海子南岸，入厚載紅門，過延春門而西。帝及后妃、公主，于玉德殿門外搭金脊吾殿綵樓以觀覽焉。事畢，送傘蓋，復置御座上。帝師、僧衆作佛事，至十六日罷散，謂之游皇城，歲以爲常。至是命下，中書省臣以其非禮，諫止之，不聽。

6 立湖南元帥分府于寶慶路。

7 三月，庚戌，立山東元帥分府于登州。

8 丙辰，親策進士八十三人，賜多勒圖、（舊作朶烈圖。）文允中等及第、出身。

9 壬戌，徵建寧處士彭炳爲端本堂說書，不至。

10 是月，遣使賑湖南、北被寇人民，死者鈔五錠，傷者三錠，燬所居屋者一錠。

11 是春，成遵與圖嚕（舊作禿魯。）自濟、濮、汴梁、大名行數千里，掘井以量地之高下，測岸以究水之淺深，徧閱史籍，博采輿論，以爲河之故道斷不可復。且曰：「山東饑饉，民不聊生，若聚二十萬衆於其地，恐他日之憂，又有重于河患者。」時托克托（舊作脫脫。）先入賈魯之言，聞遵等議，怒曰：「汝謂民將反耶？」自辰至酉，論辨終莫能入。明日，執政謂遵曰：「挽河之役，丞相意已定，且有人任其責。公勿多言，幸爲兩可之議。」遵曰：「腕可斷，議不可易！」遂出遵爲河間鹽運使。

12 夏，四月，壬午，詔開黃河故道，命賈魯以工部尚書爲總治河防使，發汴梁、大名等十三路民十五萬，廬州等戍十八翼軍二萬，自黃陵岡南達白茅，放于黃固、哈齊（舊作哈只。）等口，又自黃陵西至楊青邨，合于故道，凡二百八十里有奇，仍命中書右丞玉樞呼爾圖哈、（舊作玉樞虎兒吐華。）同知樞密院事哈斯（舊作黑廝，今改。）以兵鎭之。

13 冀寧路屬縣多地震，半月乃止。

14 乙酉，詔加封河瀆神爲靈源神祐靈濟王，乃重建河瀆及西海神廟。

15 丁酉，孟州地震，有聲如雷，圮民屋，壓死者甚衆。

16 乙巳，彰德府雨雹，形如斧，傷人畜。

17 是月，罷沂州分元帥府，改立兵馬指揮使司，復分司于膠州。

18 帝如上都。

19 五月，己酉朔，日有食之。

辛亥，潁州妖人劉福通爲亂，以紅巾爲號，陷潁州。

初，欒城人韓山童祖父，以白蓮會燒香惑衆，謫徙廣平永年縣。至山童，倡言天下大亂，彌勒佛下生，河南及江、淮愚民皆翕然信之。福通與杜遵道、羅文素、盛文郁、王顯忠、韓雅爾舊作咬兒，今改。復鼓妖言，謂「山童實宋徽宗八世孫，當爲中國主。」福通等殺白馬、黑牛，誓告天地，欲同起兵爲亂，事覺，縣官捕之急，福通遂反。山童就擒，其妻楊氏，子韓林兒，【考異】明史韓林兒傳云：林兒，或言李氏子也，今從元史。逃之武安。惟福通黨盛不可制，時謂之「紅軍」，亦曰「香軍」。

壬申，命同樞密院事圖克齊（舊作禿赤。）領阿蘇（舊作阿速。）軍六千并各支漢軍討之，授以分樞密院印。圖克齊者，回回部人也，素號精悍，善騎射，至是與河南行省徐左丞俱進軍。二將皆耽酒色，軍士但以剽掠爲事，剿捕之方，漫不加省。圖克齊望見紅軍陣大，揚鞭曰：「阿布，阿布。」阿布者，譯言走也，于是所部皆走，淮人傳以爲笑。其後圖克齊死于上蔡，徐左丞爲朝廷所誅，阿蘇軍不習水土，病死者過半。

先是庚寅歲，河南、北童謠云：「石人一隻眼，挑動黃河天下反。」及賈魯治河，果于黃陵岡掘得石人一眼，而汝、潁盜起，竟如所言。【考異】元之亡不繫於治河，元史論之詳矣。草木子云：賈魯勸托克托丞相求禹故道，開使北流，身專其事，瀕河起集丁夫二十六萬餘人，朝廷所降食錢，官吏多不盡支放，河夫多怨。

韓山童等因挾詐鑿石人，止一眼，鐫其背曰：「莫道石人一隻眼，此物一出天下反。」預當開河道埋之。是以埋石人爲篝火狐鳴之故智也。庚申外史又載濮州童謠云：「挖了石佛眼，當時木子反。」以爲芝麻李之應。是其時童謠所傳不一。前史五行志所載童謠多矣，草木子預埋之說，未必然也。今從元史賈魯傳。

21 六月，發軍一千，從直沽至通州，疏濬河道。

22 是月，劉福通據朱皋，攻破羅山、眞陽、確山，遂犯舞陽、葉縣。

前監察御史藁城張桓，避亂之確山，賊久知桓名，襲獲之，羅拜，請爲帥，弗聽。四六日，擁至渠魁前，桓直趨據榻坐，與之抗論逆順。其徒捽桓起跪，桓仰天大呼，詈叱彌厲，且屢唾賊面。賊猶不忍殺，謂桓曰：「汝但一揖，亦恕汝死。」桓瞋目曰：「吾恨不能手斬逆首，肯聽汝誘脅而折腰哉！」賊知終不可屈，遂殺之，年四十八。賊後語人曰：「張御史眞鐵漢，害之可惜。」事聞，贈禮部尚書，謚忠潔。

23 丞相托克托議軍事，每迴避漢人、南人，方入奏事，目顧同列韓伯高、韓大雅隨後來，遽令門者勿納，入言曰：「方今河南漢人反，宜榜示天下，令一概勦捕。諸蒙古、色目因遷謫在外者，皆召還京師，勿令詿誤。」于是榜出，河北之民亦有變而從紅軍者矣。

24 方國珍兄弟入海，燒掠沿海州郡。博囉特穆爾兵至大閭洋，國珍夜率勁卒，縱火鼓譟，官軍不戰皆潰，赴水死者過半。博囉特穆爾被執，反爲國珍飾辭上聞。朝廷復命大司農達實特穆爾、（舊作達識帖睦邇。）江浙參政樊執敬、浙東廉訪使董守慤同招諭國珍，至黃巖，國珍兄弟皆登岸羅拜，退，止民間小樓。紹興總管台哈布哈（舊作泰不華。）欲命壯士襲殺之，達實特穆爾曰：「我受詔招降，公欲擅命耶？」乃止。仍檄台哈布哈親至海濱，散其徒衆，授國珍兄弟官有差。

25 八月，丁丑朔，中興路地震。

26 丙戌，蕭縣李二及老彭、趙君用陷徐州。【考異】老彭，即本紀十七年所稱彭大者是也。彭早住乃彭大之子，與芝麻李同反。兵敗奔濠州者，彭大也，非早住也。明太祖實錄以奔濠者爲早住，誤矣。

李二號「芝麻李」，以歲饑，其家惟有芝麻一倉，盡以濟人，故得此名。時河工大興，人心不安，芝麻李與其社長趙君用謀曰：「潁上兵起，官軍無如之何，此男子取富貴之秋也。」君用曰：「我所知，惟城南老彭，其人勇悍有膽略，不得其人，不可舉大事，我當爲汝致之。」即訪其家，見老彭，諷以起事，老彭曰：「其中有芝麻李乎？」曰：「有。」老彭即欣然從之，與俱見芝麻李，共得八人，歃血而盟。是夕，僞爲挑河夫，倉皇投徐州城宿，四人在內，四人在外。夜四更，城內火發，城外亦舉火應之，奪守門軍仗，斬關而入，內外呼噪。民久不見兵革，一時驚懼，皆束手聽命。天明，豎大旗，募人爲軍，從之者十餘萬人，四出略地，徐州屬縣皆下。

27 是月，帝至自上都。

28 蘄州羅田人徐壽輝舉兵爲亂，亦以紅巾爲號。【考異】元史紀云，徐貞一名壽輝，明史作壽輝一名眞一，庚申外史作徐眞逸，今從明史。壽輝體貌魁岸，木強無他能，以販布爲業，往來蘄、黃間，因燒香聚衆。

初，袁州慈化寺僧彰〔彭〕瑩玉，以妖術惑人，其徒周子旺，因聚衆欲作亂，事覺，江西行省發兵捕誅子旺等，瑩玉走至淮西，匿民家，捕不獲。既而黃州麻城人鄒普勝，復以其術鼓妖言，遂起兵爲亂，以壽輝貌異于衆，乃推以爲主。沔陽陳友諒往從之。友諒，漁家子，略通文義，嘗爲縣小吏，非其好也。有術者相其祖墓當大貴，友諒心竊喜，至是欲從亂，其父普才曰：「柰何爲滅族事？」友諒曰：「術者之言驗矣。」遂從壽輝。

29 九月，壬子，丞相托克托奏以其弟御史大夫額森特穆爾（舊作也先帖木兒。）知樞密院事，及衞王庫春格爾舊作寬徹哥，今改。總率大軍，出征河南妖寇，詔從之。

30 壬戌，詔以高麗國王布答實里（舊作不答失里。）之弟巴延特穆爾（舊作伯顏帖木兒。）襲其王封。布答實里本名禎，巴延特穆爾本名祺。時國王王昕無道，禎之庶子也，立三年，遇鴆卒，國人請立禎弟祺，遂從之。

31 是月，劉福通陷汝寧府及息州、光州，衆至十萬。

徐壽輝陷蘄水縣及黃州路，衞王庫春格爾與其二子帥師擊之，爲壽輝將倪文俊所敗，二子被獲。文俊，沔陽漁家子也。

32 冬，十月，癸未，命知樞密院事老章以兵同額森特穆爾討河南妖寇。

33 辛卯，立中書分省于濟寧。

34 癸卯，以宗王神保克復睢寧、虹縣有功，賜金帶一，從征者賞銀有差。

35 是月，天雨黑子于饒州，大如黍菽。

36 徐壽輝據蘄水爲都，國號天完，僭稱皇帝，建元曰治平，以鄒普勝爲太師。

37 十一月，己酉，有星孛于西方，見丁〔于〕婁、胃、昴、畢之間。

38 壬子，中書省言：「河南、陝西腹裏諸路，供給繁重，調兵討賊，正當春首耕作之時，恐農民不能安于田畝，守令有失勸課。宜委通曉農事官員，分道巡視，督勸守令，親詣鄉邨，省諭農民，依時播種，務要人盡其力，地盡其利。其有曾經盜賊、水患、供給之處，貧民不能自備牛種者，所在有司給之。仍命總兵官禁止屯駐軍馬，毋得踐踏，以致農事廢弛。」從之。

（校者按：此條應移下年4前。）

39 以資正院使多爾濟巴勒舊作朵爾直班，今改。爲中書平章政事。

多爾濟巴勒首言治國之道，綱常爲重，前西臺御史張桓，仗節死義，不汙于寇，宜首旌之以勸來者，又言宜守荆襄、湖廣以絕後患。又數論祖宗之用兵，非專于殺人，蓋必有其道焉，今倡亂者止數人，顧乃盡坐中華之民爲叛逆，豈足以服人心！其言頗忤丞相托克托意。時托克托倚信左司郎中汝中柏、員外郎拜特穆爾（舊作伯帖木兒。）兩人，因擅權用事。而多爾濟巴勒正色立朝，無所附麗，適陝州危急，因出爲陝西行臺御史大夫。

40 工部尚書總治河防使賈魯，以四月二十二日鳩工，七月疏鑿成，八月決水故河，九月舟楫通行。是月，水土工畢，河復故道，南匯于淮，又東入于海。帝遣貴臣報祭河伯，召魯還京師。魯以河平圖獻，超拜榮祿大夫、集賢大學士，賞賚金帛；都水監及宣力諸臣三十七人，皆予遷秩。敕翰林承旨歐陽玄製河平碑以旌托克托勞績，具載魯功，宣付史館。并贈魯先臣三世，賜托克托世襲達爾罕（舊作答剌罕。）之號，仍賜淮安路爲其食邑。

玄既撰河平碑，又自以爲司馬遷、班固記河渠、溝洫，僅載治水之道，不言其方，使後世任事者無所考則，乃從魯訪問方略，及詢過客，質吏牘，作至正河防記。

其略曰：「治河一也，有疏，有濬，有塞，三者異焉。釃河之流，因而導之，謂之疏；去河之淤，因而深之，謂之濬；抑河之暴，因而扼之，謂之塞。疏濬之別有四：曰生地，曰故道，曰河身，曰減水河。生地有直有紆，因直而鑿之，可就故道。故道有高有卑，高者平之以趨卑，高卑相就，則高不壅，卑不瀦，慮夫壅生潰，瀦生堙也。河身者，水雖通行，身有廣狹。狹難受水，水益悍，故狹者以計闢之；廣難爲岸，岸善崩，故廣者以計禦之。減水河者，水放曠則以制其狂，水隳突則以殺其怒。治隄一也，有創築、修築、補築之名。有刺水隄，有截河隄，有護岸隄，有縷水隄，有石船隄。治埽一也，有岸埽、水埽，有龍尾、欄頭、馬頭等埽。其爲埽臺及推卷、牽制、薶挂之法，有用土、用石、用鐵、用草、用木、用杙、用絙之方。塞河一也，有缺口，有豁口，有龍口。缺口者，已成川；豁口者，舊嘗爲水所豁，水退則口下于隄，水漲則溢出于口；龍口者，水之所會，自新河入故道之潨也。」

又曰：「決河勢大，南北廣四百餘步，中流深三丈餘，益以秋漲，水多故河十之八。兩河爭流，近故河口，水刷岸北行，洄漩湍激，難以下埽。且埽行或遲，恐水盡湧入決河，因淤故河，前功遂隳。」魯乃精思障水入故河之方，以九月七日癸丑，逆流排大船二十七艘，前後連以大桅或長椿（樁），用大麻索、竹絙絞縛，綴爲方舟，又用大麻索、竹絙將船身繳繞上下，令牢不可破；乃以鐵貓于上流硾之水中，又以竹絙絕長七八百尺者，繫兩岸大橛上，每絙硾二舟或三舟，使不得下。船腹略鋪散草，滿貯小石，以合子板釘合之，復以埽密布合子板上，或二重，或三重，以大麻索縛之急，復縛橫木三道于頭桅，皆以索維之。用竹編笆，夾以草石，立之桅前，約長丈餘，名曰水簾，桅復以木榰拄，使簾不偃仆。然後選水工便捷者，每船各二人，執斧鑿，立船首尾，岸上搥鼓爲號，鼓鳴，一時齊鑿，須臾舟穴，水入舟沈，遏決河，水怒溢，故河水暴增，卽重樹水簾，令後復布小埽、土牛、白闌、長稍，雜以草木等物，隨宜填垛以繼之，石船下詣實地，出水基址漸高，復卷大埽以壓之。前船勢略定，尋用前法沈餘船以竟後功。昏曉百刻，役夫分番甚勞，無少間斷。

魯嘗言，水工之功視土工之功爲難，中流之功視河濱之功爲難，決河口視中流又難，北岸之功視南岸爲難。用物之效，草雖至柔，柔能狎水，水漬之生泥，泥與草并，力重如碇。然維持夾輔，纜索之功居多。蓋由魯習知河事，故其功之所就如此。」

41 十二月，己卯，立河防提舉司，隸行都水監。

42 丁酉，命托克托于淮安立諸路打捕鷹房、民匠、錢糧總管府。

43 辛丑，額森特穆爾復上蔡縣，擒韓雅爾等送京師，誅之。

44 是歲，盜蔓延于江浙；江西之饒、信、徽、宣、鉛山、廣德，浙西之常、湖、建德，所在不守。江浙行省平章慶通舊作慶童，今改。分遣僚佐往督師，以次克復。既乃令長吏按視民數，註誤者悉置不問；招徠流離，發官粟以賑之。

45 蘄、黃賊造船北岸，銳意南攻，九江、江州路總管李黼，治城壕，修器械，募丁壯，分守要害。且上攻守之策于江西行省，請兵屯江北以扼賊衝，不報。黼歎曰：「吾不知死所矣！」乃椎牛享士，激忠義以作其氣，數日之間，紀綱粗立。

46廬州盜起，淮西廉訪使陳思謙言于宣讓王特穆爾布哈（舊作帖木兒普化。）曰：「承平日久，民不知兵。王以帝室之胄，鎮撫淮甸，豈得坐視！思謙願與王戮力殄滅之。且王府屬集賽（舊作怯薛。）人等，數亦不少，必有能摧鋒陷陣者。」王曰：「此吾責也。但鞍馬、器械未備，柰何？」思謙括官民馬，置兵甲，不日而集，分道並進，遂擒渠賊，廬州平。

既而潁寇將渡淮，思謙又言于王曰：「潁寇東侵，亟調芍陂屯卒用之。」王曰：「非奉詔不敢調。」思謙言：「非常之變，理宜從權。擅發之罪，思謙坐之。」王感其言，從之。其姪立本，爲屯田萬戶，召語曰：「吾祖宗以忠義傳家，汝之職，乃我先人力戰所致。今國家有難，汝當身先士卒以圖報效，庶無負朝廷也。」

尋召入爲集賢侍講學士，修定國律。

47濟寧路總管董摶霄，奉詔從江浙平章嘉琿（舊作教化。）進征安豐，至合肥定林站，遇賊，大破之。

時朱臯、固始賊復猖獗，軍少不足以分討，有大山民砦及芍陂屯田軍，摶霄皆獎勞而約束之，遂得障蔽朱臯。官軍屯朱家寺，賊至，追殺之。乃遣進士程明仲往諭賊中，招徠者千二百家，因悉知其虛實。夜，縛浮橋於淝水，既渡，賊始覺。賊數萬據磵南，官軍渡者，輒爲其所敗。摶霄乃麾騎士別渡淺灘襲賊後，賊回東南向，與騎士迎敵。摶霄忽躍馬渡磵，揚言于衆曰：「賊已敗！」諸軍皆渡，一鼓而擊之，賊大敗，復追殺之，相藉以死者二十五里，遂復安豐。搏霄，磁州人也。

48方國珍兵起，江浙行省檄前沿海上副萬戶舒穆嚕宜遜（舊作石抹宜孫，今改。）守溫州，宜遜即起任其事。已而閩寇犯處州，復檄宜遜以兵平之，以功陞浙東宣慰使，復分府於台州。頃之，處之屬縣，山寇並起，宜遜復奉省檄往討之，至則築處州城爲禦敵計。宜遜，其先遼人也。

49太傅阿嚕圖（舊作阿魯圖。）出守和林，尋卒。

至正十二年（壬辰、一三五二）

1春，正月，丙午朔，詔印造中統元寶交鈔一百九十萬錠，至元鈔十萬錠。

2戊申，竹山縣賊陷襄陽路，【考異】庚申外史云：是年正月，孟海馬陷襄陽。孟海馬，蓋即竹山賊渠之姓名也。今從本紀，但言竹山賊。同知額森布哈（舊作也先不花。）等驚潰。達嚕噶齊（舊作達魯花赤。）博囉特穆爾領義兵二百人，且戰且引，至監利縣，遇沔陽府達嚕噶齊耀珠（舊作咬住。）等軍。時濱江有船千餘，乃糾合諸義兵、丁壯、水工五千餘人，畀以軍號，給刀稍，具哨馬五十，水陸繼進。比至石首縣，聞中興路亦陷，乃議趣岳州就元帥特克嘉，（舊作帖桀。）而道阻不得前，仍趨襄陽。賊方駐楊湖港，乘其不虞擊之，獲其船二十七艘，生擒賊黨劉雅爾，（舊作咬兒。）訊得其情。進次潛江縣，又斬賊數百級，獲三十餘船，梟賊將劉萬戶、許堂主等。甫止兵未食，而賊大至，與戰，抵暮，燿珠等軍各當一面，不能救。博羅特穆爾被重創，麾從子瑪哈實勒（舊作馬哈失力。）使去，曰：「吾以死報國，汝無留此。」瑪哈實勒泣曰：「死生從叔父。」既而博囉特穆爾被執，賊請同爲逆，博囉特穆爾怒罵之，遂遇害。瑪哈實勒帥家奴求其尸，復與賊戰，俱沒於陣，舉家死者凡二十六人。博囉特穆爾，高昌人也。

是日，荆門州亦陷。

3 初，妖賊起，陷鄧州，人情恟恟。俄而賊鋒自鄧抵南陽境，南陽縣達嚕噶齊喜同，以計獲數賊，詰之，云賊將大至，喜同乃悉斬之以安衆心，晝夜督丁壯巡邏守備。時大司農錢木爾以兵駐於諸葛庵，爲賊所襲，死之，賊遂乘銳取南陽。喜同守西門，望見賊勢盛，卽與家人訣曰：「吾與汝等不能相顧矣！但各逃生，吾分死此，以報國也。」已而城中皆哭。喜同策厲義兵，奮力與賊搏，賊退去，明日復至，與戰甚力，殺賊凡數百。賊知無援，戰愈急，南陽遂陷。喜同突圍將自拔，賊橫刺其馬，馬蹶，喜同鞭馬躍而起，手斬刺馬者，他賊追之，身被數創，不能鬭，遂爲所殺。妻邢氏，罵賊見殺，一家死者二十餘人。事聞，贈南陽路判官。喜同，河西人也。

時富珠哩遠（舊作孛朮魯遠。）調襄陽縣尹，須次居南陽，賊起，遠以忠義自奮，傾財募丁壯，得千餘人，與賊拒戰，俄而賊大至，遠被害。遠妻雷氏爲賊所執，賊欲妻之，雷曰：「我參政冢婦，縣令嫡妻，肯從汝狗彘以生乎！」賊將汙之，雷號哭大罵不從，乃見殺，舉家皆被害。遠，翀之子也。

4丙辰，徐壽輝遣其將丁普郎、徐明遠陷漢陽；丁巳，陷興國府。

5己未，徐壽輝將鄒普勝陷武昌。

先是賊氛日熾，湖廣行省平章桑節（舊作星吉。）會僚屬議之。或曰：「有鄭萬戶，老將也，宜起而用之。」桑節乃命募土兵，完城池，修器械，嚴巡警，悉以其事屬鄭。賊聞之，遣其黨二千來約降，桑節與鄭謀曰：「此詐也，然降而卻之，于事爲不宜，受而審之可也。」果得其情，乃殲之，械其渠魁數十人以俟命。適召入爲大司農，桑節去，同僚受賊賂，且嫉其功，乃誣鄭罪，釋其所械者。明日賊大至，內外響應，威順王庫春布哈、（舊作寬徹普化。）行省平章和尙，皆棄城走，城遂陷。武昌之人骿首夜泣曰：「大夫不去，吾豈爲俘囚乎！」

有馮三者，湖廣省公使也，素不知書；武昌陷，皁隸輩拉三共爲盜，三固辭曰：「賊名惡，我等豈可爲！」衆怒，將殺之，三遂唾罵，衆乃縛諸十字木，舁以行而刲其肉，三益罵不止，抵江上，斷其喉，委之去。其妻隨三號泣，俯拾刲肉納布裙中，伺賊遠，收三血骸，脫衣裹之，大哭，投江而死。

6命刑部尚書阿嚕（舊作阿魯。）收捕山東賊，給敕牒十一道，使分賞有功者。

7辛酉，徐壽輝將魯法興陷安陸府，知府綽嚕（舊作丑閭。）死之。法興之來攻也，綽嚕募兵得數百人，帥以拒賊，敗賊前隊，乘勝追之。而賊自他門入，亟還兵，則城中火起，軍民潰亂，計不可遏而歸，服朝服，出坐公堂。賊脅以白刃，綽嚕猶喩以逆順，一賊排綽嚕下使拜，不屈，且怒罵，賊渠不忍害，拘之。明日，又逼其從亂，綽嚕疾叱曰：「吾守土臣，寧從汝賊乎！」賊怒，以刀斫綽嚕，左脅斷而死。賊憤其不降，復以布囊纏其屍，舁置其家，綽嚕妻侯氏出，大哭，且列酒肉滿前，渴者令飲酒，飢者令食肉，以紿賊使不防己，至夜自經死。事聞，贈綽嚕河南行省參知政事，侯氏寧夏郡夫人，表其門曰雙節。

8丙寅，以河復故道，大赦天下。

9辛未，徐壽輝兵陷沔陽府，壬申，陷中興路。沔陽推官象山俞述祖，領民兵守綠水洪，城陷，被執，械至壽輝所，述祖罵不輟，壽輝怒，支解之。其犯中興也，山南宣慰司同知伊古輪實（舊作月古輪失。）出戰，衆潰，宣慰使錦州布哈（舊作錦州不花。）棄城走。山南廉訪使濟爾克敦（舊作卜理牙敦。）以兵與抗，射賊多死，明日，賊益兵來，襲東門，力戰，被執，不屈而死。

【考異】元史紀云：濟爾克敦與錦州布哈（舊作不花。）俱遁。今從忠義傳。

10武昌既陷，江西大震，賊舳艫蔽江而下，行省右丞博囉特穆爾方駐兵江州，聞之，亦遁去。總管李黼，雖孤立，辭氣愈奮厲。時黄梅縣主簿伊蘇特穆爾（舊作也孫帖木兒。）願出擊賊，黼大喜，向天瀝酒與之誓。言始脱口，賊游兵已至境，急檄諸鄉落聚木石于險塞處，遏賊歸路，倉卒無號，乃墨士卒面，統之出戰。黼身先士卒，大呼陷陣，伊蘇特穆爾繼進，賊大敗，逐北六十里。鄉丁依險阻，乘高下木石，横屍蔽路，殺獲二萬餘。黼還，謂左右曰：「賊不利于陸，必由水道以舟薄我。」乃以長木數千，冒鐵錐于杪，暗植沿岸水中，逆刺賊舟，謂之「七星樁」。會西南風急，賊舟數千，果揚帆順流鼓譟而至，舟遇樁不得動，進退無措，黼帥將士奮擊，發火翎箭射之，焚溺死者無算，餘舟散走。行省上黼功，拜江西行省參政，行江州、南康等路軍民都總管，便宜行事。

11 二月，乙亥朔，定遠人郭子興，集少年數千人，自稱節制元帥。子興兄弟三人，皆善殖貲産，由是豪里中。子興知天下有變，乃散家財，椎牛釃酒，與壯士結納，至是與孫德崖及俞某、魯某、潘某等以衆攻城。

12 甲申，鄒平縣馬子昭爲亂，官軍捕斬之。

13 乙酉，徐壽輝兵陷江州，總管李黼死之，遂陷南康路。

時賊勢愈盛，西自荆湖，東際淮甸，守臣往往棄城遁，黼中外援絶。賊將薄城，分省平章政事圖沁布哈（舊作秃堅不花。）自北門遁。黼引兵登陴，布戰具，賊已至甘棠湖，焚西門，乃張弩射之。賊轉攻東門，黼救之，而賊已入，與之巷戰，知力不敵，揮劍叱賊曰：「殺我，毋殺百姓！」賊刺黼墮馬，黼與兄冕之子秉昭俱罵賊而死，郡民哭聲震天，相率具棺葬于東門外。黼死踰月，參政之命始下。冕居潁，亦死於賊。事聞，贈黼淮南、江北行省左丞，追封隴西郡公，謚文忠（忠文），立廟江州，賜額曰崇烈，官其子秉方集賢待制。

14 丙戌，霍州靈石縣地震。

15 房州賊陷歸州。

16 戊子，詔：「徐州內外羣聚之衆，限二十日，不分首從，並與赦原。」

17 置安東、安豐分元帥府。

18 己丑，游皇城。

19 庚子，郭子興陷濠州，據之。

20 辛丑，鄧州賊王權、張椿陷澧州，龍鎮衞指揮使諳都喇哈曼（舊作俺都剌哈蠻。）等帥師復之。

21 褒贈仗節死義者宣徽使特穆爾（舊作帖木兒。）等二十七人。

22 是月，賊侵滑、濬，命德珠（舊作德住。）爲河南右丞，守東明。德珠時致仕於家，聞命，卽馳至東明，浚城隍，嚴備禦，賊不敢犯。

23徐壽輝將歐普祥陷袁州。普祥，黃岡人，以燒香聚衆，從壽輝起兵爲元帥，人稱「歐道人」。至是引兵掠江西諸郡縣，攻破袁州，焚室廬，掠人民以去，令別將守之。

24三月，乙巳朔，追封太師、忠王滿濟勒噶台（舊作馬扎兒台。）爲德王。

25丁未，徐壽輝將許甲攻衡州，峒官黃安撫敗之。

26壬子，河南左丞相台哈布哈（舊作太不花。）克復南陽等處。

27癸丑，中書省請行納粟補官之令：「凡士庶爲國宣力，自備糧米供給軍儲者，照依定擬地方實授常選流官，依例陞轉、封廕；及已除茶鹽錢穀官有能再備錢糧供給軍儲者，驗見授品級，改授常流。」從之。

28甲子，徐壽輝將項普略陷饒州路，遂陷徽州、信州。

時官軍多疲懦不能拒，所在無賴子乘間竊發，不旬日衆輒數萬，皆短衣草屨，齒木爲杷，削竹爲槍，截緋帛爲巾襦，彌野皆赤。饒州守臣魏中立，率丁壯分塞險要，戒守備，俄而賊至，達嚕噶齊馬來出戰，不能發矢，賊愈偪，中立以義兵擊卻之。已而賊復合，遂爲所執，以紅衣被其身，中立叱之，須髯盡張。信州總管于大本以土兵備禦，賊又陷其城而執之，並送蘄水。壽輝欲使從己，二人皆大罵不屈，遂被害。中立，濟南人；大本，密州人也。

[29]丁卯，以出征馬少，出幣帛各二十萬匹，於迤北萬戶、千戶所易馬。

[30]戊辰，詔：「南人有才學者，依世祖舊制，中書省、樞密院、御史臺皆用之。」于是吏部郎中宣城貢師泰，翰林直學士饒州周伯琦，同擢監察御史，南士復居省臺自此始。

[31]中書省臣言：「張理獻言，饒州、德興三處，膽水浸鐵，可以成銅，宜即其地各立銅冶場，直隸寶泉提舉司，以張理就爲銅冶場官。」從之。

[32]是月，方國珍復劫其黨下海，浙東道宣慰使都元帥台哈布哈發兵扼黃巖之澄江，而遣義士王大用抵國珍示約信，使之來歸。國珍拘大用不遣，以小舸二百突海門，入州港，犯馬鞍諸山，台哈布哈語衆曰：「吾以書生登顯要，誠慮負所學。今守海隅，賊甫招徠，又復爲變。君輩助我擊之，其克，則汝衆功也，不克，則我盡死以報國耳。」衆皆踴躍願行。時國珍戚黨陳仲達，往來計議，陳其可降狀，台哈布哈率部衆張受降旗乘潮，而船觸沙不能行。垂與國珍遇，呼仲達申前議，仲達目動氣索，台哈布哈覺其心異，手斬之。即前搏賊船，射死五人，賊躍入船，復斫死一人，賊舉槊來刺，輒斫折之。賊羣至，欲抱持過國珍船，台哈布哈瞋目叱之脫，起奪賊刀，又殺二人，賊攢槊刺之，中頸死，猶植立不仆，投其屍海中，年四十九。僮名抱琴，及臨海尉李輔德，千戶赤盞，義士張君璧，皆死之。後追贈江浙行省平章政事，封魏國公，謚忠介，立廟台州，賜額曰崇節。

台哈布哈尙氣節，不隨俗浮沈。泰費音（舊作太平。）爲姦（臺）臣劾去相位，台哈布哈獨餞送都門外，泰費音曰：「公且止，勿以我累公！」台哈布哈曰：「士爲知己者死，寧畏禍耶！」

33 詔定軍民官不守城池之罪。

34 隴西地震百餘日，城郭頹移，陵谷遷變，定西、會州、靜寧、莊浪尤甚。會州公宇中牆崩，獲弩五百餘張，長者丈餘，短者九尺，人莫能挽。改定西爲安定州，會州爲會寧州。

35 閏月，甲戌朔，鍾離人朱元璋從郭子興于濠州。

元璋先世家沛，後自句容、泗州徙鍾離。昆弟四人，元璋其季也。少苦疾，比長，姿貌雄傑，既就學，聰明英武，沈幾大度，人莫能測也。年十七，值四方旱蝗，民飢疫，父母兄相繼殁，遂入皇覺寺爲僧，踰月西至合肥，又適六安，歷光、固、汝、潁諸州，凡三年，復還皇覺寺。久之，寺爲亂兵所焚，僧皆逃散，元璋亦出避兵，不知所向，人有招以起事者，元璋意不決。是時徹爾布哈（舊作撤里不花，今改。）率兵欲復濠城，憚不敢進，惟日掠良民爲盜以徼賞，民皆恟懼。元璋恐不免于難，乃詣伽藍卜珓，問避亂，不吉，即守故，又不吉，因祝曰：「豈欲予從羣雄倡義乎？」果大吉。復自念從羣雄非易事，祝曰：「盍許我以避兵！」投之，珓躍而立，意乃決。抵濠城，門者疑爲諜，執之，以告子興，子興奇其貌，問所以來，具告之故，子興喜，遂留置左右。尋命長九夫，常召與謀事，久之，甚見親愛，凡有攻討，即命以往，往輒勝，子興由是兵益盛。

初，宿州人馬公，與子興爲刎頸交，馬公卒，以季女屬子興，子興因撫爲己女。至是欲以妻元璋，與其妾張氏謀，張氏曰：「吾意亦如此。今天下亂，君舉大事，正當收豪傑，一旦彼爲他人所親，誰與共功業者！」子興意遂決，乃以女妻元璋。【考異】子興妾張氏，明實錄以爲其妻。辨證曰：滁陽王夫人張氏，次夫人亦張氏，據張羽廟碑，初勸滁陽館高帝于貳室者，次夫人也，滁陽被械，攜二子從高帝奔告彭大者，亦次夫人也。厥後女爲上妃，生三王、二公主。高帝親稿滁陽事實，亦深著次夫人之功。後編從辨證之說，今仍之。

36 乙酉，徐壽輝將陳普文陷吉安路，鄉民羅明遠起義兵復之。

37 立淮南、江北等處行中書省，治揚州。

38 丁酉，湖廣行省參政鐵傑以湖南兵復岳州。

39 是月，詔：「江西行省左丞相策琳沁班，（舊作亦憐眞班，前改作額琳沁巴勒。）淮南行省平章政事鴻和爾布哈，（舊作晃火兒不花，今改。）江浙行省左丞遵達特哩，（舊作左答納失里，今改。）湖廣行省平章政事額森特穆爾，四川行省平章政事巴實呼圖，（舊作八失忽都。）及江南行臺御史大夫納琳（舊作納麟。）與江浙行省官，並以便宜行事。」

40 陝西行臺御史大夫多爾濟巴勒，（舊作朵爾質班。）行至中途，聞商州陷，武關不守，即輕騎晝夜兼程至奉元，而賊已至鴻門。吏白涓日署事，不許，曰：「賊勢若此，尙顧陰陽拘忌哉！」卽就署。省、臺素以舉措爲嫌，不相聚論事，多爾濟巴勒曰：「多事如此，毋得以常例論。」乃與行省平章托多（舊作朵朵。）約五日一會集。尋有旨命與托多同討賊，卽督諸軍復商州。乃修築奉元城壘，募民爲兵，出庫所藏銀爲大錢，射而中的者賞之，由是人皆爲精兵。金、商義兵以獸皮爲矢房，狀如瓠，號「毛葫蘆」，軍甚精銳，列其功以聞，賜敕書褒獎之，由是其軍遂盛。金州由興元、鳳翔達奉元，道理（里）迴遠，乃開義谷，創置七驛，路近以便。

時御史大夫額森特穆爾駐兵沙河，軍中夜驚，額森特穆爾盡棄軍資、器械，牧（收）散卒，北奔汴梁。時文濟王在城頭，遙謂之曰：「汝爲大將，見賊不殺而自潰，吾將劾汝，此城必不容汝也。」遂離城南四十里朱仙鎭屯焉。朝廷以其不習兵，詔別將代之。額森特穆爾徑歸，昏夜入城，明日仍爲御史大夫。西臺監察院御史蒙古魯哈雅、（舊作蒙古魯海牙。）范文等十二人，劾其喪師辱國之罪，多爾濟巴勒當署字，顧謂左右曰：「吾其爲平章湖廣矣。」奏上，丞相托克托怒，果左遷多爾濟巴勒，而御史十二人皆謫爲各路添設佐貳官。多爾濟巴勒赴湖廣，關中人遮路涕泣曰：「生我者公也，何遽去我而不留乎！」多爾濟巴勒慰遣之，不聽，乃從間道得出。

41 夏，四月，癸卯朔，日有食之。

42 江西臨川賊鄧忠陷建昌路。

43 乙卯，鐵傑及萬戶陶夢禎復武昌、漢陽，尋再陷。

44 丙辰，江西宜黃賊塗佑與邵武、建寧賊應必達等攻陷邵武路，總管吳按攤布哈（舊作吳按攤不花。）以兵討之，千戶魏淳用計擒佑、必達，復其城。

45 賊自邵武間道逼福寧州，知州霑化王巴延（舊作王伯顏。）乃與監州阿薩都喇（舊作阿撒都剌。）募壯兵五萬，分阨（扼）險阻，賊至楊梅嶺立柵，巴延與其子相馳破之。賊帥王善，俄擁衆直壓州西門，胥隸皆解散，巴延麾下唯白梃市兒數百人。巴延射賊，不復反顧，賊以長槍椿（舂）馬，馬仆，遂見執。善說巴延從己，仍領州，巴延訶善曰：「我天子命官，不幸失守，義當死，肯從汝反乎！」善怒，叱左右搤以跪，弗屈，遂歐（毆）之，巴延嚼舌出血噀善面，罵曰：「反賊，殺卽殺，何以歐（毆）爲！吾民，天民也，汝不可害。大丞相統百萬之師親討叛逆，汝輩將無遺種矣。」賊又執阿薩都喇至，善厲聲責其拒鬭，噤不能對，巴延復唾善曰：「我殺賊，何言拒耶？我死，當爲神以殺汝。」言訖，挺頸受刃，頸斷，湧白液如乳，暴屍數日，色不變，州人哭聲連巷。賊并殺阿薩都喇，欲釋相官之，相罵曰：「吾與汝不共戴天，恨不寸斬汝，我受汝官耶！」賊殺之。相妻潘氏挈二女，爲賊所獲，亦罵賊，母子同死。

46 甲子，翰林學士承旨歐陽玄以湖廣行省右丞致仕，賜玉帶及鈔一百錠，給全俸終其身。

47是月，帝如上都。

48永懷縣賊陷桂陽。

49四川行省平章耀珠以兵復歸州，進攻峽州，與峽州總管趙余褫大破賊兵，誅賊將李太素等，遂平之。

50詔天下完城郭，築隄防。

51五月，戊寅，命龍虎山張嗣德爲三十九代天師，給印章。

52命江南行臺御史大夫納琳給宣敕與台州民陳子由、楊恕卿、趙士正、戴甲，令其集民丁夾攻方國珍。

53己卯，四川行省平章耀珠復中興路，參政達實巴都魯（舊作答失八都魯。）請自攻襄陽，許之，進次荆門。時賊十萬，官軍止三千餘，遂用宋廷傑計，招募襄陽官吏及土豪避兵者，得義丁二萬，偏排部伍，申其約束。行至蠻河，賊守要害，兵不得渡，即令屈萬戶率奇兵間道出其後，首尾夾攻，賊大敗。追至襄陽城南，大戰，生擒其僞將三千人，要斬之，賊自是閉門不敢出。達實巴都魯乃相視形勢，內列八翼，包絡襄城；外置八營，軍峴山、楚山以截其援；自以中軍四十據虎頭山以瞰城中，署從征人李復爲南漳縣尹，黎可舉爲宜城縣尹，拊循其民。城中之民，受圍日久，夜半，二人縋城叩營門，具告虛實，願爲內應，達實巴都魯與之定約，以五月朔日四更攻城，授之密號而去，至期，民垂繩以引官軍，先登者近十人。時賊船百餘艘在城北，陰募善水者鑿其底。天將明，城破，賊巷戰不勝，走就船，船壞，皆溺水死，僞將王權領千騎而走，遇伏兵被擒，襄陽遂平。

54 庚辰，監察御史徹徹特穆爾（舊作徹徹帖木兒。）等言：「河南諸處羣盜，輒引亡宋故號以爲口實。宜以瀛國公子和尚趙完普及親屬徙沙州安置，禁勿與人交通。」從之。

55 癸未，建昌民戴良起鄉兵，克復建昌路。

56 六月，丙寅，紅巾周伯顏陷道州。

57 是月，大名路旱蝗，飢民七十餘萬口，給鈔十萬錠賑之。

58 中興路松滋縣雨水暴漲，漂民舍千餘家，溺死七百人。

續資治通鑑卷第二百十一

賜進士及第兵部尚書兼都察院右都御史總督湖北湖南等處地方軍務兼理糧餉世襲二等輕車都尉　畢　沅　編集

元紀二十九

起玄黓執徐(壬辰)七月，盡昭陽大荒落(癸巳)十二月，凡一年有奇。

順帝

至正十二年(壬辰、一三五二)

1秋，七月，庚辰，徐壽輝將項普略，引兵自徽、饒犯昱嶺關，攻杭州。城中倉猝無備，參政樊執敬，遽上馬率衆出，中途與賊遇，射死賊四人，賊逐之，復射死三人，已而賊來益衆，塡咽街巷，且縱火，衆皆潰去。賊呼執敬降，執敬怒叱之曰：「逆賊，守關吏不謹，汝得至此，恨不碎汝萬段，何謂降邪！」乃奮力斫賊，因中創死，僕田也先馳救之，亦中槍死。

時董摶霄從江浙平章嘉琿(舊作教化。)征安豐，乘勝攻濠州，會朝廷命移軍援江南，遂渡江至德清而杭州已陷。嘉琿問計，摶霄曰：「賊見杭州子女玉帛必縱掠，不暇爲備，宜急攻之。今欲退保湖州，設賊乘銳趣京口，則江南不可爲矣。」嘉琿猶豫未決，諸將亦難其行。

摶霄正色曰：「江浙，相君方面，既陷而及今不取，誰任其咎！」復拔劍顧諸將曰：「諸君荷國厚恩，而臨難苟免。今相君在是，敢有慢令者斬！」遂進兵薄杭州。賊迎敵至鹽橋，摶霄麾壯士突前，諸將相繼夾擊，凡七戰，追殺至清河坊。賊奔接待寺，塞其門而焚之，賊皆死，遂復杭州，餘杭、武康、德清次第以平，摶霄亦受代去。

賊之入城也，僞帥項奎、楊蘇，一屯明慶寺，一屯北關門妙行寺，稱彌勒佛出世以惑衆，不殺不淫，招民投附者，注姓名於籍，庫中金帛，悉輦以去。平章嘉璸自湖州統軍還，舉火焚城，殘傷殆盡，誅附賊充僞職者范縣尹等，里豪施尊禮、顧八迎敵官軍，剮于市，家產並沒入官；省都事以下，坐失守城池，罷黜不敍；省官復任如故。

賊復自昱嶺關寇於潛，行省乃假摶霄爲參知政事，復提兵討之。摶霄即日引兵至臨安新溪，新溪爲入杭要路，分兵守之，而以大軍進至叫口，及虎檻，遇賊，皆大破之，追擊至於潛，遂復其縣治，既又復昌化及昱嶺關，降賊將潘大爺二千人。

賊又有犯千秋關者，摶霄還軍守於潛，而賊兵大至，焚倚郭廬舍。摶霄按軍不動，左右請出兵，摶霄曰：「未也。」遣人執白旗登山望賊，約曰：「賊以我爲怯，必少懈，伺其有隙，則麾所執旗。」又伏兵城外，皆授以火礮，復約曰：「見旗動，礮即發。」已而旗動礮發，兵盡出，斬首數千級，遂復千秋關。

未幾，賊復攻獨松、百丈、幽嶺三關，搏霄乃先以兵守多溪，多溪，三關要路也。既又分爲三軍，一出獨松，一出百丈，一出幽嶺，然後會兵擣賊巢，遂乘勝復安吉。

賊帥梅元等來降，且言復有帥十一人欲降者，卽遣偏將余思忠至賊砦諭之。賊皆入暗室潛議，思忠持火投入室內，拔劍語衆曰：「元帥命我來活汝，汝復何議！」已而火起，焚其砦，叱賊黨散去，而引賊帥來降。明日，進兵廣德，克之。

時蘄、饒諸賊復犯徽州，賊中有道士，能作十二里霧，搏霄引兵擊之。已而妖霧開豁，諸伏兵皆起，賊大潰，斬首數萬級，擒道士，焚其妖書而斬之，徽州遂平。

2 辛巳，命通政院使達爾瑪實哩（舊作答兒麻失里，今改。）與樞密副使圖沁布哈（舊作圖堅不花。）討徐州賊，給敕牒三十道以賞功。

3 己丑，湘鄉賊陷寶慶路，丁酉，湖南元帥副使小云實哈雅（舊作小雲失海牙。）率兵復之。

4 托克托（舊作脫脫。）爲相，諱言兵亂，哈瑪爾（舊作哈麻。）從而媒蘗其短，帝怒，召托克托責之曰：「汝嘗言天下太平無事，今紅軍一字內，丞相以何策待之？」托克托汗流夾背，庚寅，自乞督軍討徐州，許之。兵部尚書穆爾哈瑪穆特（舊作密爾麻和謨，今改。）等言：「大臣，天子之股肱，中書，庶政之根本，不可一日離。請留托克托以弼亮天工，庶內外有兼治之宜。」不報。遂詔托克托以達爾罕、（舊作塔剌罕。）太傅、右丞相分省於外，總制諸路軍馬，爵賞誅殺，悉聽便宜行事。

5 是月，徐壽輝將王善、康壽四、江二蠻等陷福安、寧德等縣。

6 八月，癸卯，方國珍率其衆攻台州，浙東元帥頁特密實、（舊作也忒迷失。）福建元帥赫迪爾（舊作黑的兒。）擊退之。

7 甲辰，以同知樞密院事哈瑪爾爲中書添設右丞。

8 丁未，日本國白高麗賊過海剽掠，身稱島民，高麗國王合（校者按：合字衍。）巴延特穆爾（舊作伯顏帖木兒。）調兵剿捕之。

9 己酉，命知樞密院事耀珠、（舊作咬住。）中書平章政事綽思戩、（舊作搠思監。）額礎克達嚕噶齊（舊作也可札魯忽赤。）福壽，並從托克托出師徐州。丁卯，托克托發京師。

10 安陸賊將俞君正，復陷荆門州，知州聶炳死之。荆門之初陷也，炳出募民兵，得衆七萬，復州城。既而君正復來攻，炳率孤軍晝夜血戰，援絕，城復陷，爲賊所執，極口罵不絕，賊以刀抉其齒盡，乃支解之。炳，江夏人也。

11 賊將党仲達陷岳州。

12 九月，乙亥，俞君正復陷中興，耀珠率兵與戰於樓臺，敗績，奔松滋。本路判官上都統兵出擊之，既而東門失守，上都倉皇反鬭，被執，大罵，賊刳其腹而死。

13己卯，監察御史及河南分御史臺、行樞密院、廉訪司等官，交章言額森特穆爾（舊作也先帖木兒。）出征河南功績，帝從其言，賜額森特穆爾金繫腰及金銀鈔幣。

14癸未，中興義士范中，偕荆門僧李智率義兵復中興路，俞君正敗走，龍鎭衞指揮使諳都剌哈曼（舊作俺都剌哈蠻。）領兵入城，耀珠自松滋還，屯兵於石馬。

15乙酉，托克托至徐州，有淮東元帥逯善之者，言官軍不習水土，宜募場下鹽丁，可使攻城，乃以禮部郎中逯曾爲淮南宣慰使，領征討事，募瀕海鹽丁五千人從征徐州。又有淮東豪民王宣者，言鹽丁本野夫，不如募市中趫勇便捷者可用，托克托復從之。前後各得三萬人，皆黃衣黃帽，號曰黃軍。

托克托知城有必克之勢，辛卯，下令攻其西門。賊出戰，以鐵翎箭射其馬首，托克托不爲動，麾軍奮擊之，大破其衆，入其郛。明日，大兵四集，亟攻之，城堅，不可猝拔，托克托用宣政院參議伊蘇（舊作也速。）計，以巨石爲礮，晝夜攻之不息。賊不能支，城破，芝麻李遁，獲其黃傘、旗、鼓，燒其積聚，追擒其千戶數十人，遂屠其城。

帝遣中書平章政事布哈（舊作不花。）等，卽軍中命托克托爲太師，依前右丞相，趣還朝，而以樞密院同知圖濟（舊作秃赤。）等進師平潁、亳。師旋，賜上尊、珠衣、白金寶鞍，皇太子錫宴於私第。

是役也，托克托以得芝麻李奏功，及班師後，伊徹察喇（舊作月闊察兒。）代之，月餘始獲芝麻李，械送京師，托克托密令人就雄州殺之。【考異】元史，芝麻李不知其所終，今據庚申外史增載之。

16 己亥，賊攻辰州，達嚕噶齊（舊作達魯花赤。）和尙擊走之。

17 是月，帝至自上都。

18 蘄、黃賊陷湖州、常州。

19 徐州既平，彭大、趙君用率芝麻李餘黨奔濠州，托克托命賈魯追擊之。

孫德崖等與郭子興不協，互相猜防，會彭、趙奔濠州，德崖納之。二人本以窮蹙來奔，德崖與子興反屈己下之，事皆稟命，遂爲所制。彭大頗有智數，攬權專決，君用唯唯而已。子興禮彭大而易君用，君用銜之，德崖等遂與君用謀，伺子興出，執之通衢，械于孫氏，將殺之。朱元璋時在淮北，聞難亟歸，念子興素厚彭而薄趙，禍必趙發，非彭不可解，乃與子興子往訴于彭大，彭大怒曰：「我在此，誰敢爾！」卽命左右呼兵以出，元璋亦被甲持短兵與俱，至孫氏家，圍其宅，發屋破械，使人負子興以歸，子興遂得免。【考異】彭大，明實錄作彭早住。辨證曰：元史紀，辛卯八月，蕭縣李二及老彭、趙君用攻陷徐州。老彭者，早住之父彭大也。芝麻李既敗，則彭大當與君用俱奔濠州。實錄不書彭大而書早住，又書于甲午六月上取滁陽之後，云未踰月，彭、趙遣人邀上守盱、泗，上辭弗往。未幾，二人自相吞併，早住亡，惟君用專兵柄云。按順帝紀，又于丁酉歲書趙君用及彭大之子早住同據淮安，趙僭稱永義王，彭僭稱魯淮王，則丁酉歲，早住尙在。以理度之，癸巳之夏，與君用呑併而亡者，乃彭大，非早住也。實錄于早住旣亡之後，記上使人說君用及賂其左右以解子興，而廟碑與玉牒俱云彭、趙東屯泗州，挾王以往，遣人賂彭、趙，得縱歸，則又早住不死之明證也。龍鳳事蹟云：先是芝麻李故將趙君用、彭早住，據淮安僭稱王。早住死，君用益自專，未幾奔山東，依宋將毛貴。此早住死于淮安之明證也。元史稱彭大之子早住甚明，實錄殆未及考耳。按是說甚覈，後綱據以改彭大，今從之。

20 江西行省平章政事桑節，（舊作星吉。）受命出師湖廣，行至江東，更令守江州。時江州已陷，趙普勝、周驢等據池陽，太平官軍止有三百人。賊號百萬，衆皆走，桑節曰：「畏賊而逃，非勇也。坐而待攻，非智也。汝等皆有妻子、財物，縱逃，其可免乎？」乃貸富人錢，募人爲兵。先是行臺募兵，人給百五十千，無應者；至是桑節募兵，人五十千，衆爭赴之，一日得三千人。乃具舟楫直趨銅陵，克之，又破賊白馬灣。賊敗走，分兵躡之。抵白湄，賊窮急，回拒官軍，官軍乘勝奮擊，賊盡殪，擒周驢，奪船六百艘，軍聲大振，遂復池州。乃命諸將分道討賊，復石埭諸縣。

賊復來攻，命王惟恭列陣待之。鋒始交，出小艦從旁橫擊，大破走之，進據清水灣。伺者告賊艦至自上流，順風舉帆，衆且數十倍，諸將失色，桑節曰：「無傷也。風勢盛，彼倉猝必不得泊。但伏橫港中，偃旗以待，俟過而擊之，無不勝矣。」風怒水駛，賊奄忽而過，乃命舉旗張帆，鼓譟攻之，官軍殊死戰，風反爲我用，又大破之。時賊久圍安慶，捷聞，遽燒營走。進復湖口縣，克江州，留兵守之。命王惟恭柵小孤山，而桑節自據鄱陽口，綴江湖要衝，以圖恢復。

時湖廣已陷，江西被圍，淮、浙亦多故，卒無援之者。日久，糧益乏，士卒咸困。或曰：「東南完實，盍因糧以圖再舉乎？」桑節曰：「吾受命守江西，必死于此。」衆莫敢復言。頃有賊乘大船四集來攻，取彝葦編爲大筏，塞上下流，火之。官軍力戰，衆死且盡，桑節之從子拜布哈（舊作伯不華。）與親兵數十人死之。桑節猶堅坐不動，賊發矢射，桑節乃昏仆。賊素聞桑節名，不忍害，舁置密室中，至旦乃蘇。賊羅拜，爭饋以食，桑節斥之，遂不復食，凡七日，乃自力而起，北面再拜曰：「臣力竭矣！」遂絕。

桑節爲人，公廉明決，在軍中，能與將士同甘苦，以忠義感激人心，故能以少擊衆，得人死力云。【考異】桑節之死，元史本傳無月日。宋濂爲撰神道碑，云九月二十九日，元史續編並載在十一月，今以神道碑正之。

21冬，十月，霍山崩。前三日，山如雷鳴，禽獸驚散，隕石數里。

22是月，蘄、黃賊陷江陰州。州大姓許普與其子如章，聚惡少，貲以飲食，賊四散抄掠，誘使深入，殪而埋之。戰於城北之祥符寺，父子皆死。

23十一月，乙亥，以桑節爲江西行省平章政事，出師湖廣，時猶未聞桑節死事也。

24丙子，中書省臣請爲托克托立徐州平寇碑及加封王爵。

25癸未，命江浙行省右丞特里特穆爾（舊作帖理帖木兒。）總兵討方國珍。

26是月，蘄、黃賊悉衆寇安慶，水陸並進。上萬戶蒙古綽斯連破之，輕舟追北，中流矢卒。

27十二月，辛亥，詔以杭、常、湖、信、廣德諸路皆已克復，赦詿誤者，蠲其夏稅、秋糧，命有司撫卹其民。

28癸亥，托克托言京畿近地水利，召募江南人耕種，歲可得粟麥百萬餘石，不煩海運而京師足食，帝曰：「此事有利于國家，其議行之。」

29是月，賈魯以兵圍濠州。

30先是中書左司郎中田本初言：「江南漕運不至，宜墾內地課種。昔漁陽太守張堪種稻八百餘頃，今其迹尚存，可舉行之」。於是起山東益都、般陽等十三路農民種之，秋收課，所得不償其所費。是歲，農民皆罷散，乃復立都水庸田司於汴梁，掌種植之事。

31以察罕特穆爾（舊作察罕帖木兒。）爲汝寧府達嚕噶齊。察罕特穆爾者，系出北庭，其祖父徙河南，爲潁州沈丘人。察罕特穆爾幼篤學，嘗應進士舉，有時名。身長七尺，修眉覆目，左頰有三毛，怒則毛皆直指。居常慨然有大志，及汝、潁盜發，乃奮義起兵，沈丘子弟願從者數百人，與信陽州羅山人李思齊同設奇計，襲破羅山縣。事聞，授察罕特穆爾汝寧府達嚕噶齊，思齊知府事。於是所在義士俱將兵來會，得萬人，自成一軍，屯沈丘，數與賊戰，輒克捷。

32 改淮東宣慰司爲都元帥府，移治淮西，起余闕爲宣慰副使，僉府事，分兵守安慶。時南北音問隔絕，兵食俱乏，闕抵官十日而寇至，拒卻之。乃集有司，與諸將議屯田戰守計，環境築堡砦，選精甲外扞，而耕稼于中，屬縣灊山八社，土壤沃饒，悉以爲屯。

33 湖廣行省平章政事多爾濟巴勒（舊作朵爾直班。）卒于黃州蘭溪驛。

多爾濟巴勒自陝西間道行至重慶，聞江陵陷，道阻不可行，或請少留以俟之，不從。湖廣行省時權治澧州，既至，律諸軍以法而授納粟者以官，人心翕然。

汝中柏、拜特穆爾（舊作伯帖木兒。）言于丞相曰：「不殺多爾濟巴勒，則丞相終不安。」蓋謂其帝意所屬，必復用耳。乃命多爾濟巴勒職，專供給軍食。時官廩所儲無幾，即延州民有粟者，親酌酒諭勸之而貸其粟，約俟朝廷頒鈔至，即還其直，民無不從者。又遣官糴粟河南、四川之境，民聞其名，爭輸粟以助軍餉。右丞巴延布哈（舊作伯顏不花。）方總兵，承順風旨，數侵辱之，多爾濟巴勒不爲動。會官軍復武昌，至蘄、黃，巴延布哈百計徵索無不給，或猶言其供需失期，達爾罕軍師（帥）王布哈奮言曰：「平章，國之貴臣，今坐不重茵，食無珍味，徒爲我曹軍食耳。今百需立辦，顧猶欲誣之，是無人心也，我曹便當散還鄉里矣！」托克托又遣國子助教鄂勒哲（舊作完者。）至軍中，風使害之。鄂勒哲反加敬禮，語人曰：「平章，舊勳之家，國之祥瑞，吾苟傷之，則人將不食吾餘。」

多爾濟巴勒素有風疾，軍中感霧露，所患日劇，遂卒，年方四十。

多爾濟巴勒立朝，以扶持名教爲己任，薦拔人才而不以爲私恩。留心經術，凡伊、洛諸儒之書，未嘗去手。喜爲詩及書畫，翰林學士承旨臨川危素，嘗客於多爾濟巴勒，諫之曰：「明公之學，當務安國家，利社稷，毋爲留神于末藝。」多爾濟巴勒深服其言。其在經筵，開陳大義爲多，兼采前賢遺言，各以類次，爲書凡四卷：一曰學本，二曰君道，三曰臣職，四曰國政，帝覽而善之，賜名曰治原通訓，藏于宣文閣。

34 蘄、黄賊之犯江東、西也，詔江浙行省平章布延特穆爾（舊作卜顏帖木兒。）率兵討之。布延特穆爾益募壯健爲兵，得驍勇士三千，戰艦三百艘。賊方聚丁家洲，官軍猝與遇，奮擊，敗之，遂復銅陵縣，擒其賊帥，復池州。分遣萬戶普賢努（舊作普賢奴。）屯陵陽，王建中屯白面渡，閭爾（舊作閭兒。）討無爲州，而自率鎮撫布哈、萬戶明安駐池口，以防遏上流，爲之節度。

已而江州再陷，安慶被圍益急，遣使求救，諸將皆欲自守信地，布延特穆爾曰：「何言之不忠也！安慶與池隔一水，今安慶固守，是其節也。救患之義，我豈可緩！上流官軍雖潰，然皆百戰之餘，所乏者錢穀、器具而已。吾受命總兵，安可坐視而不卹哉！」卽大發帑藏以周之。潰軍皆大集，而兩軍之勢復振，安慶之圍遂解。

35江浙行省左丞相策琳沁巴勒，舊作亦憐眞班，今改。移官江西，時蘄、黃賊據饒州，饒之屬邑安仁，與龍興接壤，其民皆相挺爲亂。策琳沁巴勒道出安仁，駐兵招之，來者厚加賞賚，不從則乘高縱火攻散之。餘干久爲盜區，亦聞風順服。先是江西平章道通，（舊作道童。）以寛容爲政，軍民懈弛；策琳沁巴勒既至，風采一新，威聲大振，所在羣盗多有謀歸款者。

36江浙行省參知政事蘇天爵，總兵于饒、信，所克復一路六縣，憂深病積，遂卒于軍中。天爵爲學，博而知要，長于紀載，著名臣事略。時中原前輩，凋謝殆盡，人稱天爵獨任一代文獻之寄。

37翰林學士承旨張起巖卒，謚文穆。起巖眉目清揚，望而知其爲雅量君子。及其臨政決疑，意所背向，屹然不可回奪。或時面折人過，面頸發赤不少恕。識者謂其外和中剛，不受人籠絡如歐陽修。安南修貢，其陪臣致其世子之辭，必候起巖云。

38蘄、黃二州大旱，人相食。

至正十三年（癸巳、一三五三）

1春，正月，庚子〔午〕朔，用帝師請，釋放在京罪囚。

2中書添設右丞哈瑪爾正除右丞。【考異】元史紀，是年正月，以中書添設平章政事哈瑪爾爲平章政事，今從姦臣傳。

3詔印造中統元寶交鈔一百九十萬錠，至元鈔一十萬錠。

4辛未，以托克托先言京畿近地水利，立分司農司，以中書右丞烏蘭哈達（舊作悟良哈台，今改。）左丞烏古遜（舊作烏古孫。）良楨兼大司農卿，給分司農司印，西自西山，南至保定、河間，北抵檀、順州，東及遷民鎮，凡係官地及元管各處屯田，悉從分司農司立法佃種，給鈔五百萬錠，以供工價、牛具、農器、穀種之用。

5癸酉，以皇第二子育於太尉衆嘉努（舊作衆家奴。）家，賜衆嘉努及乳母鈔各一千錠。

6甲戌，重建穆清閣。

7乙亥，命中書右丞圖圖（舊作禿禿。）以兵討商州賊。

8庚辰，中書省言：「近立分司農司，宜於江浙、淮東等處召募能種水田及修築圍堰之人各一千名爲農師，教民播種。宜降空名添設職事敕牒一十二道，遣使齎往其地，有能募農民一百名者授正九品，二百名者正八品，三百名者從七品，即書塡流官職名給之，就令管領所募農夫，不出四月十五日，俱至田所，期年爲滿，即放還家。其所募農夫，每名給鈔十錠。」從之。

9 丙戌，以武衞所管鹽臺屯田八百頃，除軍見種外，荒閑之地，盡付分司農司。

10 二月，丁未，祭先農。

11 甲寅，中書省言徐州民願建廟宇，生祠右丞相托克托，從之，詔仍立托克托平徐勳德碑。

12 三月，己卯，命托克托領大司農司。

13 甲申，詔修大承天護聖寺，賜鈔二萬錠。

14 丁亥，命托克托以太師開府、提調太史院、回回·漢兒司天監。

15 己丑，以各衙門係官田地及宗仁等衞屯田地，並付分司農司播種。

16 是月，會州、定西、靜寧、莊浪等州地震。

17 命江浙行省左丞（特里）特穆爾、江南行臺侍御史遵達實哩（舊作左答納失里。）招諭方國珍。

18 賊衆十萬攻池州，布延特穆爾會諸將分番與戰，大敗之，乘勝率舟師以進。

19 夏，四月，戊戌朔，特命中書左丞烏古遜良楨得用軍器。

20 庚子，以禮部所轄掌薪司幷地土給付分司農司。

21 己酉，詔取勘徐州、汝南、南陽、鄧州等處荒田幷戶絕籍沒入官者。

22 立司牧署，掌分司農司耕牛，又立玉田屯署。

23降徐州路爲武安州,以所轄縣屬歸德府,其滕州、嶧州仍屬益都路。

24是月,帝如上都。

25五月,己巳,命東安州、武清、大興、宛平三縣正官添給河防職名,從都水監官巡視渾河隄岸,或有損壞,即修理之。

26辛未,江西行省左丞相策琳沁巴勒、江浙行省左丞老老引兵取道自信州,元帥韓邦彥、哈密(舊作哈迷。)取道自徽州、浮梁,同復饒州,蘄、黄賊聞風皆奔潰。

27壬午,中書左丞賈魯卒于軍中。

魯攻濠州,同總兵官平章伊徹察喇督戰,魯誓師曰:「吾奉旨統八衛漢軍,頓兵于濠七日矣,爾等同心協力,必以今日巳午時取城池然後食。」魯上馬麾進,抵城下,忽頭眩,下馬,且戒兵馬弗散。病愈亟,卻藥不肯汗,遂卒,官軍解圍去。

28乙未,泰州賊張士誠陷高郵,據之。

士誠,泰州白駒場亭民也,以操舟販鹽爲業。少有膂力,無賴,諸富家陵侮之,或弗酬其直,弓兵丘義屢辱之。士誠怨,欲報之,與其弟士義、士德、士信,結壯士李伯昇等十八人,殺丘義及所仇富家,焚其廬舍,延燒居民甚衆。自懼獲罪,乃入旁近場,招集少年起兵。行至丁溪,大姓劉子仁集衆拒之,士義中矢死,士誠益怒,決戰,子仁衆潰,入海。士誠遂乘勢攻泰州，有衆萬餘，克興化，結寨于德勝湖。朝廷遣使以萬戶告身招之，士誠不受。命淮東宣慰司掾納蘇喇鼎（舊作納速刺丁。）以兵捍德勝湖，賊船七十餘柁，乘風而來，卽前擊之，焚其二十餘船，賊潰去。

既而士誠襲高郵，屯兵東門，納蘇喇鼎麾兵挫其鋒，賊鼓譟前，乃發火箭、火鏃射之，死者蔽流而下。賊繚船于背，盡力來攻，而阿蘇衞（舊作阿速衞。）軍及眞、滁萬戶府等官，見賊勢熾，皆遁走，納蘇喇鼎知必死，謂其三子曰：「汝輩可出走。」三子不肯去，遂皆死之。士誠陷高郵，據以爲都，僭國號大周，自稱誠王，建元曰天祐。【考異】後編引明實錄，張士誠僭號建元在明年正月甲子朔，今從元史本紀。

29 是月，布延特穆爾以舟師與賊戰於望江，又戰小孤山及彭澤，又戰龍開河，皆敗走之，進復江州。

30 濠州圍解，軍士多死傷，朱元璋乃歸鄉里，募兵得七百餘人，六月，丙申朔，還至濠，郭子興喜，以元璋爲鎭撫。

時彭大、趙君用馭下無道，所部多橫暴，元璋恐禍及己，乃以七百人屬他將，而獨與徐達等二十四人南去略定遠，中途遇疾復還。聞定遠張家堡有民兵號驢牌寨者，孤軍乏食，欲來降未決，元璋曰：「此機不可失也！」乃強起，白子興，選騎士費聚等從行，至寶公河，其營遣二將出，大呼曰：「來何爲？」聚恐，請益人，元璋曰：「多人無益，滋之疑耳。」乃直前下馬，渡水而往。其帥出見，元璋曰：「郭元帥與足下有舊，聞足下軍乏食，他敵欲來攻，特遣吾相報，能相從，卽與俱往，否則移兵避之。」帥許諾，請留物示信，元璋解佩囊與之。寨中以牛脯爲獻，令諸軍促裝，且申密約。元璋還，留聚俟之，越三日，聚還報曰：「事不諧矣，彼且欲他往。」元璋卽率兵三百人抵營，誘執其帥。於是營兵焚舊壘悉降，得壯士三千人，又招降秦把頭，得八百餘人。

繆大亨以義兵二萬屯橫澗山，元璋命花雲夜襲破之，大亨舉衆降，軍聲大振。

達，濠州人。雲，懷遠人，體長大，面鐵色，驍勇絕人。

31 丁酉，立皇子阿裕實哩達喇（舊作愛猷識理達臘。）爲皇太子，授以金寶，詔天下，大赦。命右丞相托克托兼詹事院詹事。

32 庚子，知樞密院事實喇巴圖（舊作失剌把都。）總河南軍，平章政事達實巴都魯（舊作答失八都魯。）總四川軍，自襄陽分道而下，克復安陸府。

33 癸卯，沃濟（舊作吾者。）野人以皮貨來降。

34 辛亥，命前河西廉訪副使額森布哈（舊作也先不花。）爲淮西添設宣慰副使，以兵討泰州。

初，張士誠陷泰州，河南行省遣知高郵府李齊往招降，被拘久之，賊酋自相殺，始縱齊來歸。俄而興化陷，行省以左丞偰哲篤偕宗王鎮高郵，使齊出守甓社湖。已而高郵破，省憲官皆遁，有詔赦凡叛逆者。詔至高郵，不得入，賊紿曰：「請李知府來，乃受命。」行省強齊往，至則下之於獄。官軍諜知之，乃進攻城。士誠呼齊使跪，齊叱曰：「吾膝如鐵，豈肯爲賊屈！」士誠怒，扼之跪，齊立而詬之，乃曳倒，捶碎其膝而剮之。齊，廣平人也。

35 詔淮南行省平章政事福壽討張士誠。

36 秋，七月，丁卯，泉州天雨白絲，海潮日三至。

37 壬申，湖廣行省參政阿嚕輝（舊作阿魯輝。）復武昌及漢陽。

38 是月，布延特穆爾進兵攻蘄州，擒僞帥魯普恭，（一作鄒普泰。）遂克其城。進兵道士洑，焚其栅，抵蘭溪口，殲黃連寨賊巢，分兵平巴河，于是江路始通。

39 朱元璋率兵略滁陽，道遇李善長，與語，悅之，留置幕下，俾掌書記，語之曰：「方今羣雄並爭，非有智者不可與謀議。吾觀羣雄中持案牘及謀事者，多毀左右將士，將士弗得效其能，以至於敗。羽翼既去，主者安得獨存！汝宜鑒其失，務協諸將以成功，毋效彼所爲也。」善長，定遠人也。

是月，進攻滁陽，花雲爲先鋒，單騎前行，遇官軍數千人，雲提劍躍馬，橫衝其陣而過。敵大驚曰：「此黑將軍勇甚，不可與爭鋒。」遂克滁陽，因駐師焉。

彭大、趙君用挾郭子興往泗州，遣人邀共守盱眙，元璋以二人粗暴淺謀，不可與共事，辭弗往。未幾，二人自相吞并，戰士多死，而彭大亦亡。君用專兵柄，很戾益甚，將圖子興。元璋憂之，遣人說君用曰：「公昔困于彭城，南趨濠，使郭公閉壁不相納，死矣。得濠而據其土，更欲害之，背德不祥。且郭公易與耳，其別部在滁者，兵勢重，可慮也。」君用聞之，心頗恐，待子興稍以禮，子興乃得間將萬人至滁州，閱元璋所部兵三萬餘，號令嚴明，軍容整肅，乃大悅。

40 八月，帝至自上都。

41 資正院使托和齊（舊作脫火赤。）以衆兵復江州路。

42 左遷四川行省平章耀珠爲淮西元帥，供給烏撒軍，進討蘄、黃。

43 九月，乙丑朔，日有食之。

44 乙丑，建皇太子鹿頂殿於聖安殿西。

45 是月，太白再經天。

46 是秋，大旱，溪澗皆涸。

47 冬，十月，庚戌，詔授方國珍徽州路治中，國璋廣德路治中，國瑛信州路治中，督遣之任。國珍等疑懼，不受命，仍擁船千艘據海道，阻絕糧運，復遣江浙右丞阿爾琿錫（舊作阿兒溫沙。）等率兵討之。

先是江浙左丞特哩特穆爾議招撫，浙東元帥府都事劉基持不可，曰：「國珍首亂，赦之無以懲後。」左丞稱善，進基行省都事，聞之朝。而國珍使人浮海至京，賄用事者，許國珍官，聽其降。坐基擅持威福，奪職羈管紹興，幷罷左丞特哩特穆爾。國珍遂不可制。基，青田人，初舉進士，揭傒斯深愛重之，曰：「子，魏元成流也。」嘗入行省幕府，與其長抗議不合，投劾去。尋補浙江儒學副提舉，上言御史失職數事，受臺抨歸，至是又被謫，遂放浪山水間。

48 命立水軍都萬戶府于崑山州，以浙東宣慰使納琳哈喇（舊作納麟哈剌。）爲正萬戶，宣慰副使董摶霄爲副萬戶。

49 是月，撤世祖所立氈殿，改建殿宇。

50 郭子興居滁再閱月，惑于讒言，悉奪朱元璋兵；又欲收李善長置麾下，善長涕泣自訴，不肯從。自是征討之權，元璋皆不得與，且日疎遠，而事之愈恭。既而官軍圍滁，有譖元璋戰不力者，子興信之，即令其人與元璋俱出戰；其人出未十步，即被矢反走，元璋直前奮擊，衆皆披靡，徐還，了無所傷，子興頗內愧。時諸將各有所獻，元璋所至禁剽掠，即有獲，以分下，無所獻，子興不悅。元璋妻馬氏知其意，悉所有遺子興妻張氏，張氏喜，由是疑釁漸釋。

51十一月，丁亥，江西右丞和尼齊舊作火你赤，今改。以兵平富州臨江，遂復瑞州。

52是月，立義兵千戶、水軍千戶所于江西，事平，願爲民者聽。

53十二月，癸卯，托克托請以趙完普家產田地賜知樞密事僧格實哩。舊作桑哥失里，今改。

54庚戌，京師天無雲而雷鳴，少頃，火見于東南。懷慶路及河南府西北有聲如擊鼓者數四，已而雷聲震地。

55是月，大同路疫，死者大半。

56江浙行省平章布延特穆爾、南臺中丞曼濟哈雅舊作蠻子海牙，今改。及四川行省參政哈臨圖、（舊作哈臨禿。）左丞桑圖實里、（舊作桑禿失里。）西寧王索哈爾哈呼（舊作牙罕沙。）軍討徐壽輝于蘄水，拔其僞都，壽輝遁入黃梅山中，獲僞官四百餘人。

57陝西行省平章博囉、（舊作孛羅。）四川行省右丞達實巴都魯（舊作答失八都魯。）復均、房等州，詔博囉等守之，達實巴都魯討東正陽。

58是冬，彭大之子早住自稱魯淮王、趙君用稱永義王。【考異】明實錄辨證曰：滁陽王廟碑及皇明本紀記二姓僭稱，俱在壬辰弃濠之時，與實錄異。以高帝紀夢考之，則云明年元將賈魯死，城圍解，當年冬，彭、趙僭稱，部下多陵辱人。所謂當年冬者，癸巳之冬也。以時勢言之，二姓雖草草僭稱，亦當在元兵解圍之後而不在自滁弃濠之日，當以實錄爲正，今從之。

59是歲，自六月不雨至于八月。

60造清寧殿、前山子、月宮諸殿宇，以宦官留守額森特穆爾等董其役。

61托克托信任汝中柏，由郎中參議中書事，獨右丞哈瑪爾與之競。托克托出哈瑪爾爲宣政院使，又位居第三，哈瑪爾由是深銜托克托。

初，哈瑪爾嘗陰進西天僧，以運氣數媚帝，帝習爲之，號延徹爾法。舊作演揲兒法，今改。延徹爾，譯言大喜樂也。哈瑪爾之妹壻集賢學士圖魯特穆爾，舊作禿魯帖木兒，今改。故有寵於帝，與婁都爾蘇、舊作老的沙，今改。巴朗舊作八郎，今改。等十人，俱號伊納克。（舊作倚納。）圖魯特穆爾性姦狡，帝愛之，言聽計從，亦薦西蕃僧策琳沁舊作伽璘眞，今改。於帝。其僧善祕密法，謂帝曰：「陛下雖尊居萬乘，富有四海，不過保有一世而已。人生能幾何，當受此祕密大喜樂禪定。」帝又習之，其法亦名雙修法，曰延徹爾，曰祕密，皆房中術也。帝乃詔以西天僧爲司徒，西蕃僧爲大元國師，取良家女奉之，謂之供養，於是帝日從事于其法。伊納克輩用高麗女爲耳目，刺探貴人之命婦及士庶之室家，擇其美而善淫者媒入宮中，數日乃出。巴朗者，帝諸弟也，與諸伊納克皆在帝前，相與褻狎，甚至男女裸處，號所處室曰色濟克烏格依，舊作皆〔豈〕，即兀該，今改。譯言事事無礙也。君臣宣淫，而羣僧出入禁中，無所防閑，醜聲穢行，著聞于外，雖市井之人亦惡聞之。皇太子年日以長，尤深疾圖魯特穆爾等所爲，欲去之，未能也。

62 江西賊帥王善寇閩，官軍守羅源縣拒之。羅源與連江接壤，勢將迫連江。寧善鄉巡檢劉濬妻眞定史氏，故相家女也，有才識，謂濬曰：「事急矣，可聚兵以捍一方。」於是盡出匳中物，募壯士百餘，命仲子健將之，浹旬間衆至數萬。

賊尋破羅源，分兩道攻福州，濬拒之辰山，三戰三捷。俄聞福州陷，衆多潰去，濬獨率健兵進，遇賊于中麻，突其陣，斬前鋒五人。賊兵大至，鏖戰三時頃，濬中箭墜馬，健下馬掖之，俱被獲。濬憤，戟手大罵，賊縛濬階下，先斫手一指，罵彌厲，再斫一指，亦如之，指且盡，斫兩腕，次及兩足，濬色不變，罵聲猶不絕，遂割其喉舌而死。健亦以死拒賊，善義之，舍健，使殮濬屍瘞之。健歸，請兵于帥府以復父仇，弗聽，健盡散家貲，結死士百人，詐爲工商、流丐，入賊中，夜半，發火大譟，賊驚擾，自相屠戮，健手斬殺其父者張破四幷擒善及寇首陳伯祥來獻，磔之。

事聞，贈濬福建行省檢校官，授健古田縣尹，爲濬立祠福州北門外，有司歲時致祭。濬，河南人也。

知福寧州王巴延（舊作王伯顏。）旣死，賊時覘其引兵出入。及林德誠起兵討賊，乃望空呼曰：「王州尹，王州尹，宜率陰兵助我斬賊！」時賊正祠神，覩紅衣軍來，以爲僞帥康將軍，亟往迎之，無有也，四面皆靑衣官軍，賊大敗，斬其酋江二蠻，福寧遂平。

事聞，贈巴延濟寧路總管，追封太原郡侯。

63泉州大饑，死者相枕籍。其能行者，皆老幼扶攜，就食永春，永春尹盧琦命分詣浮屠及大家使食之，所存活不可勝計。

先是琦任永春，初下車，卽賑饑饉，止横斂，均賦役，減口鹽一百餘引，蠲包銀、榷鐵之無徵者。已而訟息民安，乃新學宮，延師儒，課子弟。鄰邑仙游盜發，琦適在彼境，盜遙見之，迎拜曰：「此永春大夫也。爲大夫百姓者何幸甚！吾邑長乃以暴毒驅我，故至此耳。」琦因立馬諭以禍福，衆皆投刃槊，請縛其酋以自新，琦許之，酋至，械送元帥府。自是威惠行于境外，故泉民皆來就食。

續資治通鑑卷第二百十二

賜進士及第兵部尚書兼都察院右都御史總督湖北湖南等處地方軍務兼理糧餉世襲二等輕車都尉　畢　沅　編集

元紀三十

起閼逢敦牂（甲午）正月，盡旃蒙協洽（乙未）十二月，凡二年。

順帝

至正十四年（甲午、一三五四）

1 春，正月，甲子朔，汴梁城東汴水冰，皆成五色花草如繪畫，三日方解。

2 丁丑，帝謂托克托舊作脫脫，今改。曰：「朕嘗作多爾濟克勒舊作朵思哥兒，今改。好事，迎白傘蓋游皇城，實爲天下生靈之故。今命喇嘛舊作剌麻。選僧一百八人，仍作多爾濟克勒好事，凡所用物，官自給之，毋擾於民。」

3 二月，立鎮江水軍萬戶府，命江浙行省右丞佛嘉律（舊作佛家閭。）領之。

4 詔河南、淮南兩省並立義兵萬戶府。

5 遣吏部侍郎貢師泰和糴於浙西。時江浙兵起，京師食不足，故命師泰和糴，得糧百萬石。
建清河大壽元忠國寺，以江浙廢寺田歸之。
三月，朔癸亥〔癸亥朔〕，日有食之。
己巳，廷試進士六十二人，賜薛朝晤、牛繼志等及第、出身。
壬申，以皇太子行幸，和買駝馬。
丙子，潁州陷。
是月，中書定擬義兵立功者權任軍職，事平授以民職，從之。
詔和買馬於北邊以供軍用，凡有馬之家，十匹內和買二匹，每匹給鈔一十錠。
是春，大雨凡八十餘日，羣龍穴地而出者無數。
夏，四月，癸巳，汾州介休縣地震，泉湧。
是月，帝如上都。
造過街塔於盧溝橋。
五月，甲子，安豐、正陽賊圍廬州。
是月，詔修砌北巡所經色澤嶺、黑石頭、河西沿山道路，創建龍門等處石橋。
皇太子徙居宸德殿，命有司修葺之。

20立南陽、鄧州等處毛葫蘆義兵萬戶府，募土人爲軍，免其差役，令討賊自效。因其鄉人自相團結，號毛葫蘆，故以名之。募寧夏善射者及各處回回珠圖舊作朮忽，今改。殷富者赴京師從軍。

21郭子興以鎭撫朱元璋爲總管，率兵攻全椒，克之。

22六月，辛卯朔，張士誠寇揚州。丙申，達實特穆爾舊作達識帖睦邇，今改。以兵討士誠，敗績，諸軍皆潰。詔江浙行省參政佛嘉律舊作佛家閭，今改。會達實特穆爾復進兵討之。

23己酉，彭早住、趙君用陷盱眙縣，庚戌，陷泗州，官軍皆潰。命刑部尚書阿嚕舊作阿魯，今改。於海寧州等處募兵討泗州。【考異】劉辰羣雄事略曰：元史載盱眙之陷，不指名爲何兵，而繫於張士誠寇揚州之下。故平吳錄諸事，皆云士誠攻揚州，尋陷盱眙及泗州。辨證曰：是時士誠方起高郵，攻揚州，其兵豈能遽及盱眙？攷俞本記事錄，其爲濠兵無疑也。洪武實錄於甲午七月克滁陽之下書曰：未踰月，彭早住，趙君用邀上將兵守盱、泗，滁陽王廟碑，亦云彭、趙東屯泗州，則知陷盱泗者，彭、趙之兵也，今從之。

24秋，七月，潞州襄垣縣大風拔木偃禾。

25是月，汾州孝義縣地震。

26八月，冀寧路榆次縣桃李華。

27帝至自上都。

28 江西行省左丞相策琳沁巴勒舊作亦蹸眞班，今改。以疾卒於官，追封齊王，謚忠獻。

時左丞和尼齊舊作火你赤，今改。及平章政事道通舊作道童，今改。以兵平富、瑞二州，分鎮其地。適歲大旱，公私匱乏，道通乃移咨江浙行省，借米數十萬石，鹽數十萬引，凡軍民約三日入〔人〕糴官米一斗，入緡鈔二貫，又三日，買官鹽十斤，入緡鈔二貫，民皆便之，由是安堵如故，而賊亦不敢犯其境。道通，高昌人也。

29 九月，庚申，以湖廣行省左丞呂思誠復爲中書左丞。

思誠初左遷湖廣，貽書參議龔伯璲曰：「去年許可用爲河南左丞，今年呂思誠爲湖廣左丞，世事至此，足下得無動心乎？」抵武昌城下，語諸將曰：「賊據城與諸君相持經久，必不知吾爲此來，出其不意，可以入城。」遂行，諸將不獲已隨其後，竟不煩轉鬬而入。思誠於是申號令，戒職事，修器械，葺城郭，明步〔部〕伍，先謀自守，徐議出征。苗軍暴橫，侵辱省憲，思誠正色叱之曰：「若等能殺呂左丞乎？」自是無敢復至。俄召還中書，去三日，城復陷。

30 辛酉，命太師、右丞相托克托總制諸王、諸省、各翼軍馬討張士誠，黜陟予奪一切庶政，悉聽便宜行事，省、臺、院部諸司，聽選官屬從行，稟受節制。西域、西番皆發兵來助，旌旗亘千里，金鼓震野，出師之盛，未有過之者。

31 甲子，封高麗國王托克托布哈舊作脫脫不花，今改。爲瀋王。

32丁卯，立寧宗影堂。

33是月，以穆清閣成，賜工匠皮衣各一領。　蓋海青鷹房閣，連延數百間，千門萬戶，取婦女實之，爲大喜樂故也。

34濠州兵陷六合縣。

35方國珍執元帥頁特密實、（舊作也忒迷失。）黃巖州達嚕噶齊（舊作達魯花赤。）宋巴延布哈、（舊作宋伯顏不花。）知州趙宜浩，以俟詔命。

36以宣政院使哈瑪爾（舊作哈麻，今改。）復爲中書平章政事。

37冬，十月，戊戌，詔達實巴都魯（舊作答失八都魯。）及台哈布哈（舊作太不花。）等會軍討安豐。

38甲辰，詔加號海神爲輔國護聖庇民廣濟福惠明著天妃。

39托克托師次濟寧，遣官詣闕里祀孔子；過鄒縣，祀孟子。

40十一月，丙寅，赦：「中書省、樞密院、御史臺，凡奏事先啟皇太子。」

41丁卯，托克托領大兵至高郵，辛未，與張士誠戰於高郵城外，大敗之，遂遣兵西平六合。是役也，一切軍資、衣甲、器仗、穀粟、薪藁之屬咸取具于江浙，平章政事慶圖（舊作慶童。）規措有方，陸運川輸，千里相屬，朝廷賴之。

42六合遣使求救於滁州，郭子興與其帥有隙，怒不發兵。　朱元璋曰：「六合破，滁不獨存，脣齒也，可以小憾而棄大事乎？」子興悟，問諸將：「誰可往者？」時官軍號百萬，諸將畏之，莫敢往，且以禱神不吉爲辭，元璋曰：「事之可否，當斷於心，何禱也！」

遂帥師趨六合，與耿再成守瓦梁壘。官軍攻之急，每日暮，壘垂陷，官軍去之，詰朝復完壘與戰。尋以計紿之，乃斂兵入舍，備糗糧，遣婦女倚門戟手大罵，官軍錯愕不敢逼，遂列隊而出，徐引還滁州。

既而官軍復大集，元璋令再成佯走，誘之渡澗，伏發，城中鼓譟而出，官軍敗走。元璋恐益兵來攻，謀款其師，乃具牛酒，斂所獲馬，遣父老送還，告其帥曰：「城主老病，不能行，謹遣犒軍。城中皆良民，所以結聚者，備他盜耳。將軍幸撫存之，惟軍需是供。今高郵巨寇未滅，非併力不可，柰何分兵攻良民乎？」其帥信之，謂其衆曰：「非良民，豈肯還馬！」即日解去。由是滁城得完。

子興無意遠略，但欲據滁自王。元璋因說曰：「滁，山城也，舟楫不通，商賈不集，無形勝可據，不可居也。」子興嘿然，元璋遂不復言。

43 是月，達實巴圖魯復苗軍所據鄭、均、許三州。

44 皇太子修佛事，釋京師死罪以下囚。

45 十二月，辛卯，絳州北方有紅氣如火蔽天。

46 托克托之出師也，以汝中柏爲治書侍御史，俾輔額森特穆爾。(舊作也先帖木兒。)中柏累言：「哈瑪爾必當屛斥，不然必爲後患，額森特穆爾不從。哈瑪爾知之，甚恐。先是皇太子之立，哈瑪爾與托克托議授册寶禮，托克托每言中宮有子，將置之何所，以故久不行。至是哈瑪爾遂訴于皇后曰：「皇太子既立，而册寶及郊廟之禮不行者，托克托兄弟之意也。」皇后既頗信之。哈瑪爾復與宣徽使旺嘉努(舊作汪家奴。)之子僧格實哩、(舊作桑哥實理。)額森特穆爾之客明里明古譖諸太子。

會額森特穆爾移疾家居，於是監察御史袁賽音布哈(舊作袁賽音不花，今改。)等承望哈瑪爾風指，劾奏：「托克托出師三月，略無寸功，傾國家之財爲己用，半朝廷之官以自隨。其弟額森特穆爾，庸材鄙器，玷汙清臺，綱紀之政不修，貪淫之心益著。」章三上，始允，詔收御史臺印，令額森特穆爾出都門聽旨，而以旺嘉努爲御史大夫。丁酉，詔削托克托官爵，安置淮南路，額森特穆爾安置寧夏路，以台哈布哈爲河南行省左丞相，伊闊察爾(舊作月闊察兒。)加太尉，舒蘇(舊作雪雪。)知樞密院事，(一同總兵，總領諸處征進軍馬。)

當是時，丞相督軍，將士效命，高郵城且夕且破，而忽聞有詔解軍，軍中皆大哭。辛亥，詔至，參議龔伯璲曰：「將在外，君命有所不受，且丞相出師時嘗被密旨，今奉此，一意進討可也，詔書且勿開，開則大事去矣。」托克托曰：「天子詔我而我不從，是與天子抗也，君臣之義何在！」既聽詔，托克托頓首謝曰：「臣至愚，荷天子寵靈，委以軍國重事，早夜戰兢，懼弗能勝，一旦釋此重負，上恩所及者深矣。」

先是大臣子弟領軍從行者，哈瑪爾歷告其家，陰遣人先來軍中白其長曰：「詔書且至，不卽散者，當族誅。」以故宣詔畢，卽時解散，其無所附者，多從紅軍，如鐵甲一軍入襄陽，號鐵甲吳者是也。

是日，托克托出兵甲及名馬三千，分賜諸將，俾各帥所部以聽伊闊察爾、舒蘇節制。客省副使哈喇台（舊作哈剌答。）曰：「丞相此行，我等必死他人之手，今日寧死丞相前！」拔劍刎頸而死。

托克托居淮安一月，復有旨移置伊集納路，（舊作亦集乃路。）卽漢居延塞也，西南距甘州一千五百里。

有上變告龔伯璲勸托克托勒兵北向者，下其事逮問，詞連中書左丞烏古孫良楨，簿對無驗。伯璲伏誅，良楨仍還爲左丞。

47 初，威順王庫春布哈，（舊作寬徹普化。）以賊據湖廣，奪王印，是月，討賊纍立功，詔還其印，仍鎭湖廣。

48 是月，紹興路地震。

49 達實巴都魯復河陰、鞏縣。

50 傜賊自耒陽寇衡州，萬戶許托因（舊作許脫因。）死之。

51 是歲，詔諭：「民間私租太重，以十分爲率減三〔二〕分，永爲定例。」

52 京師大饑，加以疫癘，民有父子相食者。

53 帝於內苑造龍船，命內官供奉少監塔斯布哈（舊作塔思不花。）董其事。帝自製船樣，首尾長一百二十尺，廣二十尺，前瓦廉〔簾〕棚、穿廊、兩暖閣，後吾殿樓子，龍身并殿宇用五彩金妝，前有兩爪。上用水手二十四人，紫衫，金荔枝帶，四帶頭巾，於船兩旁下各執篙一。自後宮至前宮山下海子內，往來游戲，行時，其龍首眼口爪尾皆動。

又自製宮漏，約高六七尺，廣半之，造木爲櫃，陰藏諸壺其中，運水上下。櫃上設西方三聖殿，櫃腰立玉女捧時刻籌，時至，輒浮水而上。左右立二金甲神，一懸鐘，一懸鉦，夜則神人自能按更而擊，無分毫差。當鐘鉦之鳴，獅鳳在側者皆翔舞。櫃之西東有日月宮，飛仙六人立宮前，遇子午時，飛仙自能耦進，度仙橋，達三聖殿，已而復退立如前。其精巧絕出，人謂前代所未有。

時帝怠於政事，荒淫游宴，以宮女三聖努、妙樂努、文殊努（努舊皆作奴。）等一十六人按舞，名爲十六天魔，首垂髮數辮，戴象牙佛冠，身被纓絡大紅銷金長短裙，金雜襖、雲肩、合袖天衣、綬帶、鞋韈，各執加巴喇般（舊作加巴剌般。）之器，內一人執鈴杵奏樂。又宮女一十一人，練椎髻、勒帕、常服，或用唐帽窄衫。所奏樂用龍頭管、小鼓、箏、纂、琵琶、笙、胡琴、響板、拍板。以宦者察罕岱布哈（舊作長安迭不花，今改。）管領，遇宮中讚佛，則按舞奏樂。宮官受祕密戒者得入，餘不得預。

54武昌自十二年爲沔寇所殘燬，民死於兵疫者十六七，而大江上下，皆劇盜阻絕，米直翔湧，民心皇皇。總管成遵，言於省臣，假軍儲鈔萬錠，募勇敢之士，具戈船，截兵境，且戰且行，糴粟於太平、中興，民賴以全活者衆。會省臣出師，遵攝省事，于是省中、府中惟遵一人，乃遠斥候，塞城門，籍民爲兵，得五千餘人，設萬夫長四，配守四門，所以爲防禦之備甚至，號令嚴肅，賞罰明當，賊船往來江中，終不敢近岸，城賴以安。

55大臣有薦禮部郎中吳當世居江西，習知其民俗，且其才可任政事者，詔特授江西廉訪使，偕江西行省參政和尼齊、兵部尙書黃昭招捕江西諸賊，便宜行事。當以朝廷兵力不給，既受命，至江南，卽召募民兵，由浙入閩，至江西建昌界，招安新城孫塔，擒殄李三。道路既通，乃進攻南豐，渠凶鄭天瑞遁，鄭原自刎死。當，澄之孫也。

56樞密院判官董摶霄，從丞相托克托征高郵，分戍鹽城、興化。賊巢在大縱、德勝兩湖間，凡十有二，悉剷平之，卽其地築芙蓉砦，賊入，輒迷故道，盡殺之，自是不敢復犯。賊恃習水，渡淮，北據安東州。搏霄招善水戰者五百人，與賊戰安東之大湖，大敗之，遂復安東。

57 先是樞密院都事徐人石普，以將略稱，從院官守淮安，詣丞相托克托面陳取高郵之策，且曰：「高郵負重湖之險，地皆沮洳，騎兵卒莫能前。幸與普步兵三萬，保爲取之。」托克托遂命權山東義兵萬戶府事，招民義萬人以行，汝中柏陰阻之，減其軍半。初命普便宜行事，及行，又使聽淮南行省節制。普次范水砦，夜漏三刻，下令銜枚趨寶應，其營中更鼓如平時，抵縣，卽登城樹幟，賊大驚潰，因撫安其民，水陸進兵，乘勝拔十餘砦。將抵高郵城，分兵三隊：一趣城東，備水戰；一爲奇兵，虞後；一自將攻北門。遇賊，與戰，賊不能支，遁入城。普先士卒躡之，縱火燒關，賊懼，謀棄城走。而援軍望之，按甲不進，且忌普成功。總兵者遣蒙古軍千騎突出普軍前，欲收先入之功；而賊以死扞，蒙古軍恇怯，卽馳回，遂爲賊所蹂踐，率墜水中。普勒餘兵血戰良久，仗劍大呼曰：「大丈夫當死國，有不進前者斬！」奮戟入賊陣中，從者僅三十人。至日西，援絕，被槍墜馬，復步戰數合，賊益至，左脅爲賊槍所中，猶手握其槍以斫賊。賊衆攢槍刺普，普與從者皆力戰而死。

58 朱文正，元璋伯兄之子也，先同其母避亂，與季父相失，至是聞駐兵滁陽，遂來歸。姊子李文忠，以母卒隨其父走亂軍中，幾不能存，至是亦來歸。文忠年十二，牽舅衣而戲。元璋曰：「外甥見舅如見母也。」命與沐英同姓朱。英，定遠人，父母俱亡，元璋見而憐之，收以爲養子。

至正十五年（乙未、一三五五）

1春，正月，辛未，大鄂爾多（舊作大斡耳朵。）儒學教授鄭咺建言：「蒙古乃國家本族，宜教之以禮。而猶循本俗，不行三年之喪，又收繼庶母、叔嬸、兄嫂，恐貽笑後世，必宜改革，繩以禮法。」不報。

2丁丑，徐壽輝將倪文俊復陷沔陽。威順王庫春布哈，令其子報恩努、接待努、佛嘉努（努皆作奴，嘉作家。）同湖南元帥何思南，以大船四十餘，水陸並進，至沔陽，攻倪文俊，且載妃妾以行。兵至漢川雞鳴汊，水淺，船閣不能行，文俊以火筏盡燒其船，接待努、佛嘉努皆遇害，報恩努自殺，妃妾皆陷，庫春布哈走陝西。

3時河南賊數渡河，焚掠州縣，中書參議成遵言於丞相曰：「今天下州縣，喪亂過半，而河北稍安者，以天塹黃河爲之障，賊兵卒不能飛渡；所以剝膚椎髓以供軍儲，而民無深怨者，視河南之民猶得保其室家也。今賊北渡河，官軍不禦，是大河之險亦不能守，河北之民復何所恃乎？河北民心一搖，國勢將若之何？」語未畢，哽咽不能言，宰執以下皆爲之揮涕，乃入奏。帝卽遣使罪守河將帥，而防禦稍嚴，仍遣兵分守陝西、山東諸路。

4滁帥乏糧，諸將謀所向，朱元璋曰：「困守孤城誠非計。今欲謀所向，惟和陽可圖，然其城小而堅，可以計取，難以力勝也。」郭子興曰：「如何？」元璋曰：「向攻民寨時，得民兵號衣二，其文曰『盧州路義兵』。今擬置三千，選勇敢士，椎髻、左衽，衣青衣，佯爲北軍，以四槖駝載賞物驅而行，聲言盧州兵送使者入和陽賞賚將士，和陽必納之。因以絳衣兵萬人繼其後，約相距十餘里，候青衣兵薄城，舉火爲應，絳衣兵卽鼓行而前，破之必矣。」子興從其計，使張天祐將青衣兵，趙繼祖爲使者前行，耿再成率絳衣兵繼其後。

天祐至陡陽關，和陽父老以牛酒出迎。會日午，天祐兵從他道就食誤約，再成過期不見舉火，意天祐必已進據，率衆直抵城下，平章額森特穆爾急閉門，以飛橋縋兵出戰。再成不利，中矢走，官軍追至千秋壩。日暮，收兵還，天祐等始至，適與官軍遇，急擊之。追至小西門，城上急抽橋，湯和以刀斷其索，天祐等奪橋而登，將士從之，遂據和陽，額森特穆爾夜遁。

再成敗歸，謂天祐陷沒，俄又報官軍入滁，遣使來招降，子興益恐，召元璋與謀。元璋乃呼使者入，叱令膝行見子興，衆皆欲殺之，元璋曰：「殺之，是速其來也。不如恐以大言，縱使去，彼必憚我，不敢進。」子興從之，急屬元璋率兵往，仍規取和陽，至則天祐已據城矣，乃入，撫定其民。子興於是命元璋總和陽兵。

時諸將多子興部曲，未肯屈服，獨湯和奉命唯謹，李善長委曲調護之。諸將多殺掠，城中夫婦不相保，元璋惻然，召諸將謂曰：「諸君自滁來，多掠人妻女。軍中無紀律，何以安衆！」凡所得婦女，悉還之，於是各相攜而去，民大悅。

5閏月，壬寅，以各衞軍屯田京畿，人給鈔五錠，以是日入役，日支鈔二兩五錢，仍給牛種、農器，命司農司令本管萬戶督其勤惰。

6二月，乙未，劉福通等自碭山夾河迎韓林兒至，立爲皇帝，又號小明王，建都亳州，國號宋，建元龍鳳。以其母楊氏爲皇太后，杜遵道、盛文郁爲丞相，羅文素、劉福通爲平章，劉六知樞密院事。撒〔撤〕鹿邑縣太清宮材建宮闕。遵道等各遣子入侍。

遵道本國子生，嘗上書于知樞密院事滿濟勒噶台（舊作馬扎兒台。）請開武舉以收天下智謀勇力之士，滿濟勒噶台以遵道補本院掾史。遵道知不能行其策，乃棄去，適潁州，爲紅軍舉首，至是遂相小明王。

7戊辰，命太傅、御史大夫旺嘉努爲中書右丞相，中書平章政事定珠（舊作定住。）爲左丞相。

8壬申，立淮東等處宣慰使都元帥府於天長縣，統濠、泗義兵萬戶府幷洪澤等處義兵，聽富民願出丁壯義兵五千人者爲萬戶，五百名者千戶，一百名者百戶，仍降宣敕牌面。

9是月，命刑部尚書董銓等與江西行省平章政事和尼齊專任征討之務，便宜從事，遣使先降曲赦，諭以禍福，如能出降，釋其本罪，執迷不悛，剋日進討。

10 三月，癸巳，徐壽輝兵破襄陽。

11 甲午，命旺嘉努攝太尉，持節授皇太子玉册，錫以冕服九旒，祗謁太廟。

12 托克托既命移伊集納路，臺臣猶以謫輕，疏列其兄弟之罪，辛丑，詔流托克托于雲南大理宣慰司鎮西路，流額森特穆爾于四川碉門，托克托長子哈喇章（舊作哈剌章。）肅州安置，次子三寶努蘭州安置，家産簿錄入官。

13 是春，蘇州雨血。

14 官軍十萬攻和州，朱元璋以萬人距守，間出奇兵擊之，官軍數敗，多死者，乃解去，城中復乏糧。時太子圖沁（舊作禿堅。）及樞密副使弁珠瑪、（舊作絆住馬。）民兵元帥陳埜先，各遣兵分屯新塘、高望、青山、雞籠山，道梗不通，元璋率兵擊走之。

濠州舊帥孫德崖亦乏糧，率所部就食和州。郭子興故與德崖有隙，聞之怒，自滁來和。德崖聞子興至，卽欲他往，其軍先發，德崖後。元璋送其軍出城，行二十里，忽城中走報，滁軍與德崖鬭，德崖爲子興所執。元璋大驚，亟呼耿炳文、吳楨，策騎欲還。德崖軍先發在道者忿恨，擁元璋行數里，遇德崖弟，欲加害，有張某者力止之。子興聞元璋被執，如失左右手，亟遣徐達往代，張復諭其衆歸元璋。於是子興亦釋德崖去，既而達亦脱歸。

子興勇悍善戰，而性悻直，不能容物，以德崖故，飲恨而終。子興旣卒，衆推其長子天敘爲元帥，而德崖以宿將欲代統其軍。天敘恐不能制，乃以書邀朱元璋爲己助。

15 夏，四月，壬戌，中書省臣言：「江南因盜賊阻隔，所在闕官，宜遣人與各省及行臺官以廣東、廣西、海北、海南三品以下通行遷調，五品以下先行照會之任，江浙行省三年一次遷調，福建等處闕官亦依前例。」從之。

16 癸酉，以中書左丞相定珠爲右丞相，平章政事哈瑪爾爲左丞相，太子詹事僧格實哩（舊作桑哥失里。）爲平章政事，舒蘇爲御史大夫。於是國家大柄，盡歸于哈瑪爾兄弟矣。

17 懷遠人常遇春，剛毅多智勇，膂力絕人，年二十三，爲羣盜劉聚所得，遇春察其多抄掠，無遠圖，聞和州恩威日著，兵行有律，獨率十餘人歸附，請爲先鋒。元璋曰：「爾飢，故來歸耳。且有故主在，吾安得奪之！」遇春頓首泣曰：「劉聚盜耳，無能爲也。倘得效力賢者，雖死猶生。」元璋曰：「能相從渡江乎？取太平後屬我，未晚也。」

18 是月，帝如上都。

19 詔翰林待制烏訥爾、（舊作烏馬兒。）集賢待制孫撝招安高郵張士誠，仍齎宣命、印信、牌面，與鎭南王博囉布哈（舊作孛羅不花。）及淮南行省廉訪司等官商議給付之。

20 御史臺劾奏中書左丞呂思誠，罷之。

21 寧國敬亭、麻姑、華陽諸山崩。

22 五月，壬辰，復襄陽路。詔削台哈布哈官爵。

台哈布哈以軍乏糧之故，遂驕蹇不遵朝廷命令，軍士往往剽掠爲民患。監察御史額特呼圖（舊作也里忽都。）等劾其慢功虐民，乃削其官爵，仍俾率領和碩袞（舊作火赤溫，今改。）從征，命四川行省平章達實巴圖爾總領其軍。

23 庚戌，倪文俊自沔陽復破中興路，元帥多爾濟巴勒（舊作朶兒只班。）死之。

24 亳州遣人招和陽諸將，諸將惟張天祐往，尋自亳歸，齎杜遵道檄，授郭天敍爲都元帥，張天祐右副元帥，朱元璋左副元帥。元璋初欲不受，曰：「大丈夫寧能受制于人邪！」已而諸將議藉爲聲援，遂從之，紀年稱龍鳳，然事皆不稟其節制。

時和州西南民砦，次第剗平，而城中乏糧，元璋與諸將謀渡江，無舟楫。有趙普勝、俞通海者，擁衆萬餘，船千艘，據巢湖，結水砦，與廬州左君弼有隙，懼爲所襲，是月，遣俞通海間道來附，乞發兵爲導。元璋謂徐達等曰：「方謀渡江，而巢湖水軍來附，吾事濟矣！」遂親往，與普勝等會，就觀水道，以舟出和陽。而相（桐）城牐、馬場（腸）河等隘口，皆爲中丞曼濟哈雅（舊作蠻子海牙，今改。）水砦所扼，惟一小港可達，然淺涸不可通大艦。已而大雨兼旬，川谷流溢，素非行舟處，皆水深丈餘，元璋喜曰：「天助我也！」遂乘漲發巢湖，舟魚貫而進，至黃墩，趙普勝以所部叛去，餘舟悉至和陽，乃降。舟之未至，遣人誘曼濟哈雅軍來互市，遂執之，得十九人，皆善操舟者，令其教諸軍習水戰，命廖永安、張得勝、俞通海等將之，攻曼濟哈雅峪溪口。敵舟高大，不利進退，永安等操舟如飛，左右奮擊，大敗其衆。

遂與諸將定渡江之計，諸將咸欲直趨金陵，元璋曰：「取金陵必自采石始。采石南北喉襟，得采石，然後金陵可圖也。」

25六月，丁卯，監察御史哈琳圖，（舊作哈林禿。）劾奏托克托之師集賢大學士吳直方及其參軍赫漢、（舊作黑漢。）長史和勒齊（舊作火里赤。）等，並宜追奪，從之。

26監察御史懷格（舊作史歪哥。）等辨明中書左丞呂思誠，給還元追所授宣命、玉帶。

27丁丑，保德州地震。

28庚辰，徵徽州處士鄭玉爲翰林待制，賜以御酒、名幣。玉辭疾不起，而爲表以進曰：「名爵者，祖宗之所以遺陛下，使與天下賢者共之，陛下不得私與人。待制之職，臣非其才，不敢受；酒與幣天下所以奉陛下，陛下得以私與人，臣不敢辭也。」

29是月，朱元璋帥諸將渡江，與廖永安舉帆前行。永安請所向，元璋曰：「采石大鎮，其備必固，牛渚磯前臨大江，彼難爲備禦，今往攻之，其勢必克。」乃引帆向牛渚，風力稍勁，頃刻及岸。守者陣于磯上，舟距岸三丈許，未能猝登。常遇春飛舸至，元璋麾之，應聲挺戈躍而上，守者披靡，諸軍從之，遂拔采石，沿江諸壘，望風迎附。

諸將以和陽匱乏，各欲取資而歸，元璋謂徐達曰：「如此，則再舉必難，江東非我有，大事去矣。」因令悉斬纜，推置急流中，舟皆順流東下。諸將大驚問故，元璋曰：「成大事不規小利，此去太平甚近，舍此不取，將奚爲！」諸將乃聽命，自官渡向太平，直趨城下，縱兵急攻，遂拔之，平章鄂勒哲布哈（舊作完者不花。）與僉事張旭等棄城走，執其萬戶納克楚。（舊作納哈出，今改。）

太平路總管靳義，出東門赴水死，元璋曰：「義士也！」具棺葬之。耆儒李習、陶安等，率父老出城迎謁，安見元璋狀貌，謂習等曰：「龍姿鳳質，非常人也，我輩今有主矣！」師之發采石也，先令李善長爲戒戢軍士榜，比入城，即張之。士卒欲剽掠者，見榜愕然不敢動，有一卒違令，即斬以徇，城中肅然。富民陳迪獻金帛，即以分給諸將士。●

召安、習，與語時事，安因獻言曰：「四海鼎沸，豪傑並爭，攻城屠邑，互相雄長，然其志在子女玉帛，非有撥亂、救民、安天下之心。明公率衆渡江，神武不殺，以此順天應人而行弔伐，天下不足定也。」元璋曰：「吾欲取金陵，如何？」安曰：「金陵，帝王之都，龍蟠虎踞，限以長江之險，若據其形勢，出兵以臨四方，則何向不克，此天所以資明公也。」元璋大悅，禮安甚厚，由是一切機密，輒與議焉。

改太平路爲太平府，以李習知府事，李善長爲帥府都事，汪廣洋爲帥府令史。時三帥雖共府署事，而運籌決策，皆出自元璋，將士樂戰，軍民傾向，權歸于一矣。

30 時中丞曼濟哈雅等以巨舟截采石江，閉姑孰口，絶和州軍歸路。方山砦民兵元帥陳埜先，以衆數萬攻太平鎭，甚銳，朱元璋命徐達、鄧愈、湯和引兵出姑孰來迎戰，而設伏襄城橋以待之，埜先敗走，遇伏，腹背受敵，遂擒埜先。

31 是夏，大雨，江漲，安慶屯田禾半沒，城下水湧，有物吼聲如雷。簽淮西都元帥府余闕，祀以少牢，水輒縮，秋稼登，得糧三萬斛。闕度軍有餘力，乃浚隍增埤，外環以大防，深塹三重，南引江水注之，環植木爲柵，城上四面起飛樓，表裏完固。

32 秋，七月，壬辰，右副元帥張天祐，率諸軍及陳埜先部曲攻集慶路，弗克而還。

33 壬寅，倪文俊復陷武昌、漢陽。

34 遣親王實勒們、（舊作失里門。）四川左丞實勒布（舊作沙刺班。）等各率兵守禦山東、湖廣、四川諸路，及招諭濠、泗諸起兵者。中書右丞許有壬言：「朝廷務行姑息之政，賞重罰輕，故將士貪掠子女玉帛而無鬬志，遂倡爲招諭之策耳。」不聽。

35 陳埜先之被擒也，朱元璋釋不殺。埜先問：「生我何爲？」元璋曰：「天下大亂，豪傑並起，勝則人附，敗則附人。爾既以豪傑自負，豈不知生爾之故？」埜先曰：「然則欲我軍降乎？此易爾！」乃爲書招其軍，明日皆降。

36八月，庚申，命南陽等處義兵萬戶府召募毛葫蘆義兵萬人，進攻南陽。曼濟哈雅、勒呼木（舊作阿魯灰，下作勒呼穆。）等見埜先敗，不敢復進攻，率其衆還屯峪溪口。

37戊辰，以中書平章政事達實特穆爾爲江浙行省左丞相。時江、淮驛騷，南北阻隔，詔許達實特穆爾便宜行事。達實特穆爾任用非人，肆通賄賂，賣官鬻爵，惟視貨之輕重爲高下，由是謗議紛然；而所部郡邑往往淪陷，亦恬不爲意。

38雲南死可伐等降，令其子莽三以方物來貢，乃立平緬宣撫司。四川向思勝降，以安定州改立安定軍民安撫司。

39是月，帝至自上都。

40詔淮南行省左丞相泰費音（舊作太平。）統淮南諸軍討所陷郡邑，仍命湖廣平章勒呼穆以所部苗軍聽其節制。

泰費音駐濟寧已久，糧餉苦不給，乃命有司給諸軍牛具以種麥，自濟寧達于海州，民不擾而兵賴以濟。又議立土兵元帥府，輪番耕戰。

41和州鎭撫徐達軍自太平進克溧水，將攻集慶路。

初，陳埜先之爲書也，陽爲招辭，意實激之，不意其衆遂降，自悔失計。及聞欲攻集慶，私謂部曲曰：「汝等攻集慶，毋力戰，俟我得脫還，當與官軍合。」朱元璋聞其謀，召語之曰：「人各有心，從元從我，不相強也。」縱之還。

諸軍克溧陽，埜先乃收餘衆屯于板橋，陰與行臺御史大夫福壽合，爲書以報太平，言：「集慶城三面阻水，不利步戰，晉王渾、王濬，隋賀若弼、韓擒虎、楊素，皆以戰艦取勝。今環城三面，元帥與苗軍建寨其中，連絡三十餘里，陸攻則慮其斷後。莫若南據溧陽，東擣鎭江，扼險阻，絕糧道，示以持久，可不攻而下也。」元璋知其計，以書復之曰：「歷代之克江南者，皆以長江天塹，限隔南北，故須會集舟師，方克成功。今吾渡其上游，彼之咽喉，我已拒〔扼〕之，捨舟而進，足以克捷，自與晉、隋形同勢異。足下柰何舍全勝之策而爲此迂迴之計耶？」乃遣裨將習伯容攻蕪湖縣，克之，置永昌翼，以伯容爲萬戶。

42 托克托行至大理，騰衝知府高惠見托克托，欲以其女事之，許築室一程外以居，雖有加害者，可以無虞。托克托曰：「吾，罪人也，安敢念及此！」巽辭以絕之。是月，朝廷遣官移置阿輕乞之地。高惠以托克托前不受其女，首發鐵甲軍圍之。

43 九月，郭天敍、張天祐督兵自官塘經同山，進攻集慶之東門，陳埜先自板橋直抵集慶，攻南門，自寅至午，城中堅守。埜先邀郭天敍飲，殺之，擒張天祐，獻于福壽，亦殺之。【考異】明實錄云郭、張皆戰死，陳基西夏永年公勳德詩序，云生擒郭、張，今從余本紀事錄。二帥俱沒。諸將遂奉朱元璋爲都元帥。

陳埜先追襲至葛仙鄉，鄉民兵百戶盧德茂謀殺之，遣壯士五十衣青衣出迎。埜先不虞其圖己，與十餘騎先行，青衣兵自後攢槊刺殺之。埜先既死，其子兆先，復集兵屯方山，曼濟哈雅擁舟師結寨采石爲犄角，規復太平。

44先是河南行省平章達實巴圖爾以兵進次長葛，與劉福通野戰，爲其所敗，將士奔潰。是月，至中牟，收散卒，團結屯種，賊復來劫營，掠其輜重，遂與博囉特穆爾（舊作孛羅帖木兒。）相失。會劉哈喇布哈（舊作哈剌不花。）來援，大破賊兵，獲博囉特穆爾，歸之，復駐汴梁東南青堽。

45冬，十月，丁巳，立淮南（江北等處）行樞密院于揚州。

46甲子，帝謂右丞相定珠等曰：「敬天地，尊祖宗，重事也，近年以來，闕于舉行。朕將親祀郊廟，務盡誠敬，不必繁文，卿等其議典禮，從其簡者行之。」

47庚午，以衍聖公孔克堅同知太常禮儀院事，以其子希學襲封衍聖公。

48癸酉，哈馬爾奏言：「郊祀之禮，以太祖配。皇帝出宮，至郊祀所，便服乘馬，不設內外儀仗、教防（坊）隊子，齋戒七日，內散齋四日於別殿，致齋三日，二日於大明殿西幄殿，一日在南郊祀所。」

丙子，以郊祀，命皇太子祭告太廟。

49 己卯，立黃河水軍萬戶府於小清口。

50 十一月，壬辰，親祀上帝於南郊，以皇太子爲亞獻，攝太尉、右丞相定珠爲終獻。

51 甲午，台哈布哈爲湖廣行省左丞相，總兵招捕沔陽等處，荆襄諸軍悉聽節制，仍給以功賞宣敕、金銀牌面。

52 戊戌，介休縣桃杏花。

53 戊申，中書右丞相定珠，以病辭職，命以太保就第治病。

54 庚戌，賊陷饒州路。

55 是月，達實巴圖爾攻夾河賊，大破之。

56 賊陷懷慶，命右丞布哈（舊作不花。）討之。

57 十二月，壬子朔，朱元璋釋萬戶納克楚（舊作納哈出。）北歸。納克楚者，穆呼哩（舊作木華黎。）裔孫也，初獲時，待之甚厚，而納克楚居常鬱鬱不樂。至是元璋召語之曰：「爲人臣者，各爲其主，況爾有父母妻子乎！」遂縱之歸。

58 己巳，以諸軍供餉浩繁，命戶部印造明年鈔本六百萬錠給之。

59 乙亥，以天下兵起，下詔罪己，大赦天下。

60 是月，達實巴圖爾調兵進討，大敗劉福通等於太康，遂圍亳州。小明王出居安豐。

61立興元等處宣慰使司都元帥府于興元路。

62己未，哈瑪爾矯詔遣使賜托克托鴆，遂卒，年四十二。訃聞，中書遣尙舍卿七十六至阿輕乞之地，易棺衣以歛。

托克托儀狀雄偉，頎然出于千百人中，而器弘識遠，輕貨財，遠聲色，好賢禮士，皆出于天性。至于事君之際，始終不失臣節。惟以惑羣小，急復私讎，君子病焉。（校者按：此條應移58前。）

63是歲，荆州大水。薊州雨血。湖廣雨黑雪。陝西有一山，西飛十五里，山之舊基，積爲深潭。

64紅巾賊勢滋蔓，由汴以南陷鄧、許、嵩、洛。汝寧府達嚕噶齊察罕特穆爾兵日益盛，轉戰而北，遂戍虎牢以遏賊鋒。賊乃北渡盟津，焚掠至懷州，河北震動。察罕特穆爾進戰，大敗之，餘黨栅河洲，殲之無遺類，河北遂定。朝廷奇其功，除中書刑部侍郎。

苗軍以滎陽叛，察罕特穆爾夜襲之，擄其衆幾盡，乃結營屯中牟。已而淮右賊衆三十萬，掠汴以西，來擣中牟營，察罕特穆爾結陣待之，以死生利害諭士卒，士卒賈勇决死戰，無一不〔不一〕當百。會大風揚沙，自率猛士鼓譟從中起，奮擊賊中堅，賊遂披靡不能支，棄旗鼓遁走，追殺十餘里，斬首無算，軍聲益大振。

65盜起常之無錫，江浙行省議以重兵殲之，平章政事慶圖曰：「赤子無知，迫於有司，故弄兵耳。苟諭以禍福，彼無不降之理。」盜聞之，果投戈解甲，請爲良民。

66先是倪文俊質威順王之子而遣人請降，求爲湖廣行省平章，朝臣欲許者半。參議中書省事成遵曰：「平章之職，亞宰相也。承平之時，雖德望漢人，抑而不與，今叛逆之賊，挾勢要求，輕以與之，如綱紀何？」或曰：「王子，世皇嫡孫也，不許，是棄之與賊，非親親之道也。」遵曰：「項羽執太公，欲烹之以挾高祖，高祖乃以分羹答之。奈何今以王子之故廢天下大計乎？」衆皆韙其論。除治書侍御史，俄復入中書爲參政，離省僅六日。丞相每決大議，則曰：「姑少緩之。」衆莫曉其意，及遵復入，喜曰：「大政事今可決矣！」

67召陝西行省平章綽斯戩舊作搠思監，今改。知樞密院事，俄復拜中書平章政事。初，綽斯戩奉命討賊淮南，身先士卒，面中流矢不爲動，及是復爲執政。一日入侍，帝見其面有箭瘢，深歎閔之，遂有是命。

68杜遵道相小明王，得寵專權，劉福通疾之，令甲士撾殺遵道。福通遂爲丞相，後稱太保。【考異】福通殺遵道事，元史本紀繫是年二月，今從徐氏後編。小明王徒擁虛名，事皆決于福通。福通每陷一城，以人爲糧食，既盡，復陷一處，故其所過，赤地千里。

續資治通鑑卷第二百十三

賜進士及第兵部尚書兼都察院右都御史總督湖北
湖南等處地方軍務兼理糧餉世襲二等輕車都尉　畢沅　編集

元紀三十一　起柔兆涒灘(丙申)正月，盡強圉作噩(丁酉)六月，凡一年有奇。

順帝

至正十六年(丙申、一三五六)

1春，正月，壬午朔，改福建宣慰使司都元帥府為福建行中書省。

2是日，張士誠弟士德陷常熟州。

時江陰羣盜，互相吞啖，江宗三、朱英，分黨戕殺，宗三將入城殺英。時英就招安，為判官，州之僚佐無如之何，遂申白江浙行省，云朱英謀反。省差元帥觀孫壓境，觀孫利其貨賄，逗遛不進。英乘間挈家逃去，過江，求救于士誠，乃質妻子，借兵復仇。士誠初未決，英盛陳江南土地之廣，錢糧之多，子女玉帛之富，士誠乃遣士德率高郵兵由通州渡江，入福山港，遂陷常熟。

3丁酉，太保定珠（舊作定住。）以病辭職，不允。

4庚戌，中書左丞相哈瑪爾（舊作哈麻。）罷。

先是哈瑪爾既相，以前進西僧爲恥，者〔告〕其父圖嚕（舊作禿魯。）曰：「我兄弟位宰輔，宜道人主以正。今圖嚕特穆爾（舊作禿魯帖木兒。）專以淫褻媚上，天下士大夫必譏笑，我有何面目見人！我將除之。且上日昏暗，何以治天下！皇太子年長，聰明過人，不若立之爲帝，而奉上爲太上皇。」其妹聞之，歸告其夫圖嚕特穆爾。圖嚕特穆爾恐太子爲帝，則己必先誅，卽以聞于帝，然不敢斥言淫褻事，第曰：「哈瑪爾謂陛下年老故耳。」帝大驚曰：「朕頭未白，齒未落，遽謂我老耶！」帝卽與圖嚕特穆爾謀去其兄弟，遂罷哈瑪爾。辛亥，御史大夫舒蘇（舊作雪雪。）亦罷。以綽斯戩（舊作搠思監。）爲御史大夫，復以定珠爲中書右丞相。

5是月，薊州地震。

6倪文俊建僞都于漢陽，迎徐壽輝居之。

7三月，壬子朔，張士德陷平江路，據之。【考異】士誠陷平江，元史本紀月而不日。後編從明實錄，今仍之。

江南自兵興以來，官軍死鋒鏑，鄉村農夫游罹饑饉，投充壯丁，生不習兵，烏合瓦解。江浙行省丞相達實特穆爾，（舊作達識帖木兒。）以便宜陞漕運萬戶托因（舊作脫因。）爲參政，統領官軍、義民，捍禦境上。平章〔江〕達噜噶齊（舊作達魯花赤。）六十病亡，陞松江府達嚕噶齊哈薩沙爲平江達嚕噶齊，領兵出戰，除都水庸田使貢師泰爲平江總管，巡守城池。吳江境上，止有元帥王與敬一軍，戰敗，死者過半，殘兵千餘欲入城，城中閉門不納，退屯嘉興。與敬，淮西人也。

張士德衆纔三四千人，長驅而前，直造北門，弓不發矢，劍不接刃，明旦，緣城而上，遂陷平江路。托因匿俞家園，自刎，不死，游兵殺之。哈薩沙于境外聞城破，自溺死。貢師泰率義兵出戰，力不敵，亦懷印綬遁，變姓名匿跡于海濱。既而崑山、嘉定、崇明州相繼降。維揚蘇昌齡避亂居吳門，士德用爲參謀，稱曰蘇學士。毀承天寺佛像爲王宮，改平江路爲隆平府，設省、院、六部、百司。凡寺觀、庵院、豪門、巨室，將士爭占而居，無虛者。

時義軍府參謀楊椿守齊門，淮兵奄至，衆皆不知所爲，椿獨謂寇不足畏。明日，城且陷，椿猶躍馬呼其子，若有所指授，追者及之，遂幷遇害。椿妻求得其尸，亦自經死。椿，蜀之眉山人，徙居吳中教授，強起就小職，卒舉家殉義云。

嘉定州倅奉印降賊，州吏尤鼎臣沮之，爲其將所縶，且誘以官，鼎臣抗不受，杖百，錮于家。

8 癸丑，圖嚕特穆爾辭職，不允。

9 綽斯戬劾奏哈瑪爾及其弟舒蘇等罪惡，帝曰：「哈瑪爾兄弟雖有罪，然侍朕日久，與朕弟伊勒哲伯（舊作懿璘質班。）皇帝實同乳，且緩其罰，令出征自效。」丙辰，右丞相定珠及平章政事僧格實哩（舊作桑哥失里。）復言其罪惡不已，乃命其兄弟出城受詔，貶哈瑪爾惠州安置，舒蘇肇州安置，比行，俱杖死。

初，額森特穆爾（舊作也先帖木兒。）就貶，籍其家貲，以賜哈瑪爾，及是籍哈瑪爾家，而所得之庫藏尙封識未啓。時中外皆謂帝怒其譖托克托（舊作脫脫。）兄弟之故，而不知有易主之謀，實坐不軌之罪也。哈瑪爾之死，距托克托遇鴆才數十日，人皆快之。

10 平江既陷，嘉興地當衝要，有司告急，驛使不絕于道。江浙丞相達實特穆爾兵少，策無所出，檄苗軍帥楊鄂勒哲（舊作楊完者，今改。）來守嘉興，鄂勒哲取道自杭，以兵刼達實特穆爾，使陞己爲本省參知政事，達實特穆爾遂塡募民入粟空名告身予之。

11 乙丑，禁銷毀、販賣銅錢。

12 丙寅，命翰林國史院、太常禮儀院擬皇后奇氏三代謚號、王爵。

13 己卯，命集賢直學士楊俊民致祭曲阜孔子廟，仍葺其殿宇。

14 王與敬抵嘉興，楊鄂勒哲欲殺之，與敬遂往松江，謀結水寨於澱山諸湖，令上戶供給其軍，名曰守禦，實戀其地倡女也。達嚕噶齊巴圖特穆爾、（舊作八都帖木兒。）知府崔思誠，皆與之不協，會浙省又命元帥特古呼斯等提兵鎮守，二帥抗衡不相下。己亥夜，與敬率萬戶戴列孫等自西門縱火大譟，官僚潰散，與敬自以輜重出西門。乙巳，鄂勒哲部將蕭亮、員成等率苗軍突至，與敬遂北走通波塘，降於張士誠。子女玉帛，悉爲苗軍所有，民亦持梃相逐，列孫等死者過半。苗軍在松江一月，焚刼淫掠，死者塡塞街巷。

15 常州豪民黃貴甫，間道歸款張士德，許爲內應，寇至，不戰而城陷，改常州路爲毘陵郡。士德之圍常州也，萬戶府知事劉良，以援兵不至，命其子毅賫蠟書，浮江間道抵江浙行省求救。毅未及還，城已陷，良獨不屈，闔門赴水死者十餘人。

16 常遇春攻官軍於采石，以奇兵分其勢，而以正兵與之合戰，戰則出奇兵擣之，縱火焚其連艦，大破之，曼濟哈雅（舊作蠻子海牙。）僅以身免，自是扼江之勢遂衰。

17 三月，辛巳朔，朱元璋率諸軍取集慶，自太平水陸並進，至江陵鎮，攻破陳兆先營，擒兆先，盡降其衆，得兵三萬六千人，擇其驍勇五百人置麾下。五百人多疑懼不自安，元璋覺其意，是日，令入宿衞，環榻而寢，悉屛舊人于外，獨留馮國用一人侍臥榻旁，元璋解甲安寢達旦，疑懼者始安。

18 壬午，徐壽輝復寇襄陽。

19 癸未，臺臣言：「係官牧馬草地，俱爲權豪所占。今後除規用總管府見種外，餘盡取勸，令大司農召募耕墾，歲收租課以資國用。」從之。

20 丁亥，以今秋出師，詔和買馬六萬匹。

21 先是集慶嘗有警，湖廣平章勒呼穆（舊作阿魯灰。）將苗軍來援，事平，還鎮揚州。而勒呼穆御軍無紀律，苗蠻素獷悍，日事殺擄，莫能治。俄而苗軍殺勒呼穆以叛，集慶之援遂絕，人心震恐，倉無積蓄，計未知所出，民乃願爲兵以自守。行臺御史大夫福壽，因下令，民多資者皆助糧餉，激厲士卒，爲完守計，朝廷知其勞，數賞賚之。

至是太平兵大集，馮國用率五百人先登陷陣，敗官軍于蔣山，直抵城下，諸軍拔柵爭進，遂圍之。福壽督兵出戰，多敗，于是盡閉諸城門，獨開東門以通出入，而兵力實不能支。庚寅，城破，福壽猶督兵巷戰，兵潰，乃獨據胡牀，坐鳳凰臺下，指麾左右，更欲拒戰。或勸之去，叱之曰：「吾爲國家重臣，國存則生，國破則死，尙安往哉！」達嚕噶齊達尼達斯（舊作達尼達思。）見其獨坐，若有所爲者，從問所決，因留弗去。俄而亂兵四集，福壽遂遇害，達尼達斯亦死之。

事聞，贈福壽江浙行省左丞相，追封衞國公，謚忠肅。又，同時死者，有治書侍御史賀方。方，晉寧人，以文學名。

22 朱元璋之取集慶也，克城之日，曼濟哈雅走投張士誠，水寨元帥康茂才等各率衆降，凡得軍民五十餘萬。元璋入城，召官吏、父老，諭之曰：「元失其政，所在紛擾，生民塗炭。吾率衆至此，爲民除害耳，汝等各守舊業，無懷疑懼。賢人君子有能相從立功者，吾禮用之；舊政有不便者，吾除之。」于是城中軍民皆喜悅，更相慶慰。嘉福壽之忠，爲棺衾以禮葬之。改集慶路爲應天府，置天興、建康翼統軍大元帥府，以廖永安爲統軍元帥，命趙忠爲興國翼元帥，以守太平。得儒士夏煜、孫炎、楊憲等十餘人，皆錄用之。

23癸巳，張士誠自高郵徙居隆平宮，服御、器用，皆擬乘輿，改至正十六年爲天祐三年，國號大周，曆曰明時，自稱周王。設學士員，開弘文館，以陰陽術人李行素爲丞相，弟士德爲平章，蔣輝爲右丞，潘元明爲左丞，史文炳同知樞密院事。其郡、州、縣正官，郡稱太守，州稱通守，縣仍曰尹，同知稱府丞，知事曰從事，餘則損益而已。士誠以吳民多艱，牧字者非才，悉選而更張之，自令、丞、簿、尉以及錄事、錄判，同日命十有一人，各賜衣、馬、粟、羜有差。

24初，孫撝奉使抵高郵，士誠不迎詔，既入城，拘撝于他室，欲降之，撝詬斥不絕。及士誠徙平江，撝與士誠部將張茂先，謀遣人約鎮南王剋日進兵復高郵，語泄，遂遇害。

25丙申，倪文俊陷常德路，總兵官溫都喇（舊作俺都剌。）遁。

26丁酉，立行樞密（院）于杭州。命江浙行省左丞相達實特穆爾兼知行樞密院事，節制諸軍，省、院等官並聽調遣，凡賞功、罰罪、招降、討逆，許以便宜行事。

27是日，建康兵取鎭江路。朱元璋既定集慶，欲發兵取鎭江，慮諸將不戢士卒爲民患，遂召諸將，數常縱軍士之過，欲寘之法，李善長營救，乃免。于是命徐達爲大將軍，率諸將浮江東下，戒之曰：「吾自起兵，未嘗妄殺。今爾等當體吾心，戒戢士卒，城下之日，毋焚掠殺戮。有犯令者，處以軍法，縱者，罰無赦。」達等頓首受命。進兵攻鎭江，翌日，克之，苗軍元帥鄂勒哲出走，守將段武、平章定定戰死。達等自仁和門入，號令嚴肅，城中晏然。遂分兵徇金壇、丹陽，下之。改鎭江路爲江淮府，命徐達、湯和爲統軍元帥，鎭守其地。

28戊申，方國珍復降，以爲海道漕運萬戶，其兄國璋爲衢州路總管，並兼防禦海道事。

29是月，有兩日相盪。

30夏，四月，辛亥，以中書平章政事綽斯戩爲左丞相。

31壬子，張士誠將趙打虎陷湖州。【考異】士誠陷湖州，元史本紀與松江、常州並繫是年之二月，今從徐氏後編。改湖州路爲吳興郡。

32是月，帝如上都。

33張士誠將史文炳，率兵自泖湖入古浦塘，破澱湖柵。苗軍一矢不發，夜中遁去，松江遂陷。士誠卽令文炳鎭松江。

34五月，丙申，倪文俊陷澧州路。

35乙巳，賊寇辰州，守將和尙以鄉兵擊敗之。

36六月，乙卯〔丑〕，建康兵取廣德路，改爲廣興府，以鄧愈守之。

37壬申，建康降人陳保二，誘執詹、李二將，降于張士誠。保二，常州奔牛壩人，聚衆，以黃帕首，號黃包頭軍。鎭江旣下，遂降于建康，至是復叛。

38乙亥，朱元璋遣儒士楊憲通好于張士誠，書略曰：「近聞足下兵由通州，遂有吳郡。昔隗囂據天水以稱雄，今足下據姑蘇以自王，吾深爲足下喜。吾與足下，東西境也，睦鄰守國，保境息民，古人所貴，吾深慕焉。自今以後，通使往來，毋惑于交搆之言以生邊釁。」士誠得書，以比己于隗囂，不悅，留憲不遣。

39是月，彰德李實如黃瓜。先是童謠云：「李生黃瓜，民皆無家。」

40雷州地大震。

41楊鄂勒哲以數萬衆屯嘉興，先鋒呂才以七千衆屯王江涇，商旅不行，軍容甚盛。張士德遂不敢取道嘉興，乃自平望、烏墩直搗杭州。江浙丞相達實特穆爾，恃鄂勒哲兵強，漫不爲備，寇至，城遂陷，達實特穆爾遁，平章政事邁達實哩（舊作左答納失里。）戰死。居民黃仲起妻朱氏及妾馮氏、仲起弟妻蔡氏，俱自縊死。

達實特穆爾遁入富陽。鄂勒哲乃以苗軍及官軍分爲三路：蔣英從大麻塘棲，董旺從硤石長安，身率劉震、朱誠從海鹽黃灣而進，呂才、呂昇屯守嘉興。士德知鄂勒哲分路而來，遂應接不暇，一敗于皐亭，再敗于謝村，三敗于央城巷，賊水從德清，陸從海鹽遁去。遂復杭州，達實特穆爾乃還。【考異】元史順帝紀及明太祖實錄皆不言陷杭之將爲士德，今據輟耕錄、樂郊私語補入。

42 董摶霄剿平北沙、廟灣、沙浦等砦，尋進兵泗州，不利，賊乘勝東下，斷官軍糧道。乃回軍屯北沙，糧且絕，與賊死戰，凡七晝夜，賊敗走，奪賊船七十餘，乃得渡津（淮），保泗州。時方暑雨，湖水溢，諸營皆避去，而摶霄獨守孤城，賊環繞數十里攻之。摶霄坐城上，遣偏將以騎士由西門突出賊後，約白旗一麾卽還，既而旗動，騎士還，步卒自城中出，夾擊之，賊大敗。然賊砦猶阻西行之路，乃結陣而往，翼以奇兵，轉戰數十合，軍始得至海寧。

43 初，禮部尚書致仕婺源汪澤民，寓居宣州。時賊數來犯，江東廉訪使道通，（舊作道童。）雅重澤民，日就之詢守禦計，城得無虞。至是長槍軍索諾木巴勒（舊作鎖南班。）等叛，來寇城，或勸澤民去，澤民曰：「我雖無官守，故受國厚恩，臨危愛死，非臣子節。」留不去，凡戰鬬籌畫，多澤民參決之，累敗賊兵。既而賊益衆，城陷，澤民爲所執，使之降，大罵不屈，遂遇害。

事聞，贈江浙行省左丞，追封譙郡公，謚文節。澤民，宋端明殿學士藻之七世孫也。

44秋，七月，己卯朔，建康諸將奉朱元璋爲吳國公，以御史臺爲府，置江南行中書省，元璋兼總省事，置官屬。以韓林兒自稱宋後，遙奉之，文移除授，悉以龍鳳紀年。【考異】

明太祖初起，本不借韓林兒之力，特以其稱宋後而遙奉之耳。用兵拜爵，未嘗稟命於林兒，林兒亦置之不問，蓋力不足制之，聊以示羈縻而已。明人于遙奉林兒之事，多諱而不言，後之辨證者，多引葉子奇草木子及方孝孺所撰越國公舊本爲龍鳳紀年之證，然於林兒之授元章以平章，仍無所據也。徐氏後編于是年大書曰：宋置江南等處行中書省，治應天府，以左副元帥朱元璋爲江南行省平章政事，得承制封拜，時龍鳳二年也。徐氏此條，失之誣矣。豈有毫無確據，以意度之，遽以元璋之平章由于林兒所授哉！今從明史本紀書之。以後稱元璋爲吳國公，用通鑑稱沛公例也。

是月，秦從龍應聘而至。從龍，洛陽人，初仕爲校官，累遷江南行臺侍御史，會兵亂，避居鎭江，吳國公命徐達訪之。達下鎭江，得從龍，還報，吳國公喜，卽命朱文正以白金、文綺往聘之。既至，親至龍江，迎之以入，居從龍于西華門外，事無大小，皆與之謀，從龍盡言無隱，每以筆書漆簡，問答甚密，左右無知之者，吳國公呼爲先生而不名。

45渤海楊乘，嘗爲江浙行省左右司員外郎，坐事免官，寓居松江，士誠遣其黨張經往招之，乘日與客痛飲，無一言，客問：「盍行乎？」乘曰：「乘以小吏致身顯官，有死而已，尚何行之有！」經促其行愈急，乘命其子具牲醴告祖禰，迨暮，起行後圃，顧西日晴好，慨然曰：「人生晚節，如是足矣！」夜分，乃整衣冠自縊死。

46張士誠以舟師攻鎭江，吳統軍元帥徐達等禦之。吳國公使諭達曰：「張士誠起負販，譎詐多端，今來寇鎭江，是其交已變，當速出兵攻毘陵，先機進取，沮其詐謀。」達乃帥師攻常州，進薄其壘，且請益師，于是復遣兵三萬往助之。達軍城西北，湯和軍城北，張彪軍城東南；士誠遣數萬衆來援，達乃去城十八里，設伏以待之，仍命總管王均用率鐵騎爲奇兵，達親督師，與戰于龍潭。鋒既交，均用以鐵騎橫衝其陣，陣亂，士誠兵退走，遇伏，遂大敗。

47八月，己酉朔，張士誠將江通海降于吳。

48丙辰，奉元路判官王淵等以義兵復商州。

49庚午，吳國公以諸將虐取陳保二貲致叛，且攻常州久不下，命自元帥徐達以下皆降一官，以書責之曰：「虐降致叛，老師無功，此吾所以責將軍。其勉思補過，否則罰無赦！」

50是日，倪文俊陷衡州路，元帥甄崇福戰死。

51甲戌，彗見于張，色青白，指西南，長尺餘，至十二月戊午始滅。

52是月，帝至自上都。

53黃河決，山東大水。

54張士誠將史文炳，以水師數萬攻嘉興，楊鄂勒哲以大軍四伏，使小舟數百十艘餌之。賊檣艣蔽天，排江而下，追至杉青東西岸，多積葦以待，適南風大作，岸上舉火，賊舟焚燎，至四十里不止，死者甚衆。遂捨舟登陸，進逼城下，戰于冬瓜堰，大破之，斬首萬七千級，俘者數千，張士信以伏水遁還。然鄂勒哲凶肆，掠人貨財婦女，部曲驕横，民間謡曰：「死不怨泰州張，生不謝寶慶楊。」

55 九月，戊寅朔，吴國公如江淮府，入城，先謁孔子廟，遣儒士告諭鄉邑，勸耕桑，築城開塹，命總管徐忠置金山水寨以遏南北寇兵，遂還。尋改江淮府爲鎮江府。

56 庚辰，汝潁賊李武、崔德等破潼關，參知政事舒穆嚕杰（舊作述律杰。）戰死。

57 壬午，豫王喇特納實哩，（舊作阿剌忒納失里。）同知樞密院事定住，引兵復潼關，河南平章伯嘉努（舊作伯家奴。）以兵守之。

丙申，潼關復陷，伯嘉努兵潰，豫王復以兵取之，李武、崔德敗走。

58 戊戌，賊陷陝州及虢州。

59 詔以太尉納琳（舊作納麟。）復爲江南行臺御史大夫，遷行臺治紹興。

60 賊既陷陝、虢，斷殽、函之路，勢欲趣秦、晉，知樞密院事達實巴圖爾（舊作答失八都魯。）方節制河南軍，調兵部尚書察罕特穆爾（舊作察罕帖木兒。）與李思齊往攻之。察罕特穆爾即鼓行而西，夜，拔殽陵，立栅交口。陝州城阻山帶河，險且固，而賊轉南山粟給食以堅守，攻之猝不可拔。察罕特穆爾乃焚馬矢營中，如炊煙狀以疑賊，而夜提兵拔靈寶。城（守）既拔〔備〕，賊始覺，不敢動，卽渡河，陷平陸，掠安邑，蹂晉南鄙。察罕特穆爾追襲之，蹙之以鐵騎，賊回扼下陽津，赴水死者甚衆。相持數月，賊勢窮，皆潰，以功陞僉河北行樞密院事。

61冬，十月，丁未，大名路有星如火，從東南流，芒尾如曳篲，墮地有聲，火餤蓬勃，久之乃息，化爲石，青黑色，光瑩，形如狗頭，其斷處如新割者。有司以聞，太史驗視云：「天狗也。」命藏于庫。

62戊申，張士誠以兵敗于常州，遣其下孫君壽奉書至建康請和，言：「旣納保二，又拘楊憲，遣兵來逼，咎實自貽。願與講和，以解困厄，歲輸糧二十萬石，黃金五百兩，白金二百斤，以爲犒軍之費。」吳國公復書云：「爾旣知過，歸使、餽糧，卽當班師，不墮前好。」且曰：「大丈夫舉事，當赤心相示，浮言夸辭，吾甚厭之。」士誠得書，不報。

63鎭南王退駐淮安，趙君用自泗州來寇，乙丑，城陷，淮東廉訪使褚布哈（舊作褚不華。）死之，鎭南王被執，踰月不屈，與其妻皆赴水死。【考異】鎭南之死，元史祇云寇陷淮安，而不記爲何寇，實錄辨證云，據王逢詩序，則爲趙君用。君用以丙申冬陷淮安，以丁酉冬據淮稱王，其失淮幷益都當在戊亥閒耳。後編從之，今仍其舊。

初，布哈爲副使，與判官劉甲扞禦淮安，甲守韓信城，勢相犄角。布哈尋上章劾總兵者逗撓之罪，朝廷錄其功，陞廉訪使。甲有智勇，與賊戰輒勝，賊憚之，號曰劉鐵頭，布哈頗賴之。總兵者怒其効己，乃易甲別將擊賊，欲以困布哈，甲去，韓信城陷。賊因掘塹圍淮安，芻餉路絕，元帥吳德琇運米萬斛入河，爲賊所掠。攻圍日急，總兵者屯下邳，按兵不出，遣使十九輩告急，皆不應。城中餓死者仆道上，即取啗之，草木、魚鳥、鞾皮、弓筋皆盡，撤（撤）屋爲薪，人多露處，坊陌生荊棘。力旣盡，城陷，布哈猶據西門力鬭，中傷見執，爲賊所臠，次子伴格（舊作伴哥。）冒刃護之，亦見殺。

布哈，隰州石樓人，守淮安五年，殆數十百戰，精忠大節，人比之張巡。贈翰林學士承旨，追封衞國公，謚忠肅。

先是同僉淮南行樞密院事董摶霄建議于朝曰：「淮安爲南北襟喉，江、淮要衝，其地一失，兩淮皆未易保，援救淮安，誠爲急務。今日之計，莫若于黃河上下瀕淮海之地，及南自沭陽，北抵沂、莒、贛榆諸州縣，布連珠營，每三十里設一總砦，就二十里中又設一小砦，使烽堠相望而巡邏往來，遇賊則并力野戰，無事則屯種而食，然後進有援，退有守，此善戰者所以常爲不可勝以待敵之可勝也。」又言：「海寧一境，不通舟楫，軍糧惟可陸運；而凡瀕淮海之地，人民屢經盜賊，宜加存撫，權令軍人搬運。其陸運之方，每人行十步，三十六人可行一里，三百六十人可行一十里，三千六百人可行一百里，每人負米四斗，以夾布囊盛之，用印封識，人不息肩，米不著地，排列成行，日行五百回，計路二十八里，輕行一十四里，重行一十四里，日可運米二百石。每運給米一升，可供二萬人，此百里一日運糧之術也。」又言：「江、淮多流移之人，幷安東、海寧、沭陽、贛榆等州縣俱廢，其壯者已盡爲兵，老幼無所依歸者，宜置軍民防禦司，擇軍官才堪牧守者，使居其職，而籍其民以屯故地，練兵積穀，且耕且戰，內全山東完固之邦，外捍淮海出沒之寇，而後恢復可圖也。」時不能用，淮安卒陷于賊。

64十一月，張士誠將誘降吳兵七千人，因挾之以攻徐達、湯和壘，壬午，達勒兵與戰，常遇春、廖永安、胡大海內外夾擊，大破之，擒其將張德，餘軍奔入城。士誠復遣其將呂珍馳入常州，督兵拒守，達復進師圍之。

65丁亥，流星大如酒杯，色青白，尾迹約長五尺餘，光明燭地，起自東北，東南行，沒于近濁，有聲如雷。

66劉福通遣將分略河南、山東、河北，京師大震。

67是月，河南陷，廉訪副使諳普（舊作俺普。）遁。徙河南廉訪司于沂州，又于沂州置分樞密院，以兵馬指揮使司隸之。

68江浙行省平章政事布延特穆爾（舊作卜顏帖木兒。）卒于池州。

布延特穆爾持身廉介，人不敢干以私。其將兵，所過不受餽遺宴犒，民不知有兵。性至孝，幼養于叔父阿珠，（舊作阿朮。）事之如親父。常乘花馬，時稱爲「花馬平章」。

69十二月，庚申，河南行省平章達實巴圖爾大破劉福通兵于太康。

先是朝廷遣托歡（舊作脫歡。）來督兵，達實巴圖爾父子親與劉福通敵，自巳至酉，大戰數合。達實巴圖爾墜馬，博囉特穆爾（舊作孛羅帖木兒。）扶令上馬先還，自持弓矢，連發以斃追者，夜三更，步回營中。已而率大軍進逼陳留，攻取夾河劉福通寨。是日，次高柴店，距太康三十里，夜二鼓，賊五百餘騎來劫，以有備，亟遁，火而追之。比曉，督陣力戰，自寅至巳，四門皆陷。壯士緣城入其郛，斬首數萬，擒僞將軍張敏、孫韓等九人，殺僞丞相王、羅二人，太康悉平。遣博囉特穆爾告捷京師，帝賜勞內殿，王其先臣二世，拜河南行省左丞相，仍兼知樞密院事，守禦汴梁。弟識里穆，（舊作識里木。）雲南行省左丞，子博囉特穆爾，四川行省左丞，將校僚屬，賞爵有差。

70是月，倪文俊陷岳州路，殺威順王子岱特穆爾。（舊作歹帖木兒。）

71湖廣參政額森特穆爾與左江義兵萬戶鄧祖勝合兵復衡州。

72寧國路長槍元帥謝國璽寇吳廣興府，元帥鄧愈擊敗之，擒其總管武世榮，獲兵千餘人。

73是歲，詔：「沿海州縣爲賊所殘掠者，免田租三年。」

74河南行省左丞相台哈布哈（舊作太不花。）駐軍南陽、嵩、汝等州，叛民皆降，軍勢大振。

75陝西行臺監察御史李尙絅上關中形勢急論，凡十有二事。

76命大司農司屯種雄、霸二州以給京師，號「京糧」，以浙西被陷，海運不通故也。

77義兵元帥方家努，（舊作方家奴。）以所部軍屯杭城之北關，鈎結同黨，相煽爲惡，刼掠財貨，白晝殺人，民以爲患。江浙行省平章慶圖（舊作慶童。）言于丞相達實特穆爾曰：「我師無律，何以克敵！必斬方家努，乃可出師。」達實特穆爾遂與慶圖入其軍，斬首以徇，民大悅。既而苗軍帥楊鄂勒哲進右丞，以功自驕，因求取慶圖女，慶圖初不許。時苗軍勢盛，達實特穆爾方倚以爲重，強爲主婚，慶圖不得已以女與之。

78廣西苗軍五苗〔萬〕從元帥阿爾斯蘭舊作阿思蘭，今改。沿江下抵廬州，淮東都元帥余闕移文，謂苗蠻不當使之窺中國，詔阿爾斯蘭還軍。苗軍有暴于境者，卽收殺之，凜凜莫敢犯。時羣盜環布四外，闕居其中，左提右挈，屹爲江淮一保障。論功拜江淮行省參政，仍守安慶，通道于江右，商旅四集。

池州趙普勝率衆攻城，連戰三日，敗去，未幾又至，相拒二旬始退，懷寧縣達嚕噶齊伯嘉努戰死。

普勝本巢湖水軍，降於徐壽輝，驍勇，善用雙刀，號爲「雙刀趙」云。

至正十七年（丁酉、一三五七）

1春，正月朔，日有食之。

2己丑，杭州降黑雨，河池水皆黑。

3辛卯，命山東分省團結義兵，每州添設判官一員，每縣添設主簿一員，專率義兵以事守禦，仍命各路達嚕噶齊提調，聽宣慰使司節制。

4二月，丙午朔，吳國公遣將耿炳文、劉成自廣德趣長興，張士誠將趙打虎以兵三千迎戰，敗之，追至城西門，打虎走湖州。戊申，克長興，獲戰船三百餘艘，擒士誠守將李福安、達實曼（舊作答失蠻。）等，義兵萬戶蔣毅率所部二百人降。

5壬子，賊犯七盤、藍田，命察罕特穆爾以軍會達爾瑪齊爾（舊作答兒麻亦兒。）守陝州、潼關。哈喇布哈（舊作哈剌不花。）由潼關抵陝州，會豫王喇特納實哩及定珠等同進討。

6癸丑，以征河南許、亳、太康、嵩、汝大捷，詔赦天下。

7戊辰，知樞密院事托克托復邳州，調客省使薩爾達溫（舊作撒兒答溫。）等攻黃河南岸賊，大破之。

8壬申，劉福通遣其黨毛貴陷膠州，簽樞密院托歡死之。

9甲戌，倪文俊陷陝〔峽〕州。

10是月，李武、崔德等破商州，攻武關，遂直趣長安，分掠同、華諸州，三輔震恐。時豫王喇特納實哩及省、院官皆洶懼，計無所出，行臺治書侍御史王思誠曰：「察罕特穆爾之名，賊素畏之，宜遣使求援，此上策也。」守將恐其軋己，論久不決，思誠曰：「吾兵弱，旦夕失守，貽將安歸！」乃遣書察罕特穆爾曰：「河南、陝西兩省，互爲脣齒，陝西危則河南豈能獨安！」察罕特穆爾得書大喜，遂提輕兵五千，與李思齊倍道來援，入潼關，與賊遇，戰輒勝，殺獲以億萬計，賊餘黨皆散潰，走南山，入興元。

詔授察罕特穆爾陝西行省左丞，李思齊四川行省左丞。

11 詔以高寶爲四川行省參知政事，將兵取中興路，不克，倪文俊遂破轆轤關。

12 三月，乙亥，義兵萬戶賽甫鼎、（舊作賽甫丁。）阿密勒鼎（舊作阿迷里丁。）叛據泉州。

13 庚辰，毛貴陷萊州，守臣山東宣慰副使釋嘉納（舊作釋嘉訥。）死之。

14 壬午，吳將徐達等克常州。

初，常州兵雖少而糧頗多，故堅拒不下。及誘叛軍入城，軍衆糧少，不能自存。達等攻之益急，呂珍宵遁，遂克之。改常州路爲常州府。達又與常遇春、桑世傑率兵徇馬馱沙，克之。

15 甲午，毛貴陷益都路，益王邁努（舊作買奴。）遁；丁酉，陷濱州；自是山東都邑皆陷。以江淮行樞密院副使董摶霄爲山東宣慰使，從布蘭奚（舊作孛蘭奚。）擊之。

既而中書省臣言：「山東般陽、益都相次而沒，濟南日危，宜選將練卒，信賞必罰，爲保燕、趙計，以衛京師。」不報。

16監察御史張禎上疏陳十禍，以輕大臣、解權綱、事安逸、杜言路、離人心、濫刑獄六者爲根本之禍，以不慎調度、不資羣策、不明賞罰、不擇將帥四者爲征伐之禍，所言多剴切。其事安逸、不明賞罰二條，尤中時弊。

大略謂：「陛下因循自安，不豫防慮。今海內不寧，天道變常，民情難保，正當修實德以答天意，推至誠以回人心。凡土木之勞，聲色之樂，宴安酖毒之惑，皆宜痛絕勇改。而陛下乃泰然處之，若承平無事時，此事安逸所以爲根本之禍者也。又，自四方有警，調兵六年，初無紀律，又失激勸之宜。將帥飾敗爲功，指虛爲實，大小相謾，內外相依，其性情不一而激〔徼〕功求賞則同。是以有覆兵之將，殘兵之將，貪婪之將，怯懦之將，曾無懲戒。所經之處，雞犬一空，貨財罄盡，而面諛游說者反以克復受賞。今克復之地，悉爲荒墟，河南提封三千餘里，郡縣歲輸錢穀數百萬計，而今所存者，封丘、延津、登封、偃師三四縣而已。兩淮之北，大河之南，所在蕭條。如此而望軍旅不乏，餽餉不竭，使天雨粟，地湧金，朝夕存亡且不能保，況以地力有限之費，而供將帥無窮之欲哉！陛下事佛求福，飯僧消禍，以天壽節而禁屠宰，皆虛名也。今天下兵起，殺人不知其數，陛下泰然不理，而曰吾將以是求福，福何自而至乎？頴上之兵，視其所向，駸駸可畏，不至于亡吾社稷，燼吾國家不已，此則不明賞罰所以爲征伐之禍者也。」疏奏，不省。既而執政惡其訐直，出爲山南廉訪僉事。

17前海南、海北宣慰使王英，益都人也，性剛果，有大節，膂力絕人，襲父職爲莒州翼千戶，父子皆善用雙刀，人號之曰「刀王」。

初，漳州盜起，詔江西行省右丞雅克特穆爾（舊作燕帖木兒。）討之。時英已致仕，平章巴薩里（舊作伯撒里。）謂僚佐曰：「是雖鼠竊狗偷，非刀王行不可。其人雖投老，可以義激。」乃使人迎致之。英曰：「國家有事，吾雖老，其可坐視乎！」據鞍横槊，精神飛動，馳赴其軍。賊平，英功居多。

及益都陷，英時年九十有六，謂其子弘曰：「我世受國恩，今老矣，縱不能事戎馬以報天子，何忍食異姓之粟以求生乎！」水漿不入口者數日而卒。毛貴聞之，使具棺衾葬之。

18大司農呂思誠卒，謚忠肅。

思誠氣宇凝定，不爲勢利所屈。三爲祭酒，一法許衡之舊，受教者後多爲名士。

19夏，四月，丙午，監察御史五十九言：「今京師周圍，雖設二十四營，軍卒疲弱，素不訓練，誠爲虛設，倘有不測，良可寒心。宜速選擇驍勇精銳，衞護大駕，鎮守京師，實當今奠安根本，固堅人心之急務。況武備莫重于兵，而養兵莫先于食。今朝廷撥降鈔錠，措置農具，命總兵官于河南克復州郡，且耕且戰，甚合寓兵于農之意。爲今之計，宜權命總兵官，于軍官內選能撫字軍民者，授以路府州縣之職，要使農事有成，軍民得所，則擾民之害益除，而匱乏之憂亦釋矣。」帝嘉納之。

20 乙卯，毛貴陷莒州。

21 辛酉，達實巴圖爾加太尉、四川行左丞相。

22 漢中道廉訪司劾陝西行省左丞蕭嘉努（舊作蕭家奴。）遇賊逃竄，失陷所守郡邑，詔正其罪。

23 丁卯，吳國公兵取寧國路。

先是徐達常遇春率兵略寧國，長槍元帥謝國璽棄城走，守臣拜布哈、（舊作别不華。）楊仲英等閉城拒守。城小而堅，攻之久不下。遇春中流矢，裹（裹）創而戰。吳國公乃親往督師，命造飛車，前編竹爲重蔽，數道並進，攻之，仲英等不能支，開門請降，百戶朱文貴殺妻妾自刎死。擒其元帥朱亮祖，屬縣相繼下。

亮祖，六合人，初爲義兵元帥，太平克，來降，尋叛去，數敗吳兵，諸將莫能當，至是縛亮祖以獻。吳國公曰：「今何如？」亮祖曰：「是非得已，生則盡力，死則死耳！」吳國公壯而釋之。

24 是月，帝如上都。

25 五月，乙亥朔，張士誠遣其左丞潘原明、元帥嚴再興（興）犯長興，屯上新橋。吳守將耿炳文出師擊敗之，原明等遁去。

26 命(知)樞密院事布蘭奚進兵討山東。

27 戊寅，平章政事齊拉袞特穆爾(舊作赤老溫帖木兒。)復武安州等三十餘城。

28 己卯，吳兵攻泰興，張士誠遣兵來援，元帥徐大興、張斌擊敗之，擒其將楊文德等，遂克泰興。

29 丙申，中書左丞相綽斯戩進爲右丞相。召遼陽行省左丞相泰費音(舊作太平。)爲中書左丞相。

30 詔天下免民今歲稅糧之半。

31 銅陵縣尹羅德、萬戶程輝降于吳。常遇春率師駐銅陵。池州路總管陶起祖亦來降，具言城中兵勢寡弱可取之狀，遇春遂謀取池州。是日，遣興國翼分院判官趙忠、元帥王敬祖等攻其青陽縣，趙普勝出兵拒敵，敬祖以數十騎衝其陣，陣亂，乘勢疾擊，遂破之，克其縣。

32 吳樞密院判俞通海，以舟師略太湖馬蹟山，降張士誠將鈕津等，遂趣東洞庭山，士誠將呂珍率兵禦之。諸將倉卒欲退，通海曰：「彼衆我寡，退則情見，彼益集其衆，邀諸險以擊我，何以當之！不如與之戰。」于是身先士卒，矢中右目下，通海不爲動，徐令勁者被己甲立船上督戰。呂珍不得利，乃引去。

33 六月，甲辰朔，以實勒們（舊作實理門。）爲中書分省右丞，守濟寧。

34 丙辰，監察御史托克托穆爾（舊作脫脫穆而。）言：「去歲河南之賊窺伺河北，惟河南與山東互相策應，爲害尤大。宜令中書省就台哈布哈、達實特穆爾（巴圖魯）、阿嚕（舊作阿魯。）三處軍馬內，擇其精銳，以守河北，進可以制河南之侵，退可以攻山東之寇，庶幾無虞。」從之。

35 己未，以徹爾特穆爾、（舊作帖里帖木兒。）婁都爾蘇（舊作老的沙。）並爲御史大夫。

36 庚申，吳國公遣長春府分院判官趙繼祖、元帥郭天祿、鎮撫吳良略江陰州，張士誠兵據秦望山以拒敵，繼祖引兵攻之。會大風雨，士誠兵奔潰，繼祖據其山。是日，進攻州之西門，克其城，命良守之。

先是士誠北有淮海，南有浙西，長興、江陰二邑，皆其要害。長興據太湖口，陸走廣德諸郡；江陰枕大江，扼姑蘇、通州濟渡之處。得長興，則士誠步騎不敢出廣德，窺宣、歙；得江陰，則士誠舟師不敢泝大江，上金、焦。至是悉歸於吳，士誠侵軼路絕。

37 壬申，御史大夫特哩特穆爾劾陝西知行樞密院事額森特穆爾，罷之，令居于草地。

38 癸酉，溫州路樂清江中龍起，颶風作，有火光如毬。

39 是月，劉福通犯汴梁，其兵分三道，關先生、破頭潘、馮長舅、沙劉二、王士誠入晉、冀，由朔方攻上都，白不信、大刀敖、李喜喜趨關中，毛貴自山東趨大都，其勢復大振。

續資治通鑑卷第二百十四

賜進士及第兵部尙書兼都察院右都御史總督湖北湖南等處地方軍務兼理糧餉世襲二等輕車都尉 畢沅 編集

元紀三十二 起強圉作噩(丁酉)七月,盡著雍掩茂(戊戌)十二月,凡一年有奇。

順帝

至正十七年(丁酉、一三五七)

1 秋,七月,丙子,吳徐達率兵攻常熟,張士德出挑戰;先鋒趙德勝麾兵而進,擒士德送建康,遂循望亭、甘露、無錫諸寨,皆下之。士德驍鷙有謀,士誠陷諸郡,士德力居多,及是被擒,士誠爲之喪氣。

2 己卯,御史大夫特哩特穆爾(舊作帖里帖木兒。)奏續輯風憲弘綱。

3 庚辰,吳國公遣兵取徽州路。元帥胡大海等既克績溪,遂進兵攻徽州。守將元帥巴斯爾布哈(舊作八思爾不花。)及建德路萬戶吳訥等拒戰,大海擊敗之,拔其城。訥與守臣阿嚕輝、(舊作阿魯輝。)李克膺等退守遂安。大海引兵追及于白際嶺，復擊敗之。訥自殺，屬縣次第皆下。

4戊子，以李稷爲御史中丞。

5己丑，義兵黄軍萬戶田豐叛入紅軍，陷濟寧路，分省右丞實勒們(舊作實理門。)遁。義兵萬戶孟本周攻之，豐敗走，本周還守濟寧。

6甲午，監察御史達爾默色、(舊作迭里彌實。)劉傑言：「疆域日蹙，兵律不嚴，陝西、汴梁、淮潁、山東之寇，有窺伺燕、趙之志，宜俯詢大臣，共圖克復，豫定守備之策。」不報。

7丙申，吳元帥胡大海進攻婺源。江浙參政楊鄂勒哲，(舊作楊完者。)率兵十萬欲復徽州，大海還師，與戰于城下，大敗之，殺其鎮撫呂才，鄂勒哲遁去。

8是月，立四方獻言詳定使司。

9歸德府知府林茂、萬戶時公權叛，以城降于賊，歸德及曹州俱陷。

10八月，癸丑，劉福通兵陷大名路，遂自曹、濮陷衞輝路，博囉特穆爾(舊作孛羅帖木兒，今改。)與萬戶方托克托(舊作方脫脫。)出兵擊之。

11是月，帝至自上都。

12張士德至建康，吳國公以禮待之，供珍膳，俟其降。士德不食不語，其母痛之，令士誠歲餽建康糧十萬石，布一萬匹，永爲盟信，吳國公不許。士德以身繫，事無所成，間遺士誠書，俾降元以圖建康，遂不食而死。【考異】後編辨證曰：實錄載士德被誅，而劉辰國初事蹟云不食而死。今考陳基祭文云：能厲聲罵賊而不能食不義之食，則以爲不食而死者是也，今從之。

張士誠使前江南行臺中丞曼濟哈雅（舊作蠻子海牙。）爲書，請降於浙江丞相達實特穆爾，（舊作達識帖睦邇。）辭多不遜。楊鄂勒哲欲納之，達實特穆爾不可，曰：「我昔在淮南，嘗招安士誠，知其反覆，其降不可信。」士誠使者往返訖無就，乃遣其僞隆平太守周仁親詣江浙省堂，具陳自願休兵息民之意。鄂勒哲固勸納降，乃許之。士誠始要王爵，達實特穆爾不許，又請爵爲三公，達實特穆爾曰：「三公，非有司所定，今我雖便宜行事，然不敢專也。」鄂勒哲又力以爲請，達實特穆爾雖外爲正辭，然實幸其降，又恐拂鄂勒哲意，遂授士誠太尉，士德淮南行省平章政事，士信同知行樞密院事。改隆平府復爲平江路，士誠遷居府治，雖奉正朔，而甲兵、錢穀皆自據如故。朝廷顧以招安士誠爲達實特穆爾功，詔加太尉。後聞士德之死，追封楚國公，而以士信爲江淮平章政事。

初，達實特穆爾假周伯琦行省參政，招諭張士誠，及是已降，除伯琦同知太常禮儀院事，士誠留之；未行，拜左丞，士誠爲造第宅于乘魚橋，厚其廩給。

13 九月，癸酉朔，婺源州元帥汪同，與守將特穆爾布哈、（舊作帖木兒不花。）不協，以總管王起宗、黟縣萬戶葉茂、祁門元帥馬國寶降于吳；甲戌，江浙平章夏章等亦降于吳。

14 丙子，以御史大夫婁都爾蘇（舊作老的沙，今改。）爲中書平章政事。

15 丙戌，吳廣興翼元帥費子賢率兵攻武康，與守將潘萬戶戰，斬首百餘級，遂下之。

16 甲午，澤州陵川縣陷，縣尹張輔死之。

17 戊戌，台哈布哈（舊作太不花，今改。）復大名路幷所屬州縣。

18 辛丑，詔中書右丞額森布哈（舊作也先不花。）御史中丞成遵奉使宣撫彰德、大名、廣平、東昌、東平、曹、濮等處，獎勵將帥。

19 是月，命知樞密院事務都爾噶（舊作紐的該，今改。）加太尉，總諸軍守禦東昌。時田豐據濟、濮，率衆來寇，擊走之。

20 倪文俊謀殺其主徐壽輝，不果，自漢陽奔黃州，壽輝將陳友諒襲殺之。友諒佐文俊攻陷諸州郡有功，遂用領兵爲元帥，及文俊迎壽輝居漢陽而專其政柄，友諒心不平，至是襲殺文俊，併其衆，自稱宣慰使，尋爲平章政事。

21 閏月，癸卯，有飛星如盃，青色，光燭地，尾約長尺餘。

22 監察御史多爾濟（舊作朵兒只。）等劾奏知樞密院事哈喇巴圖爾（舊作哈剌八禿兒。）失陷所守郡縣，詔正其罪。

23 乙丑，潞州陷。丙寅，賊攻冀寧，察罕特穆爾（舊作察罕帖木兒。）遣兵擊走之。

24趙普勝同青軍兩道攻安慶，淮南行省左丞余闕，拒戰月餘，賊竟敗走。安慶倚小孤山爲藩蔽，命義兵元帥胡巴延（舊作胡伯顏。）統水軍戍焉。冬，十月，壬戌，陳友諒自上游直擣小孤山，巴延與戰四日夜，不勝，趨安慶，賊追至山口鎮。明日，癸亥，遂薄城下，闕遣兵扼于觀音橋。俄饒州祝寇攻西門，余闕擊斬之，其兵乃退。

25壬申，吳中翼大元帥常遇春，率廖永安等自銅陵進攻池州。永安去城十里，而常遇春及吳國寶率舟師抵城下合攻，自辰至巳，破其北門，遂入其城，執元帥洪某，斬之，擒別將魏壽、徐天麟等。官軍敗走，薄暮，復以戰船數百艘來逆戰，復大敗之，遂克池州。

26甲申，吳國公閱軍于大通江，遂命元帥繆大亨率兵攻揚州路，克之，青軍元帥張明鑑以其衆降。

先是至正十五年，明鑑聚衆淮西，以青布爲號，名青軍，人呼爲「一片瓦」。其黨張監，驍勇，善用槍，又號爲「長槍軍」，暴悍，專事剽掠，由含山、全椒轉掠六合、天長至揚州，人皆苦之。

時鎭南王博囉布哈（舊作孛羅不花。）鎭揚州，招降明鑑等，以爲濠、泗義兵元帥，俾駐揚州，分屯守禦。久之，明鑑等以食盡，復謀作亂，說鎭南王曰：「朝廷遠隔，事勢未可知。今城中糧乏，衆無所託命，殿下世祖孫，當正大位，爲我輩主，出兵南攻，以通糧道，救飢窘。不然，人心必變，禍將不測。」鎭南王仰天哭曰：「汝不知大義。如汝言，我何面目見世祖于宗廟耶？」麾其衆使退，明鑑等不從，呼譟而起，因逐鎭南王而據其城。鎭南王走淮安，爲趙君用所殺。

明鑑等凶暴益甚，屠城中居民以爲食，至是兵大敗不支，乃出降，得其衆數萬。置淮海翼元帥府，命元帥張德麟、耿再成守之。改揚州路爲淮海府，以李德林知府事。城中居民僅存十八家，德林以舊城虛曠難守，乃截城西南隅，築而守之。

27 戊戌，曹州賊入太行山，達實巴圖爾（舊作答失八都魯。）與知樞密院事達哩瑪實里（舊作答里麻失里。）以兵討曹州賊，官軍敗潰，達哩瑪實里死之。

28 是月，靜江路山崩，地陷，大水。

29 關中賊散走南山者，出自興元，陷秦、隴，據鞏昌，有窺鳳翔之志。察罕特穆爾即分兵入守鳳翔，而遣諜者誘賊圍其城，賊果來圍之，厚數十重。察罕特穆爾自將鐵騎，晝夜馳二百里往赴。比去城里所，分軍張左右翼掩擊之，城中軍亦開門鼓譟而出，內外合擊，呼聲動天地。賊大潰，自相踐蹂，斬首數萬級，伏屍百餘里，餘黨皆遁還，關中悉定。

30 十一月，辛丑，山東道宣慰使董摶霄，復請令江淮等處各枝官軍，分布連珠營寨，於隘口屯駐守禦，且廣屯田以足軍食，從之。

31 汾州桃杏花。

32 壬寅，賊侵壺關，察罕特穆爾以兵大破之。

33 十二月，丙戌，徐壽輝將明玉珍陷重慶路，據之。玉珍，隨州人，世農家，身長八尺，目重瞳，以信義爲鄉黨所服。初聞壽輝兵起，集鄉兵，屯于青山，結栅自固。未幾，降于壽輝，授元帥，隸倪文俊麾下，鎭沔陽。與官軍戰湖中，飛矢中右目，微眇，既而以兵千人，槳斗船五十，泝夔而上。時青巾盜李喜喜，聚兵苦蜀，義兵元帥楊漢以兵五千禦之，屯平西。左丞相鄂勒哲圖（舊作完者篤。）鎭重慶，置酒飲漢，欲殺之，漢覺，脫身走，順流下巫峽。遇玉珍，訟之，且言重慶可取狀，玉珍未決，萬戶戴壽曰：「攻重慶，事濟據蜀，不濟，歸無損也。」從之，遂進克其城，鄂勒哲圖遁。父老迎入城，玉珍禁侵掠，市肆晏然，降者相繼。

34 己丑，吳國公下令釋輕重罪囚，以干戈未寧，人心初附故也。

35 丁酉，慶元路象山縣鵝鼻山崩。

36 戊戌，翰林學士承旨歐陽玄卒。

初，汝、潁盜起，蔓延南北，州縣幾無完城。玄獻招捕之策千餘言，時不能用，遂乞致仕，帝不允。會大赦，宣赴內府。玄久病不能步履，丞相傳旨，肩輿至延春閣下。及卒，賜賻甚厚，贈大司徒，追封楚國公，謚曰文。

玄性度雍容，處己儉約，爲政廉平，歷官四十餘年，册命、制誥多出其手。

37 己亥，流星如金星大，尾約長三尺餘，起自太陰，近東而沒，化爲青白氣。

38 庚子，太尉、四川行省左丞相達實巴圖爾卒于軍中。

時詔遣知院達理瑪實哩來援，分兵雷澤、濮州，而達理瑪實哩爲劉福通所殺，達勒達（舊作達達。）諸軍皆潰。達實巴圖爾力不能支，退駐石村，朝廷頗疑其玩寇失機，使者促戰相踵。賊覘知之，詐爲達實巴圖爾通和書，遺諸道路，使者果得之以進，達實巴圖爾知之，一夕憂憤死。

39 初，毛貴陷益都、般陽等路，帝命董摶霄從知樞密院事布蘭奚（舊作孛蘭奚。）討之。而濟南又告急，摶霄提兵援濟南。賊衆自南山來攻濟南，望之兩山皆赤。摶霄按兵城中，先以數十騎挑之，賊衆悉來鬬，騎兵少卻，至磵上，伏兵起，遂合戰，城中兵又大出，大破之。而般陽賊復約泰安之黨踰南山來襲濟南，摶霄列兵城上，弗爲動。賊夜攻南門，獨以矢石禦之，黎明，乃潛開東門，放兵出賊後。既旦，城上兵皆下，大開南門，合擊之，賊敗走，復追殺之，賊衆無遺者。于是濟南始寧。

詔就陞淮南行樞密院副使，兼山東宣慰使、都元帥，仍賜上尊、金帶、楮幣、名馬以勞之。有疾其功者，譖于總兵太尉努都爾噶，（舊作紐的該。）令搏霄依前詔從布蘭奚同征益都。搏霄卽出濟南城，屬老且病，請以其弟昂霄代領其衆，朝廷從之，授昂霄淮南行樞密院判官。未幾，命搏霄守河間之長蘆。

40是冬，張士誠築城虎丘山，因高據險，役月餘而畢。

41是歲，詔諭濟寧李秉彝、田豐等，令其出降，敍復元任。嘯亂士卒，仍給資糧，欲還鄉者聽。

42義兵千戸余寶，殺其知樞密院事寶圖（舊作寶童。）以叛，降于毛貴。余寶遂據棣州。

43集賢大學士兼太子左諭德許有壬，以老病乞致仕，許之。有壬前朝舊德，皇太子頗加敬禮，一日入見，方臂鷹爲樂，遽呼左右屏去，始見之。

44盜據齊魯，中書參知政事崔敬，與平章達覽、（舊作答蘭。）參政諳普（舊作俺普。）分省陵州。陵州乃南北要衝，無城郭，而居民散處，敬供給諸軍，事無不集。丞相以其能上聞，賜之上尊，仍命其便宜行事。敬以軍馬供給浩繁，而民力已疲，乃請行納粟補官之令，詔從之。河北、燕南士民接踵而至，積粟百萬石，綺段萬匹，以給軍費，民獲少蘇。

45中書右丞烏古遜（舊作烏古孫。）良楨論罷陷賊延坐之令；有惡少年誣知宜興州張復通賊之罪，中書將籍其孥，吏抱案請署，良楨曰：「手可斷，案不可署！」同列變色，卒不署。

良楨自左曹登政府，多所建白，罷福建、山東食鹽，浙東、西長生牛租，瀕海被災圍田稅，民皆德之。

至正十八年（戊戌、一三五八）

1春，正月，丙午，趙普勝、陳友諒等陷安慶，淮南行省右丞余闕死之。

賊之來攻也，初自東門登城，闕簡死士，擊卻之；已而併軍攻東、西二門，又擊卻之。賊恚甚，乃樹柵起飛樓臨城，闕分命諸將各以兵扞賊，晝夜不得息，賊益生兵來攻。是日，普勝軍東門，友諒軍西門，饒州祝寇軍南門，羣盜四面蟻集，外無一甲之援。西門勢尤急，闕身當之，徒步提戈，爲士卒先；士卒號哭止之，揮戈愈力，仍分麾下將督三門之兵，自以孤軍血戰，斬首無算，而闕亦被十餘創。日中，城陷，火起，闕知不可爲，引刀自剄，墮淸水塘中。妻耶卜氏，子德生，女福童，皆赴井死。

同時死者，守臣韓建，一家被害。建方臥疾，罵賊不屈，賊執之以去，不知所終。城中民相率登城樓，自捐其梯，曰：「寧俱死此，誓不從賊！」焚死者以千計。其知名者，萬戶李宗可、紀守仁、陳彬、金承宗，元帥府都事特穆布哈，（舊作帖木補化。）萬戶府經歷段桂芳，千戶和碩布哈、（舊作火失不花。）新李、盧廷玉、葛延齡、丘巹、許元炎（琰），奏差烏圖縵，（舊作兀都曼。）百戶黃寅孫，安慶推官黃圖倫岱，（舊作黃禿倫歹。）經歷楊恆，知事余中，懷寧尹陳巨濟，凡十八人。

闕號令嚴信，與下同甘苦，然稍有違令，卽斬以徇。嘗病不視事，將士皆籲天，求以身代，闕強衣冠而出。當出戰，矢石亂下如雨，士以盾蔽闕，闕卻之，曰：「汝輩亦有命，何蔽我爲！」故人爭用命。稍暇，卽注周易，帥諸生謁郡學會講，立軍士門外以聽，使知尊君親上之義，有古良將風烈。或欲輓之入翰林，闕以國步危蹙，辭不往，遂死於安慶。贈淮南、江北行省平章，追封豳國公，謚忠宣。【考異】余闕之謚，從元史本傳書之。錢辛楣曰：余公贈謚，諸書所載互異。程國儒序青陽集，云謚文忠，追封夏國公；張紳以爲初封夏國公，謚忠愍，改贈豳國公，謚忠宣；丁鶴年又稱爲余文貞公；宋景濂手定元史，而集中余左丞傳亦作文忠；未審孰得其眞。余按改謚之說近是。議者謂兵興以來，死節之臣，余闕與褚布哈（舊作褚不華。）爲第一。

2 庚戌，張士誠兵攻常州，吳守將湯和擊敗之，獲卒數百人。

3 吳行樞密院判鄧愈遣部將王弼等攻婺源州，兵至城西，與守將特穆爾布哈戰，自旦至日昃，殺傷五百餘人不下。乙卯，【考異】元史本紀作庚戌，今從後編。分兵爲三道並進，遂拔其城，特穆爾布哈死之，士卒皆降，凡三千餘人。復遣萬戶朱國寶攻高河壘，克之。

4 乙丑，大風起自西北，益都土門萬歲碑仆而碎。

5 丙寅，田豐陷東平路。

6 丁卯，知樞密院事布蘭奚與毛貴戰于好石橋，官軍敗績，走濟南。

7 是月，詔達實巴圖爾子博囉特穆爾爲河南行省平章政事，總領其父原管軍馬。

8 詔察罕特穆爾屯陝西，李思齊屯鳳翔。

9 二月，己巳朔，議團結西山寨大小十一處以爲保障，命中書右丞達實特穆爾、左丞烏古遜良楨等總行提調，設萬夫長、千夫長、百夫長，編立牌甲，分守要害，互相策應。

10 毛貴陷青、滄二州，遂據長蘆鎮。

11 中書省奏以陝西軍旅事劇，去京師道遠，供費艱難，請就陝西印造寶鈔爲便，從之；遂分戶部寶鈔府等官，置局印造，仍命諸路撥降鈔本，畀平準行用庫倒易昏幣，布于民間。

12 癸酉，毛貴陷濟南路，守將愛廸（舊作愛的。）戰死。毛貴立賓興院，選用故官，以姬京周等分守諸路。又于萊州立三百六十屯田，每屯相去三十里，造大車百兩，以挽運糧儲，官民田十止收三〔二〕分，冬則陸運，夏則水運。

13 董摶霄將赴長蘆，謂人曰：「我去，濟南必不可保。」至是濟南果陷。摶霄方駐兵南皮縣之魏家莊，適有詔拜摶霄河南行省右丞。甫拜命，毛貴兵已至，而營壘猶未完，諸將謂摶霄曰：「賊至，當如何？」摶霄曰：「我受命至此，當以死報國耳！」因拔劍督兵以戰，而賊衆突至摶霄前，猝問爲誰，摶霄曰：「我董老爺也。」衆刺殺之，無血，惟見有白氣衝天。是日，昂霄亦死之。事聞，贈搏霄河南行省平章政事，追封魏國公，謚忠定；昂霄禮部尚書，追封隴西郡侯，謚忠毅。

搏霄早以儒生起家，輒爲能吏。會天下大亂，復以武功自奮，其才略有大過人者；而當時用之不能盡其才，君子惜之。

14 乙亥，吳國公以吳楨爲天興翼副元帥，使與其兄良守江陰。時江陰兵不滿五千，而與張士誠接境。良兄弟訓練士卒，嚴爲警備，屯田以給軍餉，敵不敢犯，民甚賴之。

15 吳國公命元帥康茂才爲營田使，諭之曰：「比因兵亂，隄防頹圮，民廢耕耨，故設營田司以修築隄防，專掌水利。今軍務殷繁，用度爲急，理財之道，莫先于農。春作方興，慮旱潦不時，有妨農事，故命爾此職，分巡各處，俾高無患乾，卑不病潦，務在蓄洩得宜。大抵設官爲民，非以病民，若但使有司增飾館舍，迎送奔走，所至紛擾，無益于民而反害之，卽非委任之意。」

16 山東賊漸逼京畿。辛巳，詔以台哈布哈爲中書右丞相，總兵討之。

17 壬午，田豐復陷濟寧路；甲戌，陷輝州。丙戌，努都爾噶闢田豐近逼東昌，棄城走，城遂陷。

18丁亥，察罕特穆爾調兵復涇州、平涼，保鞏昌。

19庚寅，王士誠自益都犯懷慶路，守將周全擊敗之。

20丁酉，興元路陷。

21三月，己亥朔，日色如血。

22加右丞相綽斯戩（舊作搠思監。）太保。

23庚子，毛貴陷般陽路。

24辛丑，大同路夜黑氣蔽西方，有聲如雷；少頃，東北方有雲如火，交射中天，徧地俱見火，空中有兵戈之聲。

25癸卯，王士誠陷晉寧路，總管杜賽因布哈（舊作杜賽因不花。）死之。

26己酉，劉福通遣兵犯衞輝，河南行省平章博囉特穆爾擊走之，進克濮州。

27庚戌，毛貴陷薊州。徵四方兵入衞，詔察罕特穆爾以兵屯涿州。察罕特穆爾卽留兵戍清湫、義谷，屯潼關，塞南山口以備他盜，而自將精銳赴召。

28毛貴率衆由河間趨直沽，乙卯，遂犯漷州，至棗林，已而略柳林，蹂畿甸，樞密副使達國珍戰死，人心大駭。廷臣或勸乘輿北巡以避之，或勸遷都關陝，衆論紛然。獨左丞相泰費音（舊作太平。）執不可，帝乃命同知樞密院事劉哈喇布哈（舊作劉哈剌不花。）以兵拒之。戰于柳林，官軍捷，賊退走，京師乃安。

29 吳國公命提刑按察司僉事分巡郡縣錄囚，凡笞罪者釋之，杖者減半，重囚杖七十。其有贓者免徵，武將征討有過者皆宥之。左右或言：「去年釋罪囚，今年又從末減，用法太寬，則人不畏法，無以爲治。」吳國公曰：「自喪亂以來，民初離創殘，以歸于我，正當撫綏之；況其間有一時誤犯者，寧可盡法乎！大抵治獄以寬厚爲本，而刑新國則宜用輕典，若執而不變，非時措之道也。」

30 丙辰，吳國公遣兵取建德路。

先是鄧愈、朱文忠、胡大海，率兵由昱嶺關進攻建德，道出遂安，長槍元帥余子貞以兵來拒，愈等擊敗之，追至淳安，降其衆三千餘人。遂安守將洪某，率兵五千援淳安，大海與之戰，擒將士四百餘人。由是直抵建德，參政布哈、（舊作不花。）院判慶壽等皆遁，父老何良輔等以城降。改建德路爲嚴州府。

31 以周全爲湖廣行省參知政事，統鄂囉（舊作奧魯。）等軍，移鎮嵩州白龍寨。

32 丁巳，田豐陷益都路。

33 察罕特穆爾欲赴召涿州，而曹、濮賊方分道踰太行，焚上黨，掠晉冀，陷雲中、雁門、上郡，烽火數千里，復大掠而南。察罕特穆爾留禦之，先遣兵伏南山阻隘，而自勒重兵屯聞喜，絳州賊果出南山，縱伏兵橫擊之，賊皆棄緇重走山谷。遂分兵屯澤州，塞碗子城，屯上黨，塞吾兒谷，屯并州，塞井陘口，以杜太行。諸道賊屢至，守將數血戰，擊卻之，河東悉定。

進陝西行省右丞，兼行臺侍御史、同知河南行樞密院事。于是朝廷乃詔察罕特穆爾守禦關陝、晉冀，鎮撫漢沔、荊襄，便宜行事。察罕特穆爾益務練兵訓農，以平定四方爲己責。

34 夏，四月，己巳朔，趙普勝自樅陽寇池州，陷之，執吳守將趙忠。

35 庚午，江浙行省左丞楊鄂勒哲以舟師攻徽州，吳將胡大海等擊敗之。丁丑，鄂勒哲又攻建德，吳將朱文忠擊敗之，鄂勒哲遁去。

36 甲申（戌），陳友諒陷龍興路，省臣道通、（舊作道童。）和尼齊（舊作火你赤。）棄城遁。

37 壬午，田豐陷廣平路，大掠，退保東昌，詔元帥方托克托以兵復廣平。

38 癸未，以諸處捷音屢至，詔頒軍民事宜十一條。

39 甲午，陳友諒遣部將王奉國陷瑞州路。

40是月，帝如上都。

41察罕特穆爾、李思齊，會宣慰使張良弼，郎中郭擇善，宣慰同知拜特穆爾，(舊作伯帖木兒。)平章政事定珠，(舊作定住。)總帥汪長生努，(舊作汪長生奴。)各以所部兵討李喜喜于鞏昌，李喜喜敗入蜀。察罕特穆爾駐清湫，思齊駐斜坡，良弼駐秦州，擇善駐崇信，拜特穆爾駐通渭，定珠駐臨洮，各自除路府州縣官，徵納軍需。思齊、良弼同謀襲殺拜特穆爾，分總其兵；思齊尋又殺擇善。

42五月，戊戌朔，以方國珍爲江浙行省左丞兼海道運糧萬戶。

43察罕特穆爾遣其將以兵復冀寧。

44劉福通攻汴梁，壬寅，守將珠展(舊作竹貞，今改。)棄城遁。福通遂入城，立宮闕，自安豐迎其主小明王居之以爲都。

45陳友諒遣部將康泰、邵宗、鄧克明等以兵寇邵武路。

46庚戌，陳友諒陷吉安路。

47癸丑，監察御史密濟爾海、(舊作迷只兒海。)七十等，劾太保、中書右丞相台哈布哈，乙卯，削台哈布哈官，安置蓋州。

初，台哈布哈奉命討賊，既渡河，卽上疏謂：「賊勢張甚，軍行宜以糧餉爲先。昔漢韓信行軍，蕭何餽糧，方今措置，無如丞相泰費音者。如令泰費音至軍中供給，事乃可濟；不然，兵不能進矣。」其意實銜泰費音，欲其至軍中卽害之也。時參知政事布延特穆爾、（舊作卜顏帖木兒。）張晉等分省山東，二人者嘗劾壽圖（舊作壽童。）不進兵，台哈布哈至，則以其餽運不前斷遣之。又以知樞密院事鄂勒哲特穆爾（舊作完者帖木兒。）爲右丞之日，嘗劾其罪，亦加以失誤專制之罪，擅改其官，徵至軍，欲害之。事聞，廷議喧然。左丞相泰費音，以其欲害己也，遂諷御史劾其緩師拒命，而于帝前力排之。于是下削奪之詔，以知樞密院事烏蘭哈達（舊作悟良哈台。）代總其兵，仍命烏蘭哈達節制河北諸軍，河南行省平章政事周全節制河南諸軍。

48 辛酉，陳友諒兵陷撫州路。

49 是月，山東地震，天雨白毛。

50 六月，戊辰朔，台哈布哈伏誅。

台哈布哈聞有詔，夜，馳詣劉哈喇布哈求救解。劉哈喇布哈，故台哈布哈部將也，以破賊累有功，拜淮南行省平章政事。時駐兵保定，見台哈布哈至，因張樂大宴，舉酒慷慨言曰：「丞相國家柱石，有大勳勞如此，天子終不害丞相，是必爲讒言所間。我當往見上白之，丞相毋憂也。」卽走至京，見泰費音。泰費音問其來故，哈喇布哈具以告。泰費音曰：

「台哈布哈大逆不道，今詔已下，爾乃敢妄言耶？不審處，禍將及爾矣！」哈喇布哈聞泰費音言，噤不能發。泰費音度台哈布哈必在哈喇布哈所，卽語之曰：「爾能致台哈布哈以來，吾以爾見上，爾功不細矣。」哈喇布哈因許之，泰費音乃引入見帝，賜賚良渥。

初，哈喇布哈之事台哈布哈也，與倪晦者同在幕下，台哈布哈每委任晦，而哈喇布哈計多阻不行，哈喇布哈心常以爲怨。及是知事已不可解，還縛台哈布哈父子送京師，未至，皆殺之于路。

51 察罕特穆爾調浩爾齊、舊作虎林赤，今改。關保同守潞州。拜察罕特穆爾陝西行省平章政事，便宜行事。

52 癸酉，吳左副都指揮使朱文忠率兵攻浦江，下之。義門鄭氏，舉家避兵山谷間，文忠重其累世雍睦，訪得之，悉送還家，禁兵士無侵犯。

53 吳中翼左副元帥謝再興等率兵略石埭縣，與陳友諒兵遇，擊敗之，擒其將錢清等三人。

54 庚辰，關先生、破頭潘等陷遼州，浩爾齊以兵擊走之。

關先生等遂陷晉寧路，城中死者十二三。郡人喬彝，性高介有守，名稱重一時，至是整衣冠，聚妻子，家有大井，彝坐其上，令妻子、婢妾輩循次投井中，而已隨赴之。賊首王士誠，使人至彝家邀致之，至則彝死矣。賊平，贈彝臨汾縣尹，賜謚純潔。

有張峕起者，汾州人也，嘗用薦，徵爲國子助敎，居一歲免歸。賊去晉寧，復陷汾州，峕起與妻亦赴井死。晉寧人王佐爲賊所獲，欲降之，佐詬詈不輟，亦遇害。

55 乙酉，命左丞相泰費音督諸軍守禦京城，便宜行事。

56 甲午，張士誠兵寇常熟縣，吳守將廖永安與戰于福山港，大破之。

57 自江南行臺移治紹興，卽檄達嚕噶齊（舊作達魯花赤。）邁爾古斯（舊作邁里古思。）爲行臺鎭撫。邁爾古斯大募民兵爲守禦計，與舒（穆）嚕宜遜（舊作石抹宜孫，今改。）夾攻處州山賊，遂平之，擢江東廉訪司經歷，仍留紹興，以兵衞臺治。時浙東、西郡縣多殘破，獨邁爾古斯保障紹興，境內晏然，民愛之如父母。達實特穆爾承制授行樞密院判官，分院治紹興。

及方國珍遣兵侵據紹興屬縣，邁爾古斯曰：「國珍本海賊，今既降，爲大官，而復來害吾民，可乎！」欲率兵問罪，先遣部將黃中取上虞。朝議方倚重國珍，資其舟以運糧，而御史大夫拜珠格，（舊作拜住哥。）與國珍素通賄賂，情好甚厚，憤邁爾古斯擅舉兵，且恐生事，卽使人召至私第計事，至則命左右以鐵鎚撾殺之，斷其頭，擲廁溷中。民聞之，無不慟哭。邁爾古斯，寧夏人也。黃中率其衆復讎，盡殺拜珠格家人及臺府官員、掾吏，獨留拜珠格不殺，以告于張士誠，士誠乃遣其將呂珍以兵守紹興。

拜珠格尋遷行宣政院使，監察御史眞圖（舊作眞童。）劾拜珠格陰害帥臣，幾致激變，宜置諸嚴刑，詔削其官，安置湖州而已。【考異】輟耕錄以拜奇格爲自刎納印綬去，今從元史。

58 秋，七月，丁酉朔，河南行省平章政事周全，據懷慶路以叛，附于劉福通。時察罕特穆爾駐軍洛陽，遣拜特穆爾以兵守碗子城。周全來戰，拜特穆爾爲其所殺。全遂盡驅懷慶民渡河，入汴梁。

59 庚子，吳廖永安敗張士誠于狼山，獲其戰艦而還。

60 丁未，布蘭奚以兵復般陽路，已而復陷。

61 癸丑，賊兵犯京城，刑部郎中布哈守西門，夜，開門擊退之。

62 丙辰，吳總管胡通海等襲破九華山寨。時寨首鮑萬戶，有衆二千，據險自固，四面設礧石機弩，兵不能進。通海乃引兵潛由磴道攀援魚貫而上，因風縱火燔其寨，遂克之。

63 己未，劉福通遣周全引兵攻洛陽，守將登城，以大義責全，全愧謝，退兵，福通殺之。全之攻洛陽也，察罕特穆爾以奇兵出宜陽，而自將精騎發新安來援。會賊已退，因追至虎牢，塞諸險而還。

64 是月，京師大水，蝗，民大飢。

65 是月，江南行省右丞郭天爵謀害吳國公，事覺，吳國公殺之。天爵，天秩之弟也。

66八月，丁卯朔，江浙行省平章錫達布（舊作三旦八。）討饒州，貪財玩寇，久無功，遂妄稱遷職福建行省。至福建，爲廉訪僉事般若特穆爾（舊作般若帖木兒。）所劾，拘之興化路。

67庚辰，陳友諒兵陷建昌路。

68辛巳，義兵萬戶王信，以滕州叛，降于毛貴。

69己丑，張士誠兵寇江陰，吳守將吳良擊走之。

70江浙行省丞相達實特穆爾，陰約張士誠以兵攻楊鄂勒哲，鄂勒哲倉卒不及備，遂自殺，其衆皆潰。

鄂勒哲築營德勝堰，周圍三四里，子女玉帛皆在焉。用法深刻，任意立威，而鄧子文、金希伊、王彥良之徒，又悉邪佞輕佻，左右交煽。達實特穆爾惡之。士誠素欲圖鄂勒哲，遣其部將史文炳，往杭州謁鄂勒哲，相見甚歡。文炳大設宴，盛陳烏銀器皿、嵌金鐵鞍之類，盡以遺鄂勒哲，自是約爲兄弟。及士誠與達實特穆爾合謀，文炳率衆圍鄂勒哲營，鄂勒哲遣吏致牲酒爲可憐之意，曰：「願少須臾無死，得以底裏上露。」文炳報不可。鄂勒哲乘城拒戰，十日，力盡，自經死，其弟巴延（舊作伯顏。）亦自殺，文炳解衣裹鄂勒哲屍，瘞祭之。其後追封鄂勒哲潭國公，諡忠愍，巴延衡國公，諡忠烈。

鄂勒哲部將貝成等欲爲報仇，遣苗軍元帥台哈布哈奉書納款于建康，且言其部將李福等三萬餘人在桐廬，皆願效順，吳國公命朱文忠往撫之。

71 庚寅，以婁都爾蘇爲御史大夫。詔作新風紀。

72 九月，丁酉朔，詔授錫班特穆爾（舊作昔班帖木兒。）同知河東宣慰司事，其妻雲中郡夫人，子觀音努（舊作觀音奴。）贈同知大同路事，仍旌表其門。

先是錫班特穆爾爲趙王位下總管府事，其妻嘗保育趙王，及是部落明里（舊作滅里。）叛，欲殺王，錫班特穆爾與妻謀，以其子觀音努服王平日衣冠居王宮，夜半，夫妻衞趙王微服遁去。賊至，遂殺觀音努，趙王得免。事聞，故旌其忠焉。

73 褒封唐贈諫議大夫劉蕡爲昌平文節侯。

74 關先生攻保定路，不克，遂陷完州，掠大同、興和塞外諸郡。

75 中書左丞張沖，請立團練安撫勸農使司二道，一奉元、延安等處，一鞏昌等處，從之。

76 壬寅，詔中書參知政事布延布哈、（舊作普顏不花。）治書侍御史李國鳳經略江南。

77 癸卯，詔以福建行省平章政事慶圖（舊作慶童。）爲江南行臺御史大夫。

時行臺治紹興，所轄諸道，多爲吳所有，而明、台則制于方國珍，杭、蘇則制于張士誠，憲臺綱紀，不復可振，徒存空名而已。

78 丙午，賊兵攻大同路。壬戌，平定州陷。

79 乙丑，陳友諒陷贛州路，江西行省參政全普諳薩里（舊作全普庵薩里。）及總管哈納齊（舊作哈海赤。）死之。

時江西下流諸郡，皆爲友諒所據，普諳薩里乃與哈納齊戮力同守。友諒遣其將圍城，因使人脅之降，普諳薩里斬其使，日擐甲登城拒之。力戰凡四月，兵少食盡，遂自剄。哈納齊守贛尤有功，城陷之日，賊將脅之使降，哈納齊謂之曰：「與汝戰者我也，爾毋殺吾民，當速殺我。」遂遇害。

80 冬，十月，辛未，【考異】元史本紀作壬申，今從後編。吳將胡大海取蘭溪州。

先是大海至婺之鄉頭，擒萬戶趙布延布哈（舊作趙普顏不花。）等，平其五壘。是日，進攻蘭溪，官軍千人出戰，敗之，克其城，廉訪使趙秉仁等被執。立寧越翼元帥府，分兵守其要害，遂進攻婺州路。

81 甲戌，吳將徐達、邵榮克宜興。

先是達等攻宜興，久不下，吳國公遣使謂達等曰：「宜興城小而堅，猝未易拔。聞其城西通太湖口，張士誠餉道所由出，若以兵斷其餉道，彼軍食內乏，城必破矣。」達等乃分兵絕太湖口，而并力急攻，遂拔其城。

同知樞密院事廖永安，復率舟師擊士誠于太湖，乘勝深入，遇呂珍，戰敗，遂爲所獲，士誠欲降之，不屈。

82 壬午，監察御史楊珠布哈，（舊作燕只不花。）劾中書右丞相綽斯戩任用私人都埒舊作朶列，今改。及妾弟崔鄂勒哲特穆爾，舊作崔完者帖木兒，今改。印造僞鈔，事將敗，令都埒自殺以滅口。綽斯戩乃請解機務，詔止收其印綬。乙酉，監察御史達爾瑪實哩、（舊作答兒麻失里。）王彝等復劾之，請正其罪，帝終不聽。

83 壬辰，大同路陷，達嚕噶齊鄂勒哲特穆爾棄城遁。

84 是月，博囉特穆爾統領諸軍復曹州。

85 十一月，辛丑，吳立管領民兵萬戶府。吳國公曰：「古者寓兵于農，有事則戰，無事則耕，暇則講武。今兵爭之際，當因時制宜，所定郡縣，民間武勇之材，宜精加簡拔，編緝爲伍，立民兵萬戶府領之，俾農時則耕，閒則練習，有事則用之。事平，有功者一體陞擢，無功者還爲民。如此，則民無坐食之弊，國無不練之兵，以戰則勝，以守則固，庶幾寓兵于農之意也。」

86 癸卯，陳友諒陷汀州路。

87 丁卯，田豐陷順德路。

先是樞密院判官劉起祖守順德，糧絕，劫民財，掠牛馬，民強壯者令充軍，弱者殺而食之。至是城陷，起祖遂盡驅其民走入廣平。

88 甲子，吳國公以胡大海兵攻婺州，不克，乃自將親軍副都指揮使楊璟等師十萬往攻之。

89 十二月，乙丑朔，日有食之。

90 癸酉，關先生、破頭潘、沙劉二等由大同直犯上都，焚燬宮闕；留七月，乃轉略遼陽。

91 甲申，吳取婺州路，達嚕噶齊僧珠、（舊作僧住。）浙東廉訪使楊惠死之。

先是吳國公出師至徽州，召儒士唐仲實，問：「漢高帝、光武、唐太宗、宋太祖、元世祖平一天下，其道何由？」對曰：「此數君者，皆以不嗜殺人，故能定天下于一。公英明神武，驅除禍亂，未嘗妄殺；然以今日觀之，民雖得所歸，而未遂生息。」吳國公曰：「此言是也。我積少而費多，取給于民，甚非得已。然皆為軍需所用，未嘗以一毫奉己。民之勞苦，恆思所以休息之，曷嘗忘也！」

又聞前學士朱升名，召問之。對曰：「高築牆，廣積糧，緩稱王。」吳國公悅，命參帷幄。師進至德興，聞張士誠兵據紹興、諸暨，乃取道蘭溪以至婺州，遣使入城招諭，不下，遂圍之。

初，江浙行省丞相達實特穆爾，承制授浙東宣慰副使舒穆嚕宜遜以行樞密院判官，分治處州，又以前江浙儒學副提舉劉基爲其院經歷，蕭山縣尹蘇友龍爲照磨，而宜遜又自辟郡人胡深、葉琛、章溢參謀其軍事。處爲郡，山谷聯絡，盜賊憑險竊發，不易平治，宜遜用基等謀，或擣以兵，或誘以計，皆殲殄無遺類。尋陞同僉行樞密院事。

至是聞吳兵抵蘭溪，且逼婺，而宜遜弟厚遜（舊作厚孫。）方守婺，其母亦在城中。宜遜泣曰：「義莫重于君親，食祿而不事其事，是無君也；母在難而不赴，是無親也；無君無親，尙可立天地哉！」卽遣胡深等將民兵數萬赴援，而親率精銳爲之殿，深等至松溪，觀望不能進。吳國公謂諸將曰：「婺倚舒穆嚕宜遜，故未肯卽下。聞彼以獅子戰車載兵來援，此豈知變者！松溪山多路險，車不可行，今以精兵遏之，其勢必破，援兵旣破，則城中絕望，可不勞而下矣。」翌日，僉院胡大海養子德濟，誘其兵于梅花門外，縱擊，大敗之，深等遁去。城中勢益孤，臺憲、將臣畫界分守，意復不相能，于是同僉樞密院甯安慶與都事李相開門納敵，楊惠、僧珠皆戰死，南臺御史特穆爾賚斯、（舊作帖木兒烈思。）院判舒穆嚕厚遜等皆被執。吳國公入城，下令禁戢軍士剽掠，民皆安堵。改婺州路爲寧越府，置中書分省，召儒士許元、葉瓚、胡翰、汪仲山等十餘人皆會食省中，日令二人進講，敷陳治道。以王宗顯知寧越府。宗顯，和州人，少攻儒業，博涉經史。于是命宗顯開郡學，延宿儒葉儀、宋濂爲五經師，戴良爲學正，吳沈、徐厚爲訓導。時喪亂之餘，學校久廢，至是始聞絃誦聲，無不欣悅。

92是月，太白經天者再。

93吳國公發倉賑寧越貧民。有女子曾氏，自言能通天文，誑説災異惑衆，吳國公以爲亂民，命戮于市。

94是歲，河南賊蔓延河北，前江西廉訪僉事巴延，（舊作伯顏。）家居濮陽，言于省臣，將結其鄉民爲什伍以自保，而賊已大至。巴延乃渡漳北行，鄉人從之者數十萬家。至磁州，與賊遇，賊知巴延名士，生劫之以見其帥，帥誘以富貴，巴延罵不屈，引頸受刃，與妻子俱死之。

有司上其事，贈僉太常禮儀院事。太常上謚議曰：「以城守論之，巴延無城守之責而死，與江州守李黼同；以風紀論之，巴延無在官之責而死，與西臺御史張桓同。以平生有用之學，成臨義不奪之節，乃古之所謂君子人者，請謚曰文節。」從之。

95江西諸郡皆陷，撫州路總管吳當，乃戴黃冠，著道士服，杜門不出，日以著書爲事。陳友諒遣人辟之，當臥牀不食，以死自誓，乃舁牀載之舟送江州。拘留一年，終不爲屈，遂隱居吉水縣之谷坪，踰年，以疾卒。

96京師大饑疫，而河南·北、山東郡縣皆被兵，各挈老幼男女避居京師，以故死者相枕籍。資正院使保布哈舊作朴不花，今改。請于帝，市地收瘞之，帝及皇后、皇太子、省、院諸臣施捨無算，而保布哈亦自出財賄珍寶以佐其費。擇地自南北兩城抵盧溝橋，掘深及泉，男女異壙，人以一屍至者，隨給以鈔，舁負相踵。至二十年四月，前後瘞者二萬，用鈔二萬七千九十餘錠。凡居民病者予之藥，不能喪者給之棺。翰林學士承旨張翥，爲文頌其事曰「善惠之碑」。

保布哈，高麗人，亦曰王布哈，皇后奇氏微時，與布哈同鄉里，相爲依倚，及布哈以閹人入事后，累遷爲資正院使，后益愛幸之，至是欲要譽干權，故有斯舉。

97 帝嘗爲近幸臣建宅，親畫屋樣，又自削木構宮，高尺餘，棟梁楹檻，宛轉皆具，付匠者按此式爲之，京師遂稱「魯般天子」。內侍利其金珠之飾，告帝曰：「此屋比某家殊陋劣。」帝輒命易之，內侍因刮金珠而去。

奇后見帝造作不已，嘗挽上衣諫曰：「陛下年已大，子年已長，宜稍息造作。且諸夫人事上足矣，無惑于天魔舞女輩，自愛惜聖躬也。」帝艴然怒曰：「古今只我一人耶？」由此兩月不至后宮。

后亦多畜高麗美人，大臣有權者，輒以此遺之，京師達官貴人，必得高麗女然後爲名家。自至正以來，宮中給事使令，大半高麗女，以故四方衣服、鞾帽、器物，皆仿高麗，舉世若狂。

續資治通鑑卷第二百十五

賜進士及第兵部尚書兼都察院右都御史總督湖北湖南等處地方軍務兼理糧餉世襲二等輕車都尉畢沅編集

元紀三十三 起屠維大淵獻(己亥)正月,盡上章困敦(庚子)六月,凡一年有奇。

順帝

至正十九年(己亥、一三五九)

1春,正月,陳友諒遣其黨王奉國,率兵號二十萬,寇信州路,江東廉訪副使巴延布哈德濟舊作伯顏不花的斤,今改。自衢引兵援信,遇奉國于城東,力戰,破走之,鎮南王子大聖努、舊作大聖奴,今改。樞密院判官席閏等迎巴延布哈德濟入城共守。後數日,賊復來攻,巴延布哈德濟大享士卒,出城奮擊,又大敗之。【考異】元史本紀:春正月甲午朔,陳友諒兵陷信州路,守臣江東廉訪副使巴延布哈德濟力戰,死之,蓋連書其事耳。忠義傳云:巴延布哈德濟于正月自衢援信,大破賊,至六月而城始陷,乃自刎。今從傳。

2乙巳,吳國公以寧越既定,欲遂取浙東未下諸郡,集諸將諭之曰:「克城雖以武,而定民必以仁。吾師比入建康，秋毫無犯，故一舉而遂定。今新克婺州，正當撫卹，使民樂于歸附，則彼未下郡縣，亦必聞風而歸。吾每聞爾等下一城，得一郡，不妄殺人，輒喜不自勝。蓋爲將者能以不殺爲心，非惟國家所利，即身及子孫亦蒙其福。爾等從吾言，則衆心豫附，大功可成矣。」

3丙午，遼陽行省陷，懿州路總管呂震死之，贈河南行省左丞，追封東平郡公。

4戊申，吳將邵榮破張士誠兵于餘杭。

5上都之初陷也，廣寧路總管郭嘉聞之，躬率義兵出禦。既而遼陽陷，嘉將衆巡邏，去城十五里，遇青號隊伍百餘人，紿言官軍，嘉疑其詐，俄果脫青衣變紅。嘉出馬射賊，分兵兩隊夾攻之，殺獲甚多。嘉見賊勢日熾，孤城無援，乃竭家所有衣服、財物，犒義士以勵其勇敢，且曰：「自我祖父有勳王室，今之盡忠，吾分內事也。況身守此土，當死生以之，餘不足卹矣。」

頃之，賊至，圍城，亙數十里，有大呼者曰：「遼陽我得矣，何不出降！」嘉挽弓射其呼者，中左頰，墮馬死。賊稍引退，嘉遂開西門逐之，賊大至，力戰以死。事聞，贈河南江北行省左丞，追封太原郡公，諡忠烈。

嘉之守廣寧也，招集義兵數千，教以坐作進退，號令齊一，賞罰明信，故東方諸郡，糧富兵精，稱嘉爲最。

6 察罕特穆爾舊作察罕帖木耳，今改。命樞密院判官陳秉直、班布爾實舊作八不沙，今改。將兵二萬守冀寧。

7 乙卯，方國珍遣使奉書獻金帶于吳。先是吳國公遣典籤劉辰招諭國珍，國珍與其下謀曰：「方今元運將終，豪傑並起，惟江左號令嚴明，所向無敵。今又東下婺州，恐不能與抗。況與我爲敵者，西有張士誠，南有陳友定，莫若姑示順從，藉爲聲援，以觀其變。」遂遣使奉書隨辰來獻金綺，于是復遣使報之。然國珍雖納款，其實陰持兩端也。

8 戊午，吳雄鋒翼元帥王遇成、孫茂先率兵攻臨安縣，張士誠遣其右丞李伯昇來援，茂先擊敗之。伯昇斂兵退守，茂先攻之不下，引兵還。僉院胡大海攻諸暨，守將戰敗宵遁，萬戶沈勝以衆降，遂改諸暨州爲諸全州。嵊縣萬戶郝原，請降于吳。

9 二月，甲子朔，張士誠復攻江陰，戰艦蔽江而下。吳守將吳良禦之，戒諸將勿輕動。頃之，士誠兵陣于江濱，良命弟禎率一軍出北門與戰，鋒纔交，復遣元帥王子明率壯士出南門合擊之。士誠不能支，遂敗，溺死甚衆。

10 癸酉，吳將邵榮攻湖州，屢敗張士誠兵。其將李伯昇斂兵退守，攻之，弗克，乃還屯臨安。

11 辛巳，樞密副使多爾濟舊作朶兒只，今改。以賊犯順寧，命張立將精銳由紫荆關出討，鴉鶻由北口出迎敵。

12 甲申，叛將梁炳攻辰州，守將和尙擊敗之。以和尙爲湖廣行省參知政事。

13 賊由飛狐、靈丘犯蔚州。

14 庚寅，御史臺言：「先是召募義兵，用鈔銀一百四十萬錠，多近侍、權倖冒名關支，率爲虛數。請命軍士，凡已領官錢者，立限出征。」詔從之，已而不果行。

15 是月，詔博囉特穆爾舊作孛羅帖木兒，今改。移兵鎭大同，以爲京師捍蔽。

16 置大都督兵農司，仍置分司十道，專督屯種，以博囉特穆爾領之。所在侵奪民田，不勝其擾。

17 台哈布哈舊作太不花，今改。之潰兵數萬掠山西，察罕特穆爾遣陳秉直分兵駐榆次招撫之，其首領悉送河南屯種。

18 三月，癸巳朔，陳友諒遣兵由信州略衢州，復遣兵陷襄陽路。

19 甲午，吳下令宥獄囚。

20 辛丑，京城北兵馬司指揮周哈喇岱舊作哈剌歹，今改。與林智和等謀叛，事覺，伏誅。

21丁巳，張士誠兵攻建德，吳將朱文忠禦之于東門，使別將潛出小北門，間道過鮑婆嶺，由碧鷄塢繞出其陣後夾擊，大破之。

22方國珍遣郎中張本仁以溫、台、慶元三路獻于吳，且以其次子關爲質。吳國公曰：「古者慮人不從，則爲盟誓，盟誓不信，變而爲質子。此衰世之事，豈可蹈之！凡人之盟誓、交質者，皆由未能相信故也。今既誠心來歸，便當推誠相與，如青天白日，何自懷疑而以質子爲哉！」乃厚賜關而遣之。關後改名明完。

23陳友諒遣部將趙普勝寇寧國太平縣，江南總制胡惟賢，命萬戶陳允同、義士江炳叔率鄉兵五千擊敗之。普勝復寇陵陽、石埭等縣，僉院張德勝與戰于栅江口，復破走之。

24壬戌，詔定科舉流寓人名額，蒙古、色目、南人各十五名，漢人二十名。

25夏，四月，癸亥朔，汾水暴漲。

26賊陷金、復等州，司徒、知樞密院事佛嘉努舊作佛家奴，今改。調兵平之。

27甲子，毛貴爲趙君用所殺。

28帝以天下多故，詔卻天壽節朝賀。皇太子及羣臣屢請舉行如故，帝不聽，曰：「俟天下安寧，行之未晚。卿等無復言。」

29癸酉，吳兵復池州。

初，趙普勝既陷池州，令別將守之，而自據樅陽水寨，數往來寇掠境上。元帥徐達患其侵軼，遣院判俞通海等擊敗之，俘其將趙牛兒等，普勝棄舟走陸。又擒其部將洪鈞等，并獲艨艟數百艘，遂復池州。

30 吳僉院胡大海率元帥王玉等攻紹興，軍至蔣家渡，遇張士誠兵，擊敗之，獲戰艦五十餘。又連戰于三山、斗門、白塔寺，皆捷，擒士誠卒五十餘人，恐其叛，悉斬于雙溪之上。

31 張士誠復攻建德，駐兵大浪灘，吳將朱文忠遣兵由烏龍嶺循胥口而上，擊破之。

32 庚辰，吳叛將陳保二寇宜興，守臣楊國拒戰，擒保二，檻送寧越，伏誅。

33 張士誠復遣兵爭建德，據分水嶺，朱文忠遣元帥何世明擊破其營。

34 丁亥，張士誠兵擊常州。守將湯和擊敗之。

35 己丑，賊陷寧夏路，遂略靈武等處。

36 張士誠將李伯昇攻婺源，吳將孫茂先擊敗之。

37 五月，壬辰朔，以陝西行臺御史大夫鄂勒哲特穆爾舊作完者帖木兒，今改。爲陝西行臺左丞相，便宜行事。

38 丁酉，皇太子奏請巡北邊以撫綏軍民，御史臺臣上疏固留，詔從之。

29 先是中書左丞成遵言：「宋自景祐以來百五十年，雖無兵禍，常設寓試名額以待四方游士。今淮南、河南、山東、四川、遼陽及江南各省所屬州縣避兵士民，會集京師，如依前代故事，別設流寓鄉試之科，令避兵士民就試，添差試官別爲考校，依各處元額，選合格者充之，則無遺賢之患矣。」禮部議寓試解額依元額減半。既而福建鄉試取江西流寓者十五人；察罕特穆爾又請河南舉人及避兵儒士，不拘籍貫，依河南元額就陝州應試，從之。

40 辛亥，吳國公將還建康，召胡大海于紹興，既至，諭之曰：「寧越爲浙東重地，必得其人守之。吾以爾爲才，故特命爾守，其衢、處、紹興進取之宜，悉以付爾。宋巴延布哈舊作伯顏不花，今改。在衢州，其人多智術；舒穆嚕伊遜舊作石抹宜孫，今改。守處州，善用士；紹興爲張士誠將呂珍所據；數郡與寧越密邇，爾宜與常遇春同心協力，伺間取之。此三人皆勍敵，不可忽也。」仍命左右司員外侯原善、都事王愷、管句欒鳳綜理錢糧軍務事。

未幾，有三人稱趙宋子孫，請再命大海攻紹興，願爲內應，吳國公知其詐，命法司拷問，乃張士誠使爲間，并其家屬誅之。

41 山東、河東、河南及關中等處飛蝗蔽天，人馬不能行，所落溝塹盡平，民大飢。

42 察罕特穆爾圖復汴梁，是月，以大軍次虎牢。先發游騎，南道出汴南，略歸、亳、陳、蔡；北道出汴東，戰船浮于河，水陸並下，略曹南，據黃陵渡。乃大發秦兵出函關，過虎牢；晉兵出太行，踰黃河，俱會汴城下，首奪其外城。察罕特穆爾自將鐵騎屯杏花營，諸將環城而壘。

劉福通屢出戰，戰輒敗，遂嬰城以守。察罕特穆爾乃夜伏兵城南，旦日，遣苗軍跳梁者略城而東，福通傾城出追，伏兵鼓譟起，邀擊，敗之。又令弱卒立栅外城以餌敵，敵出爭之，弱卒佯走；薄城西，因縱鐵騎突擊，悉擒其衆。福通自是不敢出。

43先是陳友諒弟友德營于信州城東，繞城植木栅，急攻之。巴延布哈德濟日夜與賊鏖戰，糧竭矢盡而氣不少衰。有大呼于城下者曰：「有詔！」參謀該里丹舊作海魯丁，今改。臨城問何來，曰：「江西來。」該里丹曰：「如此，乃賊耳。吾大元臣子，豈受爾僞詔！汝不聞張睢陽事乎？」僞使者不答而去。時軍民唯食草苗、茶紙，旣盡，括韡底煑食之，又盡，羅掘鼠雀及殺老弱以食，然猶出兵大破賊。

六月，王奉國來攻城，晝夜不息者踰旬。巴延布哈德濟登城麾兵拒之。已而士卒力疲不能支，萬戶顧馬兒以城叛，城遂陷。席閏出降，大聖努、該里丹皆死之。巴延布哈德濟力戰不勝，遂自刎。部將蔡誠，盡殺妻子，與蔣廣奮力巷戰，誠遇害。廣爲奉國所執，愛廣勇敢，使之降，廣曰：「我寧爲忠死，不爲降生。汝等草中一盜爾，吾豈屈汝乎！」奉國怒，磔廣于竿，廣大駡而絕。時義兵陳受戰敗，爲賊所擒，亦痛駡不屈，賊焚之。

先是巴延布哈德濟之援信州也，嘗南望泣下曰：「我爲天子司憲，視彼城之危急，忍坐覗乎！吾所念者，太夫人耳。」卽入拜其母鮮于氏曰：「兒今不得事母矣！」母曰：「爾爲忠臣，吾卽死，何憾！」巴延布哈德濟因命子額森布哈（舊作也先不花。）奉其母間道入福建，以江東廉訪司印送行御史臺，遂力守孤城而死。謚曰桓毅。

44 甲子，張士誠將呂珍圍諸全州，胡大海自寧越率兵救之。珍堰水以灌城，大海奪堰，反以灌珍。珍勢蹙，乃于馬上折箭求解兵，大海許之。王愷謂大海曰：「彼猾賊難信，不如因而擊之，可大勝也。」大海曰：「吾已許人而背之，不信，縱其去而擊之，不武。」遂引兵還。

45 是月，吳僉院俞通海攻趙普勝，不克而還。諸將患之，吳國公曰：「普勝勇而無謀，陳友諒挾主以令衆。上下之間，心懷疑貳，用計以離之，一夫之力耳。」時普勝有門客，頗通術數，常爲普勝畫策，普勝倚爲謀主。乃使人陽與客交而陰間之，又致書與客，故誤達普勝，普勝果疑客，客懼，不能安，遂來歸。于是厚待客，客喜過望，傾吐其實，盡得普勝生平所爲，乃重以金幣賫客，潛往說友諒所親以間普勝。普勝不知，見友諒使者，輒自言其功，悻悻有德色，友諒由是忌之。

46 秋，七月，壬辰朔，以遼陽賊勢張甚，起前中書右丞相綽斯戩舊作搠思監，今改。爲遼陽行省左丞相，便宜行事。

47 乙巳，吳同僉樞密院常遇春攻衢州，建奉天旗，樹柵，圍其六門，造呂公車、仙人橋、長木梯、懶龍爪，擁至城下，高與城齊，欲階之以登，又于大西門、大南門城下穴地道攻之。守臣廉訪使宋巴延布哈等悉力備禦，以束葦灌油燒呂公車，架千斤稱鉤懶龍爪，用長斧以砍木梯，築夾城以防穴道。遇春攻之弗克，乃以奇兵出其不意，突入南門甕城，毀其所架礮，督將士攻圍益急。

48戊申，命國王囊嘉特、舊作曩加歹，今改。中書平章政事佛嘉努、舊作佛家奴，今改。額森布哈、舊作也先不花，今改。知樞密院事赫嚕舊作黑驢，今改。等統領特默齊舊作探馬赤，今改。軍進征遼陽。

49趙君用既殺毛貴，貴黨續繼祖自遼陽入益都，丙辰，殺趙君用，遂與其所部自相讐敵，彭早住不知其所終。

50是月，以張士信爲江浙行省平章政事。

51八月，辛酉朔，倪文俊餘黨陷歸州。

52庚午，吳將朱文遜、秦友諒攻無爲州，取之。

53察罕特穆爾諜知汴梁城中食且盡，乃與諸將閻思孝、李克彝、虎林赤（前改作浩爾齊。）等議分門而攻。戊寅夜，將士鼓勇登城，斬關而入，遂拔之。劉福通奉其主小明王從數百騎出東門遁走，仍據安豐。獲僞后及賊妻子數萬，僞官五千，符璽、印章、寶貨無算。全居民二十萬，軍無所私，市不易肆，不旬日，河南悉定。獻捷京師，以功拜河南行省平章政事兼知河南行樞密院事、陝西行臺御史中丞，仍便宜行事。詔告天下。

察罕特穆爾既定河南，乃以兵分鎮關陝、荆襄、河洛、江淮，而重兵屯太行，營壘旌旗，相望數千里。乃日修車船，繕兵甲，務農積穀，訓練士卒，謀大舉以復山東。

54 己卯，蝗自河北飛渡汴梁，食田禾盡。

55 九月，癸巳，以中書平章政事特哩特穆爾舊作帖里帖木兒，今改。爲陝西行省左丞相，便宜行事。

56 吳奉國上將軍徐達，僉院張德勝，率兵自無爲州登陸，夜至浮山寨，敗趙普勝別將于青山。追至潛山，陳友諒遣參政郭泰渡沙河逆戰，德勝復大破之，斬郭泰，遂克潛山，命將守之。

57 乙未，陳友諒殺其將趙普勝。

初，友諒既忌普勝，又有言普勝欲歸吳者。及是憤潛山之敗，友諒益欲殺普勝，乃詐以會軍爲期，自至安慶圖之。普勝不虞友諒之圖己，聞其至，且燒羊出迎，于鴈汊登舟見友諒，友諒遂執而殺之，併其軍。

58 乙巳，以湖南·北、浙東·西四道廉訪司之地皆陷，詔任其所便之地置司。

59丙午夜，白虹貫天。

60丁未，吳取衢州路。時常遇春圍城兩月餘，攻擊無虛日。樞密院判張斌度不能守，密遣其下約降，是夕，斌潛出小西門，迎吳軍入城。宋巴延布哈不知其降，猶督兵拒戰。俄而城中火起，遇春等入城，衆遂潰。總管馮浩赴水死，宋巴延布哈及院判都尼舊作朵粘，今改。等被執。改衢州路爲龍游府，進遇春僉樞密院。

61甲寅，吳遣博士夏煜授方國珍福建行省平章，（其弟國瑛）參政，國珉僉樞密分院事，各給符印，仍以所部兵馬城守，候命征討。煜至慶元，國珍欲不受，業已降；欲受之，又恐見制；乃詐稱疾，但受平章印，告老，不任職，遇使者亦頗倨。惟國珉開院署事。

62自中原喪亂，江南漕久不通，至是河南始平，乃遣兵部尚書巴延特穆爾、舊作伯顏帖木兒，今改。戶部尚書曹履亨，以御酒、龍衣賜張士誠，徵海運糧。巴延等至杭州，傳詔令方國珍具舟以運，而達實特穆爾舊作達識帖睦邇，今改。總督其事。既而士誠慮國珍載粟不入京，國珍又恐士誠掣其舟，乘虛襲己，互相猜疑。巴延往來開諭，二人乃奉詔。

63冬，十月，庚申朔，詔京師十一門皆築甕城，造弔橋。

64以方國珍爲江浙行省平章政事。

65壬申，吳元帥俞廷玉率兵攻安慶，不克，卒于軍。廷玉，僉院通海之父也。

66張士誠兵攻江陰，吳守將吳良遣萬戶聶貴、蔡顯率衆間道出無錫三山絕其後，士誠兵遁去。

67張士信大發浙西諸郡民築杭州城，分爲三番，以一月更代，皆裹糧遠役，而督事長吏復藉之酷斂，鞭扑箠楚，死者相望。自七月興工，至是月始畢，僚屬爲立碑以紀功。

初，嘉興通判繆思恭，當張士信來攻，楊鄂勒哲（舊作楊完者。）命典火攻，官軍大捷。及是城杭州，士信檄思恭統所屬工徒就役，欲乘此僇辱之，俾治西北面數十百丈。思恭每作則先人，止則後衆，勞來督罰，殊得衆心，視他所築倍堅好，士信亦無柰何。一日，巡工至其所，日已暮，而工猶未輟，士信曰：「日入而息，何獨勞民如此？」思恭曰：「平章禮絕百司，猶日夕敬共王事，況小民，敢偷餘晷！」士信曰：「此人口利如錐，何怪杉青牐畔，烈烈偪人！」思恭曰：「今幸太尉革面，國家借此得成獎順之典。若念杉青之役，猶恨不力，縱逸平章耳！」士信曰：「別駕好將息，言及杉青，猶使人肉跳不止。」

68十一月，壬寅，吳兵取處州路。

初，經略使李國鳳至浙東，承制拜舒穆嚕伊遜爲江浙行省參知政事，以守處州。吳國公既定寧越，卽命耿再成駐兵縉雲之黃龍山，謀取處州。至是僉院胡大海帥師入境，伊遜追〔遣〕元帥葉琛屯桃花嶺，參謀林彬祖屯葛渡，鎮撫陳仲賢、照磨陳安屯樊嶺，元帥胡深守龍泉，以拒敵。久之，右司郎中劉基棄官而歸，伊遜無可與謀者，將士怠弛，皆無鬭志。大海乃出軍抵樊嶺，與再成合攻之，連拔桃花嶺、葛渡二砦，進薄城下。伊遜戰敗，棄城走，將士皆潰散。遂克處州。

胡大海部將繆美，分兵略定諸縣，得葉琛，使諭胡深曰：「吾王，天授也，士之欲立功名者，不以此時自附，將誰與僇力！且去年爾之衆戰而大敗，今年我之師不戰而勝，則天意亦可見矣。與其險阻偷生旦夕，何如改圖，可以保富貴也！」深然之，乃出降。龍泉、慶元皆平。

69 戊申，陳友諒兵陷杉關。

70 十二月，甲子，張士誠以分水之敗，復遣其將據新城三溪結寨，數出寇掠，吳元帥何世明擊破之，斬其將，分水兵潰去。自是士誠不敢窺嚴、婺。

71 戊辰，吳國公命僉院常遇春帥師攻杭州。杭民尙奢侈，無蓄積，城門旣閉，米旋盡，糟糠與米價等。旣而糟糠亦盡，以油車糠餅擣屑啖之，餓死者十六七。

72 知樞密院事烏蘭哈達舊作兀良哈台，（一作唔良哈台。）今改。領台哈布哈軍，其所部方托克托舊作方脫脫，今改。與弟方巴特穆爾舊作方伯帖木兒，今改。時保遼州，烏蘭哈達屯孟州。是月，與察罕特穆爾部將班布爾實等交兵，已而烏蘭哈達獨引達勒達（舊作達達。）軍還京師，方托克托等乃從察罕（博囉）特穆爾。

73 先是陳友諒破龍興，其僞主徐壽輝欲徙居之。友諒恐其來不利于己，遣人尼其行，壽輝不得已而止。至是壽輝復欲往，友諒仍遣人止之，壽輝不聽，引兵發漢陽。行次江州，友諒陽遣使出迎，而陰伏兵于城西門外，壽輝既入，門閉，伏發，盡殺其部屬。以江州爲都，奉壽輝居之，友諒自稱漢王，立王府于城西隅，置官屬。自此事權一歸于友諒，壽輝但擁虛位而已。

74 上都宮闕既廢，是歲以後，帝不復時巡。

75 帝在位久，而皇太子春秋日盛，軍國之事，皆其所臨決。皇后奇氏乃謀內禪，遣資政院使保布哈舊作朴不花，今改。諭意于丞相泰費音，（舊作太平。）泰費音不答，皇后又召泰費音至宮中，舉酒申前意，泰費音終依違而已。太子欲去之，知樞密院事努都爾噶舊作鈕的該，今改。聞而歎曰：「善人，國之紀也。苟去之，國將何賴乎！」數于帝前左右之，故太子之志不得逞。

會努都爾噶卒，太子遂決意去泰費音，以中書左丞成遵及參知政事趙中，皆泰費音所用，兩人去則泰費音之黨孤。于是監察御史邁珠、舊作買住，今改。僧格實哩舊作桑哥失里，今改。

承望風旨，嗾寶抵〔坻〕縣尹鄧守禮、弟子初等誣告遵、中與參議蕭庸等六人皆受贓，太子命御史臺、大宗正府等官雜問之，鍛鍊使成獄，遵等皆杖死，中外冤之。泰費音知勢不可留，數以疾辭位。後數年，御史臺臣辯明遵等誣枉，詔給還所授宣敕。

76 初，江南行臺御史大夫納琳舊作納麟，今改。赴召，由海道入朝，抵黑水洋，阻風而還。至是復由海道趨直沽，山東俞寶率戰艦斷糧道，納琳命其子安安及同舟人拒之，破其衆于海口，遂抵京師。帝遣使勞以上尊，皇太子亦饋酒脯。而納琳感疾日亟，卒于通州，年七十有九。

77 京師有鵂鶹百羣，夜鳴至曉，連月乃止。居庸關子規啼。

78 錢清場鹽司會稽楊維禎〔楨〕遷江西儒學提舉，未上，値兵亂，避地杭州。張士誠聞其名，欲見之，維禎〔楨〕謝不往，復書斥其所用之人。其略曰：「閣下乘亂起兵，首倡大順，以奬王室。淮、吳之人，萬口一辭，以閣下之所爲，有今日不可及者四：兵不嗜殺，一也；聞善言則拜，二也；儉于自奉，三也；厚給吏祿而奸貪必誅，四也。此東南豪傑望閣下之可與有爲者也。然賢人失職，四民失業者尙不少也。吾惟閣下有可畏者又不止是：動民力以搖邦本，用吏術以括田租，銓于忠〔放私〕人不承制，出納國廩不〔上〕輸，受降人不疑，任私〔忠〕臣而復貳也。六者之中，有其一二，可以喪邦，閣下不可以不省也。

況爲閣下之將帥者，有生之心，無死之志矣；爲閣下之守令者，有奉上之道，無䘏下之政矣；爲閣下之親族姻黨者，無祿養之法，有行位之權矣。有假佞以爲忠者，有託詐以爲直者，有飾貪虐以爲廉良者。閣下信佞爲忠，則靳尙用矣；信詐爲直，則趙高用矣；信貪虐爲廉良，則蹠、蹻者進，隨、夷者退矣。又有某繡使拜寇而乞生，某太守望敵而先退，閣下禮之爲好人，養之爲大老，則死節之人少，賣國之人來（衆）矣。是非一謬，黑白俱紊，天下何自而治乎！及觀閣下左右參議贊密者，未見其破（砭）切政柄，規進閣下於遠大之域者，使閣下有可爲之時，有可乘之勢，而訖無有成之效，其故何也？爲閣下計者少而爲身謀者多也。

閣下身犯六畏，釁隙多端，不有內變，必有外禍，不待智者而後知也。閣下狃于小安而無長慮，東南豪傑又何望乎！僕既老且病，爵祿不干于閣下，惟以東南切望于閣下，幸采而行之，毋蹈羣小誤人之域，則小伯可以爲錢鏐，大伯可以爲晉重耳、齊小白也。否則麋鹿復上姑蘇臺，始憶維禎（楨）之言，於乎晚矣！」衆惡其切直，目爲狂生。

時四境日蹙，朝廷方倚達實特穆爾爲保障，而納賄不已，維禎（楨）上書諷之，由是不合。久之，乃徙居松江。

至正二十年（庚子、一三六〇）

1春，正月，己丑朔，察罕特穆爾請以峯縣改立軍州萬戶府，招民屯種，從之。

2御史大夫魯達實、舊作老的沙，今改。中丞耀珠舊作咬住，今改。奏：「今後各處從宜行事官員，毋得陰挾私讐，明爲舉索，輒將風憲官吏擅自遷除，侵擾行事，沮壞臺綱。」從之。

3己亥，夏煜自慶元還建康，言方國珍奸詐狀，非兵威無以服之。吳國公曰：「吾方致力姑蘇，未暇與校。」乃遣都事楊憲、傅仲章往諭之曰：「及今能滌心改過，不負初心，則三郡之地，庶幾可保。不然，吾恐汝兄弟敗亡，妻子爲僇，徒爲人所指笑也。」國珍不省。

4癸卯，大寧路陷。

5乙卯，會試舉人，知貢舉平章政事巴特瑪實哩、舊作都麻失里，今改。同知貢舉翰林學士承旨李好文、禮部尚書許從宗、考試官國子祭酒張翥等言：「舊例，各處鄉試舉人，三年一次，取三百名，會試取一百名。今歲鄉試所取，比前數少，止有八十八名，會試三分內取一分，合取三十名，請于三十名外添取五名。」從之。

6是月，張士誠破濠州，遣其將李濟據之，尋又破泗、徐、邳等州。

7二月，戊午朔，中書左丞相泰費音罷爲太保，俾養疾于家。御史臺言：「時事艱危，正賴賢材弘濟，泰費音以師保兼相職爲宜。」帝不能從。

會陽翟王勒呼木特穆爾舊作阿魯輝帖木兒，今改。倡亂，騷動北邊，勢逼上都，皇太子乃言於帝，命泰費音留守上都，實欲置之死地。泰費音遂往，有同知太常院事托歡舊作脫歡，今改。者，泰費音子額森呼圖克舊作也先忽都，今改。故將也，聞陽翟王將至，乃引兵縛王至軍前，泰費音不受，令生致闕下，北邊遂寧。

初，努都爾噶臥病，謂人曰：「我疾固不起，而泰費音亦不能久于位，可歎也！」至是其言乃驗。

8 庚申，福建行省參政袁天祿遣古田縣尹林文廣以書納款于吳。

時義兵萬戶賽甫鼎（舊作賽甫丁。）阿里密鼎（舊作阿里密丁。）據泉州，陳友諒兵入杉關，攻邵武、汀州、延平諸郡縣，羣盜乘勢竊發，閩地騷動。天祿知國勢不振，故遣文廣由海道來納款，而福清州同知張希伯亦遣人請降，吳國公皆厚賞之，遣還招諭。

9 是月，吳將徐達克高郵，尋復失之。

10 三月，戊子朔，田豐陷保定路。

11 慧（彗）見東方。

12 吳改淮海翼爲江南等處分樞密院，以繆大亨同僉院事，總制軍民。

大亨有治才，寬厚不撓，多惠愛及人，至于禁戢暴強，剖折獄訟，皆當其情，民皆悅之。

13 甲午，廷試進士三十五人，賜邁珠、魏元禮等及第、出身有差。

14乙巳，冀寧路陷。

15壬子，復拜遼陽行省左丞相綽斯戩爲中書右丞相。

時帝益厭政，而宦者保布哈乘間用事，爲奸利，綽斯戩因與結構相表裏，四方警報及將臣功狀，皆壅不上聞。

16是月，吳徵青田劉基、龍泉章溢、麗水葉琛、金華宋濂至建康。

初，吳國公至婺州，召見濂，及克處州，胡大海薦基等四人，卽遣使以書幣徵之。時總制孫炎先奉命聘基，使者再往反，不起，炎爲書數千言，陳天命以諭基，基乃與三人者同至。入見，吳國公甚喜，賜坐，勞之曰：「我爲天下屈四先生，今天下分爭，何時定乎？」溢對曰：「天道無常，惟德是輔，不嗜殺人者能一之。」公稱善。基陳時務十八事，且言：「明公因天下之亂，崛起草昧間，尺土一民，無所憑借，名號甚光明，行事甚順應，此王師也。我有兩敵，陳友諒居西，張士誠居東。友諒包饒、信，跨荆、襄，幾天下半，而士誠僅有邊海地，南不過會稽，北不過淮揚，首鼠竄伏，陰欲背元，陽則附之，此守虜耳，無能爲也。友諒劫君而脅其下，下皆乖怨；性剽悍輕死，不難以其國嘗人之鋒，然實數戰民疲；下乖則不驩，民疲則不傳，故漢易取也。夫攫獸先猛，擒賊先強，今日之計，莫若先伐漢。漢地廣大，得漢，天下之形成矣。」吳國公大悅曰：「先生有至計，毋惜盡言。」於是設禮賢館以處基等，寵禮甚至。

吳國公嘗問郎中陶安曰：「此四人者，於汝何如？」安曰：「臣謀略不如基，學問不如濂，治民之才不如溢、琛。」公然之，復多其能讓。【考異】劉基行狀云：公與魯道元、宇文公諒日縱酒游西湖，一日，有異雲起西北，二人以爲慶雲，將賦詩，公大言曰：「天子氣也，應在金陵。十年後，英主出，我當輔之。」此說爲明人所盛傳。朱檢討彝尊靜志居詩話辨其事曰：劉誠意在元時，有和王文明絕句云：「夜涼月白西湖水，坐看三台上將星。」好事者遂傅會之，謂公望西湖雲氣，謂坐客云：「後十年有帝者起，吾當輔之。」此妄也。當公羈管紹興時，感憤至欲自殺，門人錫里實抱持之得不死。明初既定婺州，猶佐舒穆嚕伊遜拒守，是豈預自負身爲佐命者耶？以元、明間事合考之，朱說得其實矣。今參用遜志齋集孫炎傳。

17 吳國公召常遇春于杭州。

遇春之出師也，吳國公戒之曰：「克敵在勇，全勝在謀。昔關羽號萬人敵，爲呂蒙所破，爲無謀也。爾宜深戒之。」及攻杭州，戰數不利，故召還。

18 夏，四月，庚申，命大司農司都事樂元臣招諭田豐，至其軍，爲豐所害。

19 辛未，僉行樞密院事張居敬復興中州。

20 五月，丁亥朔，日有食之，雨雹。

21 乙未，陳友諒將羅忠顯陷辰州。

22 是月，張士誠海運糧十一萬石至京師，由是方面之權悉歸士誠，丞相達實特穆爾尸位而已。

23 陳友諒兵攻池州，吳將徐達等擊敗之。

初，友諒既殺趙普勝，卽有窺池州之意。吳國公察知之，遣使謂達與常遇春曰：「友諒兵旦暮且至，爾當以五千人守城，遣萬人伏九華山下，俟彼兵臨城，城上揚旗鳴鼓，發伏兵往絕其後，破之必矣。」至是友諒兵果至，其鋒甚銳，直造城下。城上揚旗鳴鼓，伏兵悉起，緣山而出，循江而下，絕其歸路；城中出兵夾擊，大破之，斬首萬餘級，生擒三千餘人。遇春曰：「此皆勍敵，不殺，爲後患。」達不可，以狀聞。吳國公遣使諭諸將釋之，而遇春先以夜阬殺之，止存三百人，吳國公聞之不懌，命悉放還。

24 閏月，丙辰朔，陳友諒率舟師攻太平，守將樞密院判花雲與朱文遜等以兵三千拒戰，文遜死之。友諒攻城三日，不得入，乃引巨舟迫城西南，士卒緣舟尾攀堞而登，城遂陷。雲被執，縛急，怒罵曰：「賊奴，爾縛吾，吾主必滅爾，斮爾爲膾也！」遂奮躍，大呼而起，縛皆絕，奪守者刀，連斮五六人。賊怒，縛雲于舟檣，叢射之，雲至死罵賊不絕口。院判王鼎，知府許瑗，俱爲友諒所執，亦抗罵不屈，皆死之。

雲自濠州隸麾下，每戰輒立奇功。因命宿衞，常在左右。至是出守太平，遂死于難，年三十九。妻郜氏，一子煒，生始三歲。戰方急，郜氏會家人，抱兒拜家廟，泣謂家人曰：「城且破，吾夫必死，夫死，吾寧獨生！然花氏惟此一兒，爲我善護之。」雲被執，郜氏赴水死。

文遜，吳國公養子也。瑗，饒州樂平人。鼎初爲院判儀眞趙忠養子，襲忠職，守太平，尋復姓王氏，至是與雲並死于難。

25 戊午，陳友諒殺其主徐壽輝而自立。

友諒之攻太平也，挾壽輝以行。及太平既陷，急謀僭竊，乃于采石舟中使人詣壽輝前，佯爲白事，令壯士持鐵鎚自後擊之，碎其首。壽輝死，友諒遂以采石五通廟爲行殿，稱皇帝，國號漢，改元大義，仍以鄒普勝爲太師，張必先爲丞相，張定邊爲太尉。羣下立江岸，草次行禮，直大雨至，冠服皆濡濕，略無儀節。【考異】友諒殺主，在太平陷後，元史順帝紀以其事繫五月丁亥朔日食之下，誤也。今從明史太祖紀及陳友諒傳。

26 庚申，陳友諒遣人約張士誠同侵建康，士誠未報，友諒自采石引舟師東下，建康大震。獻計者或謀以城降，或以鍾山有王氣，欲奔據之，或言決死一戰，戰不勝，走未晚也，獨劉基張目不言。吳國公心非諸將議，召基入內問計，基曰：「先斬主降及奔鍾山者。」公曰：「先生計安出？」基曰：「天道後舉者勝。吾以逸待勞，何患不克！明公若傾府庫以開士怒，至誠以固人心，伏兵伺隙擊之，取威制勝，以成王業，在此舉也。」公意益決。

或議先復太平以牽制之，公曰：「不可，太平吾新築壘，濠塹深固，陸攻必不破，彼以巨艦乘城，故陷。今彼據上游，舟師十倍於我，猝難復也。」

或勸自將迎擊，公曰：「不可，敵知我出，以偏師綴我，而以舟師順流趨建康，半日可達，吾步騎亟引還，已窮日矣。百里趨戰，兵法所忌，非良策也。」乃馳諭胡大海以兵擣信州以牽其後，而召指揮康茂才諭之曰：「有事命汝，能之乎？」茂才曰：「惟命。」公曰：「汝舊與友諒游，今友諒入寇，吾欲速其來，非汝不可。汝今作書僞降，約爲內應，且招之速來，給告以虛實，使分兵三道以弱其勢。」茂才曰：「諾。家有老閽，舊嘗事友諒，使齎書往，必信。」公以語李善長，善長曰：「方憂寇來，何更速之？」公曰：「二寇合，吾何以支？惟速其來而先破之，則士誠膽落矣。」

閽者至友諒軍，友諒得書，甚喜，問：「康公今何在？」閽者曰：「見守江東橋。」又問：「橋何如？」曰：「木橋也。」乃與酒食遣還，謂曰：「歸語康公，吾卽至，至則呼老康爲驗。」閽者諾，歸，具以告。公喜曰：「賊入吾彀中矣。」乃命善長夜撤江東橋，易以鐵石。比旦，橋成。

有富民自友諒軍中逸歸者，言友諒問新河口道路，卽令張德勝跨新河，築虎口城以守之，命馮國勝、常遇春率帳前五翼軍三萬人伏石灰山側，徐達等陣兵南門外，楊璟駐兵大勝港，張德勝、朱虎率舟師出龍江關外。公總大軍屯盧龍山，令持幟者偃黃幟于山之左，偃赤幟于山之右，戒曰：「寇至則舉赤幟，舉黃幟則伏兵皆起。」各嚴師以待。

乙丑，友諒舟師至大勝港，楊璟整兵禦之。港狹，僅容二舟入，友諒以舟不得並進，遽引退，出大江，徑衝江東橋，見橋皆鐵石，乃驚疑，連呼老康，無應者，知見紿，即與其弟友仁率舟千餘向龍灣，先遣萬人登岸立栅，勢甚銳。時酷暑，公衣紫茸甲，張蓋督兵，見士卒流汗，命去蓋。衆欲戰，公曰：「天將雨，諸軍且就食，當乘雨擊之。」時天無雲，人莫之信。忽雲起東北，須臾，雨大注。赤幟舉，下令拔栅，諸軍競前拔栅，友諒麾其軍來爭。戰方合而雨止，命發鼓，鼓大震，黃幟舉，國勝、遇春伏兵起，達兵亦至，德勝、虎舟師並集，內外合擊，友諒軍披靡，不能支，遂大潰。兵走登舟，值潮退，舟膠淺，猝不能動，殺溺死無算，俘其卒二萬餘，其將張志雄、梁鉉、喻興、劉世衍等皆降，獲巨艦百餘艘。友諒乘別舸脫走，得茂才書於其所棄舟臥席下，公笑曰：「彼愚至此，可嗤也！」

志雄本趙普勝部將，善戰，號長張，嘗怨友諒殺普勝，故龍灣之戰無鬬志。及降，言于公曰：「友諒之東下，盡撤安慶兵以從。今之降卒，皆安慶之兵；友諒既敗走，安慶無守禦者。」公乃遣達、國勝、德勝等追友諒，又命元帥余某等取安慶。德勝追及友諒于慈湖，縱火焚其舟。至采石，復戰，德勝死。國勝以五翼軍蹴之，友諒與張定邊出阜旗軍迎戰，又敗之。友諒晝夜不得息，遂棄太平遁去，達追至池州而還。余某遂取安慶，守之。友諒還至江州，據以爲都。德勝，廬州梁縣人也。

27 戊寅，吳兵取信州路。

初，吳國公命胡大海搗信州，大海遣元帥葛俊率兵往。道過衢州，都事王愷止俊，乘驛至金華謂大海曰：「廣信爲友諒門戶，彼既傾國入寇，寧不以重兵爲守！非大將統全軍以臨之不可。今偏師嘗敵，設若挫衄，非獨廣信不可下，吾衢先驛騷矣。」大海然之，乃親率兵攻信州。至靈溪，城中步騎數千出迎戰，大海擊敗之。督兵攻城，守者不能禦，衆潰，遂克之。先是招安郡縣，將士皆徵糧于民，名之曰寨糧，民甚病焉，大海以聞，公亟命罷之。

28 吳置儒學提舉司，以宋濂爲提舉，吳國公命長子標從受經學。

濂首以文學受知，恆侍公左右，嘗命講春秋左氏傳，濂進曰：「春秋乃孔子褒善貶惡之書，苟能遵行，則賞罰適中，天下可定也。」

29 六月，己丑，命博囉特穆爾部將方托克托守禦嵐、興、保德等州。又詔：「今後察罕特穆爾與博囉特穆爾部將，毋得互相越境，侵犯所守地，因而讐殺，方托克托不得出嵐、興界，察罕特穆爾亦不得侵其地。」

30 辛亥，吳更築太平城。

初，太平城俯瞰姑溪，故陳友諒舟師得緣尾攀堞而登，至是常遇春復太平，乃移城去姑溪二十餘步，增置樓堞，守禦遂固。

31婺州之失也，舒穆嚕伊遜之母爲吳將所獲，令其弟以書招伊遜，伊遜不至。及破處州，伊遜將數十騎出走，至建寧，聚兵欲圖恢復，而所至人心已散，知事不可爲，歎曰：「處州，吾所守也，今吾勢窮，無所往，不如還處州，死亦爲處州鬼耳！」遂以兵攻慶元，耿再成擊敗之。伊遜衆潰，走竹口，欲還福建，道經桃花坑，爲鄉兵所邀擊，伊遜力戰死，其部將李文彥收葬其屍。孫炎以聞，吳國公嘉其盡忠死事，遣使祭之，復處州民所立生祠。

32張士誠遣其將呂珍率舟師自太湖入陳瀆港，分兵三路攻長興。吳守將耿炳文親率精兵擊敗之，獲甲仗船艦甚衆。

續資治通鑑卷第二百十六

賜進士及第兵部尙書兼都察院右都御史總督湖北湖南等處地方軍務兼理糧餉世襲二等輕車都尉畢沅編集

元紀三十四 起上章困敦（庚子）七月，盡玄黓攝提格（壬寅）十二月，凡二年有奇。

順帝

至正二十年（庚子、一三六〇）

1 秋，七月，辛酉，博囉特穆爾（舊作孛羅帖木兒。）敗賊王士誠于臺州。

2 乙丑，陳友諒浮梁守將于光等以其縣降于吳。

3 乙亥，詔博囉特穆爾總領達勒達（舊作達達。）漢兒軍馬，爲總兵官，仍便宜行事。

4 八月，戊子，命博囉特穆爾守石嶺關以北，察罕特穆爾（舊作察罕帖木兒。）守石嶺關以南。

5 乙未，永平路陷。

6 甲辰，詔：「諸處所在權攝官員，專務漁獵百姓，今後非朝廷允許，不得之任。」

7 庚戌，詔江浙行省左丞相達實特穆爾（舊作達實帖睦邇。）加太尉兼知江浙行樞密院事，提調行宣政院事，便宜行事。

8 九月，乙卯朔，詔遣參知政事額森布哈舊作也先不花，今改。等往諭博囉特穆爾、察罕特穆爾，令講和。

時博囉特穆爾調兵自石嶺關直抵冀寧，圍其城三日，復退屯交城。察罕特穆爾調參政閻奉先引兵與戰，已而各于石嶺關南北守禦。

9 壬戌，賊陷孟州，又陷趙州，攻眞定路。

10 癸未，賊復犯上都，右丞孟克特穆爾舊作忙哥帖木兒，今改。引兵擊之，敗績。

11 僉山南道肅政廉訪司張楨，嘗劾額森布哈及樞密院副使托克托穆爾、舊作脫脫木兒，今改。治書侍御史努努舊作奴奴，今改。弄權誤國之罪，不報。及額森布哈等受和解之命，見博囉特穆爾、察罕特穆爾方構兵，中道遷延不進，楨又言：「額森布哈等貪懦庸鄙，苟懷自安，無憂國致身之忠。朝廷將使二家釋憾，協心討賊，此國之大事。謂宜風馳電走，而乃迂回退懾，枉道延安以西，繞曲數千里，遲遲而行。使兩軍日夜仇殺，黎庶肝腦塗地，實奉使者之所致也，宜急殛之以救時危。」亦不報。楨乃慨然歎曰：「天下事不可爲矣！」即辭去，結茅安邑山谷間，不復言時事。【考異】元史張楨傳，楨疏劾額森布哈等在二十一年，據本紀，則額森布哈奉詔往諭博囉特穆爾等自在二十年，蓋傳文誤衍一字也，今從本紀改正。

12是月，張士誠兵侵諸全，吳元帥袁實戰死。

13黃岡人歐普祥，故徐壽輝將也，性殘暴，所過室廬皆焚蕩俘掠無遺，壽輝使守袁州。陳友諒弑壽輝，徵兵于普祥，普祥不聽其節制，乃以袁州降于吳。友諒聞之，遣其弟友仁攻袁州，普祥與部將劉仁、黃彬擊敗其衆，獲友仁，鞭而囚之。友諒懼，遣其太師鄒普勝與普祥和，約各守其境，普祥乃釋友仁歸。

14冬，十月，甲申，以張良弼爲湖廣行省參知政事，討南陽、襄、樊。

15詔博囉特穆爾守冀寧，博囉特穆爾遣保保等倍道趨之，守者不納。己亥，察罕特穆爾遣陳秉直等，以兵攻博囉特穆爾之軍于冀寧，博囉特穆爾軍戰敗。時詔以冀寧畀博囉特穆爾，察罕特穆爾以爲用兵數年，惟藉冀晉給其軍，以致盛強，苟與之，則彼得以足兵足食，而己無以爲賫。乃託言用師汴梁，尋渡河就屯澤潞拒之，調延安軍交戰于東勝州，再遣班布爾實舊作八不沙，今改。以兵援之。班布爾實謂彼軍奉詔而來，我何敢抗王命，察罕特穆爾怒，殺之。

16十一月，甲寅朔，黃河清，凡三日。

17博囉特穆爾以兵侵汾州，察罕特穆爾拒之。

18癸酉，賊犯易州。

19十二月，辛卯，廣平路陷。

20吳國公復遣夏煜以書諭方國珍。

21是歲，陽翟王勒呼木特穆爾舊作阿魯輝帖木兒，今改。擁兵數十萬，屯于穆爾古楚舊作木兒古徹兀，今改。之地，將犯京畿，使來言曰：「祖宗以天下付汝，汝已失其大半；若以國璽付我，我當自爲之。」帝遣報之曰：「天命有在，汝欲爲則爲之。」命知樞密院事圖沁特穆爾舊作禿堅帖木兒，今改。等將兵擊之，不克。軍士皆潰，圖沁特穆爾走上都。

22關先生、沙劉二、破頭潘兵入高麗，王王都出奔耽羅。其臣納女請降，將校皆以女子配之，軍士遂與高麗爲姻婭，恣情往來。高麗人因各藏其馬。一夕，傳王令，除高麗聲音者不殺，其餘並殺之。關先生、沙劉二皆死，惟破頭潘及裨將左李率輕騎萬人，從間道直走西京，降博囉特穆爾，聽其調遣，後乃降于庫庫特穆爾（舊作擴廓帖木兒。）

至正二十一年（辛丑、一三六一）

1春，正月，癸丑朔，赦天下。

2命中書平章政事達實特穆爾、舊作答失帖木兒，今改。參知政事七十往諭博囉特穆爾罷兵還鎮，復遣使往諭察罕特穆爾，亦令罷兵。而丞相綽斯戩舊作搠思監，今改。與資正院使保布哈，舊作朴不花，今改。黷貨無厭，視南北兩家賂遺厚薄而啗之以密旨，南之賂厚，則曰密旨令汝併北，北之賂厚，則曰令汝併南。由是構怨日深，兵終不解。
3乙丑，河南賊犯杞縣，察罕特穆爾討平之。
4丁卯，李思齊進兵平伏羌等縣。
5吳院判朱亮祖，率兵擊陳友諒平章王溥于饒州安仁之石港，不利而還。
6吳元帥朱文輝及饒州降將余椿等，引兵次池之建德，令元帥羅友賢攻東流賊壘，擒其將李茂仲，文輝又追襲其守將趙同僉，走之。
7二月，甲申，同僉樞密院事特哩特穆爾舊作迭里帖木兒，今改。復永平、灤州等處。
8吳改樞密分院爲中書分省。始議立鹽法，置局設官以掌之，令商人販鬻，二十分而取其一，以資軍餉。
9己丑，察罕特穆爾駐兵霍州，攻博囉特穆爾。
10己亥，吳置寶源局于應天府，鑄大中通寶錢，使與歷代錢兼行，以四百爲一貫，四貫爲一兩，四文爲一錢，其物貨價值，一從民便。
11丙午，吳議立茶法，凡產茶郡縣，並令征之。其法，官給茶引，付諸產茶郡縣，凡商人買茶，具數赴官納錢請引，方許出境貿易，每茶一百斤，輸錢二百。郡縣籍記商人姓名，以憑勾稽。

12巴特勒布哈（舊作八撒剌不花，今改。）以廉訪使久居廣東，專恣自用，詔以鄂勒哲圖（舊作完者篤，今改。）等爲廉訪司官，而除巴特勒布哈爲江南行臺侍御史。巴特勒布哈不受命，盡殺鄂勒哲圖等，唯廉訪使董鑰哀請得免。

13三月，癸酉，察罕特穆爾調兵討永城縣，又駐兵宿州，擒賊將梁綿住。

14泗州守將薛顯，以城降于吳。

15先是吳遣夏煜往諭方國珍，戊寅，國珍使者來謝，且以金玉飾馬鞍輿獻，吳國公曰：「吾今有事四方，所需者文武材能，所用者粟米布帛，其他玩寶，非所好也。」卻其獻。

16是月，張士誠海運糧十一萬石至京師。

17博囉特穆爾罷兵還，遣圖魯卜（舊作脫列伯，今改。）等引兵據延安，以謀入陝。

18張良弼出南山義谷，駐藍田，受節制于察罕特穆爾。良弼又陰結陝西行省平章定珠，（舊作定住。）聽丞相特哩特穆爾（舊作帖里帖木兒，今改。）調遣，營于鹿臺，察罕特穆爾聞而銜之。

19夏，四月，辛巳朔，日有食之。

20以張良弼爲陝西行省參知政事。

21察罕特穆爾遣其子副詹事庫庫特穆爾（舊作擴廓帖木耳，今改。）貢糧至京師，皇太子親與定約，遂不復疑。庫庫，本察罕甥也，姓王氏，名保保，察罕養以爲子。

22 五月，（癸丑），四川明玉珍陷嘉定等路，李思齊遣兵擊敗之。

23 乙亥，察罕特穆爾以兵侵博囉特穆爾所守之地。

24 是月，李武、崔德等降于李思齊。

25 吳命同僉朱文忠城嚴州。時杭州爲張士誠所據，距嚴密邇，故築城爲守備。

26 陳友諒將李明道犯信州，聞吳將胡大海在浙東，懼其來援，乃遣兵據玉山之草坪鎭以拒敵，夏德潤出兵爭之，戰死。

27 六月，乙未，熒惑、歲星、太白聚于翼。

28 察罕特穆爾諜知山東羣賊自相攻殺，而濟寧田豐降于賊，欲總兵討之，七月，丙申，與疾自陝抵洛，大會諸將議師期，發幷州軍出井陘，遼、沁軍出邯鄲，澤、潞軍出磁州，懷、衞軍出白馬，及汴、洛軍水陸俱下，分道並進，而自率鐵騎，建大將旗鼓，渡孟津，踰覃懷，鼓行而東，復冠州、東昌。

29 丙午，吳雄鋒翼元帥王思義，克鄱陽之利陽鎭，遂會鄧愈兵攻浮梁。

30 李明道攻信州益急，吳守將胡德濟，以兵少閉城固守，遣人求援于胡大海。大海卽帥兵由靈溪以進，德濟乃引兵出城與明道戰，大海縱兵夾擊，大破之，擒明道及其宣慰王漢二，遂朱文忠。漢二，溥之弟也。文忠令爲書以招溥，復送之建康，吳國公皆仍其舊職，用爲鄉道以取江西。

31 秋，七月，甲子，吳國公以都事范常爲太平府知府，諭之曰：「太平，吾股肱郡，其民數罹兵革，疲勞甚矣，當有以安集之，使各得所。」常之官，興學卹民，以簡易爲治。官廩有穀數千石，請以給民乏種者；秋稔輸官，公私俱足。

32 己巳，忻州西北有赤氣蔽天如血。

33 壬申，陳友諒知院張定邊陷安慶，吳守將余某戰敗，奔還建康，吳國公怒，斬之。

34 八月，甲申，吳將鄧愈克浮梁，陳友諒守將侯邦佐等棄城走。院判于光復攻樂平州，友諒總管蕭明率衆拒戰，光擊敗，擒之，遂克樂平。

35 吳將胡大海率兵攻紹興，部將張英，恃勇輕進，至城下，遇伏被執，死之。大海圍城久不下，乃引還。

36 乙酉，大同路北方夜有赤氣蔽天，移時方散。

37 先是朱文忠送李明道至，吳國公問：「陳氏何如？」明道具言：「友諒弒主，將士離心，且政令不一，擅權者多。驍勇之將如趙普勝者，又忌而殺之，雖有衆，不足用也。」及安慶之陷，公遂決意伐之，召諭諸將，各厲士卒以從。徐達進曰：「師直爲壯，今我直而彼曲，焉有不克！」劉基亦言于公曰：「昨觀天象，金星在前，火星在後，此師勝之兆也。」

公於是命徐達、常遇春等先發，庚寅，親乘龍驤巨艦，率舟師泝流而上，友諒江上斥候，望風奔遁。戊戌，至安慶，敵固守不戰，公以陸兵疑之，乃命廖永忠、張志雄以舟師擊其水寨，破敵舟八十餘艘，遂復安慶，長驅至小孤山，友諒守將傅友德及丁普郎迎降。壬寅，次湖口，遇友諒舟出江偵邏，命常遇春擊之，敵舟退走，乘勝追至江州。友諒親率兵督戰，公分舟師爲兩翼，夾擊友諒，大破之，獲其舟百餘艘。友諒窮蹙，夜半，挈妻子棄城走武昌。癸卯，公入江州，復遣達進兵追之。達聞友諒欲出沔陽戰艦來拒戰，乃屯沌口以遏之。

38甲辰，吳遣兵攻南康，克之，改爲西寧府。又分遣將士略各城之未下者，東流、蘄、黃、廣濟、饒州相繼降。

39是月，察罕特穆爾率師至鹽河，遣庫庫特穆爾及諸將閻思孝等會關保、浩爾齊舊作虎林赤，今改。軍，由東阿造浮橋以濟，賊以二萬餘衆奪之，關保、浩爾齊且戰且渡，遂拔長清。以精卒五萬擣東平，東平僞丞相田豐遣崔世英等出戰，大破之，斬首萬餘級，直抵城下。察罕特穆爾以田豐據山東久，軍民服之，乃遣〔遣〕書諭以逆順之理，豐與王士誠皆降，遂復東平、濟寧，令豐爲前鋒，從大軍東討。

時察罕特穆爾猶未渡河，羣賊皆聚于濟南，而出兵齊河、禹城以相抗。察罕特穆爾分遣奇兵間道出賊後，南略泰安，逼益都，北徇濟陽、章丘及瀕海郡邑，乃自將大軍渡河，與賊將戰，大敗之。棣州俞寶、東昌楊誠皆降，魯地悉定。

吳國公聞之，遣使與察罕特穆爾通好。謂左右曰：「察罕雖假義師，圖恢復，乃與博囉兵爭不解，屢格君命，此豈忠臣之爲乎！又聞其好名，如田豐爲人傾側，察罕待如心腹，則闇于知人矣。古之名將，洞察幾微，智謀弘遠，使人不可測度，察罕豈知此乎！吾今遣人往與通好，觀其所處何如，然後議之。」

40 九月，辛亥，陳友諒建昌守將王溥等降于吳。

41 甲寅，吳星源翼判官俞茂攻德興，克之。

42 戊午，陽翟王勒呼木特穆爾伏誅。

43 壬戌，四川賊兵陷東川郡縣，李思齊調兵擊之。

44 壬申，命博囉特穆爾于保定以東、河間以南從便屯種。

45 是月，命兵部尚書齊齊克布哈、舊作徹徹不花，今改。侍郎韓祺徵海運糧于張士誠。

46 蜀劉楨密言于明玉珍曰：「西蜀形勝，東有瞿唐，北有劍閣，沃野千里。自遭青巾之虐，人物彫耗，大王撫有之，休養傷殘之民，用賢治兵，可以立不世之業，當于此時稱大號以係人心。」玉珍駭然曰：「此非我敢望也！」楨曰：「大王所部皆四方之人，若謙讓猶豫，一旦將士思鄉土，瓦解星散，大王誰與建國乎？」玉珍猶不聽。已而楨復言之，玉珍乃謀以明年僭號。

47冬，十月，察罕特穆爾進兵逼濟南城，齊河、禹城皆來降，南道諸將亦報捷。再敗益都兵于好石橋，東至海濱，郡邑聞風皆送款，濟南乃下。詔拜中書平章政事，兼知河南、山東行樞密院事，陝西行臺中丞如故。

察罕特穆爾令參政陳秉直、劉珪守禦河南，而自駐山東，移兵圍益都，環城列營凡數十，大治攻具，百道並進。賊悉力拒守，察罕特穆爾復掘重塹，築長圍，遏南洋河以灌城中，城中益困。

48十一月，戊午，吳國公命參政常遇春率兵救長興。

先是張士誠遣其司徒李伯昇以衆十餘萬攻長興，水陸並進，城中兵少，不能禦。公在江州，即命華高、費聚等率三路兵往援，而諸軍戰皆不利，遂潰。耿炳文嬰城固守，左副元帥劉成出戰死。于是敵復圍城，結九寨，爲樓車下瞰城中，取土石塡壕隍，放火燒水關，城中晝夜應敵凡月餘，內外不相聞。公以圍久不解，故復命遇春往救。

49己未，吳遣平章吳弘等攻撫州，陳友諒右丞鄧克明據城拒守，僉院鄧愈自臨川間道夜襲之，黎明至。兵由東西北三門入，克明單騎出南門走，自度不能免，乃詣愈降。愈留克明于軍中，令其弟志明還新淦，收其故部曲。克明因請往江州見吳國公，愈以兵從之，至中途，克明逃歸新淦。

50 戊辰，黃河自平陸三門磧下至孟津五百餘里皆清，凡七日。命祕書少監程徐祀之。

51 甲戌，吳常遇春兵至長興，李伯昇棄營遁。遇春追擊，俘斬五千餘人。

52 是月，察罕特穆爾、李思齊遣兵圍鹿臺，攻張良弼，詔和解之，俾各還汛地，兵乃解。

53 十二月，己亥，陳友諒江西行省丞相胡廷瑞、平章祝宗，遣宣使鄭仁傑詣江州納降于吳。仁傑言廷瑞之意，以將校久居部曲，人情相安，既降之後，願不以改屬他人，吳國公有難色，劉基蹴所坐胡牀，公悟，乃許諾，以書報曰：「鄭仁傑至，言足下有效順之誠，此足下明達也；又恐分散所部屬他將，此足下過慮也。吾起兵十年，奇士、英才，得之四方多矣，有能審天時，料事機，不待交兵，挺然委身來者，嘗推赤心以待，隨其才任使之，兵少則益之以兵，位卑則隆之以爵，財乏則厚之以賞，安肯散其部伍，使人自疑，負來歸之心哉！且以陳氏諸將觀之，如趙普勝驍勇善戰，以疑見戮，猜忌若此，竟何所成！近建康龍灣之役，予所獲長張、梁鉉諸人，用之如故，視吾諸將，恩均義一。長張破安慶水寨，梁鉉等攻江北，並膺厚賞。此數人者，自視無復生理，尙待之如此，況如足下以完城來歸者耶！得失之機，間不容髮，足下當早爲計。」

54是歲，京師大饑，屯田成，收糧四十萬石。賜司農丞胡秉彝上尊、金幣以旌其功。

至正二十二年（壬寅，一三六二）

1春，正月，辛亥，胡廷瑞得吳國公書，意遂決，遣其甥同僉康泰至江州降。

2甲寅，詔李思齊討四川，張良弼平襄漢。時兩軍不和，故有是命。

3吳國公以胡廷瑞等降，遂發九江，如龍興。己未，師次樵舍，廷瑞與祝宗遣人齎陳氏所授丞相印及軍民糧儲之數來獻。辛酉，公至龍興，廷瑞、宗率行省僚屬迎謁于新城門，公慰勞之，俾各仍舊職。壬戌，公入城，軍令肅然，民皆安堵。謁孔子廟，過鐵柱觀，復出城開宴于滕王閣。明日，命存卹鰥寡孤獨，放陳友諒所畜鹿于西山。

戊辰，築臺于城北龍沙之上，召城中父老民人悉集臺下，諭之曰：「自古攻城略地，鋒鏑之下，民罹其殃。今爾民得骨肉安全，生理無所苦者，皆丞相胡廷瑞灼見天道，先機來歸，爲爾民之福也。陳氏據此，軍旅百需之供，爾民甚苦之。今吾悉去其弊，軍需供億，俱不以相累。爾等各事本業，毋游惰，毋作非爲以陷刑辟，毋交結權貴以擾害良民，各保父母妻子，爲吾良民。」于是民皆感悅。

建昌王溥，饒州吳弘，各率衆來見，袁州歐普祥遣其子文廣來見，公厚賜遣之。鄧克明既逃歸新淦，復收集舊部曲，仍肆劫掠；至是欲復降，恐見誅，乃詐爲商賈，乘小舟至龍興，城下，潛使人覘可否爲去就。事覺，被執，并獲克明，公責其反復，囚送建康。

4丁卯，詔以太尉鄂勒哲特穆爾舊作完者帖木兒，今改。爲陝西行省左丞相。仍命察罕特穆爾屯種于陝西。

5以額森特穆爾舊作也先帖木兒，今改。爲中書右丞。申諭李思齊、張良弼等各以兵自效。

6辛未，寧州土官陳龍，遣其弟良平率分寧、奉新、通城、靖安、德安、武寧六縣民兵降于吳，癸酉，守吉安土軍元帥孫本立、曾萬中與其弟粹中，詣龍興納款。吳國公以本立爲（江）西行省參政，萬中都元帥，粹中行軍指揮，俾還守吉安。

7乙亥，陳友諒平章彭時中，以龍泉降于吳，命仍其舊職。

8二月，丁丑朔，盜殺陝西行省右丞塔布岱。舊作答不歹，今改。

9癸未，吳金華苗軍元帥蔣英、劉震、李福叛，殺守臣參政胡大海及郎中王愷、總管高子玉。

初，大海下嚴州，震等自桐廬來降，大海喜其驍勇，留置麾下，待之不疑。至是震等謀亂，以大海遇己厚，未忍發，福曰：「舉大事寧顧私恩乎！」衆從之，以書通衢、處苗帥李佑之等，約以二月七日同舉兵。是日，蔣英等入分省署，陽請大海觀弩於八詠樓下。大海出，將上馬，英令其黨鍾矮子跪馬前，陽訴曰：「蔣英等欲殺我。」大海未及答，反顧英，英抽出鐵鎚，若擊矮子狀，因中大海腦，仆地，英卽斷其首，復殺大海子關住。執王愷，愷正色曰：「吾職居郎署，同守此土，義當死，寧從賊耶！」劉震欲全之，賊黨吳得眞與愷有隙，曰：無自遺患。」遂殺愷及其子寅，掾史章誠亦死之。

典吏李斌，懷省印縋城走嚴州，告變于朱文忠，文忠遣元帥何世明，掾史郭彥仁等率兵討之。至蘭溪，英等懼，乃驅掠城中子女西走，降于張士誠。大海養子德濟聞難，引兵奔赴，吳國公卽命左司郎中楊元杲至金華，總理軍儲事。文忠亦率將士至，鎭撫其民。

大海長身鐵面，智力過人，嘗自誦曰：「我本武人，不讀書；然吾行軍知有三事，不殺人，不掠人婦女，不焚人廬舍而已。」

[10]乙酉，彗見于危，光芒長丈餘，色青白。

[11]丁亥，吳處州苗軍元帥李佑之、賀仁得等，聞蔣英等已殺胡大海，亦作亂，殺院判耿再成、都事孫炎、知府王道同及朱文剛等，據其城。朱文忠聞亂，遣元帥王祐等率兵屯縉雲以圖之。

再成累著勞績，自偏裨擢居帥職。至是佑之等叛，再成方與客飯，聞變卽上馬，收兵不及，迎賊罵曰：「賊奴，國家何負于汝，乃敢反耶！」賊爭刺再成，再成揮劍連斷數槊，兵及其頸，墮馬，大罵不絕口死。炎初被執，幽空室中，賊環守脅之降，炎不屈。仁得以炙鴈斗酒饋炎，炎不受，大罵曰：「今日乃爲鼠所困！我死，爲主；爾反覆賊，死，狗且不食！」守卒怒，拔刀叱炎解衣，炎曰：「此紫綺，乃主上賜我者，吾當服以死。」賊遂害之。

12 辛卯，吳國公既定洪都，乃經度城守，以舊城西南臨水，不利守禦，命移入三十步，東南空曠，復展二里餘。以鄧愈爲江西行省參政，留守洪都，萬思誠爲行省都事以佐之。胡廷瑞、張民瞻、廖永堅、傅𤅢、潘友慶等從公還建康。

13 丁酉，彗犯離宮西星，至三月終，光芒長二丈餘。

14 壬寅，吳國公聞處州之亂，命平章邵榮率兵討之。

15 是月，知樞密院事圖沁特穆爾奉詔諭李思齊討四川。時思齊退保鳳翔，使至，思齊進兵益門鎮；使還，思齊復歸鳳翔。

16 三月，己酉，明玉珍僭稱帝于蜀，國號大夏，建元天統，立妻彭氏爲皇后，子昇爲太子。倣周制設六卿，又置翰林院承旨、學士、國子監祭酒等官。以戴壽爲冢宰，萬勝爲司馬，張文炳爲司空，向大亨、莫仁壽爲司寇，吳友仁、鄒興爲司徒，劉楨爲宗伯，牟圖南爲翰林院承旨。分蜀地爲八道，賦稅十取其一。開廷試以策士，置雅樂以供郊祀之用。皆劉楨所爲也。【考異】元史順帝紀：二十三年，春，正月，壬寅朔，四川明玉珍僭稱皇帝。明史太祖紀在二十二年三月，明玉珍傳亦作二十二年。平夏錄作三月己酉，今從之。

17初，張士誠聞蔣英之亂，遣其弟士信率兵萬餘圍諸全州。吳守將謝再興晝夜鏖戰，未決，乃遣將設伏城外，自引兵出戰，戰既合，伏起，大敗之，擒其將士千餘人。士信憤，益兵攻城，再興慮不能支，告急于浙東行省右丞朱文忠。

時金華叛寇初定，而嚴州逼近敵境，處州又爲叛苗所據，文忠自度兵少，不能應援。聞邵榮將至，乃與都事史炳謀曰：「兵法先聲而後實，今諸全被圍日久，寇勢益盛，而我軍少，非謀不足以制之。今邵平章來討處州，宜借以張聲勢，亦制寇一奇也。」炳曰：「善！」乃揚言右丞徐達與榮領大軍至嚴州，尅日進擊，使諜者揭榜于義烏之古朴嶺。士信兵見之，果驚，謀夜遁。同僉胡德濟覘知之，密與再興謀，癸丑，發壯士夜半開門出擊，鼓譟從之，寇兵亂走，自相蹂踐及溺死者甚衆。

士信驕侈，不能拊循將士，常載婦人、樂器自隨，日以樗蒲、蹴踘、酣飲爲事，部將往往效之，故至于敗。

18甲寅，明玉珍陷雲南省治，屯金馬山，陝西行省參政車力特穆爾(舊作車力帖木兒。)等擊敗之，擒其弟明二。

19癸亥，吳祝宗、康泰叛，攻陷洪都府。

初，洪都之降，非二人意，既降，復謀叛，時出語咎胡廷瑞，廷瑞反覆開諭之，故未卽發。

及吳國公還建康，廷瑞恐二人爲變，不利于己，乃微言於吳國公，公卽發使詣洪都，令二人將所部兵往湖廣，從徐達聽征調。二人舟次女兒港，遂以其衆叛，適遇商人布船，因掠其布爲旗號，進劫洪都，是日暮，至城下，發鼓舉火，攻破新城門。時鄧愈居故廉訪司，聞變，倉卒以數十騎出走，數與賊遇，且戰且走，從者多遇害，愈窘甚，從撫州門出，走還建康。于是都事萬思誠、知府葉琛皆死于難，公聞琛死，痛悼之。辛未，愈至建康，公遣使詣漢陽，命右丞徐達等還軍討之。

20是月，命博囉特穆爾爲中書平章政事，位第一，加太尉，張良弼受節制于博囉特穆爾。李思齊遣兵攻良弼，至于武功，良弼伏兵大破之。

21夏，四月，己丑，禁諸王、駙馬、御史臺各官占匿人民，不應差役，以欲修上都宮闕故也。帝嘗以上都宮殿火，敕重建大安，睿思二閣，因危素諫而止，至是復大興工役。

22吳平章邵榮及元帥王佑、胡深等兵攻處州，燒其東北門，軍士乘城以入。李佑之自殺，賀仁得走縉雲，耕者縛之，檻送建康，伏誅。處州復平，以王佑守之，榮乃還。

23甲午，吳右丞徐達復取洪都府。

時達等師抵城下，祝宗、康泰分兵拒守，達攻破之。宗走新淦，依鄧克明，後爲志明所殺，函其首以獻于吳。泰走廣信，爲追兵所獲，送建康。泰，胡廷瑞之甥也。吳國公以廷瑞故，特宥之。

24 乙未，賊新橋張陷安州，博囉特穆爾請援于朝。

25 是月，紹興路大疫。

26 五月，乙巳朔，泉州岱布丹（舊作賽甫丁，前作賽甫鼎。）據福州路，福建行省平章雅克布哈（舊作燕只不花，今改。）擊敗之，餘衆航海，還據泉州。參政陳有〔友〕定復汀州路。

27 己未，中書參知政事陳祖仁，請罷修上都宮闕，疏曰：「自古人君不幸遇艱虞多難之時，孰不欲奮發有爲，成不世之功，以光復祖宗之業！苟或上不奉于天道，下不順于人心，緩急失宜，舉措未當，雖以之持盈守成，猶或致亂，而況欲撥亂世反之正乎！夫上都宮闕，創自先帝，修于累朝，自經兵火，焚毁殆盡，所不忍言，此陛下所爲日夜痛心，亟圖興復者也。然今四海未靖，瘡痍未瘳，倉庫告虛，財用將竭，乃欲驅疲民以供大役，廢其耕耨而荒其田畝，何異扼其吭而奪之食以速其斃乎！陛下追惟祖宗宮闕，念茲在茲，然不思今日所當興復，乃有大於此者，假令上都宮闕未復，固無妨于陛下之寢處。使因是而違天道，失人心，或致大業之隳廢，則夫天下者亦祖宗之天下，生民者亦祖宗之生民，陛下亦安忍而輕棄之乎！願陛下以生養民力爲本，以恢復天下爲務，信賞必罰，以驅策英雄；親正人，遠邪佞，以圖謀治道。夫如是，則承平之觀，不日可復，詎止上都宮闕而已乎！」【考異】元史陳祖仁傳，二十年五月上疏，據順宗〔帝〕紀，則祖仁上疏自在二十二年五月己未，疑傳有脫誤也。徐氏後編從傳，今定從本紀。

28 丙午，吳命大都督朱文正，統元帥趙德勝等同參政鄧愈鎮洪都，又以阮弘道爲郎中，李勝爲員外郎，汪廣洋爲都事，往佐之，程國儒知洪都府事。文正至，增浚地〔城〕池，嚴爲守備。

29 辛未，明玉珍遣僞將楊尚書守重慶，分兵寇龍州、清川，犯興元、鞏昌等路。

30 是月，張士誠海運糧十三萬石至京師。

31 六月，戊寅，中書平章政事察罕特穆爾遣使報書于吳，言已奏朝廷，授以行省平章事，吳國公不答，因謂左右曰：「察罕書辭婉媚，是欲啗我，我豈可以甘言誘哉！況徒以書來而不反我使者，其情僞可見也。今張士誠據浙西，陳友諒據江漢，方國珍、陳友定又梗于東南，天下紛紛，未有定日，予方有事之秋，未暇與校也。」

32 寧海布衣葉兌，以經濟自負，獻書吳國公，列一綱三目，言天下大計。

其略曰：「愚聞取天下者，必有一定之規模，韓信初見高祖，畫楚、漢成敗，孔明臥草廬，與先主論天下三分形勢者是也。今之規模，宜北絕李、察罕，南併張九四，撫溫、台，取閩、越，定都建康，拓地江、廣，進則越兩淮以規中原，退則畫長江而自守。

夫長江天塹，所以限南北也。金陵古稱龍蟠虎踞，帝王之都，誠宜建都於此，守淮以爲藩屏，守江以爲門戶，如高祖之關中，光武之河內。以此爲基，藉其兵力資財，以攻則克，以守則固，百察罕能如我何哉！

且江之所備，莫急上流，吳、魏所爭在蘄春與皖，卽今江州之境。今義師已克江州，足蔽全吳；況自滁、和至廣陵皆吾有，又足以遮蔽建康，襟帶江州，匪直守江，兼可守淮矣。張氏傾覆，可坐而待，淮東諸軍，亦將來歸，北略中原，李氏可併，孫權不足爲也。

今聞察罕妄自尊大，致書明公，如曹操之招孫權。竊以元運將終，人心不屬，而察罕欲效操所爲，事勢不侔。宜如魯肅計，鼎足江東，以觀天下之釁。」此其大綱也。

至其目有三：「張九四之地，南包杭、越，北跨通、泰，而以平江爲巢穴。昔田豐說袁紹襲許以制曹公，李泌欲先取范陽以傾祿山，殷羨說陶侃急攻石頭以制蘇峻，皆先傾敵巢穴。今欲攻張氏，莫若聲言掩取杭、嘉、湖、越，而大兵直擣平江。平江城固，難以驟拔，則以鎖城法困之。鎖城者，于城外矢石不到之地，別築長圍，環繞其城，長圍之外，分命將卒，四面立營，屯田固守，斷其出入之路，分兵略定屬邑，收其稅糧以贍軍中。彼坐守空城，安得不困！平江既下，巢穴已傾，杭、越必歸，餘郡解體，此上計也。

張氏重鎭在紹興，懸隔江海，所以數攻而不克者，以彼糧道在三江斗門也。若一軍攻平江，斷其糧道，一軍攻杭州，絕其援兵，紹興必拔。所攻在蘇、杭，所取在紹興，所謂多方以誤之者也。紹興既拔，杭城勢孤，湖、秀風靡。然後進攻平江，犂其心腹，江北餘孽，隨而瓦解，此次計也。

方國珍狼子野心，不可馴狎。往年大兵取婺州，彼卽奉書納款，後遣夏煜、陳顯道招諭，彼復狐疑不從。顧遣使從海道報元，謂江東委之納款，誘令張昶齎詔而來，且遣韓叔義爲說客，欲說明公奉詔。彼既降我，而反欲招我降元，其反覆狡獪如是，宜興師問罪。然彼以水爲命，一聞兵至，挈家航海，中原步騎，無如之何。彼則寇掠東西，捕之不得，招之不可。夫上兵攻心，彼言杭、越一平，卽當納土，不過欲款我師耳。攻之之術，宜限以日期，責其歸順。彼自方國璋之歿，自知兵不可用，又叔義還，稱我師之盛，氣已先挫，今因陳顯道以自通，正可脅之而從也。事宜速，不宜緩。宣諭之後，更置官吏，拘集舟艦，潛收其兵權，以消未然之變，三郡可不勞而定。

福建本浙江一道，倚山瀕海，兵脆城陋，兩浙既平，彼心計浙江四道，三道既已歸附，吾孤守一道安歸哉！下之，一辯士力耳。如復稽逡款，則大兵自溫、處入，奇兵自海道入，福州必不支。福州下，旁郡迎刃解矣。威聲已震，然後進取兩廣，猶反掌耳。」

吳國公奇其言，欲留用之，力辭，賜銀幣、襲衣以歸。

33 辛巳，彗見紫微垣，光芒長尺餘，東南指，西南行；戊子，光芒掃上宰。

34時山東俱平，獨益都孤城猶未下，至是田豐、王士誠復謀叛。

初，豐之降也，察罕特穆爾推誠待之，數獨入其帳中。及豐既謀變，乃請察罕特穆爾行觀營壘，衆以爲不可往，察罕特穆爾曰：「吾推心待人，安得人人而防之！」左右請以力士從，又不許，乃從輕騎十有一人，行至豐營，遂爲士誠所刺。察罕特穆爾既死，豐與士誠走入益都城，衆乃推庫庫特穆爾爲總兵官，復圍益都。

事聞，帝震悼，中原士庶老幼多痛惜之者。先是有白氣如索，長五百餘丈，起危宿，掃太微垣，太史奏山東當大水，帝曰：「不然，山東必失一良將。」即馳詔戒察罕特穆爾勿輕舉，未至而已及于難。詔贈河南行省左丞相，追封忠襄王，謚獻武。其父司徒阿哩袞 舊作阿魯溫，今改。 封汝陽王，其子庫庫特穆爾授中書平章政事，兼知河南、山東行樞密院事，一應軍馬，並聽節制。仍詔諭其將士曰：「凡爾將佐，久爲察罕特穆爾從事，惟恩與義，實同骨肉，視彼逆黨，不共戴天，當力圖報復以伸大義。」己亥，益都兵出戰，庫庫特穆爾生擒六百餘人，斬首八百餘級。

吳國公聞察罕死，歎曰：「天下無人矣！」

35秋，七月，乙卯，彗滅。

36丙辰，熒惑見西方，須臾，成白氣如長蛇，光炯有文，橫亙中天，移時乃滅。

37吳平章邵榮，參政趙繼祖，以謀反伏誅。榮粗勇善戰，與吳國公同起兵濠州，公待之甚厚。自平處州還，遂驕蹇有覬覦心，常憤憤出怨言。部將有欲告之者，榮不自安，與繼祖謀俟間作亂。至是公閱兵三山門外，榮與繼祖伏兵門內，欲爲變，會大風卒發，吹旗觸公衣，公異之，易服從他道還。榮等不得發，遂爲部下士宋國所告。公召榮等面詰之，俱伏，曰：「死而已！」公不欲卽誅，幽于別室，謂諸將曰：「吾不負榮，而所爲如此，將何以處之？」常遇春曰：「榮等一旦忘恩義，謀爲亂逆，公縱不忍殺之，遇春等義不與之俱生。」公乃具酒食飲食之，涕泣與訣，皆就刑。

38是月，河決范陽，漂民居。

39西湖書院舊有經史書版，兵後零落，行省左右司員外郎陳基白平章張士信出官錢補刊，從之，明年而工畢。

40八月，癸巳，陳友諒將熊天瑞寇吉安，吳守將孫本立戰敗，走永新。天瑞復攻破永新，執本立至贛州，殺之，友諒使其知院饒鼎臣守吉安。

41己亥，庫庫特穆爾言：「博囉特穆爾、張良弼據延安，掠黃河上下，欲東渡以奪晉寧，乞賜詔諭。」

42是月，張士誠殺淮南行省左丞汪同。

同初集義兵，捍禦鄉井，累官徽州路治中兼元帥，領兵征饒州，單騎潛往浙。張士誠以禮召至姑蘇，同見其心不純，乃去之淮安，見左丞史椿。椿本士誠部將，與張士德皆爲謀主。士德被擒，椿見諸將驕侈，又，左丞徐義數讒毀椿，椿遂有異志，見同殊相得，謂同曰：「察罕公忠，盍往見之。」同謁察罕，察罕恨相見晚，俾朝于京，拜淮南行省左丞。還，見察罕，察罕曰：「士誠非忠于國者，中原事定，平江南當自姑蘇始，君與史君宜協力焉。」

未幾，察罕死，椿曰：「不幸及此，宜要金陵兵往取姑蘇。」乃遣使者齎書往建康。使者姑蘇人，以書達士誠所，士誠大怒，使士信招與言事，同懼，不欲往，椿曰：「士誠基本未固，未必便害我輩。況四平章我嘗救其危急，宜不至此。」四平章，謂士信也。同遂行，至姑蘇，士誠卽拘同，問曰：「我何負於汝而反？」同曰：「我之來，以汝爲元太尉，忠于國家。今汝既叛，我豈得從汝反耶？」士信力營救之，且具酒饌爲別，同曰：「爲語平章，具荷厚意，吾能死忠，不能爲無義生也！但我死後，諸公亦不能久富貴耳。」遂遇害。事聞，追封平陽郡公。

同既死，士誠遂發兵攻淮安，執椿，殺之。

43 九月，癸卯朔，劉福（通）以兵援田豐，至火星埠，庫庫特穆爾遣關保邀擊，大破之。

44 戊辰，以知樞密院事伊蘇舊作也速，今改。爲遼陽行省左丞相。

先是賊雷特穆爾布哈、舊作雷帖木兒不花，今改。程思忠等陷永平，詔伊蘇出師，遂復灤州及遷安縣。

時遼東郡縣，惟永平不被兵，儲粟十萬，芻藁山積，民居殷富。賊乘間竊入，增土築城，因河爲塹，堅守不可下。伊蘇乃外築大營，絶其樵采，數與賊戰，獲其僞帥二百餘人，平山寨數十；又復昌黎、撫寧二縣，擒雷特穆爾布哈送京師。賊急，乃乞降於參政徹爾特穆爾，舊作徹里帖木兒，今改。爲請命於朝，詔許之，命伊蘇退師。伊蘇度賊必以計怠大兵，乃嚴備以偵之，思忠果棄城遁去，亟追至瑞州，殺獲萬計。賊遂東走金、復州。至是詔還京師，拜遼陽左丞相、知行樞密院事，撫安迤東兵農，委以便宜，開省于永平，總兵如故。

金、復、海、蓋、乾王等賊並起，西侵興中州，陰由海道趨永平，聞伊蘇開省，乃止。伊蘇亟分兵防其衝突，賊乃轉攻大寧，爲守將王聚所敗，斬其渠魁，衆潰，皆西走。伊蘇慮賊窺上都，即調右丞呼哩岱（舊作忽林台。）提兵護上都，簡精銳，自躡賊後，賊果寇上都，呼哩岱擊破之，賊衆又大潰，永平、大寧始復。乃分命官屬，勞來安集其民，使什伍相保以事耕穫，民德之。

45 冬，十月，壬寅朔，江西行省平章都埒布哈，舊作朵列不花，今改。移檄討巴拉布哈。（舊作八撒剌不花。）時都埒布哈分省廣州，適州城爲邵宗愚所陷，執巴拉布哈，殺之。

46甲戌，博囉特穆爾南侵庫庫特穆爾所守之地，遂據眞定路。

47戊子，吳池州元帥羅友賢，據州之神山寨作亂，謀與張士誠通，杭、歙震動，命常遇春率兵討之。

48辛卯，吳設關市批驗所官，主通百貨，鹽十分而稅其一，他物十五分稅一。

49十一月，乙巳，庫庫特穆爾復益都，田豐等伏誅。庫庫特穆爾既襲父職，身先士卒，誓必復讐，人心亦思自奮，圍城益急。賊悉力拒守，乃以壯士穴地道而入，遂克之，盡誅其黨，取豐及王士誠之心以祭察罕特穆爾。遣關保以兵復莒州，于是山東悉平。庚申，詔授庫庫特穆爾太尉，餘官並如故，將校、士卒論賞有差。當是時，東至淄、沂，西踰關陝，皆晏然無事，庫庫特穆爾乃駐兵于汴、洛，朝廷方倚之以爲安。而博囉特穆爾復以兵爭晉、冀，帝雖屢諭解之，而讐隙日深。

50癸亥，明玉珍兵陷清川。

51十二月，丁亥，吳大都督朱文正，遣裨將率兵復吉安，饒鼎臣出走，遂以參政劉齊、陳海同、李明道、曾萬中、粹中共守之，以朱叔華知府事。

52壬辰，吳廣信守將元帥葛俊，擅發民夫築城浚池，浙東行省左丞朱文忠遣人諭止之，俊不聽，反出不軌言。文忠恐其爲變，欲討俊，先遣從事王辰往察之，辰還報曰：「彼城守如故，若臨之以兵，恐激其變。」文忠曰：「此人不足惜，姑爲一郡生靈少忍之。」遂不復問。復遣都事劉肅往勞之，諭以禍福，俊心乃安。

53先是帝遣戶部尚書張昶等，齎龍衣、御酒、八寶頂帽、榮祿大夫·江西行省平章政事宣命詔書，航海至慶元，欲因以通吳，方國珍遣檢校燕敬以告吳國公，公不之答。敬還，國珍懼，乃送昶于福建平章雅克布哈所。時左丞王溥在建昌，聞之，遣人報公，公命溥招之來，且命符璽郎劉紹先候之于廣信。溥招昶至，遂偕紹先赴建康。昶見公不拜，公怒曰：「元朝不達世變，尙敢遣人扇惑我民！」昶俛首無一言。公不欲窮詰，命中書館之，時召問以事，知其才可用，遂留之。

54庚子，以中書平章政事佛家努舊作佛家奴，今改。爲御史大夫。

55是月，庫庫特穆爾遣尹煥章至吳，送前使自海道還，幷以馬饋吳。

56是歲，樞密副使李士瞻上疏極言時政，凡二十條：一曰悔己過以詔天下，二曰罷造作以快人心，三曰御經筵以講聖學，四曰延老成以詢治道，五曰去姑息以振乾綱，六曰開言路以求得失，七曰明賞罰以厲百司，八曰公選舉以息奔競，九曰察近倖以杜奸弊，十曰嚴宿衞以備非常，十一曰省佛事以節浮費，十二曰絕濫賞以足國用，十三曰罷各官屯種俾有司經理，十四曰減常歲計置爲諸宮用度，十五曰招集散亡以實八衞之兵，十六曰廣給牛具以備屯田之用，十七日獎勵守令以勸農務本，十八日開誠布公以禮待藩鎮，十九日分遣大將急保山東，二十日依唐廣寧故事分道進取。先是薊國公托和齊舊作脫火赤，今改。上言請罷三宮造作，帝爲減軍匠之半，還隸宿衞，而造作如故，故士瞻疏首及之。

57 帝嘗謂伊納克舊作倚納，今改。曰：「太子苦不曉祕密佛法，祕密佛法可以延壽。」乃令圖嚕特穆爾舊作禿魯帖木兒，今改。教太子以祕密佛法。太子悅之，嘗于清寧殿布長席，西番僧、高麗女東西列坐。太子顧謂左右曰：「李先生教我儒書多年，我不省書中所言何事。西番僧教我佛法，我一夕便曉。」李先生者，諭德好文也。太子由是惑溺于邪道，無復曩時惡伊納克之意矣。

58 帝以讒廢高麗國王巴延特穆爾，（舊作伯顏帖木兒。）立塔斯特穆爾（舊作塔思帖木兒。）爲高麗國王。國人上書言舊王不當廢，新王不當立之故。

初，皇后奇氏宗族在高麗，恃寵驕橫，巴延特穆爾戒飭不悛，遂盡殺奇氏族。皇后謂太子曰：「爾年已長，何不爲我復讐！」時高麗王昆弟有留京師者，乃議立塔斯特穆爾爲王，而以奇族子三寶努（舊作三寶奴。）爲元子，以將作同知崔特穆爾（舊作崔帖木兒。）爲丞相，遣兵萬人送之國，至鴨綠江，爲高麗兵所敗，僅餘十七騎還京師。

續資治通鑑卷第二百十七

賜進士及第兵部尚書兼都察院右都御史總督湖北湖南等處地方軍務兼理糧餉世襲二等輕車都尉畢沅編集

元紀三十五

起昭陽單閼（癸卯）正月，盡閼逢執徐（甲辰）三月，凡一年有奇。

順帝

至正二十三年（癸卯、一三六三）

1春，正月，乙巳，大寧陷。

2庚戌，吳常遇春兵攻池州神山寨，擒羅友賢，斬之，餘黨悉平。

3丙寅，吳國公遣中書省都事汪河送尹煥章歸汴，以書報庫庫特穆爾（舊作擴廓帖木耳。）曰：「元失其政，中原鼎沸，廟廊方岳之臣，互相疑沮，喪師者無刑，得志者方命，悠悠歲月，卒致土崩。閣下先王，奮起中原，英勇智謀，過於羣雄，聞而未識，是以前歲遣人直抵大梁，實欲縱觀，未敢納交也。不意先王捐館，閣下意氣相期，遣送使者涉海而來，深有推結之意，加以厚貺，何慰如之！薄以文綺若干，用酬雅意。自今以往，信使繼踵，商賈不絕，無有彼此，是所願也！」

4初，吳國公命諸將分軍於龍江等處屯田，惟康茂才積穀充牣，他皆不及。二月，壬申朔，公下令申諭諸將曰：「屯田數年，未見功緒，惟康茂才所屯得穀一萬五千餘石，以給軍餉，尚餘七千石。分地均而所得有多寡，由人力勤惰不齊耳。今宜督軍及時開墾，以盡地利，庶幾兵食充足，國有所賴。」

5是月，庫庫特穆爾自益都領兵還河南，留索珠（舊作鎖住。）以兵守益都，以山東州縣立屯田萬戶府。

6都昌盜江爵等陷饒州。

時吳將于光與吳弘、吳毅等不協，爵乘釁誘陳友諒將張定邊、蔣必勝入寇，光等倉卒無備，皆出走，綜理饒州軍務理問穆爕死於難，郎中楊憲走還建康。

7張士誠發兵攻安豐，以呂珍爲前鋒，而其弟士信以大軍繼之。珍至安豐，圍其城，久之，城中人相食，或以井泥爲丸，用人油煠而食之。劉福通勢窮，遣使告急於建康，吳國公曰：「安豐破，則張士誠益張，不可不救。」劉基諫曰：「陳友諒方伺隙，未可動也。」

8三月，辛丑朔，彗見東方，經月乃滅。

9詔中書平章政事愛布哈（舊作愛不花。）分省冀寧，庫庫特穆爾遣兵據之。

10吳國公率右丞徐達、參政常遇春等救安豐。呂珍已破安豐，殺劉福通，聞吳軍至，乃水陸連營，戰艦蔽沙，河際皆樹木栅，繚以竹籬，外掘重塹，擊敗左右軍。公命遇春以兵横擊其陣，三戰三勝，俘獲其士馬無算。時廬州左君弼出兵來助珍，遇春又擊敗之。珍與君弼皆遁去，安豐圍解。公乃令軍士各齎米積於東門外，以救城中飢者；以小明王歸，居之滁州。公還建康，命徐達等移師討左君弼，圍廬州，竹昌、忻都（前改作實都。）遂乘間入安豐。

11丙午，大赦天下。

12丁未，廷試進士六十二人，賜寶寶、楊輗等及第、出身有差。

13壬戌，大同路有赤氣亙天，中侵北斗。

14是月，立廣西行中書省，以廉訪使額爾德尼（舊作也兒吉尼，今改。）爲平章政事。時南方郡縣多陷沒，惟額爾德尼獨保廣西者十五年。

15立膠東行中書省及行樞密院，總制東方事，以袁宏爲參知政事。

16閏月，丁丑，吳處州翼總制胡深言：「關市之征，舊例二十取一。今令鹽貨十取其一，稅額太重，商人不復販鬻，則鹽貨壅滯，軍儲缺乏，且使江西、浙東之民艱於食用。又如硫黃、白藤、蘇木、椶毛諸物，皆資於彼，今十五分取一，亦恐以稅重不能流通。請仍從二十取一之例，則流轉不窮，軍用給足。」從之。

17 夏，四月，壬戌，陳友諒復大舉兵圍洪都。

初，友諒憤其疆埸日蹙，乃作大艦來攻。艦高數丈，外飾以丹漆，上下三級，級置走馬棚，下設板房爲蔽；置艣數十，其中上下人語不相聞；艣箱皆裹以鐵，載其家屬、百官，空國而至。友諒前攻洪都，以大艦乘水漲附城以登，至是城移去江三十步，大艦不復得近，乃以兵圍城，其氣甚盛。吳都督朱文正與諸將謀，分城拒守，參政鄧愈守撫州門，元帥趙德勝等守宮步、士步、橋步諸門，指揮薛顯守章江、新城二門，元帥牛海龍守琉璃、澹臺二門，文正居中節制諸將。

18 吳院判謝再興以諸全叛，殺知州欒鳳，鳳妻王氏以身蔽鳳，并殺之，執參軍李夢庚。元帥陳元剛等奔紹興，降于張士誠。總管胡士明，棄妻子，單騎走建康。左丞朱文忠聞亂，遣同僉胡德濟屯兵五指山下，自將精兵二千往來應援以禦之。乙丑，諸全州以事聞，吳國公因命德濟爲浙江行省參政。德濟遣萬戶王克瑀還偵敵境，遇士誠兵，被執，死之。

初，再興用部將左總管、靡〔糜〕萬戶爲腹心，二人常使人販鬻於杭州，公知其陰泄機務，擒二人誅之，召再興赴建康，而以夢庚總制諸全軍馬。公以再興長女妻兄子文正，幼女適徐達，恩義甚厚，因命還守諸全。再興以夢庚處己上，憤憤不樂，由是遂叛。

19丙寅，陳友諒攻撫州門，其兵各載（戴）竹盾如箕狀，以禦矢石，極力來攻，城壞三十餘丈。鄧愈以火銃擊退其兵，隨樹木柵。敵爭柵，朱文正督諸將死戰，且戰且築，通夕復完。於是總管李繼先、元帥牛海龍、趙國旺、許珪、朱潛、萬戶程國勝等皆戰死。

20是月，庫庫特穆爾遣部將摩該舊作貊高，今改。等以兵擊張良弼。

21五月，己巳朔，張士誠海運糧十三萬石至京師。

22陳友諒知院蔣必勝、饒鼎臣等陷吉安府。時吳將李明道與曾萬中兄弟不協，明道因潛通必勝，約其來攻。兵至城下，明道舉火爲應，開西門納之，殺參政劉齊、知府朱叔華。曾粹中亡走，仇家黃如淵執粹中送鼎臣，殺之。必勝又攻破臨江府，執同知趙天麟，亦不屈死。

23癸酉，吳置禮賢館。先是吳國公聘諸名儒集建康，與論經史及咨以時事，甚見尊寵，至是復命有司即所居之西創禮賢館處之。陶安、夏煜、劉基、章溢、宋濂、蘇伯衡、王禕、許元、王天錫等，皆在館中。

24陳友諒兵陷無爲州，知州董曾死之。曾之守無爲也，招集流亡，使各復業，州民安之。及城陷，寇逼其降，曾抗言不屈，遂縛之，沈於江。

[25]丙子，陳友諒復攻新城門，吳指揮薛顯將其銳卒開門突戰，斬其平章劉進昭，擒其副樞趙祥，敵兵乃退。百戶徐明被執，死之。明有膽略，嘗出劫友諒營，獲其良馬以歸，故敵兵見明，併力攻殺之。

[26]廬州城三面阻水，徐達等攻之不克，已而左君弼於城上爲釣橋，達曰：「君弼竄伏穴內，久不見出，今遽爲此，其將夜出劫我乎！」令軍中嚴爲之備。比夜半，聞釣橋有聲，其兵奄至。營中萬弩俱發，君弼退走，達縱兵擊之，君弼大敗，走入城，斂兵拒守。達攻圍凡三月不下。

[27]六月，戊戌朔，博囉特穆爾（舊作孛羅帖木兒。）遣方托克托（舊作方脫脫。）迎匡福於彰德，庫庫特穆爾遣兵追之，敗還。匡福遂據保定路。

[28]己亥，庫庫特穆爾部將岱嚕（舊作歹驢。）等駐兵藍田、七盤，李思齊攻圍興平，遂據盩厔。博囉特穆爾奉詔進討襄漢，而岱嚕阻道於前，思齊躡襲於後，乃請朝廷催督庫庫東出潼關，道路既通，即便南討。

[29]戊申，博囉特穆爾遣珠展舊作竹貞，今改。等入陝西，據其省治。

時陝西行省右丞達實特穆爾舊作答失帖木兒，今改。與行臺有隙，且恐陝西爲庫庫特穆爾所據，陰結於博囉特穆爾，請珠展入城，劫御史大夫鄂勒哲特穆爾舊作完者帖木兒，今改。及監察御史張可遵等印。其後屢有使召鄂勒哲特穆爾，珠展拘留不遣。庫庫遣摩該與李思齊合兵攻之，珠展出降，遂從庫庫。

30辛亥，陳友諒增修攻具，欲破柵自水關入，吳朱文正使壯士以長槊從柵內刺之，敵奪槊更進。文正乃命煆鐵戟、鐵鉤，穿柵以刺敵，敵復來奪，手皆灼爛，不得進。友諒盡攻擊之術，而城中備禦，隨方應之。友諒又攻宮步、士步二門，元帥趙德勝力禦之，暮，坐宮步門樓，指揮士卒，流矢中腰膂而死。

31甲寅，中書省奏：「江浙、福建舉人涉海道赴京，有六人者已後會試期，宜授以教授之職；其下第三人，亦授教授，非徒慰其跋涉險阻之勞，亦以激勵遠方忠義之士。」從之。

32洪都被圍既久，內外阻絕，音問不通，朱文正遣千戶張子明告急於建康。子明取東湖小漁舟，夜，從水關潛至石頭口，宵行晝止，凡半月始得達，見吳國公，具言其故。公問：「友諒兵勢何如？」對曰：「兵雖勝，而戰鬬死者亦不少。今江水日涸，賊之戰艦將不利用。又師久糧乏，若援兵至，必可破也。」公謂子明曰：「汝歸告文正，但堅守一月，吾自當取之，不足慮也。」

子明還，至湖口，爲友諒兵所獲。友諒謂曰：「若能誘之降，非但不死，且行富貴。」子明僞許之，至城下，大呼曰：「大軍且至，但當固守以待。」友諒怒，殺之。

33 秋，七月，戊辰朔，京師大雨雹，傷禾稼。

34 癸酉，吳國公自將救洪都。

時徐達、常遇春圍左君弼於廬州，公遣使命解圍，曰：「爲廬州而失南昌，非計也。」達、遇春乃還。

是日，公召諸將，諭以親行之意，遂禡纛於龍江，舟師凡二十萬俱發，徐達、常遇春、馮國勝、廖永忠、俞通海等皆從。壬午，風覆國勝舟，公以其不利，遣還建康。癸未，師次湖口，先遣指揮戴德以一軍屯於涇江口，復以一軍屯南湖嘴，以遏友諒歸師。遣人調信州兵守武陽渡，防其奔逸。

35 陳友諒圍洪都凡八十有五日，丙戌，聞吳國公至，卽解圍，東出鄱陽湖以迎敵，公率諸軍由松門入鄱陽湖，丁亥，與友諒師遇於康郎山。友諒列巨舟當其前，吳國公謂諸將曰：「彼巨舟首尾連接，不利進退，可破也。」乃命舟師爲十一隊，火器、弓弩，以次而列，戒諸將：「近寇舟，先發火器，次弓弩，及其舟則短兵擊之。」

戊子，命徐達、常遇春、廖永忠等進兵薄戰。達身先諸將，擊敗其前軍，殺千五百人，獲一巨艦而還。俞通海復乘風發礮火，焚寇舟二十餘艘，殺溺死者甚衆。徐達等搏戰不已，火延及達舟，敵遂乘之，達撲火更戰，公急遣舟援達，達力戰，敵乃退。友諒驍將張定邊，奮前欲犯公舟，舟膠淺，敵兵帀集，吳軍格鬭，定邊不能近，遇春從旁射中定邊，定邊舟始卻。通海來援，舟驟進，水湧，公舟遂脫。指揮韓成、元帥宋貴、陳兆先、萬國勝等皆戰死。【考異】谷應泰紀事本末載韓成當太祖危急時，服御袍對敵自沈，蓋本於定遠黃金所撰開國功臣錄，明人盛傳之，比諸紀信之誑楚，應泰亦不加察也。兩軍對敵，衆人屬目在主兵之人，使果服御服而自沈，則欲以誤敵，而先使己之士卒惶惑潰散，此策之最下者。鄉曲小儒，徒知紀信誑楚可以脫走漢王，而不知王世充之僞擒李密，遂能破密之衆也。明史不爲韓成立傳，而附見其子觀傳中，則成實以戰死。今以朱善所撰程國勝神道碑酌書之。

永忠隨以飛舸追定邊，定邊走，身被百餘矢，士卒多死傷。既而遇春舟亦膠淺，公麾兵救之，俄有敗舟順流而下，觸遇春舟，舟亦脫。會日暮，諸軍欲退，公御樓船，鳴鉦集諸將，申明約束。是日，命徐達還守建康，慮張士誠乘虛入寇故也。

己丑旦，公命鳴角，師畢集，乃親布陣，復與友諒戰。諸軍奮擊敵舟，敵不能當，殺溺死者無算。院判張志雄所乘舟檣折，爲敵所覺，以數舟攢兵鉤刺之，志雄窘迫自刎，丁普郎、余昶、陳弼、徐公輔皆戰死。普郎身被十餘創，首脫，猶執兵若戰狀，植立舟中不仆。

時友諒悉巨舟連鎖爲陣，旌旗樓櫓，望之如山，吳舟小，不能仰攻，連戰三日，幾殆。右師卻，公命斬隊長十餘人，猶不止，郭興進曰：「非人不用命，舟大小不敵也。此非火攻不可。」公然之。至晡，東北風起，公命以七舟載火藥其中，束草爲人，飾以甲冑，各持軍器，若鬬敵者，令敢死士操之，備走舸於後。將迫敵舟，乘風縱火，風急火烈，須臾而至，其水寨數百艘悉被焚，煙燄漲天，湖水盡赤，死者大半，友諒弟友仁、友貴及其平章陳普略等皆焚死。友諒師乘之，又斬首二千餘級。友仁，卽所謂五王也，眇一目，有智數，驍勇善戰。至是死，友諒爲之喪氣。普略，卽新開陳也。

明日，公復諭諸將曰：「友諒戰敗氣沮，亡在旦夕，今當併力蹙之。」於是諸將益自奮。時公所乘舟檣白，友諒覺，欲併力來攻。公知之，夜，令諸船盡白其檣，旦視莫能辨，敵益駭。辛卯，復聯舟大戰，大敗敵兵。敵之巨艦，難於運轉，吳兵環攻之，殺其卒殆盡，而操舟者猶不知，尙呼號搖櫓如故，已而焚其舟，皆死。俞通海、廖永忠、張興祖、趙庸等，以六舟深入搏擊，敵聯巨艦，幷力拒戰。吳師望六舟無所見，謂已陷沒，有頃，六舟旋繞敵舟而出，吳師見之，勇氣愈倍，合戰益力，呼聲動天地，波濤起立，日爲之晦。自辰至午，友諒兵大敗，棄旗鼓、器仗，浮蔽湖面。張定邊欲挾友諒退保鞋山，爲吳師所扼，不得出，乃斂舟自守，不敢更戰。

是日，公移舟泊柴棚，去敵五里許，數遣人往挑戰，敵不敢應。諸將欲退師，少休士卒，公曰：「兩軍相持，先退非計也。」俞通海以湖水淺，請移舟扼江上流，公從之。時水路狹隘，舟不得並進，恐爲敵所乘，至夜，令船置一燈，相隨渡淺，比明盡渡，乃泊于左蠡。友諒亦移舟出泊渚磯，相持者三日。友諒左右二金吾將軍率所部來降。

先是友諒數戰不利，咨謀於下。其右金吾將軍曰：「今戰不勝，出湖實難，莫若焚舟登陸，直趨湖南，謀爲再舉。」左金吾將軍曰：「今雖不利，而我師猶多，尚堪一戰。若能戮力，一勝負未可知，何至自焚以示弱！萬一舍舟登陸，彼以步騎躡我後，進不及前，退失所據，一敗塗地，豈能再舉耶？」友諒猶豫不決。至是戰多喪敗，乃曰：「右金吾言是也。」左金吾聞之，懼及禍，遂以其衆降，右金吾見其降，亦率所部降。友諒復失二將，兵力益衰。

吳國公移書友諒曰：「曩者公犯池州，吾不以爲嫌，生還俘虜，將欲與公爲約從之舉，各安一方以俟天命，此吾之本心也。公失此計，乃先爲我仇，我是以破公江州，遂蹂蘄、黃、漢、沔之地，龍興十一郡，奄爲我有。今又不悔，復啓兵端，自洪都迎戰，兩敗於康山，殺其弟、姪，殘其兵、將，捐數萬之命，無尺寸之功，此逆天理、悖人心之所致也。公乘尾大不掉之舟，頓兵斂甲，與吾相持。以公平日之狂暴，正當親決一戰，何徐徐隨後，若聽吾指揮者，無乃非丈夫乎？公早決之。」友諒得書，怒，留使者不遣，猶建金字旗，周回巡寨，令獲吳將士皆殺之。吳國公聞之，命悉出所俘友諒軍，視有傷者，賜藥療之，皆遣還，下令曰：「但獲彼軍，皆勿殺。」又令祭其弟、姪及將士之戰死者。

師出湖口，命遇春、永忠等統舟師橫截湖面，邀其歸路，又令一軍立柵於岸，控湖口者旬有五日。友諒不敢出，復移書責之曰：「昨吾船對泊渚磯，嘗遣使齎記事往，不見使回，公度量何淺淺哉！丈夫謀天下，何有深仇！江、淮英雄，唯吾與公耳，何乃自相吞并！公之土地，吾已得之，縱欲力驅殘兵，來死城下，不可再得也。卽公僥倖逃還，亦宜修德，勿作欺人之容，卻帝名而待眞主。不然，喪家滅姓，悔之晚矣。」友諒忿恚不答。

吳國公分兵克蘄州、興國。友諒食盡，遣舟掠糧於都昌，朱文正使人燔其舟，友諒勢益困。

36 是月，有星墜於慶元路西北，聲如雷，光芒數十丈，久之乃滅。

37 八月，丁酉朔，倭人寇蓬州，守將劉暹擊敗之。自十八年以來，倭人連寇瀕海郡縣，至是海隅獲安。

38 辛丑，庫庫特穆爾遣兵侵博囉特穆爾所守之境。

39 丙辰，沂州有赤氣亙天，中有白色如蛇形，徐徐西行，至夜分乃滅。

40 戊午，博囉特穆爾言：「庫庫特穆爾踵襲父惡，有不臣之罪，請賜處置。」

41 陳友諒窮蹙，進退失據，欲奔還武昌，乃率樓船百餘艘趣南湖嘴，爲吳軍所遏。壬戌，友諒遂突出湖口，欲繞江下流遁去，吳國公麾諸將邀擊，以火舟火筏衝之，追奔數十里，自辰至酉，戰不解；至涇江口，涇江之師復擊之。未幾，有降卒來奔，言友諒在別舸中流矢，貫睛及顱而死。諸軍聞之，大呼喜躍，益爭奮，擒其太子善兒，平章姚天祥等。明日，平章陳榮等悉舟師來降，得士卒五萬餘人。惟張定邊夜以小舟來，竊載友諒屍及其次子理徑走武昌，復立理爲帝，改元德壽。

公之救安豐也，劉基諫，不聽，至是謂基曰：「我不當有安豐之行。使友諒乘我之出，建康空虛，順流而下，我進無所成，退無所歸，大事去矣。今友諒不攻建康而圍南昌，計之下者，不亡何待！」

42 九月，丁卯朔，吳國公發湖口，還建康。壬申，賜常遇春、廖永忠田，餘將士金帛有差。

43 壬午，吳國公命李善長、鄧愈留建康，復率常遇春、康茂才、廖永忠、胡廷瑞等親征陳理於武昌。

44 吳諸全叛將謝再興，以張士誠兵犯東陽，左丞朱文忠率兵禦之，部將夏子實、郎中胡深爲前鋒，與其兵遇於義烏。戰方接，文忠自將精兵橫出其後擊之，再興大敗，遁去。深因建策，以爲諸全乃浙東藩屏，諸全不守則衢不能支。請去諸全五十里，於五指山下築城，分兵戍守，文忠從之。未幾，士誠將李伯昇大舉來寇，兵號六十萬，頓於城下，城堅不可拔，乃引去。

45是月，太尉張士誠令其部屬頌己功德，必欲求王爵。江浙丞相達實特穆爾舊作達識帖睦邇，今改。謂左右曰：「我承制居此，徒藉口舌以馭此輩。今張氏復要王爵，朝廷雖微，必不爲其所脅。但我今若逆其意，則目前必受害，當忍恥含垢以從之耳。」乃爲具文書聞於朝，至再三，不報。士誠遂自稱吳王，尊其母曹氏爲太妃，治宮闕，置官屬，改平江路復爲隆平府。朝廷遣戶部侍郎博囉特穆爾舊作博羅帖木兒，今改。等徵海運糧于士誠，士誠不與。時天下謂建康爲西吳，平江爲東吳，然士誠尙奉元正朔，江北諸郡，皆詭云爲元恢復，而實自守之。

初，士誠拒海漕之命，淮省郎中俞思齊言於士誠曰：「向爲賊，不貢猶可；今爲臣，其可乎？」士誠怒，抵案撲地而入。思齊，海陵人，本陰陽家者流，士誠開藩，與有功焉。至是知不可爲，卽棄官而隱，權授淮省參政，遂杜門謝病以卒。

又有淳安魯淵者，由進士遷浙西提學，士誠稱王，命爲博士，辭不拜，還山。士誠地連十州，諸將咸以爲安，松江陳思獨上書危之，不報，思遯居海上。

郎中參軍事陳基，以諫止稱王，欲殺之，不果，已而超授內史，遷學士院學士，凡飛書、走檄、碑銘、傳記，多出其手。基每以爲憂，而未能去也。

46冬，十月，丙申朔，青齊一方赤氣千里。

47壬寅，吳國公至武昌，馬步舟師水陸並進。既抵其城，命常遇春等分兵於四門，立柵圍之，又於江中聯舟爲長寨，以絕其出入之路。分兵徇漢陽、德安，於是湖北諸郡皆降于吳。

48甲辰，湖廣僞姚平章、張知院陰使人言於庫庫特穆爾，設計擒殺其主陳理及僞夏主明玉珍，不果。

49皇太子惡太傅泰費音(舊作太平。)不歸奉元而止於沙井，己酉，令御史大夫布哈舊作普化，今改。劾泰費音故違上命，當正其罪，詔悉拘所授宣命及所賜物，俾往陝西之西居焉。丞相綽斯戩舊作搠思監，今改。因益誣奏之，安置土蕃。尋遣使者逼令自裁，泰費音至東勝，賦詩一篇，乃自殺。

50是月，庫庫特穆爾遣僉樞密院事任亮復安陸府。

51博囉特穆爾遣兵攻冀寧，至石嶺關，庫庫特穆爾大破走之，擒其將烏訥爾、舊作烏馬兒，今改。殷興祖。博囉軍由是不振。

52先是監察御史張沖等上章雪故丞相托克托舊作脫脫，今改。之冤，詔復托克托官爵，并給復其家產，召其子哈喇章、舊作哈剌章，今改。三寶努舊作三寶奴，今改。還朝。時額森特穆爾舊作也先帖木兒，今改。亦已死，乃授哈喇章中書平章政事，封申國公，分省大同；三寶努知樞密院事。

十一月，庚申，臺臣又言：「托克托有大臣之體。向在中書，政務修舉，深懼滿盈，自求引退，加封鄭王，固辭不受。再秉鈞軸，克濟艱危，統軍進征，平徐州，收六合，大功垂成，浮言搆難，奉詔謝兵，就貶以沒。已蒙錄用其子，還所籍田宅，更乞憫其勳舊，還所授宣命。」從之。

[53]十二月，丙申朔，吳國公發武昌，還建康，命常遇春總督諸將守營柵，諭之曰：「彼猶孤豘處牢中，欲出無由，久當自服。若來衝突，愼勿與戰，且堅守營柵以困之，不患其城不下也。」

[54]宦者資政院使保布哈舊作朴不花，今改。與宣政院使托驩舊作脫歡，今改。內恃皇太子，外結丞相綽斯戩，驕恣不法，監察御史額森特穆爾、（舊作也先帖木兒。）孟額森布哈、舊作也先不花，今改。傅公讓等，劾奏保布哈、托驩奸邪，當屛黜。御史大夫婁都爾蘇舊作老的沙，今改。以其事聞，皇太子執不下，而奇后庇之尤固，御史乃皆坐左遷。

治書侍御史陳祖仁上書皇太子言：「御史糾劾托驩、保布哈奸邪等事，此非御史之私言，乃天下之公論。今殿下未賜詳察，輒加沮抑，使奸臣蠹政之情，不得達於君父，則亦過矣。夫天下者祖宗之天下，臺臣者祖宗之所建立，以二豎之微，而於天下之重，臺諫之言，一切不卹，獨不念祖宗乎？且殿下職分，止於監國撫軍，問安視膳而已，此外予奪賞罰之權，自在君父。方今毓德春宮，而使諫臣結舌，凶人肆志，豈惟君父徒擁虛器，而天下蒼生亦將奚望!」

書奏,皇太子怒,令婁都爾蘇諭祖仁,以謂:「托𪖙等俱無是事。御史糾言不實,已得美除。昔裕宗爲皇太子兼中書令、樞密使,凡軍國重事合奏聞者,乃許上聞,非獨我今日如是也。」

祖仁復上書言:「昔唐德宗云:『人言盧杞奸邪,朕殊不覺。』使德宗早覺,杞安得相!是杞之奸邪,當時皆知之,獨德宗不知耳。今此二人亦皆奸邪,舉朝知之,在野知之,獨殿下未知耳。且裕宗既領軍國重事,理宜先閱其綱,若臺諫封章,自是御前開拆。假使必皆經由東宮,君父或有差失,諫臣有言,太子將使之聞奏乎,不使之聞奏乎?使之聞奏,則傷其父心;不使聞奏,則陷父於惡;殿下將安所處?如知此義,則今日糾劾之章不宜阻矣,御史不宜斥矣。斥其人而美其除,不知御史所言,爲天下國家乎,爲一身官爵乎?斥者去,來者言,言者無窮而美除有限,殿下又何以處此?」

祖仁書既再上,卽辭職,而臺臣大小亦皆求退,於是皇太子以其事聞,保布哈、托𪖙乃皆辭罷。

帝令婁都爾蘇諭祖仁等,祖仁上疏曰:「祖宗以天下傳之陛下,今乃壞亂不可救藥,雖曰天運使然,亦陛下刑賞不明之所致也。且區區二豎,猶不能除,況於大者!願陛下俯從臺諫之言，擯斥此二人，不令以辭退爲名，成其奸計，使海內皆知陛下信賞必罰，自二人始，則將士孰不效力！天下可撫有以還祖宗。若猶優柔不斷，則臣寧餓死於家，誓不與之同朝，牽連及禍也！」

疏奏，帝大怒。會侍御史李國鳳亦上書皇太子，言：「保布哈驕恣無狀，招權納賄，奔競之徒，皆出其門，駸駸有趙高、張讓、田令孜之風。漸不可長，望殿下思履霜堅冰之戒，早賜奏聞，投之邊徼以快衆心，則紀綱可振，政治修而百廢舉矣。」

由是帝益怒，臺臣自婁都爾蘇以下皆左遷。而祖仁出爲甘肅行省參知政事，時天極寒，衣單甚，以弱女託於其友朱毅，卽日就道。

保布哈之被劾，婁都爾蘇執其事頗力，太子深惡之，而奇后又譖之於內，未幾，保布哈復爲集賢大學士、崇政院使。

知樞密院事圖沁特穆爾舊作秃堅帖木兒，今改。與丞相額森布哈（舊作也先不花。）俱屯田西方，一日，圖沁治具，躬詣額森屯所餉之，額森自恃尊屬，不受，圖沁怒，坐額森營門外，呼軍士（士）共啖之。額森不平，因誣其有異志，差五府官往訊。圖沁忿曰：「我有何罪來問？」乃拘五府官，將往愬博囉特穆爾，會婁都爾蘇亦懼誅，遂與圖沁特穆爾皆奔大同，匿博囉特穆爾所。

婁都爾蘇者，帝母舅也，以故帝數謂太子寢其事，而太子不從。帝無如之何，乃傳旨，密令博囉特穆爾隱其迹；而綽斯戩、保布哈皆附太子，欲窮究其事，徧圖形求之。

保布哈見臺憲彈劾不行，與其黨謀曰：「十八功臣家子孫，朝夕在帝左右，我與汝等向日之所爲，渠必得知，臺臣亦必知之，終必爲我不利。」綽斯戩曰：「彼皆婁都爾蘇黨也。婁都爾蘇既爲博囉所庇，必稱兵犯闕，十八家爲內應，社稷能無危乎！」遂誣婁都爾蘇及額森呼圖克、舊作也先忽都，今改。托驩等謀爲不軌，遂執額森呼圖克等送資政院，鍛鍊其獄，連逮不已。帝知其無辜，欲釋其事，特命大赦，而綽斯戩增入條畫內，獨不赦前事。惟婁都爾蘇逃匿博囉軍中，餘皆遠竄，有道死者，亦有賄免者。

額森呼圖克，泰費音子也，赴貶所，行至中道，執政奏其違命，杖死之，年四十四。泰費音爲相，務廣延才彥，而額森呼圖克亦傾身下士，名稱藉甚，至是爲奸臣所害。賀氏三世忠貞，皆死於非命，天下悲之。

55 是歲，吳寶源局鑄錢三千七百九十一萬有奇。

至正二十四年（甲辰、一三六四）

1 春，正月，丙寅朔，吳李善長、徐達等奉表吳國公勸進，公曰：「戎馬未息，瘡痍未蘇，天命難必，人心未定，若遽稱尊號，誠所未遑。俟天下大定，行之未晚。」羣臣固請不已，乃卽吳王位，建百司官屬，置中書省左右相國。以李善長爲右相國，徐達爲左相國，常遇春、俞通海爲平章政事，汪廣洋爲右司郎中，張昶爲左司郎中。

時小明王在滁州，中書設御座，以正旦行慶賀禮。劉基罵曰：「彼牧豎耳，奉之何爲！」遂不拜。然猶以龍鳳紀年，封拜、除授及有司文牒，並云「皇帝聖旨、吳王令旨」。【考異】明祖尊奉龍鳳，見於明人紀載者，如祝允明枝山野紀載太祖伐張士誠榜文云，龍鳳十二年，皇帝聖旨、吳王令旨。王世貞詔令考載太祖與魏國公徐達書，龍鳳十年至十二年，凡十有七通。前二通稱皇帝聖旨、吳王令旨，其餘但稱吳王令旨。黃宗羲文案，據萬斌告身以龍鳳紀年。皆以糾正明實錄諱言奉龍鳳之誤也。錢辛楣曰：陶主敬集首載龍鳳四年十月，江南行中書省劄付一通，至正之十八年也。又載龍鳳十年二月及十二月吳王令旨各一通，其文皆云皇帝聖旨、吳王令旨，此則至正之二十四年也。錢說比較年月，尤爲有據。然余究以明祖於韓林兒，不過假其名號，初非因人成事，但不當沒其實耳。

2丁卯，吳命減取官店錢。先是設官店以徵商，吳王以稅重病民，故減之。

3戊辰，吳王退朝，謂左相國徐達等曰：「卿等爲生民計，共推戴予。然建國之初，當先正紀綱。元氏昏亂，紀綱不立，主荒臣專，威福下移，由是法度不行，人心渙散，遂至天下騷動。今將相大臣，當鑒其失，協心圖治，毋苟且因循，取充位而已。」又曰：禮法，國之紀綱，禮法立則人志定，上下安，建國之初，此爲先務。吾昔起兵濠梁，見當時主將皆無禮法，恣情任私，縱爲暴亂，不知馭下之道，是以卒至于亡。今吾所任將帥，皆當時同功一體之人，自其歸心於我，即與之定名分，明號令，故諸將皆聽命，無敢有異者。爾等爲吾輔相，當守此道，無謹於始而忽於終也。」

4 二月，乙未朔，吳王以諸將圍武昌久不下，復親往視師，辛亥，至武昌，督兵攻城。

先是陳理太尉張定邊見事急，潛遣卒縋城走岳州，告其丞相張必先使入援。至是必先引兵至洪山，去城二十里，王命常遇春率精銳五千擊之，敵兵大敗，遂擒必先。必先驍勇善戰，人號爲「潑張」，城中倚以爲重，及被擒，縛至城下示之曰：「汝所恃者潑張，今已爲我擒，尙何恃而不降！」必先亦呼定邊曰：「吾已至此，兄宜速降。」定邊氣索不能言。武昌城東南有高冠山，下瞰城中，諸將相顧莫能登，傅友德率數百人，一鼓奪之，矢中額，復洞脅，戰益力，城中益喪氣。

王復遣友諒舊臣羅復仁入城，諭理使降，復仁因請曰：「主上推好生之德，惠此一方，使陳氏之孤得保首領，而臣不食言，臣雖死不恨矣。」王曰：「吾兵力非不足，所以久駐此者，欲待其自歸，免傷生靈耳。汝行，必不誤汝。」復仁至城下號哭，理驚，召之入，復相持痛哭。哭止問故，復仁諭以王意，辭旨懇切。時陳氏諸將無出定邊右者，定邊亦知不可支，癸丑，陳理肉袒銜璧，率定邊等詣軍門降。理俯伏戰慄，不敢仰視。王見其幼弱，起，挈其手曰：「吾不爾罪，勿懼也。」令宦者入其宮，傳命慰諭友諒父母，凡府庫儲蓄，令理悉自取之，遣其文武官僚以次出門，妻子資裝，皆俾自隨。

師圍武昌凡六閱月而降，士卒無敢入城，市井晏然不知有兵。城中民飢困，命給米賑之，召其父老撫慰，民大悅。於是漢、沔、荆、岳郡縣相繼來降，立湖廣行省中書，以樞密院判楊璟爲參政守之。

初，陳友諒命其兄友才，與左丞王忠信等守潭州，吳王至武昌，友才遣忠信來援，忠信戰敗而降，王授以參政，俾仍守潭州。友才率兵拒之於益陽，忠信巽辭開諭之，友才亦降，與其子俱送建康。友才，所謂「二王」者是也。

5 李明道被獲，送武昌，伏誅。明道，豐城人，故友諒將也，尋歸吳，後復叛附於友諒。友諒敗滅，明道懼，走歸豐城，剪其髮髴，逃匿武寧山中。有茶客識之，縛送武昌，王數其反覆之罪，戮之。

6 三月，乙丑，吳王至建康。丙寅，封陳理爲歸德侯。

7 吳置起居注、給事中。

8 戊辰，吳以中書左丞湯和爲平章政事。時和守常州，率元帥吳福興以舟師徇黃楊山，遇張士誠水軍，擊敗之，擒其千戶劉文興等，獲風船六艘，故有是命。

9 己巳，吳王謂中書省臣曰：「郡縣官年五十以上者，雖練達政事，而精力既衰。宜令有司選民間俊秀年二十五以上、資性明敏、有學識才幹者，辟赴中書，與年老者參用之。後老者休致而少者已熟於事，如此則人才不乏而官使得人。其下有司，宣布此意，悉令知之。」

10吳江西行省以陳友諒鏤金牀進，王觀之，謂侍臣曰：「此與孟昶七寶溺器何異！以一牀工巧若此，其餘可知。陳氏父子窮奢極靡，焉得不亡！」卽命毀之。

11辛未，吳王御西樓，有軍士十餘人，自陳戰功以求陞賞，王諭之曰：「爾從我有年，才力勇怯，我縱不知，將爾者必知之。爾有功，予豈遺爾！爾無功，豈可妄陳！且爾曹不見徐相國耶？今貴爲元勳，其同時相從者猶在行伍。予亦豈忘之！以其才智止此，不能過人故耳。爾曹苟能黽勉立功，異日爵賞，我豈爾惜！但患不力耳。」於是無有復言者。

12乙亥，監察御史王多勒圖、舊作朵列禿，今改。崔布延特穆爾舊作崔伯顏帖木兒，今改。諫皇太子勿親征。

13先是博囉特穆爾陰使人殺其叔父左丞伊珠爾布哈，舊作亦只兒不花，今改。佯爲不知，往弔不哭。朝廷知其跋扈，又以匿婁都爾蘇事，太子深疾之。且時方倚重於庫庫特穆爾，而庫庫駐兵太原，與博囉構兵，相持不解，於是綽斯戩、保布哈誣博囉與婁都爾蘇謀爲不軌，辛卯，下詔數博囉特穆爾悖逆之罪，解其兵權，削其官爵，候道路開通，許還四川田里。博囉殺使者，拒命不受。

續資治通鑑卷第二百十八

賜進士及第兵部尚書兼都察院右都御史總督湖北湖南等處地方軍務兼理糧餉世襲二等輕車都尉　畢沅　編集

元紀三十六 起閼逢執徐（甲辰）四月，盡旃蒙大荒落（乙巳）十二月，凡一年有奇。

順帝

至正二十四年（甲辰、一三六四）

1 夏，四月，甲午朔，命庫庫特穆爾舊作擴廓帖木兒，今改。討博囉特穆爾。舊作孛羅帖木兒，今改。

2 吳王退朝，與孔克仁等論前代成敗，因曰：「秦以暴虐，寵任邪佞之臣，故天下叛之。漢高起自布衣，能以寬大駕馭羣雄，遂爲天下主。今天下之勢則不然。元之號令紀綱，已廢弛矣，故豪傑所在蠭起，然皆不修法度以明軍政，此其所以無成也。」又曰：「天下用兵，河北有博囉特穆爾，河南有庫庫特穆爾，關中有李思齊、張良弼。然有兵而無紀律者，河北也；稍有紀律而兵不振者，河南也；道途不通，餽餉不繼者，關中也。江南則惟我與張士誠耳。士誠多姦謀而尚間諜，其御衆尤無紀律。我以數十萬之衆，固守疆土，修明軍政，委任將帥，俟時而動，其勢有不足平者。」克仁頓首曰：「主上神武，當安天下於一，今其時矣。」

3 吳中書省進宗廟祭饗及月朔薦新禮儀，王覽畢，悲愴流涕，謂宋濂、孔克仁曰：「吾昔遭世艱苦，饑饉相仍，當時二親俱在，吾欲養而力不給。今賴天地之佑，化家爲國，而二親不及養。追思至此，痛何可言！」因命並錄皇考妣忌日，歲時饗祀以爲常。

4 吳平章俞通海、參政張興祖，率兵掠劉家港，進逼通州，擊敗張士誠兵，擒其院判朱瓊、元帥陳勝。

5 丙申，吳王命建忠臣祠於鄱陽湖之康郎山，祀丁普郎、張志雄、韓成、宋貴、陳兆先、余昶、呂文貴、王勝、李信、陳弼、劉義、徐公輔、李志高、王咬住、姜潤、石明、王德、朱鼎、王清、常得勝、王鳳顯、丁宇、王仁、汪澤、王理、陳沖、裴軫、王喜仙、袁華、史得勝、常惟德、曹信、逯德山、鄭興、羅世榮等三十五人，並封贈勳爵有差。

6 博囉特穆爾知詔令調遣之事，非出帝意，皆右丞相綽斯戩 舊作搠思監，今改。 所爲，遂遣部將會圖沁特穆爾 舊作禿堅帖木兒，今改。 舉兵向闕。壬寅，圖沁特穆爾兵入居庸關，癸卯，知樞密院事伊蘇、 舊作也速，今改。 詹事布埒齊 舊作不蘭奚，(一作孛蘭奚。)今改。 迎戰於皇后店。布埒齊力戰，伊蘇不援而退，布埒齊幾爲所獲，脫身東走。

甲辰，皇太子率侍衞兵出光熙門，東走古北口，趨興松。

乙巳，圖沁特穆爾兵至清河列營。時都城無備，城中大震，令百官吏卒分守京城。

7吳王命建忠臣祠於南昌府，祀趙德勝、李繼先、劉濟、朱叔華、許圭、朱潛、牛海龍、張子明、張德山、徐明、夏茂成、萬思成、葉琛、趙天麟等十有四人。

8吳王聞諸功臣家僮有橫肆者，乃召徐達、常遇春等諭之曰：「爾等從我，起身艱難，成此功勳，匪朝夕所致。聞爾等所畜家僮，乃有恃勢驕恣，踰越禮法。小人無忌，不早懲戒之，他日或生衅隙，寧不爲其所累！此輩宜速去之，如治病當急除其根。若隱忍姑息，終爲身害。」

9丙午，吳中書省言：「湖廣行省所屬州縣，故有鐵冶，方今用武之際，非鐵無以資軍用，請與建鑪冶，募工煉鐵。」從之。

10宗王布延特穆爾（舊作不顏帖木兒，今改。）等皆稱兵，與博囉特穆爾合，表言其無罪。丁未，帝爲降詔曰：「自至正十一年，妖賊竊發，選命將相，分任乃職，視同心膂。豈期綽斯戩、保布哈（舊作朴不花。）貪緣爲姦，互相壅蔽，以致在外宣力之臣因而解體，在內忠良之士悉陷非辜；又復奮其私讎，誣構博囉特穆爾、婁都爾蘇（舊作老的沙。）等同謀不軌。朕以信任之專，失於究察，遂調兵往討，博囉特穆爾已嘗陳辭，而乃寢匿不行。今宗王布延特穆爾等，仰畏明威，遠來控訴，以表其情，朕爲惻然興念。而綽斯戩、保布哈，猶飾虛詞，簧惑朕聽，其以綽斯戩屏諸嶺北，保布哈竄之甘肅，以快衆憤。博囉特穆爾等悉與改正，復其官職。」然詔書雖下，而綽斯戩、保布哈仍留京師。是日，以伊蘇爲中書左丞相。

11 吳左相國徐達等率兵取廬州，左君弼聞達至，懼不敢敵，走入安豐，令其將殷從道、張煥等守城，達督兵圍之。

12 詔書既下，圖沁特穆爾軍猶駐清河。帝遣達勒達舊作達達，今改。國師往問故，言必得綽斯戩、保布哈乃退兵，帝不得已執二人畀之。

13 己酉，吳命中書省，凡商稅三十稅一，多取者以違例論。改在都官店爲宣課司，府、州、縣官店爲通課司。

14 綽斯戩、保布哈囚首至圖沁特穆爾營中，圖沁爲之加帽、易衣，置綽斯戩中坐，保布哈側坐，拜之，二人於是交跪。圖沁奏帝，求赦其擅執大臣及稱兵犯闕之罪，得二赦乃已。

庚戌，圖沁特穆爾陳兵自健德門入，覲帝於延春閣，慟哭請罪，且曰：「左右蒙蔽陛下，非一日矣，倘循習不改，柰天下何！臣今執二人去矣，陛下亦宜省過，卓然自新，一聽正人所爲，不復爲邪佞所惑，然後天下事可爲，祖宗基業可保也。」帝唯唯，就宴賚之。加博囉特穆爾太保，依前守禦大同，圖沁特穆爾爲中書平章政事。辛亥，圖沁特穆爾軍還。

皇太子至路兒嶺，詔追及之，還宮。

15壬戌，吳命江西行省置貨泉局，設大使、副使各一人。頒大中通寶大小五等錢式，並使鑄之。

16初，吳降附諸將校，皆仍其舊官，至是下令曰：「爲國先正名。諸將有稱樞密、平章、元帥、總管、萬戶者，名不稱實，甚無謂。其覈諸將所部，滿萬人者爲指揮，滿千人者爲千戶，百人爲百戶，五十人爲總旗，十人爲小旗。」

17圖沁特穆爾執綽斯戩、保布哈詣博囉特穆爾軍，博囉厚禮之，踰三日，始問以濁亂天下之罪。復笑而問綽斯戩曰：「我前賂汝七寶數珠一串，今何不見還？」因取六串來，博囉視之，皆非故物。復命索之，乃得前所賂。博囉怒曰：「在君側者貪婪如此，我可以姑容乎！」遂幷殺之。

18五月，甲子，黃河清。

19戊辰，庫庫特穆爾奉命討博囉特穆爾，屯兵冀寧，其東道以白索珠舊作白鎖住，今改。領兵三萬，守禦京師，中道以摩該舊作貊高，今改。珠展舊作竹貞，今改。領兵四萬，西道以關保領兵五萬，合擊之。關保等兵逼大同，博囉特穆爾留兵守大同，而自率兵與圖沁特穆爾、婁都爾蘇舊作老的沙，今改。復大舉向闕。

20 六月，癸卯，三星晝見，白氣橫突其中。

21 甲辰，河南府有大星夜見南方，光如晝。丁未，大星隕，照夜如晝，及旦，黑氣晦暗如夜。

22 甲寅，白索珠以兵至京師，請皇太子西行。

23 是月，保德州黃龍見井中。

24 秋，七月，丁丑，吳徐達、常遇春克廬州。時廬州被圍久，衆皆飢困不能戰，張煥與賈丑潛通款於達，請攻東門，己爲內應，於是進師急攻之。城中諸軍悉救東門，張煥乃斷弔橋，開西門，導達兵入城，執其部將吳副使並左君弼母、妻及子送建康，以指揮戴德守之。

25 戊寅，吳命平章常遇春會鄧愈及金大旺兵，討江西上流未附郡縣。

26 己卯，左君弼部將許榮，以舒城降于吳，吳王令榮還守舒城，俾發安陽等五翼士馬赴建康。

27 吳改廬州路爲府，置江淮行省，命平章俞通海攝省事以鎮之。兵革之際，民多竄匿，通海日加招輯，爲政有惠愛，復業者衆。

28 丙戌，博囉特穆爾前軍入居庸關，京師震駭。皇太子親統軍禦之于淸河，丞相伊蘇、詹事布埒齊軍于昌平。伊蘇軍士無鬭志，青軍楊同簽被殺於居庸，布埒齊戰敗走，太子亦馳還都城。白索珠引兵入平則門，丁亥，白索珠扈從皇太子及東宮官僚出順承門，由雄、霸、河間，取道往冀寧。

戊子，博囉特穆爾駐兵健德門外，與圖沁特穆爾、婁都爾蘇入見帝於宣文閣，訴其非罪，皆泣，帝亦泣，乃賜宴。博囉特穆爾欲追襲皇太子，婁都爾蘇止之。

庚寅，詔以博囉特穆爾爲中書左丞相，婁都爾蘇爲中書平章政事，圖沁特穆爾爲御史大夫，其部屬皆布列省臺百司。以伊蘇知樞密院事。詔諭：「博囉特穆爾、庫庫特穆爾俱朕股肱，視同心膂，自今各棄宿忿，弼成大勳。」

先是綽斯戩欲削博囉兵權，召承旨張翥使草詔，翥辭曰：「此大事，非見天子不敢爲。」乃更召參知政事危素，就相府客位草之。草畢，綽斯戩過中書，詫其郎中曰：「我爲朝廷出詔削博囉兵權，此撥亂反正之舉也。」郎中曰：「相公此舉，得無撥正反亂乎？」坐客有暢勳者，亦曰：「此猶裸體搏虎豹耳。」至是博囉聞之，召素，責之曰：「詔從天子出，丞相客位，豈草詔之地乎？」素無以對。欲將出斬之，左右解曰：「素一秀才，豈敢與丞相可否？」乃止。旋出爲嶺北行省左丞，素棄官居房山。【考異】庚申外史云：博囉以素負才名，除和林行省左丞，即日上道，今從明史危素傳。傳又云言事，不報，棄官居房山。按素此時方懾於博囉之威，所言之事，別無可攷，今祇作居房山。

29八月，壬辰朔，日有食之。

30吳常遇春、鄧愈等率兵討新淦之沙坑、麻嶺、牛陂諸寨，平之。執僞知州鄧志明送建康，與其兄克明皆伏誅。

31乙未，吳命左相國徐達按行荆湖。陳友諒既滅，荆湖諸郡多款附。至是王諭達曰：「今武昌既平，湖南列郡，相繼款附。然其間多陳氏部曲，觀望自疑，亦有山寨遺孽，憑恃險阻，聚衆殃民。今命爾按行其地，撫輯招徠，俾各安生業。或有恃險爲盜者，卽以兵除之，毋貽民患。」

32戊戌，吳常遇春、鄧愈既平諸山寨，進次吉安。遇春遣人謂饒鼎臣曰：「吾今往取贛，可出城一言而去。」鼎臣不敢出，遣其幼子出見。遇春命坐而飲之，又賜以衣服，遣歸，曰：「歸語而父，將欲何爲，匿而不見？吾往矣，不能爲爾留，可善自爲計。」鼎臣卽夜棄城走。遇春遂復吉安，乃引兵趨贛州。

33壬寅，詔以博囉特穆爾爲中書右丞相、監修國史，節制天下軍馬。

34監察御史言：「綽斯戩矯殺丞相泰費音，(舊作太平。)盜用鈔板，私家草詔，任情放選，鬻獄賣官，費耗庫藏，居廟堂前後十數年，使天下八省之地悉至淪陷，乃誤國之姦臣，究其罪惡，大赦難原。曩者姦臣阿哈瑪特舊作阿合馬，今改。之死，剖棺戮尸，綽斯戩之罪，視阿哈瑪特有加，今雖死，必剖棺戮尸爲宜。」詔從之。而臺臣言猶不已，遂復沒其家產，竄其子宣政使觀音努（舊作觀音奴。）於遠方。

齊喇氏舊作怯烈氏，今改。四氏〔世〕爲丞相者八人，世臣之家，鮮與比盛。而綽斯戩早有才望，及居相位，人皆仰其有爲。遭時多事，顧乃守之以懦，濟之以貪，遂使天下之亂，日甚一日。論者謂元之亡，綽斯戩之罪居多。

35 乙巳，皇太子至冀寧，奏除前監察御史張楨爲贊善，又除翰林學士，皆不起。庫庫特穆爾將輔皇太子入討博囉特穆爾，遣使傳太子旨，賜以上尊，且訪時事。楨復書曰：「今燕、趙、齊、魯之境，大河內外，長淮南北，悉爲丘墟，關陝之區，所存無幾。江左日思薦食上國，荊楚、川蜀，淫名僭號，幸我有變，利我多虞。閣下國之右族，三世二王，得不思廉、藺之於趙，寇、賈之於漢乎？守京師者能聚不能散，禦外侮者能進不能退，紛紛藉藉，神分志奪，國家之事，能不爲閣下憂乎？志曰：『不備不虞，不可以師。』僕今獻忠於閣下，大要有三：保君父，一也；扶社稷，二也；衞生靈，三也。請以近似者陳其一二：衞出公據國，至於不父其父；趙有沙丘之變，其臣成、兌平之，不可謂無功，而後至於不君其君；唐肅宗流播之中，忧於邪謀，遂成靈武之篡，千載之下，雖智辨百出，不能爲雪；嗚呼！是豈可以不鑒之乎？然吾聞之，天之所廢不驟也。逞其得志，肆其寵樂，使忘其覺悟之心，非安之也，厚其毒而降之罰也。天遂其欲，民厭其汰，而鬼神弗福也。閣下覽觀焉，苟謀出於萬全，詢之輿議，通其往來之使，達其上下之情，得其情則得其策矣。孔子曰：『君君，臣臣，父父，子子。』今九重在上者如寄，青宮在下者如寄，生民之憂，國家之憂也，可不深思而熟計之哉！」庫庫特穆爾深納其說。

36 乙卯，張士誠自以其弟代達實特穆爾舊作達識帖睦邇，今改。爲江浙行省左丞相。時江浙右丞達蘭特穆爾，舊作答蘭帖木兒，今改。左右司郎中珍保，舊作眞保，今改。詔事士誠，多受金帛，數媒孽達實特穆爾之短。至是士信克安豐還，士誠乃使王晟等面數達實特穆爾過失，勒其移咨省院，自陳老病願退，又言丞相之任非士信不可。士信卽逼取其諸所掌符印，而自爲江浙行省左丞相，徙達實特穆爾於嘉興，士信峻垣牆以錮之。達實特穆爾日對妻妾，放歌自若。

士誠令有司公牘皆首稱吳王令旨，又諷行臺爲請實授於朝，行臺御史大夫布哈特穆爾舊作普化帖木兒，今改。不從。乃使人至紹興索行臺印章，布哈特穆爾封其印，置諸庫，曰：「我頭可斷，印不可與！」又迫之登舟，曰：「我可死，不可辱也！」從容沐浴更衣，與妻子訣，賦詩二章，乃仰藥死，臨終，擲杯地上曰：「逆賊，當繼我亡也！」達實特穆爾聞之，歎曰：

「大夫且死，吾不死何爲！」遂命左右以藥酒進，飲之而死。士誠乃使載其柩及妻孥北返於京師。

布哈特穆爾，奈曼氏，舊作乃蠻氏，今改。行臺御史大夫特默格舊作帖木哥，今改。子也。

37是月，博囉特穆爾請誅狎臣圖嚕特穆爾，舊作秃魯帖木兒，今改。罷三宮不急造作，沙汰宦官，裁減錢糧，禁止西蕃僧好事。

38吳常遇春兵至贛州，熊天瑞固守不下，吳王令平章彭時中以兵會遇春等共擊之。天瑞守益堅，遇春乃浚壕立栅以困之。

39張士信既爲江浙丞相，建第宅東城下，號丞相府。張氏諸臣皆起於寒微，自謂化家爲國以抵小康，亦皆大起第宅，飾園池，畜聲妓，購圖畫，民間奇石名木，必見豪奪。士信後房百餘人，習天魔舞隊，園中采蓮舟楫，以沈檀爲之。諸臣宴樂，率費米千石，居民趨附之者，輒得富貴。未幾，士信令潘元明守杭州而自還姑蘇，參軍黄敬夫、蔡彦文、葉德新，皆佞幸用事。彦文，山陰人，嘗賣藥；德新，雲陽人，善星卜；士信每倚以謀國。吳王聞之曰：「我諸事經心，法不輕恕，尚且有人欺我。張九四終歲不出門，不理政事，豈不受人欺乎！」時有市謠十七字曰：「丞相做事業，專用王（黄）、蔡、葉，一朝西風起，乾鱉！」黄蔡，寓黄菜；西風，謂建康兵也。【考異】劉辰國初事跡「乾鱉」作「乾別」。徐氏後編引明實錄吳中童謠，云「黄菜葉」作「齒類』，「一朝西風來，乾歇。」與劉辰所記異，今從明史五行志。

40 九月，辛酉朔，宦官蘇隆濟岱，舊作思龍宜，今改。潛送宮女博果岱，舊作伯忽都，今改。出自順承門以達於皇太子。

41 癸酉夜，天西北有紅光，至東而散。

42 辛巳，吳命中書省繪塑功臣像于卞壼及蔣子文廟，以時遣官致祭，其南昌府及康郎山、處州、金華、太平府各功臣廟，亦令有司依期致祭。其未褒贈者，論功定擬以聞。

43 吳徐達及楊璟等帥師取江陵，次於沙市。故陳友諒平章姜珏詣達乞降，且曰：「當死者珏耳，百姓無辜。」達善其言，下令安輯居民，禁兵侵擾。列郡聞之，望風歸附。尋改江陵路爲荆州府。

乙酉，徐達遣裨將傅友德將兵取夷陵，故陳友諒守將楊以德率耆民出降。尋改夷陵爲峽州。

44 方明善攻平陽，吳參軍胡深遣兵擊敗之。

先是溫州土豪周宗道據平陽縣，屢爲明善所逼，遂降於深。明善怒，益率兵攻之，宗道求援於深，深擊敗明善，并下瑞安，進兵溫州。明善懼，與方國珍謀，輸歲貢銀二萬兩充軍費，請守鄉郡如錢鏐故事，吳王許之，命深班師。

45吳徐達帥兵至潭州。湘鄉土酋易華，集少壯據黃牛峰十餘年，至是達使人招之，華率其部衆以降。

46故陳友諒歸州守將楊興，以城降於吳，就以興爲千戶，守之。

47冬，十月，乙未朔，吳遙授廖永安爲江淮等處行中書省平章政事，封楚國公。時永安爲張士誠所拘，守義不屈，故有是命。永安後遂卒于蘇州。

48乙卯，吳守江西都督朱文正，遣元帥宋晟以兵討須嶺寨。晟至，遣人招諭之，寨帥丁廷玉等及其下五千人來降，文正徙其衆幷家屬於南昌。

49吳常遇春等兵圍贛州既久，熊天瑞子元震，竊出覘兵勢，遇春亦乘數騎出，猝與相遇，元震不知其爲遇春也，過之。及遇春還，元震始覺，復來襲，遇春遣壯士揮雙刀擊之，元震奮鐵撾以拒，且鬭且卻。遇春曰：「壯男子也！」舍去之。

50己未，詔皇太子還京師。

51命伊蘇、婁都爾蘇分道總兵。

52十一月，辛酉，吳置湖廣提刑按察司。

53壬申，故鄧克明部卒羅五叛，寇撫州，吳守將金大旺討平之。

54辛巳，吳命平章湯和率師救長興，師至，張士信以兵拒戰，自巳至申，不解，殺傷相當。

耿炳文自城中出兵，內外夾擊，敗之，俘其士卒八千餘人，獲馬二萬餘匹，和乃還。

55 十二月，庚寅朔，吳徐達兵克辰州。

先是辰州爲陳友諒左丞周文貴所據，達遣指揮張彬將兵討之。文貴部將張川，據白雲關以拒敵，彬敗之，文貴棄城走湖南，遂克辰州。

達又遣指揮傅友德攻衡州，守將左丞鄧祖勝，棄城退保永州。衡州亦平。

56 己巳，吳王遣使以書與庫庫特穆爾，約其通好，略曰：「博囉犯闕，古今大惡，此正閣下正義明道、不計功利之時也。然閣下居河南四戰之地，承潁川新造之業，而博囉寇犯不已，慮變之術，不可以不審。閣下何靳一介之使，渡江相約！予地雖不廣，兵雖不強，然春秋衂交之義，常切慕焉。且亂臣賊子，人人得而誅之，又何彼此之分哉！英雄相與之際，正宜開心見誠，共濟時艱，毋自猜阻，失此舊好，惟閣下圖之！」

57 新淦鄧仲謙作亂，襲破州治，殺吳知州王眞。仲謙，志明從子也。

58 是冬，張士誠浚常熟白茆港。

泰定間，周文英奏記，謂水勢所趨，宜專治白茆、婁江，時莫之省也。士誠閱故籍，得文英書，起兵民夫十萬，命呂珍督役，民怨之。及役竟，頗得其利。

至正二十五年(乙巳、一三六五)

1 春，正月，己未朔，吳常遇春、鄧愈克贛州。遇春等圍城凡五閱月，熊天瑞援絕糧盡，遣子元震出降，天瑞尋亦肉袒詣軍門，盡獻其地，遇春送天瑞於建康。吳王聞遇春克贛不殺，喜甚，遣使褒諭之曰：「予聞仁者之師無敵，非仁者之將不能行也。今將軍破敵不殺，是天賜將軍隆我國家，千載相遇，非偶然也。捷音至，予甚爲將軍喜，雖曹彬之下江南，何以加茲！將軍能廣宣威德，保全生靈，予深有賴焉。」

先是天瑞據贛，常加賦橫斂民財，及其降，有司請仍舊徵之，王曰：「此豈可爲額耶！」命亟罷之，幷免去年秋糧之未輸者。

元震，本姓田氏，爲天瑞養子，善戰有名，遇春喜其才勇，薦之，授指揮，後復姓田氏。

2 吳徐達遣千戶胡海洋取寶慶路，克之，守將唐龍遁去。於是靖州軍民安撫司及諸長官司皆來降，達皆賞賚而遣之。

3 癸亥，封李思齊爲許國公。

4 壬申，吳常遇春進師南安，遣麾下危正踰嶺南，招諭韶州諸郡之未下者，於是韶州守將同簽張秉彝及南雄守將孫榮祖，各籍其兵糧來降。遇春令指揮王嶼守南雄，令秉彝守韶州。

5吳大都督朱文正，遣參政何文輝、指揮薛顯等討新淦鄧仲謙，斬之。

6吳王命平章湯和率兵討江西永新諸山寨。參政鄧愈還軍至吉安，遣兵討饒鼎臣於安福，部卒掠其男女千餘人，安福州判官潘樞【考異】獻徵錄作潘景岳，徐氏後編同，今從明史鄧愈傳。告愈曰：「將軍奉揚天威以除禍亂，渠魁未殄而良民先被其害，非弔伐之義也。」愈立起驚謝，趣下令：「掠民者斬！」大索軍中所得子女，盡出之。樞因閉置空舍中，自坐舍外，賫糜粥食之，卒有謀夜劫取者，愈鞭之以徇。樞因悉護遣還其家，民大悅。愈還，至富州，復討平其山寨。捷聞，以愈為江西行省右丞。

7壬午，監察御史博囉特穆爾、（舊作孛羅帖木兒。）賈彬等，辨明哈瑪爾、舊作哈麻，今改。舒蘇舊作雪雪，今改。之罪。

8甲申，吳大都督朱文正，有罪免官，安置桐城縣。

文正涉傳記，饒勇略，初從渡江取集慶路有功，吳王問：「若欲何官？」文正對曰：「叔父成大業，何患不富貴！爵賞先及私親，何以服衆？」王善其言，益愛之。及江西平，文正功居多，王厚賜諸將，念文正前言知大體，錫功尚有待也，文正遂不能無少望。性素卞急，至是益暴怒無常，任掾吏衞可達奪部中子女。按察使李飲冰奏其驕侈觖望，王遣使詰責，文正懼，飲冰益言其有異志。【考異】徐氏後編作文正謀叛降張士誠，按察使李韶密奏之，今從明史諸王傳。

王卽日登舟，至南昌城下，遣人召之，文正倉卒出迎。王泣謂之曰：「汝何爲者？」遂載與俱歸。至建康，王妃力解之，曰：「兒特性剛耳，無他也。」羣臣請置於法，王曰：「文正固有罪，然吾兄止有是子，若置之法，則傷恩矣。」乃免文正官，安置桐城。時其子守謙，甫四歲，王撫其項曰：「爾父倍訓敎，貽吾憂。爾他日長成，吾封爵爾，不以爾父廢也。」命王妃育之。

9 乙酉，吳王將經理淮甸，親閱試將士，命鎭撫居明率軍士分隊習戰，勝者賞銀十兩，其傷而不退者，亦勇敢士，賞銀有差，且徧給酒饌勞之，仍賜傷者醫藥。因諭之曰：「刃不素持，必致血指；舟不素操，必致傾覆；若弓馬不素習而欲攻戰，未有不敗者，故使汝等練之。今汝等勇健若此，臨敵何憂不克！爵賞富貴，惟有功者得之。」顧謂起居注詹同等曰：「兵不貴多而貴精，多而不精，徒累行陣。近聞軍中募兵多宂濫者，吾時爲試之，冀得精銳，庶幾有用也。」

10 蜀明玉珍更定官制，倂六卿爲中書省、樞密院。以戴壽、萬勝爲左右丞相，向大亨、張文炳知樞密院事；鄒興鎭成都，吳友仁鎭保寧，莫仁壽鎭夔關，皆平章事；竇英鎭播州，姜珏鎭彝陵，皆參知政事；荆玉鎭永寧，商希孟鎭黔南，皆宣慰使。未幾，遣勝攻興元，下之。

11二月，己丑朔，福建行省平章陳友定侵處州，吳參軍胡深率兵往援。友定聞深至，遁去，深追至浦城，守將拒戰，深擊敗之，遂下浦城。

12辛丑，吳命千戶夏以松守臨江，張信守吉安，單安仁守瑞州，宋炳守饒州，並屬江西行省節制。又命參軍詹元亨總制辰、沅、曲靖、寶慶等州郡，聽湖廣行省節制。

13丙午，張士誠憤諸全之敗，集兵二十萬，遣其將李伯昇挾吳叛將謝再興攻諸全之新城，置陣延亙十餘里，造廬舍，建倉庫，預爲必拔之計，且分兵數萬，據城北十里以遏援兵。守將胡德濟堅壁拒之，告急於嚴州朱文忠，文忠遣指揮張斌、元帥張俊率兵出浦江，遙爲德濟聲援。

士誠又以兵自桐廬溯釣臺，窺嚴州，文忠命以舟師拒之。未至而千戶謝佑爲其伏兵所執，諸將皆恐甚，文忠意氣自若，分署諸將，各爲備禦，以何世明、袁洪、柴虎居守，自率指揮朱亮祖等馳救。丁巳，去新城二十里而軍，德濟潛使人告賊勢盛，宜少避其鋒俟大軍，文忠曰：「昔謝玄以兵八千破符（苻）堅百萬，兵在精，不在衆。」乃下令曰：「彼衆而驕，我少而銳。以銳遇驕，必克。彼軍輜重山積，此天以富汝曹也，勉之！」會有白氣覆軍上，占之曰：「必勝。」

詰朝會戰，天大霧晦冥，文忠使元帥徐大興、湯克明等將左軍，嚴德、王韶等將右軍，而自以中軍當敵衝。會胡深遣耿天璧以援師至，文忠復申約束，奮前搏擊。霧稍開，文忠橫槊引鐵騎數十，乘高馳下，衝其中堅。敵以精騎圍文忠數重，矛屢及膝，文忠大呼，手格殺其驍將，縱橫馳突，所向皆靡。左右軍乘之，城中守兵亦鼓噪出，士誠兵大潰，逐北十餘里，斬首數萬級。文忠收兵會食，遣指揮朱亮祖、張斌追殄餘寇，燔其營落數十，獲其同僉韓謙等六百，甲士三千，鎧仗芻粟，收數日不盡，伯昇、再興，僅以身免。

14 戊午，皇太子在冀寧，命甘肅行省平章多爾濟巴勒舊作朵兒只班，今改。以岐王阿喇奇爾舊作阿剌乞兒，今改。軍馬會平章臧卜、李思齊，各以兵守寧夏。

15 三月，庚申，皇太子下令於庫庫特穆爾軍中曰：「博囉特穆爾襲據京師，余既受命總督天下諸軍，恭行顯罰，少保、中書平章政事庫庫特穆爾，躬勒將士，分道進兵，諸王、駙馬及陝西平章政事李思齊等，各統軍馬。尙其奮義戮力，剋期恢復。」博囉特穆爾聞之，大怒，嗾監察御史武起宗，言皇后奇氏外撓國政，因奏帝，宜遷后出於外，帝不答。丙寅，遂矯制幽后於諸色總管府，令其黨姚巴延布哈舊作姚伯顏不花，今改。守之。

16 丁卯，命婁都爾蘇、拜特穆爾（舊作別帖木兒。）並爲御史大夫。

17 辛巳，吳常遇春平贛軍還，王御戟門頒賞以勞之。

18 癸未，吳起居注宋濂乞歸省金華，王賜金幣而遣之。濂還家，進表謝，復致書世子，勸以進修。王覽書甚喜，召世子諭之曰：「吾自幼艱難，令〔今〕爾曹冠服華麗，飲食甘美，安居深宮，不思勇於進修，是自棄也。宋起居之言有益，爾其味之！」復遣使至其家，賜書獎諭，錫以綺帛，仍令世子親致書以報。

19 夏，四月，己丑朔，吳參軍胡深，進攻建寧之松溪，克之，獲陳友定守將張子玉而還。

【考異】劉辰國初事蹟作「張正」，今從明史胡深傳作子玉。

20 庚寅，博囉特穆爾至諸色總管府見皇后奇氏，令還宮取印章，作書遺皇太子，遣內侍官鄂勒哲圖舊作完者秃，今改。持往冀寧，復出皇后，幽之。

21 吳王命平章常遇春取湖廣襄陽諸郡。王嘗與徐達等論襄、漢形勢曰：「安陸、襄陽，跨連荆、蜀，乃南北之襟喉，英雄所必爭之地。今置不取，將貽後憂。況沔陽新附，城中人民多陳氏舊卒，壤地相連，易於扇動。譬之樹木，安陸、襄陽爲枝，沔陽爲榦，榦若有損，枝葉亦何有焉！今宜增兵守沔陽，庶幾不失其宜。」至是遂命遇春將兵往討之。

22 乙巳，關保等兵進圍大同，乙卯，入其城。

23 五月，庚申，吳廣信衞指揮王文英率師趣鉛山，次佛母嶺，與陳友定兵遇，擊走之。

24 辛酉，吳參軍胡深言：「近克松溪，獲張子玉，其餘衆敗奔崇安，請發廣信、撫州、建昌三路兵並攻之，因覬取八閩。」王曰：「子玉驍將，今爲我擒，彼必破膽，乘勢攻之，必無不克。」卽命廣信指揮朱亮祖由鉛山，建昌左丞王溥由杉關，會深進兵。

25甲子，京師天雨氂，長尺許。或言於帝曰：「龍鬚也。」命拾而祀之。

26乙亥，吳平章常遇春攻安陸，克之。

先是遇春既行，王復調江西右丞鄧愈爲湖廣平章，領兵繼其後，使人謂愈曰：「凡得州郡，汝宜駐兵以撫降附。若襄陽未下，則令遇春分兵，半集沔陽，半集景陵，汝居武昌，使聲援相應，以遏寇之奔軼。」愈奉命遂行。至是遇春攻安陸，其守將僉院任亮出拒戰，遇春擊敗亮，執之，遂克其城，以沔陽衞指揮吳復守之。

27己卯，吳常遇春至襄陽，守將棄城遁，遇春追擊之，俘其衆五千。僉院張德、羅明以穀城降，遇春送之建康。吳王以章溢爲湖廣按察僉事，溢以荊、襄多廢地，議分兵屯田，王善之。

28癸未，吳浙東元帥何世明，敗張士誠兵於新溪，又敗之於柴溪。

29是月，侯布延達寶舊作候卜延答失，今改。奉威順王自雲南、西蜀轉戰而出，至成州，欲之京師，李思齊俾屯田於成州。

30吳王賜鄧愈書曰：「汝戍襄陽，宜謹守法度。山寨來歸者，兵民悉仍故籍，小校以下，悉令屯種，且耕且戰。汝所戍地鄰庫庫，若汝愛加於民，法行於軍，則彼所部，皆將慕義來歸，如脫虎口就慈母。我賴汝如長城，汝其勉之！」愈於是披荆棘，立軍府，營屯練卒，拊循招徠，威惠甚著。

31 六月，戊子，以黎安道爲中書參知政事。

32 己丑，吳置思南宣慰使司。

時思南宣慰使田仁智，遣其都事楊琛來歸款，并納元所授宣慰使印，王曰：「仁智僻處遐荒，世長谿峒，乃能識天命，率先來歸，誠可嘉也！」俾仍爲思南道宣慰使。授琛思州等處軍民宣撫使，以三品銀印給之。

33 丁酉，吳克安福州。

先是饒鼎臣父子既走安福，與其黨劉顯等仍肆剽掠，鄧愈遣兵討之，久不下。王復命元帥王寶會參政何文輝、黃彬共討之，鼎臣復棄城走茶陵。

34 辛丑，湖廣行省左丞周文貴復寶慶路。

35 乙巳，皇后奇氏自幽所還宮。

后數納美女於博囉特穆爾，博囉喜，故得還宮，自始幽至此凡百日。博囉特穆爾自入京師，納女四十餘人，荒於酒色，銳氣消耗矣。

36 壬子，吳參軍胡深克溫之樂淸，擒方國珍鎭撫周淸、萬戶張漢臣、總管朱善等，械送建康。

37 吳指揮朱亮祖等進攻建寧。時陳友定將阮德柔嬰城固守，諸軍次城下，亮祖卽欲攻之，胡深視氛祲不利，語亮祖曰：「天時未協，將必有災。」亮祖曰：「天道幽遠，山澤之氣，變態無常，何足徵也！」迫深進兵，深猶持不可。德柔屯錦江，逼深陣後，亮祖督戰益急。深不獲已，遂引兵鼓譟而進，破其二栅，德柔盡率精銳扼深軍，圍之數重。日已暮，深突圍出，伏兵起，深馬蹶，被執，送於友定，友定敬禮之。深因盛稱吳王神聖威武，羣雄屬心，以喻友定，友定亦無殺深意，會元使至，督迫之，遂遇害。深久涖鄕郡，馭衆寬厚，用兵十餘年，未嘗妄戮一人。吳王嘗問宋濂曰：「深何如人？」濂曰：「文武才也。」王曰：「誠然。浙東一障，吾方賴之。」比伐閩，有星變，王曰：「東南必失一良將。」亟諭之，深已被害。

38 吳何文輝等平山寨，擒其盜萬興宗，斬之。

39 乙卯，以太尉和尼齊舊作火你赤，今改。爲御史大夫。

40 吳王下令：「凡農民田五畝至十畝者，栽桑、麻、木棉各半畝，十畝以上者倍之，其田多著，率以是爲差。有司親臨督率，不如令者有罰，不種桑，使出絹一匹，不種麻及木棉，出麻布、棉布各一匹。」

41 吳以儒士滕毅、楊訓爲起居注，王諭之曰：「吾見元大臣門下士，多不以正自處，惟務諂諛以圖苟合，見其人所爲非是，不相與正救，及其敗也，卒陷罪戾。爾從徐相國幕下，久而無過，故授爾是職，宜盡心所事，勿爲阿容。」又曰：「起居之職，非專事紀錄而已，要在輸忠納誨，致主於無過之地，而後爲盡職。吾平時於百官所言，一二日外猶尋繹不已；今爾在吾左右，不可不盡言也。」復命毅、訓集古無道之君若夏桀、商紂、秦始皇、隋煬帝所行之事以進，曰：「吾觀此者，正欲知其喪亂之由以爲戒耳。」

42 是月，皇太子進封李思齊爲邠國公，加封（校者按：封字衍。）中書平章政事，兼知四川行樞密院事、虎符招討使、分中書四部。

43 博囉特穆爾遣圖沁特穆爾率軍伐上都之附皇太子者，調伊蘇南禦庫庫特穆爾軍。伊蘇次良鄉不進而歸永平，使人西連太原，東結遼陽，軍聲大振。博囉患之，遣驍將姚巴延統兵出禦，至遙州，河溢，營紅橋以待，伊蘇出其不意襲破之，殺姚巴延。博囉恐，自將出通州，三日大雨，取一女子，不戰而還。

博囉先嘗以猜疑殺其將保安，既又失姚巴延，鬱鬱不樂，乃日與妻都爾蘇飲宴，酗酒殺人，喜怒不測，人皆畏忌。

44秋，七月，丁巳朔，吳命降將張德山歸襄陽，招諭未附山寨。

45吳平章湯和，進兵攻周安于永新。

初，陳友諒既亡，安即降，吳命仍守永新。及兵入安福討饒鼎臣，安疑而復叛，仍與諸山寨相結。和至，安出拒戰，和擊敗之，克其十七寨，擒僞官五十餘人，遂圍其城。

46庚申，故陳友諒左丞周文貴之黨復攻陷辰溪，吳總制辰沅等州事參軍詹允亨遣兵討之。

47甲子，吳王遣使以書與庫庫特穆爾曰：「曩者初無兵端，尹煥章來，得書喜甚，即遣汪何同往，爲生者賀，歿者弔。使者去而不回，復遣人往，皆被拘留。且閣下昔與博囉搆兵，雌雄未決，尚以知院郭雲、同僉任亮攻我景陵，掠我沔陽。予思此城雖元之故地，久在他人之手，予從他人得之，非取於元者也。閣下外假元名，內懷自逞，一旦輕我，遂留前使。予雖不校，但以閣下內難未除，猶出兵以欺我，使其勢專力全，又當何如！果若挾天子令諸侯，創業於中原，則當開誠心，示磊落，睦我江淮。今乃遣竹昌、忻都（前改作實都。）率兵深入淮地，殺掠人民，殆非所宜。況有自中原來者，備言張思道、李思齊等，連和合從，專併閣下，此正可慮之秋，安可坐使西北數雄，結連關內，反舍近圖，欲趨遠利，獨力支吾，非善計也。

予嘗博詢廣采，聞軍中將欲爲變，恐不利於閤下，故特遣人敍我前意，述我所聞，閤下其圖之！節次使命若能遣回，庶不失舊好，惟亮察焉。」思道，張良弼字也。

48 乙丑，思州宣撫使田仁厚遣使如吳，獻其所守之地。吳改宣撫司爲思南、鎭西等處宣慰司，以田仁厚爲宣慰使。

49 癸酉，吳辰州沅陵縣民向珍八作亂，參軍詹元亨遣千戶何德討平之。

50 壬午，吳置太史監，以劉基爲太史令。

51 乙酉，博囉特穆爾伏誅。

先是博囉索帝所愛女子，帝曰：「欺我至此耶！」遂欲圖之。

士人徐士本，【考異】庚申外史作「施奮」。今從元史作徐士本，其後士本不受賞，則從外史。家居好奇計，不求仕進，至是命爲翰林待制。威順王子和尚，受帝密旨，與之謀結壯士金諾海、舊作金那海，今改。拜特勒、舊作伯達兒，今改。特古斯布哈、舊作帖古思不花，今改。洪寶寶等六人，挾刀在衣中，外襲寬衣若聽事，伺立延春門東排仗內。

是日，博囉早朝畢，將出，挾刀者相顧曰：「事不諧矣。」士本攝之曰：「未也。」會圖沁特穆爾遣人告上都之捷，平章實勒們舊作失烈門，今改。謂博囉曰：「好消息，丞相宜入奏。」博囉不欲入，實勒們強之，偕行至延春門李樹下，【考異】庚申外史云：有杏枝自上垂梢，罥博囉帽而墜之。實勒門遽爲拾之。博囉曰：「今日莫有事？」今從元史。俄有人突過其前，博囉方眙視曰：「此人面生。」遽有批其頰者，博囉以手禦之，遽呼其從騎。拜特勒從衆中躍出，斫中其腦，金諾海等攢殺之。婁都爾蘇傷額趨出，博囉軍大駭四走。帝時居窟室，約曰：「事捷，則放鴿鈴。」於是鴿鈴起，帝出自窟室，下令盡殺其部黨，黎安道、方托克托、雷一聲皆伏誅。婁都爾蘇擁博囉母、妻、子偕圖沁特穆爾北遁。

明日，遣使函博囉首往太原，詔皇太子還朝，諸道兵聞詔罷歸。大赦天下，賞討博囉者。士本不受賞，一夕逸去。

[52]是月，京師大水，河決小流口，達於清河。

[53]八月，丁亥朔，京城門至是不開者三日。珠展、舊作竹貞，今改。摩該舊作貊高，今改。軍至城外，命軍士緣城而上，碎平則門鍵，悉以軍入，占民居，奪民財。

[54]周文貴復攻辰州，吳千戶何德率輕騎直抵其寨，攻破之，文貴退保麻陽。德追擊，又大敗之，文貴遁去。

[55]癸卯，命皇太子分調將帥，戡定未復郡邑，即還京師，行事之際，承制用人，並準正授。

[56]庫庫特穆爾以歲當大比，而江南、四川諸行省皆阻於兵，其鄉試不廢者，唯燕南、河南、山東、陝西、河東而已，乃啓皇太子倍增鄉貢之額。

57丁未，皇后鴻吉哩氏舊作弘吉剌氏，今改。崩。后生皇子珍戩，舊作眞金，今改。二歲而夭。后性節儉，不妬忌，動以禮法自持。第二皇后奇氏有寵，后無幾微怨望意。從帝時巡上都，次中道，帝遣內官傳旨欲臨幸，后辭曰：「暮夜非至尊往來之時。」內官往復者三，竟不納，帝益賢之。居坤德殿，終日端坐，未嘗妄踰戶閾。至是崩。奇后見其所遺衣服敝壞，大笑曰：「正宮皇后，何至服此等衣耶！」踰月，皇太子自冀寧歸，哭之甚哀。

58辛亥，吳羅田盜藍丑兒，詐稱彭瑩玉，造妖言以惑衆，設官吏，劫居民。麻城里長袁寶襲捕之，擒丑兒以獻，吳王嘉其仗義，賜以綺帛。

59壬子，以洪寶寶、特古斯布哈、舊作帖古思不花，今改。薩勒圖舊作揑烈禿，今改。並爲中書平章政事。

60九月，丙辰朔，吳置國子監，以故集慶路學爲之。

61庫庫特穆爾扈從皇太子至京師。

太子之奔太原也，欲用唐肅宗靈武故事，因而自立，庫庫特穆爾與布哷齊等不從。及是還京師，皇后奇氏傳旨，令庫庫以重兵擁太子入城，欲脅帝禪之位。庫庫知其意，比至京城三十里，即散遣其軍，太子心銜之。

62 壬午，詔以巴咱爾舊作伯撒里，今改。爲中書右丞相，監修國史；庫庫特穆爾爲太尉、中書左丞相，錄軍國重事，同監修國史，知樞密院事，兼太子詹事。巴咱爾累朝舊臣，而庫庫以後生晚出，乃與並相，朝士往往輕之。且居軍中久，樂縱恣，無檢束，在朝兩月，怏怏不樂，卽請南還視師。

63 是月，以方國珍爲淮南行省左丞相衢國公，分省慶元。

64 明玉珍遣其參政江儼通好于吳，吳命都事孫養浩報以書曰：「足下處西蜀，予處江左，蓋與漢季孫、劉相類，王保保虎踞中原，其志不在曹操下。予與足下實脣齒邦，願以孫、劉相吞噬爲戒。」

冬，十月，戊子，吳王聞明玉珍取雲南失利，諸將往往暴掠，玉珍不能制，復以書戒之。

65 戊戌，吳王以張士誠屢犯疆埸，欲舉兵討之，下令曰：「士誠啓釁多端，襲我安豐，寇我諸全，連兵搆禍，罪不可逭。今命大軍致討，止於罪首；在彼軍民，無恐無畏，毋妄逃竄，毋廢農業。已敕大將軍約束官兵，毋有擄掠，違者以軍律論。」

66 庚子，吳命中書省以書招諭虎背寨劉寶，使之款附。

67 辛丑，吳王命左相國徐達、平章常遇春、胡廷瑞、同知樞密院馮國勝、左丞華高等，率馬步舟師水陸並進，規取淮東泰州等處。

時張士誠所據郡縣，南至紹興，與方國珍接境，北有通、泰、高郵、淮安、徐、宿、濠、泗，又北至於濟寧，與山東相距。王欲先取通、泰諸郡縣，翦士誠羽翼，然後專取浙西，故命達總兵取之。

68 壬寅，以哈喇章（舊作哈剌章。）知樞密院事。

69 乙巳，吳徐達兵趨泰州，浚河通州，遇張士誠兵，擊敗之，遂駐軍海安壩上。

70 丙午，婁都爾蘇擁博囉特穆爾母、妻及其子天寶努（舊作天寶奴。）西北走，合圖沁特穆爾軍。丁未，益王溫都遜特穆爾、（舊作渾都帖木兒，今改。）樞密副使觀音努擒婁都爾蘇，誅之，圖沁特穆爾以餘兵往巴爾蘇（舊作八兒思，今改。）之地，命嶺北行省左丞莽珊僧、（舊作相山僧。）知樞密院事魏賽音布哈（舊作魏賽因不花，今改。）同討之。

71 吳徐達兵圍泰州新城，敗張士誠淮北援兵，獲其元帥王成。

72 戊申，以資政院使圖嚕（舊作禿魯。）爲御史大夫。

73 己酉，張士誠遣淮安李院判來援泰州，常遇春擊敗之，擒萬戶吳聚等。遣人諭降其城中，僉院嚴再興、副使夏思忠、院判張士俊等拒守不下。

74 饒鼎臣既走茶陵，復合浦陽羣盜於南峯山寨，時出侵掠。癸丑，吳元帥王國寶等率兵擊敗之，鼎臣遁去。

75信州盜蕭明，率兵攻圍吳饒州，知府陶安召父老告之曰：「我糧實城堅，素有其備，賊黨驅烏合而來，不足畏也。但能固守，不過數日，援兵至，破賊必矣。」衆皆諾。安與千戶宋炳親率吏民分城拒守，選勇健爲游兵，晝夜巡捍，而請救於江西行省。安登城諭賊曰：「爾衆，吾民也，反爲賊用，得毋失計乎？」衆曰：「使皆如太守與總制，豈有今日！若破城，必不相害。」安命射之，矢下如雨，賊不能逼。越三日，行省援兵至，遂大敗之，蕭明遁去，擒僞招討都海、萬戶袁勝，斬之。諸將欲屠從寇者，安曰：「民爲所脅，柰何殺之！」不許。饒州遂安。

76閏月，乙卯朔，吳江陰水寨守將康茂才遣告吳王曰：「張士誠以舟師四百艘出大江，次范蔡港，別以小舟於江中孤山往來，出沒無常，疑有他謀，請爲之備。」

王使諭徐達曰：「茂才言士誠以舟師往來江中，吾度此寇非有攻江陰直趨上流之計，不過設詐疑我，使我陸寨之兵還備水寨。我兵既分，彼將棄我水軍，疾趨陸寨，擣吾之虛，此一詭策也。又聞常遇春出海安七十餘里擊寇，寇兵不過萬人，此非抗我大軍之勢，蓋欲誘遇春深入。去泰州既遠，彼必潛師以趨海安，或趨泰州，令我大軍勢分，首尾衡決，不及救援，此又一詭策也。兵法，致人而不致於人，爾宜審慮。使至，卽令遇春駐師海安，愼守新城，坐以待寇。彼若遠來趨敵，吾以逸待勞，可一戰而克。泰興以南並江寇舟，亦宜備之。」

己未，王親至茂才水寨，又遣人以手書諭達等曰：「如有所言，卽疾馳來報，予駐師以待。」

77 庚申，以賓國公五十八知樞密院事。

78 詔張良弼、俞寶、孔興等悉聽調於庫庫特穆爾。

79 戊辰，吳平章湯和克永新，執周安等送建康，斬之。

80 時中原雖無事，而江淮、川蜀皆失，皇太子累請出督師，帝難之。會左丞相庫庫特穆爾請南還視師，辛未，乃封庫庫特穆爾爲河南王，代皇太子親征，總制關陝、晉冀、山東諸路并迤南一應軍馬，凡機務、錢糧、名爵、黜陟、予奪，悉聽便宜行事。

81 甲戌，吳指揮副使王漢寶取餘干州，以前鎭撫李旭守之。

82 庚辰，吳徐達、常遇春克泰州，擄張士誠守將嚴再興、夏思忠、張士俊等，獻捷於建康，且以守城事宜爲請。王命達以便宜處之，其未下諸城，乘勝進取。

83 辛巳，以托克托穆爾舊作脫脫木兒，今改。爲中書右丞，達實特穆爾舊作達識帖睦邇，今改。爲參知政事。

84 吳徐達遣黃旗千戶劉傑分兵徇興化，張士誠守將李清戰敗，閉城固守，傑攻之不下。

士誠遣將來援，傑擊走之。

85 十一月，甲申朔，信州盜蕭明寇婺源州，吳知州白謙力不能禦，懷印出北門赴水死。謙蒞政廉忠，自奉甚薄，嘗遇除夕，無他供具，惟蔬食而已。人以此稱之。

86 辛卯，吳徐達進兵攻高郵，王聞之，恐達深入敵境，不能策應諸將，乃命馮國勝率所部節制高郵諸軍，俾達還軍泰州，圖取淮安、濠、泗。

87 饒鼎臣復行剽掠，甲午，吳元帥王國寶出兵邀擊，鼎臣中弩死，餘黨悉潰。

88 乙未，吳王以李濟據濠州，名爲張氏守，而觀望未決，命右相國李善長以書招之，以善長與濟同鄉里故也。濟得書不報。

89 張士誠兵寇宜興，吳王命徐達令馮國勝圍高郵，常遇春守海安，遣別將守泰州，而自以精兵援宜興。達遂率兵渡江，至宜興城下，擊敗士誠之衆，獲三千餘人。

90 十二月，庚子朔，張士誠遣將以兵八萬攻安吉，吳將費聚所部僅二千人，堅壁拒守，射殺其驍將二人，敵驚潰而去。

91 吳徐達自宜興還兵攻高郵，張士誠遣其左丞徐義由海道入淮援之。義怨士誠，以爲陷己死地，屯崑山之太倉，三月不進。

92 乙卯，立第二皇后奇氏爲皇后。中書省奏改資正〔政〕院爲崇政院，而中正〔政〕院亦罷主之，帝乃授之册寶，詔天下。改奇氏爲索隆噶氏，舊作肅良哈氏，今改。仍封其父以上三世皆王爵。

93 是月，圖沁特穆爾伏誅。【考異】元史逆臣傳：十二月，獲圖沁特穆爾、婁都爾蘇，皆伏誅。據本紀，則婁都爾蘇之誅在十月，圖沁特穆爾之誅在十二月，非同時被獲也。今分書之。

續資治通鑑卷第二百十九

賜進士及第兵部尚書兼都察院右都御史總督湖北湖南等處地方軍務兼理糧餉世襲二等輕車都尉畢沅編集

元紀三十七 起柔兆敦牂(丙午)正月，盡强圉協洽(丁未)六月，凡一年有奇。

順帝

至正二十六年(丙午、一三六六)

1 春，正月，癸未朔，張士誠以舟師駐君山，又出兵自馬馱沙溯流窺江陰。吳守將以聞，吳王親往救之。比至鎭江，敵已營瓜洲，掠西津而遁，乃命康茂才等出大江追之，別命一軍伏於江陰之山麓。翌日，茂才追至浮子門，遇海舟五百艘遮海口，乘潮薄吳師，茂才督諸軍力戰，大敗之，其棄舟登岸者，伏兵掩擊之殆盡。

2 辛卯，吳王命按察司僉事周楨等定擬按察事宜，條其所當務者以進。諭之曰：「風憲紀綱之司，惟在得人，則法淸弊革。人言神明可行威福，鬼魅能爲妖禍。爾等能興利除害，輔國裕民，此卽神明；若陰私詭詐，蠹國害民，此卽鬼魅也。凡事當存大體，有可言者，毋緘默不言；有不可言者，毋沽名買直。苟察察以爲名，苛刻以爲能，下必有不堪之患，非吾所望於風憲矣。」

3 吳王命中書省錄用諸司劾退官員，省臣傅瓛等言：「今天下更化，庶事方殷，諸司官吏，非精勤明敏者，不足以集事。此輩皆以迂緩不稱職爲法司劾退，豈宜復用？」王曰：「人之才能，各有長短，故致效亦有遲速。夫質樸者多迂緩，狡猾者多便給。便給者雖善辦事，或傷於急促，不能無損於民；迂緩者雖於事或有不逮，而於民則無所損也。」命復用之。

4 己酉，以崇正〔政〕院使博囉蘇舊作孛羅沙，今改。爲御史大夫。

5 壬子，以鄂勒哲圖舊作完者木，今改。知樞密院事。

6 是月，以薩藍托里舊作沙藍答里，今改。爲中書左丞相。

7 命燕南、河南、山東、陝西、河東等處舉人會試者，增其額數，進士及第以下遞陞官一級。

8 二月，癸丑朔，立河淮水軍元帥府於孟津。

9 吳湖廣參政張彬，率指揮胡海洋等討辰州周文貴，攻破其壘；文貴黨劉七自益陽來援，復敗之，文貴等遁去。

10 丁卯，四川容美峒宣撫田光寶，遣其弟光受以元所授宣撫敕印降于吳，吳王以光寶爲四川行省參知〔政〕，兼容美峒軍民宣撫使，仍爲置安撫元帥以治之。

11吳處州青田縣山賊夏清，連福建陳友定兵攻慶元縣，浙東按察僉事章溢召所部義兵擊走之。

12己巳，吳置兩淮都轉運鹽使司，所領凡二十九場。

13癸酉，吳徐達請以指揮孫興祖守海安，平章常遇春督水軍，爲高郵聲援，王從之，復敕達曰：「張士誠兵多有渡江者，宜且收兵駐泰州，彼若來攻海安則擊之。」

14吳湖廣潭州衞指揮同知嚴廣平茶陵諸寨。

15甲戌，詔天下「以比者逆臣博囉特穆爾、（舊作孛羅帖木兒。）圖沁特穆爾、（舊作禿堅帖木兒。）婁都爾蘇（舊作老的沙。）等，干紀亂倫，內外之民經値軍馬，致使困乏，與免一切雜泛差徭。」

16庫庫特穆爾（舊作擴廓帖木兒。）自京師還河南，欲廬墓以終喪，左右咸以爲受命出師，不可中止，乃復北渡，居懷慶。

初，李思齊與察罕特穆爾（舊作察罕帖木兒。）同起義師，齒位相等，及是庫庫特穆爾總其兵，思齊心不能平，而張良弼、孔興、圖魯卜（舊作脫列伯，今改。）等亦皆以功自恃，各請別爲一軍，莫肯統屬。時有孫翥、趙恆者，憸人也，爲庫庫謀主，畏江南強盛，欲故緩其行，乃謂庫庫曰：「丞相受天子命，總天下兵，肅淸江、淮。兵法，欲治人者先自治。今李思齊、圖魯卜、孔興、張良弼四軍，坐食關中，累年不調，丞相宜調四軍南出武關，與大軍幷力渡淮。彼若不受調，則移軍征之，據有關中，四軍惟丞相意所使，不亦善乎？」庫庫欣然從之。

17辛巳，吳下令禁種糯稻。其略曰：「曩以民間造酒醴，糜費米麥，故行禁酒之令。今春米麥價稍平，然不塞其源而欲遏其流，不可也。其令農民今歲無得種糯，以塞造酒之源。」

18是月，明玉珍有疾，命其臣僚曰：「西蜀險塞，汝等協心同力，以輔嗣子，可以自守。不然，後事非吾所知也。」遂卒。僭號凡五年。子昇立，年十歲，改元開熙，母彭氏同聽政。玉珍爲人，頗尙節儉，好文學，蜀人經李喜喜殘暴之後，賴以粗安。然好自用，昧於遠略，而嗣子暗弱，政出多門，國勢日衰。

19二月，庚寅，吳王令徐達自泰州進兵，取高郵、興化及淮安。

20甲午，庫庫特穆爾遣關保、浩爾齊（舊作虎林赤。）統兵從大興關渡河以俟，先檄調關中四軍。張良弼、圖魯卜、孔興俱不受調。李思齊得檄大怒，罵曰：「乳臭小兒，黃髮猶未退，而反調我！我與汝父同鄉里，汝父進酒，猶三拜然後飲，汝於我前無立地，而今日公然稱總兵調我耶？」自是東西搆兵，相持不解。

21乙未，廷試進士七十三人，賜赫德布哈、（舊作赫德溥化。）張棟等及第、出身。

22監察御史裕倫布（舊作玉倫普。）建言八事：一曰用賢，二曰申嚴宿衞，三曰保全臣子，四日八衞屯田，五曰禁止奏請，六曰培養人才，七曰罪人不孥，八曰重惜名爵，帝嘉納之。

23 丙申，吳命江淮行省平章韓政率兵取濠州。

24 吳命中書嚴選舉之禁。初令府縣每歲薦舉，得賢者賞，濫舉及蔽賢者罰。至是復命知府、知縣有濫舉者，俟來朝治其罪；未當朝覲者，歲終逮至京師治之。

25 先是吳徐達援宜興，令馮國勝統兵圍高郵。張士誠將余同僉，詐遣人來降，約推女牆爲應。國勝信之，夜，遣指揮康泰率數百人先入城，敵閉門盡殺之。王聞之怒，召國勝，決大杖十，令步詣高郵，國勝慚憤力攻。既而達自宜興還，督攻益力，遂拔其城，戮余同僉等。俘其將士，王命悉遣戍沔陽、辰州，仍給衣糧有差。

丁未，王以書諭達曰：「近大軍下高郵，可乘勝取淮安。兵不在衆，當擇其精者用之，水陸並進，勿失機也。其餘軍馬，悉令常遇春統領，守泰州、海安，應援江上。」

26 蜀丞相萬勝，與知樞密院張文炳有隙，密遣人殺文炳。明玉珍有養子明昭，出入禁中，舊與文炳善，乃矯稱太后彭氏旨，召勝，縊殺之。勝佐玉珍開蜀，功最多，死不以罪，蜀人多憐之者。吳友仁自保寧移檄，以清君側爲名，明昇命戴壽討之。友仁遺壽書曰：「不誅昭則國必不安，衆必不服。昭朝誅，吾當夕至。」壽乃奏誅昭，友仁入朝謝罪。於是諸大臣用事，而友仁尤專恣。勝既死，昇以劉楨爲右丞相。

27夏，四月，癸丑朔，明昇遣其學士虞封告哀於吳。

28乙卯，吳王以玉輅太侈，定用木輅。

29丙辰，吳徐達兵至淮安，聞徐義兵在馬騾港，夜，率兵往襲之，破其水寨，義泛海遁去。舟師進薄城下，其右丞梅思祖等籍軍馬府庫出降，達宿兵城上，民皆安堵。命指揮蔡先、華雲龍守其城。

30先是黃河大決，省部募才能之士，俾召集民丁疏濬之。揚州王宣自薦，朝廷以爲淮北、淮南都元帥府都事，賫楮幣至揚州，募丁夫得三萬餘人，就令宣統領治河，數月工成。時徐州芝麻李起兵據州城，因命宣爲招討使，率丁夫從伊蘇（舊作也速。）復徐州。尋授宣淮南、淮北義兵都元帥，守馬陵，調滕州鎮禦，且耕且戰，以給軍儲。又移鎮山東，田豐兵侵益都，宣子信，從察罕特穆爾援之，破田豐。復令宣與信掠其旁郡，遂據沂州，至是以兵入海州，據之。

31戊午，吳徐達由瓠子角進兵攻興化，克之。淮地悉平。

32庚申，濠州李濟以城降於吳。

先是韓政兵至濠，攻其水簾洞月城，又攻其西門，殺傷相當。城中拒守甚堅，政乃督顧時等以雲梯、礮石四面攻城。時孫德崖已死，城中度不能支，濟及知州馬麟乃出降。

吳王嘗曰：「濠州乃吾家鄉，張士誠據之，我無家矣。」及復濠州，吳王甚悅。壬戌，遣人賫書諭宿州吏民，以「桑梓之邦，不忍遽興師旅，爾等宜體予懷，毋爲自絕。」

徐州守將、同知樞密院事陸聚，聞徐達已克淮安，以徐、宿二州詣達軍降，王以聚爲江淮行省參政，仍守徐州。

33 甲子，吳王發建康，往濠州省陵墓，命博士許存仁、起居注王禕等從行。遣使諭徐達曰：「聞元將珠展（舊作竹貞。）領馬步兵萬餘自柳灘渡入安豐，其部將漕運自陳州而南，給其餽餉。我廬州俞平章見駐師東正陽，修城守禦，宜令遣兵巡邏，絕其糧道。安豐糧既不給，而珠展遠來之軍，野無所掠，與我軍相持，師老力罷。爾宜選劉平章、薛參政部下騎卒五百，并廬州之兵，逐與之戰，一鼓可克也。不然，事機一失，爲我後患。」達聞命，即統率馬步舟師三萬餘人進取安豐。

34 丁卯，吳江淮行省參政、守徐州陸聚遣兵攻魚臺，下之，又遣兵取邳州。於是邳、蕭、宿遷、睢寧諸縣皆降於吳。

35 吳王至濠州，念父母始葬時，禮有未備，議欲改葬，問博士許存仁等改葬典禮，對曰：「禮，改葬，易常服，用緦麻，葬畢除之。今當如其禮。」王愴然曰：「改葬雖有常禮，父母之恩，豈能盡報耶！」命有司製素冠、白纓，衫、絰粗布爲之。王禕曰：「比緦爲重矣。」王曰：

「與其輕也寧重。」時有言改葬恐泄山川靈氣，乃不復啓葬，但增土以培其封。冢旁居民汪文、劉英，於王有舊，召至，慰撫之，令招致鄰黨二十家守冢，復其家。

36 戊辰，方國珍遣經歷劉庸等貢金綺於吳。

37 濠州父老經濟等謁見吳王，王與之宴，謂濟等曰：「吾與諸父老不相見久矣。今還故鄉，念父老、鄉人遭罹兵難以來，未遂生息，吾甚憫焉。」濟等曰：「久苦兵爭，莫獲寧居。今賴王威德，各得安息，乃復勞憂念。」王曰：「濠吾故鄉，父母墳墓所在，豈得忘之！」諸父老宴飲極歡，王又謂之曰：「諸父老皆吾故人，豈不欲朝夕相見，然吾不得久留此。父老歸，宜教導子弟爲善，立身孝弟，勤儉養生。鄉有善人，由其有賢父兄也。」濟等頓首謝。王又曰：「鄉人耕稼交易，且令無遠出。濱淮諸郡，尙有寇兵，恐爲所鈔掠。父老亦宜自愛，以樂高年。」於是濟等皆歡醉而去。

38 辛未，吳左相國徐達克安豐。

初，達率師至安豐，分遣平章韓政等以兵扼其四門，晝夜攻之，不下，乃於東城龍尾壩潛穿其城二十餘丈，城壞，遂破之。實都、（舊作忻都。）竹昌、左君弼皆出走，吳師追奔十餘里，獲實都及裨將貢元帥而還，竹昌、左君弼並走汴梁。至日晡時，平章珠展率官軍來援，政等復與戰於南門外，大敗之。珠展遁去，遣千戶趙祥以兵追至潁，獲其運船以歸。遂置安豐衙，留指揮唐勝宗守之。

39 戊寅，吳王將還建康，謁辭墓，召汪文、劉英，賞以綺帛、米粟，曰：「此以報宿昔相念之德。」又謂諸父老曰：「鄉縣租賦，當令有司勿征。一二年間，當復來相見也。」

40 五月，甲申，吳王自濠州還至建康。

41 甲辰，以托克托布哈舊作脫脫不花，今改。爲御史大夫。

42 六月，壬子朔，汾州介休縣地震。平遙縣大雨雹。紹興路山陰縣臥龍山裂。

43 己未，命知樞密院事瑪嚕舊作買閭，今改。以兵守直沽，命河間鹽運使拜珠、舊作拜住，今改。曹履亨撫諭沿海竈戶，俾出征夫從瑪嚕征討。

44 丙寅，詔：「英宗時謀爲不軌之臣，其子孫或成丁者，可安置舊地，幼者隨母居草地，終身不得入京城及不得授官，止許於本愛馬應役。」

45 皇后索隆噶舊作肅良哈，今改。氏生日，百官進牋，皇后諭薩藍托里舊作沙藍答里，今改。等曰：「自世祖以來，正宮皇后壽日，不曾進牋，近年雖行，不合典故。」卻之。

46 秋，七月，辛巳朔，日有食之。

47 徐溝縣地震，介休縣大水。

48 壬午，吳王遣使與庫庫特穆爾書曰：「曩者尹煥章來，隨遣汪何報禮。竊意當此之時，博囉提精兵往雲中，與京師密邇，其勢必先挾天子。閣下恐在其號令中，故力與之競，若歸使者，必泄其謀，故留而不遣。今閣下不留心於北方，而復千里裹糧，遠爭江淮之利，是閣下棄我舊好而生新衅也。兵勢既分，未免力弱。是以博囉雖無餘孽跳梁於西北，而鳳翔、鹿臺之兵合黨而東出，俞寶拒戰於樂安，王仁逃歸於齊東，幽燕無腹心之託，若加以南面之兵，四面並起，當如之何？此皆中原將士來歸者所說，豈不詳於使臣復命之辭！足下拘留不遣，果何益哉！意者閣下不過欲挾天子令諸侯，以效魏武終移漢祚，然魏武能使公孫康擒袁尙以服遼東，使馬超疑韓遂以定關右，皇后、太子如在掌握中，方能撫定中原。閣下自度能垂紳搢笏，決此數事乎？恐皆出魏武下矣。倘能幡然改轍，續我舊好，還我使臣，救災卹患，各保疆宇，則地利猶可守，後患猶可弭。如或不然，我則整舟楫，乘春水之便，命襄陽之師，經唐、鄧之郊，北趨嵩、汝，以安陸、沔陽之兵，掠德安，向信、息，使濠、泗之將自陳、汝擣汴梁，徐、邳之軍取濟寧，淮安之師約王信海道舟師，會俞寶同入山東，加以張、李及天寶努（舊作天寶奴。）腹心之疾，此時閣下之境，必至土崩瓦解。是拘使者之計，不足爲利而反足以爲害矣。惟閣下與衆君子謀之，毋徒獨斷以貽後悔！」

49 丙申，庫庫特穆爾遣朱珍、盧旺屯兵河中，遣關保、浩爾齊合兵渡河，會珠展、商嵩〔嵩〕，且約李思齊以攻張良弼。良弼遣子弟質於思齊，思齊與良弼拒守。關保等戰不利，思齊請詔和解之。

50 丁未，吳王以淮東諸郡既平，遂議討張士誠，召中書省及大都督府臣計之。右丞相李善長曰：「張氏宜討久矣，然其勢雖屢屈而兵力未衰，土沃民富，又多儲積，恐難猝拔，宜俟隙而動。」王曰：「彼淫昏益甚，生釁不已，今不除之，終爲後患。且彼疆域日促，長淮東北之地，皆爲吾有，吾以勝師臨之，何憂不拔！況彼敗形已露，豈待觀隙耶？」左相國徐達曰：「張氏驕盈，暴殄奢侈，此天亡之時也。其所恃驍將如李伯昇、呂珍之徒，皆齷齪不足數，徒擁兵衆，爲富貴之娛耳。其居中用事者，黃、蔡、葉三參軍，皆迂闊書生，不知大計。臣奉主上威德，率精銳之師，聲罪致討，三吳可計日而定。」王喜，顧達曰：「諸人局於所見，獨爾合吾意，事必濟矣！」於是命諸將簡閱士卒，擇日啓行。

51 是月，太白經天者再。

52 八月，庚戌朔，吳拓建康城。

初，舊城西北控大江，東盡白下門，距鍾山既闊遠，而舊內在城中，因元南臺爲宮，稍卑隘。王乃命劉基等卜地，定作新宮於鍾山之陽，在舊城東白下門之外二里許增築新城，東北盡鍾山之陽，延亙周圍凡五十餘里。

53 壬子，吳王命中書左丞相徐達爲大將軍，平章常遇春爲副將軍，帥兵二十萬伐張士誠。

吳王御戟門，集諸將佐諭之曰：「卿等宜戒飭士卒，毋肆劫掠，毋妄殺戮，毋發丘壟，毋毀廬舍。聞張士誠母葬姑蘇城外，慎勿侵毀其墓。」諸將皆再拜受命。遂爲戒約軍中事，命人給一紙。

將發，王問諸將曰：「爾等此行，用師孰先？」遇春對曰：「逐梟者必覆其巢，去鼠者必熏其穴，此行當直擣蘇州。蘇州既破，其餘諸郡可不勞而下矣。」王曰：「不然。士誠起鹽販，與張天麟、潘元明等皆強梗之徒，相爲手足。士誠苟窘促，天麟輩懼其俱斃，必併力救之。今不先分其勢而遽攻蘇州，若天麟出湖州，元明出杭州，援兵四合，難以取勝。莫若出兵先攻湖州，使其疲於奔命。羽翼既披，然後移兵蘇州，取之必矣。」遇春猶執前議，王作色曰：「攻湖州失利，吾自任之。若先攻蘇州而失利，吾不汝貸也！」遇春不敢復言。

王乃屏左右謂達、遇春曰：「吾欲遣熊天瑞從行，俾爲吾反間。天瑞之降，非其本意，心常怏怏。適來之謀，戒諸將勿令天瑞知之，但云直擣蘇州，天瑞知之，必叛從張氏以輸此言，如此則墮吾計中矣。」

癸丑，達等帥諸軍發龍江，辛酉，師至太湖。己巳，遇春擊敗士誠兵於湖州港口，擒其將尹義、陳旺，遂次洞庭山。王聞之，喜曰：「勝可必矣！」癸酉，進至湖州之毗山，又擊敗其將石清、汪海，擒之。士誠駐軍湖上，不敢戰而退。指揮熊天瑞果叛降於士誠。

甲戌，師至湖州之三坐橋，其右丞張天麟，分三路以拒吳師；參政黃寶當南路，院判陶子實當中路，天麟自當北路，同僉唐傑爲後繼。達率兵進攻之，有術者言今日不宜戰，遇春怒曰：「兩軍相當，不戰何待！」於是達遣遇春攻寶，王弼攻天麟，達自中路攻子實，別遣驍將王國寶率長槍軍直扼其城。遇春與寶戰，寶敗走，欲入城，城下弔橋已斷，不得入，復還力戰，被擒，天麟、子實皆不敢戰，斂兵而退。士誠又遣司徒李伯昇來援，由荻港潛入城，吳軍復四面圍之，伯昇及天麟閉門拒守。達遣國寶攻其西門，自以大軍繼之，子實及同僉余得全、院判張得義出戰，復敗走。

士誠又遣平章朱暹、王晟、同僉戴茂、呂珍、院判李茂及其所稱五太子者率兵六萬來援，號二十萬，屯城東之舊館，築五砦自固。達與遇春、湯和等分兵營於東遷鎮南姑嫂橋，連築十壘，以絕舊館之援，李茂、唐傑、李成懼不敵，皆遁去。士誠壻潘元紹，時駐兵於烏鎮之東，爲珍等聲援，吳師乘夜擊之，元紹亦遁，遂塡塞溝港，絕其糧道。元紹，元明之弟也。士誠知事急，乃親率兵來援，達等與戰於皁林之野，又敗之。

54 戊寅，以李國鳳爲中書左丞，陳友定爲福建行省平章政事。陳友定以農家子起傭伍，目不知書，至是盡有福建八郡之地，數招致文學知名士如閩縣鄭定、廬州王翰之屬，留置幕府，友定遂粗涉文史。然頗任威福，所屬違令者，輒承制誅竄不絕。漳州守將羅良，心不平，以書責之曰：「郡縣者，國家之土地；官司者，人主之臣役；而廥廩者，朝廷之外府也。今足下視郡縣如家室，驅官僚如圉僕，擅廥廩如私藏，名雖報國，實有鷹揚跋扈之心，不知足下欲爲郭子儀乎，抑爲曹孟德乎？」友定怒，竟以兵誅良。而福清宣慰使陳瑞孫，崇安令孔楷，建陽人詹翰，拒友定不從，皆被殺，於是友定威震八閩。然事朝廷未嘗失臣節，歲運糧數十萬至大都，海道遼遠，至者常十三四，帝嘉之，下詔褒美。

55 九月，己卯朔，張士誠復遣其同僉徐志堅，以輕舟出東遷鎮覘吳師，欲攻姑嫂橋，常遇春與之戰。會大風雨，天晦甚，遇春令勇士乘划船數百突擊之，復破其兵，擒志堅。

56 甲申，李思齊兵下鹽井，獲川賊余繼隆，誅之。禮部侍郎滿尙賓，吏部侍郎溫都爾罕，舊作掩篤剌哈，今改。自鳳翔還京師。

先是尙賓等持詔諭思齊開通川蜀道路，思齊方兵爭，不奉詔，尙賓等留鳳翔一年，至是始還。

57 丙戌，以方國珍爲江浙行省左丞相，弟國瑛、國珉，姪明善，並爲江浙行省平章政事。

初，國珍雖以三郡獻於吳，實未納土，特欲假借聲援以拒朝廷。及帝屢加命，國珍益驕橫，終不肯奉正朔。

58 乙未，吳王命朱文忠帥師攻杭州，諭之曰：「徐達等攻蘇州，張士誠必聚兵以拒。今命爾攻杭州，是掣制之也。我師或衝其東，或擊其西，使彼疲於應戰，其中必有自潰者。爾往，宜愼方略。」

59 己亥，以中書平章政事實勒們舊作失列門，今改。爲御史大夫。

60 明昇遣使聘于吳，使者自言其國之險固與富饒，吳王笑曰：「蜀人不以修德保民爲本，而恃其險且富，非爲國長久之道。且自用兵以來，商賈路絕，而乃稱富饒，此豈自天而降耶？」使者退，王因語侍臣曰：「吾平生務實，不尙浮僞。此人不能稱述其主之善，而但誇其國之險固，失奉使之道矣。吾嘗遣使四方，戒其謹於言語，勿爲夸大，恐取笑於人。如蜀使者之謬妄，當以爲戒也。」

61 辛丑，孛星見東北方。

62 乙巳，吳左丞廖永忠，參政薛顯，將游軍駐湖州之德清，遂取之，獲船四十艘，擒其院判鍾正及叛將晉德成。

63 張士誠自徐志堅敗，甚懼，遣其右丞徐義至舊館覘形勢，吳常遇春以兵扼其歸路。義不得出，乃陰遣人約張士信出兵，與舊館兵合戰，士誠又遣赤龍船親兵援之，義始得脫，與潘元紹率赤龍船兵屯于平望，別乘小舟潛至烏鎭，欲援舊館。遇春由別港追襲之，至平望，縱火焚其赤龍船，衆軍散走。自是舊館援絕，餽餉不繼，多出降者。

64吳湖廣參政楊璟，命指揮副使張勝宗討湘鄉易華，斬之。

65周文貴復攻掠辰州諸郡，吳王命楊璟、張彬等分兵進討。

66丙午，吳遣參政蔡哲報聘於蜀。

67冬，十月，辛亥朔，吳徐達以所獲張士誠將士徇于湖州城下，城中大震。

68壬子，吳常遇春兵攻烏鎮，徐義、潘元紹等拒戰不勝，復退走。遇春追至昇山，攻破其平章王晟陸寨，餘軍奔入舊館之東壁，其同僉戴茂乞降。是夕，晟亦降。

69朝命屢促庫庫特穆爾南征，甲子，庫庫不得已，遣其弟托因特穆爾（舊作脫因帖木兒。）及部將摩該（舊作貊高。）駐兵濟寧、鄒縣等處，名爲保障山東，且以塞南軍入北之路，復命朝廷曰：「此爲肅清江淮張本也。」

70吳朱文忠率指揮朱亮祖、耿天壁攻桐廬，降其將戴元帥，復遣袁洪、孫虎略富陽，擒其同僉李天祿，遂合兵圍餘杭。

71戊寅，吳徐達復攻昇山水寨，顧時引數舟繞張士誠兵船，船上人俯視而笑。時覺其懈，率壯士數人躍入其舟，大呼奮擊，餘兵競進薄之。士誠五太子盛兵來援，常遇春稍卻，薛顯率舟師直前奮擊，燒其船，衆大敗，五太子及朱暹、呂珍等以舊館降，得兵六萬人。遇春謂顯曰：「今日之戰，將軍之力居多，吾固不如也。」五太子者，士誠養子也，本姓梁，短小精悍，能平地躍起丈餘，善沒水，朱暹、呂珍亦善戰，士誠倚之，至是皆降，士誠爲之奪氣。

72 十一月，甲申，吳徐達遣馮國珍以降將呂珍、王晟等徇湖州城下，諭其司徒李伯昇出降。伯昇在城上呼曰：「張太尉養我厚，我不忍背之。」抽刀欲自殺，爲左右抱持，不得死。左右語伯昇曰：「援絕勢孤，久困城中，不如降。」伯昇俛首不能言。張天麟等以城降，伯昇亦遂降。

73 吳參政胡德濟討諸暨斗巖山寨，平之。

74 己丑，吳徐達既下湖州，卽引兵向蘇州。至南潯，張士誠元帥王勝降。辛卯，至吳江州，圍其城，參政李福、知州楊彝降。

75 吳朱文忠攻餘杭，下之。

先是文忠兵至餘杭，遣人語謝五曰：「爾兄以李夢庚小隙，歸於張氏。今若來降，可保不死，且享富貴。」謝五答曰：「我誠誤計，若保我以不死，我卽降耳。」文忠許之，乃與弟、姪五人出降。

文忠遂趨杭州，未至，張士誠平章潘元明懼，遣員外郎方彝詣軍門請納款，文忠曰：「吾兵適至此，勝負未分而遽約降，無乃計太早乎？」對曰：「此城百萬生靈所繫，今天兵如雷霆，當之者無不摧破。若軍至城下，欲降恐無及，故使先來請命。」文忠留之宿。明日，遣還報，而駐兵以待，元明即日獻圖籍。文忠至杭州，元明等奉士誠所授諸印，并執蔣英、劉震出降，伏謁道左，以女樂導迎，文忠麾去之，止壁麗譙，下令曰：「擅入民居者死！」一卒借民釜，立斬以徇，城中帖然。得兵三萬，糧二十萬。執元平章努都長壽等與蔣英、劉震皆送建康。

元明，泰州人，初與張士誠俱起鹽徒。官軍圍高郵，士誠與十八人突圍出走，元明及李伯昇、呂珍與焉。三人相繼以城降，士誠由是勢益孤。

76 先是吳徵儒士熊鼎、朱夢炎等至建康，王命纂修公子書及務農、技藝、商賈書，謂之曰：「公卿貴人子弟，雖讀書多，不能通曉奧義，不若集古之忠良、姦惡事實，以恆辭解之，使觀者易曉。他日縱學無成，亦知古人行事，可以勸戒。其民間農工商賈子弟，亦多不知讀書，宜以其所當務者直詞詳說，作務農、技藝、商賈書，使之通知大義，可以化民成俗。」至是書成，賜鼎等白金人五十兩及衣、帽、靴、襪等物。

77 庚子，張士誠同僉李思忠等以紹興路降於吳，吳命駙馬都尉王恭、千戶陳清、李遇守之。

78 吳左丞華雲龍率兵攻嘉興，張士誠將宋興以城降。

79壬寅，吳大將軍徐達等兵至蘇州城南鮎魚口，擊張士誠將竇義，走之。康茂才至尹山橋，遇士誠兵，又擊敗之，焚其官渡戰船千餘艘及積聚甚衆，達遂進兵圍其城。達軍葑門，常遇春軍虎丘，郭興軍婁門，華雲龍軍胥門，湯和軍閶門，王弼軍盤門，張溫軍西門，康茂才軍北門，耿炳文軍城東北，仇成軍城西南，何文輝軍西北，四面築長圍困之。又架木塔與城中浮圖對，築臺三層，下瞰城中，名曰敵樓，每層施弓弩、火銃於其上，又設襄陽礮以擊之，城中震恐。

有楊茂者，無錫莫天祐部將也，善沒水。天祐潛令入蘇州與士誠相聞，邏卒獲之於閶門水柵旁，送達軍，達釋而用之。時蘇州城堅不可破，天祐又阻兵無錫，爲士誠聲援。達因縱茂出入往來，因得其彼此所遺蠟丸書，悉知士誠、天祐虛實，而攻圍之計益備。

達時督兵攻婁門，士誠出兵拒戰，吳武德衞指揮茅城戰死。

80甲辰，元平章努都長壽等至建康，吳王以其朝臣，命有司給廩餼，歸之於朝，而誅蔣英於市。以潘元明全城歸降，民不受鋒鏑，仍授平章，其官屬皆守舊職，從朱文忠節制。旋授文忠江浙行省平章政事，復姓李氏。

81十二月，乙卯朔，永寧縣賊饒一等作亂，吳指揮畢榮討之，擒其元帥王子華，餘黨悉平。

陳友定將建寧阮德柔遣使納款。

82吳廖永忠沈小明王於瓜步。小明王自居滁州，至是來健康，爲永忠所害。【考異】明史韓林兒傳云：太祖居林兒於滁州。明年，太祖爲吳王。又二年，林兒卒。或云，太祖命永忠迎林兒歸應天，至瓜步覆舟，林兒沈於江。是並存兩說也。實錄辨證引寧獻王博論記丙午年事云：是歲，韓林兒沈於瓜步，上惡永忠之不義，後賜死。按永忠之死在洪武八年，博論似未詳其年月。然明史廖永忠傳亦云：初，韓林兒在滁州，太祖遣永忠迎歸應天，至瓜步，覆其舟死，帝以咎永忠。與林兒傳後說同，今從之。

83吳羣臣上言：「一代之興，必有一代之制。今新城既建，宮闕制度，亦宜早定。」王以國之所重，莫先廟社，遂定議，以明年爲吳元年，命有司營建廟社，立宮室。甲子，王親祀山川之神，告以工事。己巳，典營繕者以宮室圖來進，王見其有雕琢奇麗者卽去之。

84庚午，蒲城洛水和順崖崩。

85是歲，監察御史聖努額森、舊作聖奴也先，今改。察圖實哩舊作撒都失里，今改。等言：「昔姦邪構害丞相托克托，舊作脫脫，今改。以致臨敵易將，我國家兵機不振從此始，錢糧之耗從此始，生民塗炭從此始，盜賊縱橫從此始。設使托克托不死，安得天下有今日之亂哉！乞封一字王爵，定謚及加功臣之號。」朝廷皆是其言，以時方多故，未及報而國亡。

至正二十七年（丁未、一三六七）

1春，正月，癸巳朔，吳王始稱吳元年。

[2]乙未，絳州夜聞天鼓鳴，將旦復鳴，其聲如空中戰鬭者。

[3]戊戌，吳王謂中書省臣曰：「吾昔在軍中乏糧，空腹出戰，歸得一食，雖甚粗糲，食之甚甘。今尊居民上，飲食豐美，未嘗忘之。況吾民居於田野，所業有限，而又供需百出，豈不重困！」於是免太平府租賦二年，應天、宣城等處租賦一年。

[4]吳戴德等兵至沅州，圍其城，凡六日，守將李興祖出降。興祖，卽李勝也。

[5]庚子，松江府、嘉定州守臣王立忠等詣吳徐達軍降。

[6]辛丑，吳王謂中書省臣曰：「古人祝頌其君，皆寓警戒之意。適觀羣下所進牋文，頌美之詞過多，規戒之言未見，殊非古者君臣相告以誠之道。今後牋文，只令平實，勿以虛辭爲美也。」

[7]甲辰，吳王遣使與庫庫特穆爾書，責其拘使不還之罪，且諷之以關中張、李及俞寶、王信生釁可虞。又曰：「若能遣汪何、錢楨等還，豈惟不失前盟，亦可取信天下。不然，是又開我南方之兵，爲彼後時之戰，閣下雖深謀如莽、操，詭計如懿、溫，英雄滿前，何以取生！古云：『功被天下，守之以遜；富有天下，守之以謙。』況其爲臣者乎！閣下其深思之。」

[8]庫庫特穆爾與關中構兵，互相勝負，終不解。帝又下詔和解之，庫庫戕殺詔使。是月，李思齊、張良弼、圖魯卜自會於含元殿基，推思齊爲盟主，同拒庫庫之師。

9二月，丁未朔，庫庫特穆爾遣左丞李二以徐州兵駐陵子村，吳參政陸聚令指揮傅友德禦之。友德度兵寡不敵，遂堅壁，詗其出掠，以二千人泝河至呂梁登陸擊之，刺其驍將韓乙，餘衆敗去。友德度李二必益兵復至，亟還城，開門而陣於野，臥戈以待，約聞鼓聲則起。二果至，鳴鼓，士躍起，衝其前鋒，衆大潰，多溺死，遂擒二。友德旋進江淮行省參知政事。

10壬子，茗洋降賊周瑞卿叛，吳浙東按察僉事章溢，遣其子元帥存道合平陽、瑞安總制孫安兵討之，斬瑞卿，獲其黨六十餘人。

11吳置兩浙都轉運鹽司於杭州，設場三十六。

12乙卯，吳王聞陵子村之捷，謂都督府臣曰：「此蓋庫庫之游兵，故以此餌我，使我將驕兵惰，掩吾不備。古人之戒，正在於此。善戰者知彼知己，察於未形，可語安豐、六安、臨濠、徐、邳守將，嚴爲之備。」

13庚申，以七十爲中書平章政事，伊嚕布哈舊作月魯不花，今改。爲御史大夫。

14乙丑，以詹事伊嚕特穆爾舊作月魯帖木兒，今改。爲御史大夫。

15吳王遣使陳州，以書招左丞左君弼降，曰：「足下垂白之母，糟糠之妻，天各一方，度日如歲。足下縱不以妻子爲念，何忍忘情於老親哉！」君弼得書，猶豫不能決，王乃遣歸其母。

16吳陸聚遣兵攻宿州，擒其僉院邢瑞。

17丁卯，江西行省遣兵會湖廣行省千戶徐興，攻平江瀨寨，僞鎮撫楊五以寨降。

18三月，丁丑朔，庫庫特穆爾遣兵屯滕州以禦王信。

19吳參政蔡哲自蜀歸，具言蜀自明玉珍喪後，明昇暗弱，羣下擅權，因圖其所經山川阨塞之處以獻。

20戊子，思、阮〔沅〕兩界軍民安撫使黃元明，以其地內附於吳。

21丁酉，吳下令設文武科取士。令曰：「應文舉者，察之言行以觀其德，攷之經術以觀其業，試之書算騎射以觀其能，策以經史時務以觀其政事。應武舉者，先之以謀略，次之以武藝，俱求實效，不尚虛文。然此二者，必三年有成，有司預爲勸諭，俟開舉之歲，充貢京師。」

22沂州流民千餘家，還靈壁〔璧〕、虹縣復業，王信追至宿遷，殺之，因大掠而還，餘民走入兩縣境上乞食，吳王聞而憫之曰：「王信不仁甚矣，民雖死，其如天道何！」乃遣人賑濟之。

23吳以黔陽縣前元帥蔣節爲靖州安撫使，俾討平山寨，且耕且守，從參軍詹允亨言也。

24吳參政楊璟進兵取澧州石門縣，故陳友諒守將鄧義亨率衆降。

25夏，四月，丙午朔，吳上海縣民錢鶴皋作亂，據松江府，徐達遣驍騎衛指揮葛俊討平之。

初，王立中以城降，達就令守府事，既而王命荀玉珍代之。未幾，達檄各府驗民田，徵磚甃城。鶴皐不奉令，號於衆以倡亂，衆皆從之，遂結張士誠故元帥府副使韓夏秦、施仁濟，聚衆至三萬餘人，攻府治，通判趙儆倉猝不能敵，同妻子赴水死，玉珍棄城走，賊追殺之。鶴皐自稱行省左丞，署旗以元字，刻磚爲印，僞署官屬，令其子遵義率小舟數千走蘇州，欲歸士誠以求援。至是達遣俊討之，兵至連湖蕩，望見遵義所率衆皆操農器，知其無能爲也，乃於蕩東西連發十餘礮，賊皆驚潰，溺死者不可勝計。兵及松江城，鶴皐閉門拒守，俊攻下之，獲鶴皐，檻送大將軍，斬之。施仁濟等脱走，率其黨五千餘人突入嘉興府，劫庫藏軍需而出。海寧衞指揮孫虎等率兵追擊，悉擒之。

26 壬子，吳王諭起居注詹同曰：「國史貴直筆，善惡皆當書之。昔唐太宗觀史，雖失大體，然命直書建成之事，是欲以公天下也。朕平日言行是非善惡，汝等皆當直書，不宜隱諱，使後世觀之，不失其實。」

27 己未，方國珍既入貢於吳，復陰泛海，北通庫庫特穆爾，南交陳友定。吳師伐蘇州，國珍擁兵覘勝敗爲叛服計。王以國珍反覆，以書數其十二過，且諭之曰：「爾能深燭成敗，高覽遠慮，自求多福，尚可圖也。」國珍得書不報。

28 丁卯，吳江浙行省平章李文忠，言嘉興、海寧、海鹽等沿海州縣，皆邊防之所，宜設兵鎭守，王命文忠調兵戍之。

29 吳潭州衞遣兵攻易華餘黨所據山寨，克之。

30 五月，丙子朔，白氣二道亙天。

31 戊寅，以空名宣敕遣福建行省，命平章庫春、舊作曲出，今改。陳友定同驗有功者給之。

32 辛巳，大同隕霜殺麥。

33 癸未，福建行宣政院以廢寺錢糧由海道送京師。

34 乙酉，以鄂勒哲特穆爾舊作完者帖木兒，今改。爲中書右丞相，辭以老病，不許。

35 己丑，吳湖廣行省遣兵討平江花陽山寨，克之。

36 辛卯，以知樞密院事實勒們爲嶺北行省左丞相，提調分通政院。

37 己亥，以諳達布舊作俺普，今改。爲中書平章政事。

38 吳王以天久不雨，日減膳素食，仍下令免徐、宿、濠、泗、襄陽、安陸等郡稅糧三年。

39 辛丑，庫庫特穆爾定擬其所屬官員二千六百一十人，從之。

40 是月，山東地震，雨白氂。

41 李思齊遣張良弼部將郭謙等守黄連寨，庫庫特穆爾部將關保、浩爾齊、商暠、珠展引兵拔其寨，謙走。

42 六月，丙午朔，日有食之，晝晦。

43蘇州圍久不下，吳王以書遺張士誠，勸以全身保族，如漢竇融、宋錢俶故事，士誠不報。己酉，士誠欲突圍決戰，覘城左方，見軍陣嚴整，不敢犯，乃遣徐義、潘元紹潛出西門，欲掩襲吳軍。轉至閶門，將奔常遇春營，遇春覺其至，分兵北濠，截其兵後，遣軍與戰。良久未決，士誠復遣其參政黃哈喇巴圖（舊作黃哈剌把都，今改。）率兵千餘人助之，自出兵山塘爲援，塘路狹塞不可進，麾令稍卻。遇春撫王弼背曰：「軍中以爾爲猛將，能爲我取此乎？」弼曰：「諾。」即馳鐵騎，揮雙刀往擊之，敵衆小卻，遇春因率衆乘之，士誠兵大敗，人馬溺死沙盆潭甚衆。士誠有勇勝軍，號十條龍者，皆善爲盜者也，士誠每厚賜之，令被銀鎧、錦衣，將其衆出入陣中，人不能測，是日亦敗，溺死萬里橋下。士誠馬驚墜水，幾不救，肩輿入城，計忽忽無所出。

時降將李伯昇知士誠勢迫，欲說令歸命，乃遣客詣士誠告急，士誠召之入，曰：「爾欲何言？」客曰：「吾言爲公興亡禍福之計，願公安意聽之。」士誠曰：「何如？」客曰：「公知天數乎？昔項羽喑嗚叱咤，百戰百勝，卒敗死垓下，天下歸於漢。何則？此天數也。公初以十八人入高郵，元兵百萬圍之，死在朝夕。一旦元兵潰亂，公遂提孤軍乘勝攻擊，東據三吳，有地千里，甲士數十萬，南面稱孤，此項羽之勢也。誠能於此時不忘高郵之厄，苦心勞志，收召豪傑，度其才能，任以職事，撫人民，練兵馬，御將帥，有功者賞，無功者罰，使號令嚴明，百姓樂附，非直能保三吳，天下可取也。」士誠曰：「足下此時不言，今復何及！」客曰：「吾此時雖有言，亦不得聞也。何則？公之子弟、親戚、將帥，羅列中外，美衣玉食，歌童舞女，日夕酣宴，提兵者自以爲韓、白，謀畫者自以爲蕭、曹，傲然視天下不復有人。當此之時，公深居內殿，敗一軍不知，失一地不聞，縱知亦弗問，故淪胥至今日。」士誠曰：「吾亦深憾無及，今當何如？」客曰：「吾有一策，恐公不能從也。」士誠曰：「不過死耳！」客曰：「死而有益於國家，有利於子孫，死固當；不然，徒自苦耳。且公不聞陳友諒乎？以銳師百萬，與江左之兵戰于鄱湖，友諒舉火欲燒江左之船，天乃反風而焚之，友諒兵敗身喪。何則？天命所在，人力無如之何。今公恃湖州援，湖州失；嘉興援，嘉興失；杭州援，杭州失；而獨守此尺寸之地，誓以死拒，吾恐勢極患生，變從中起，公欲死不得，生無所歸也。故吾爲公計，莫如順天之命，自求多福，遣一介之使，疾走金陵，陳公所以歸義救民之意，開城門，幅巾待命，亦不失爲萬戶侯，況曾許以竇融、錢俶故事耶！且公之地，譬如博者得人之物而復失之，何損！」士誠俛首沈慮良久，曰：「足下且休，待我熟思之。」然卒狐疑莫能決。

壬子，士誠復率兵突出西門索戰，鋒甚銳，遇春禦之，兵少卻。士誠弟士信方在城樓上督戰，忽大呼曰：「軍士疲矣，且止！」遂鳴金收軍，遇春乘勢掩擊，大破之。追至城下，攻之益急，復築壘遶其城，自是士誠不復得出矣。

時徐達令四十八衞將士，每衞製襄陽礮架五座，他礮架各五十餘座，晝夜礮聲不絕。士信張幕城上，踞銀椅，與參政謝節等會食，左右方進桃，未及嘗，飛礮碎其首而死。

44 丁巳，皇太子寢殿復〔後〕新甃井，中有龍出，光燄爍人，宮人震懾仆地。又長慶寺有龍纏繞槐樹飛去，樹皮皆剝。

45 壬戌，庫庫特穆爾部將李守道降於吳，吳王命館之於會同館。

46 丁卯，沂州山崩。

47 戊辰，大雨，吳羣臣請復膳，王曰：「雖雨，傷禾已多，其免民今年田租。

48 癸酉，吳王命：「自今凡朝賀不用女樂。」

49 吳殺前使臣戶部尚書張昶。

昶既被留爲參知政事，外示誠款，內懷陰計，與楊憲、胡惟庸等皆相善。昶有才辯，智識明敏，熟於前代典故，凡江左建置，制度多出其手，裁決如流，事無停滯。昶自以奉使被羈，心不忘北歸，陰使人上書頌功德，勸吳王及時行樂，王以語劉基曰：「是欲爲趙高也。」基曰：「然，必有使之者。」王不欲窮治，但斥之，焚其書。後復勸王重刑法，破兼并之家，多陳厲民之術，欲吳失人心，陰爲北方計。王皆不聽。

時帝謂昶已死，且擢用其子。吳遣杭州所獲平章努都長壽北歸朝，昶乃陰奉表於帝，且寓書其子詢存亡。會昶臥病，楊憲往候，於昶臥內得書稿，奏之，王令大都督府按書，昶書八字於牘曰：「身在江南，心思塞北。」王始惜其才，猶欲活之。及見其所書牘詞，曰：「彼意決矣。」遂殺之。

50是月，知樞密院事壽安，奉空名宣敕與侯巴延達世，（舊作侯伯顏達世。）令其以兵援庫庫特穆爾。時李思齊據長安，與商暠拒戰，侯巴延達世進兵攻長安，秦州守將蕭公達降於思齊。思齊知關保等兵退，遣蔡琳等破其營，侯巴延達世奔潰。

51庫庫特穆爾增兵入關，日求決戰，李思齊、張良弼等軍頗不支，使人求助於朝廷，朝廷因遣左丞袁渙及知院安定臣、中丞明托特穆爾（舊作明脫帖木兒。）傳旨，令兩家罷攻，各率所部共清江淮。孫翥進密計於庫庫曰：「我西事功垂成，不可誤聽息兵之旨。且袁渙貪人也，此非其本意，可令在京藏吏私賄其家，則渙必助我，而西事可成也。」庫庫如其計，渙果私布意於庫庫曰：「不除張、李，終爲丞相後患。」於是攻張、李益急。

續資治通鑑卷第二百二十

賜進士及第兵部尚書兼都察院右都御史總督湖北湖南等處地方軍務兼理糧餉世襲二等輕車都尉 畢沅 編集

元紀三十八 起强圉協洽(丁未)七月，盡著雍涒灘(戊申)七月，凡一年有奇。

順帝

至正二十七年(丁未、一三六七)

1秋，七月，關中兵勝負猶未決，庫庫特穆爾(舊作擴廓帖木兒。)謂孫翥、趙恆曰：「今當何如？」並對曰：「關中四軍，獨李思齊最強，思齊破，則三軍不攻自服矣。今關中兵將相持不決，所畏者惟摩該(舊作貊高。)耳。宜抽摩該一軍疾趨河中，自河中渡河擣鳳翔，覆思齊巢穴，出其不意，則渭北之軍一戰可降，此唐莊宗破汴梁之策也。關中既定，然後出兵以討江淮，破之必矣！」庫庫卽行其策，檄摩該率兵攻鳳翔。

2甲申，命伊蘇(舊作也速。)提調武備寺。

3吳右相國李善長等勸王卽皇帝位，王未許。善長等復力請，王曰：「吾嘗笑陳友諒初得一隅，妄自稱尊，卒致覆滅，豈得更自蹈之！若天命在我，固自有時，無庸汲汲也。」

4吳給府州縣官之任費，錫綺帛及其父、母、妻、長子有差。著爲令。

5己丑，雷震吳宮門獸吻，得物若斧形而石質，王命藏之，出則使人負於駕前，臨朝聽政則奉置几案，以祗天戒。遂赦獄囚。

6方國珍之初降吳也，約杭州下卽入朝，已而據地自若，且使通於閩，圖爲掎角。吳王聞之怒，遣使責國珍貢糧二十三萬石，仍以書諭之曰：「爾早改過效順，猶可保其富貴。不然，爲偷生之計，竄入海島，吾恐子女玉帛反爲爾累，舟中自生敵國，徒爲豪傑所笑也。」書至，國珍大懼，集弟、姪及將佐決去就，其郎中張本仁曰：「蘇州未下，彼安能越千里而取我！」劉庸曰：「江左兵多步騎，其如吾海舟何！」國珍弟、姪多以爲然，唯丘楠爭曰：「二人所言，非公福也。唯智可以決事，唯信可以守國，唯直可以用兵。公經營浙東，十餘年矣，遷延猶豫，計不早定，不可謂智。既許之降，抑又倍焉，不可謂信。彼之徵師，則有詞矣，我實負彼，不可謂直。幸而扶服聽命，庶幾可視錢俶乎！」國珍素憒鬧，不能決，唯日夜運珍寶，集巨艦，爲泛海計。

7辛丑，吳置太常、司農、大理、匠作四司。

8是月，李思齊遣部將許國佐、薛穆飛，會張良弼、圖魯卜（舊作脫列伯。）兵屯華陰。

時命圖魯（舊作禿魯。）爲陝西行省左丞相，思齊不悅，命部將鄭應祥守陝西，而自還鳳翔。

9 龍見於臨朐龍山。大石起立。

10 摩該部將多博囉特穆爾（舊作孛羅帖木兒。）之黨，及摩該奉檄調往陝西，行至衞輝，諸將夜聚謀曰：「我輩官軍，殺南兵可也。今聞欲趨鳳翔，鳳翔亦官軍也，以官軍殺官軍，其謂之何？」其衆俱以爲然，遂相約扶摩該爲總兵。摩該善論兵，先爲察罕特穆爾（舊作察罕帖木兒。）所信任；闢保自察罕特穆爾起兵以來，勇冠諸軍，功最高；至是皆不服庫庫特穆爾。摩該使其首領官胡安之控告朝廷，遣部將北奪彰德，西奪懷慶。

11 薩藍托里、（舊作沙藍答脫里。）特里錫、（舊作帖林沙。）巴延特穆爾、（舊作伯顏帖木兒。）李國鳳進謀於皇太子曰：「向日詔書，令諸將各將本部分道進兵，而不立大將以總之，宜其不相從也。太子何不奏上，立大撫軍院以鎭之。凡指揮各將，皆宜出自撫軍院然後行，使權歸於一，自內制外，庶幾天下可爲。又，摩該一部背庫庫而向朝廷，亦宜別作名號以旌異之。」太子如其言以請。

八月，丙午，命皇太子總天下兵馬。

詔曰：「元良重任，職在撫軍，稽古徵今，卓有成憲。阿裕實哩達喇（舊作愛猷識理達臘，今改。）

計安宗社，累請出師，朕以國本至重，詎宜輕出，遂授庫庫特穆爾總戎重寄，畀以王爵，俾代其行。李思齊、張良弼等，各懷異見，構兵不已，以至盜賊愈熾，深遺朕憂。詢之衆謀，僉謂皇太子聰明仁孝，文武兼資，聿遵舊典，爰命以中書令、樞密使，悉總天下兵馬，諸王、駙馬、各道總兵、將吏，一應軍機政務，生殺予奪，事無輕重，如出朕裁。其庫庫特穆爾，總領本部軍馬，自潼關以東，肅清江淮；李思齊總領本部軍馬，自鳳翔以西，與侯巴延達世進取川蜀；以少保圖魯爲陝西行中書省左丞相，總領本部軍馬及張良弼、孔興、圖魯卜各支軍馬，進取襄、樊；王信本部軍馬，固守汛地，別聽調遣。詔書到日，汝等悉宜洗心滌慮，同濟時艱。」

12 摩該所遣部將至彰德，詐爲使者以入，遂據之。至懷慶，庫庫守將黃瑞覺之，城閉，不得入。庚戌，摩該殺衞輝守將余仁輔、彰德守將范國英，引軍至清化，聞懷慶有備，復還彰德，上疏言庫庫特穆爾罪狀。詔以庫庫特穆爾不遵君命，宜黜其兵權，就令摩該討之。又，摩該首倡大義，賜其所部將士皆號忠義功臣。

13 辛亥，特穆爾布哈（舊作帖木兒不花。）進封淮王。

14 甲寅，以右丞相鄂勒哲特穆爾、（舊作完者帖木兒。）翰林承旨達爾瑪、（舊作答爾麻。）平章政事鄂勒哲特穆爾並知大撫軍院事。

15 癸丑，吳圜丘、方丘及社稷壇成，並倣漢制，爲壇二成。

16丙辰，鄂勒哲特穆爾言：「大撫軍院專掌軍機，今後迤北軍務，仍舊制樞密院管，其餘內外諸王、駙馬、各處總兵、行省、行院、宣諭司一應軍情，不許隔越，徑移大撫軍院。」

17以詹事院同知李國鳳同知大撫軍院事，中書參知政事鄂勒哲特穆爾爲副使，左司員外郎耀珠、（舊作咬住，今改。）樞密院參議王弘遠爲經歷。

18庚申，鄂勒哲特穆爾言：「諸軍將士有能用命效力，建立奇功者，請所賞宣敕依常制外，加以忠義功臣號。」從之。

時詔書雖下，諸將皆不用命。李思齊聞摩該爲變，關保、浩爾齊（舊作虎林赤。）夜遁，遂解兵而西。托音特穆爾（舊作脫因帖木兒。）盡劫掠山東民畜而西趨衞輝，庫庫特穆爾盡率河、洛民兵北渡懷慶，摩該懼庫庫兄弟有夾攻衞輝之勢，亦劫掠衞輝民畜而北，屯彰德，朝廷無如之何。

19關保列庫庫罪狀於朝，舉兵攻之。

20辛酉，命鄂勒哲特穆爾仍前少師、知樞密院事，伊蘇仍前太保、中書右丞相，特哩特穆爾（舊作帖里帖木兒。）以太尉爲添設中書左丞相。

21丙寅，立行樞密院于阿南達察罕諾爾，（舊作阿難答察罕腦兒，今改。）命陝西行省左丞相圖嚕仍前少保兼知行樞密院事。

22戊辰，命特哩特穆爾仍前太尉、左丞相，知大撫軍院事，中書右丞陳敬伯爲中書平章政事。

23吳王以書諭沂州王宣父子曰：「爾父子數年前與吾書云：『雖在蒼顏皓首之際，猶望閣下鼓舞羣雄，殪子嬰於咸陽，戮商辛于牧野，以清區宇。』今整兵取河南，已至淮安，爾若能奮然來歸，相與戮力戡亂，豈不偉哉！」

24己巳，吳太廟成，四世祖各爲廟，高祖居中，曾祖居東第一廟，祖居西第一廟，考居東第二廟。

25吳王命參政朱亮祖討方國珍，戒之曰：「三州之民，疲困已甚，城下之日，毋殺一人。」

26九月，甲戌朔，義士戴晉生上皇太子書，言治亂之由。

27命中書右丞相伊蘇以兵往山東，參知政事法圖呼喇（舊作法都忽剌。）分戶部官，一同供給。

28乙亥，以兵起，迤南百姓供給繁重，其眞定、河南、陝西、山東、冀寧等處，除軍人自耕自食外，與免民間今年田租之半。

29辛巳，吳大將軍徐達克蘇州，執張士誠。

時圍城既久，熊天瑞教城中作飛礮，拆祠廟、民居爲礮具，達令軍中架木若屋狀，承以竹笆，軍伏其下，載以攻城，矢石不得傷。達督將士破葑門，常遇春破閶門新寨，遂率衆渡橋，進薄城下。其樞密唐傑，登城拒戰，士誠駐軍門內，令周仁立栅以補外城。傑及周仁、潘元紹皆降，士誠軍大潰，諸將遂蟻附登城。士誠更使其副樞密劉毅收餘兵，尚二三萬，親率之，戰于萬壽寺東街，復敗，毅降。士誠倉皇歸，從者僅數騎。初，士誠謂其妻劉曰：「我敗且死，若曹何爲？」劉曰：「必不負君！」乃積薪齊雲樓下，城破，自焚死。士誠獨坐室中，達遣李伯昇諭意，時日已暮，士誠拒戶自經。伯昇決戶，令降將趙世雄挽解之，氣未絕，復蘇。達又令潘元紹以理曉之，反覆數四，士誠瞑目不言，乃以舊盾舁之出葑門，中途，易以戶扉，舁至舟中。獲其官屬平章李行素、徐義、左丞饒介等，幷元宗室神保大王、赫罕（舊作黑漢。）等，皆送建康，而誅熊天瑞。

初，達與遇春約，城破之日，中分撫之。先集將士，申明王意，令將士各懸小木牌，令曰：「掠民財者死，拆民居者死，離營二十里者死！」及城破，達軍其左，遇春軍其右，號令嚴肅，軍士不敢妄動，居民晏然。

30 癸未，吳王聞蘇州已破，命中書平章政事胡廷瑞取無錫州，仍命大都督府副使康茂才繼之。又命虎賁左衞副使張興，率勇士千人赴淮安候師期；又令濠州練習平鄉山寨軍，會取膠州、登、萊；又命江淮衞以兵千人守禦邳州。

31吳徐達等遣兵取通州，乙酉，次狼山，其守將率所部降。

32無錫莫天祐以城降於吳。

初，天祐附張士誠，士誠累表爲同僉樞密院事，亦羈縻而已。徐達數遣使諭降，天祐俱殺之。至是胡廷瑞等攻其城，州人張翼知事急，率父老見天祐曰：「張氏就縛，縱固守，將誰爲？一城生命存亡，皆在今夕，願熟慮之。」天祐沈思良久，乃許降。翼縋城下，納款於廷瑞，廷瑞喜曰：「城不受兵，皆汝力也！」翼還告，天祐遂出降。

33己丑，詔伊蘇以中書右丞相分省山東，薩藍托里以中書左丞相分省大同。

34吳朱亮祖駐軍新昌，遣指揮嚴德攻關嶺山寨，平之。

35徐達遣人送張士誠至建康。士誠在舟中，閉目不食，至龍江，堅臥不肯起。舁至中書省，李善長問之，不語，已而士誠言不遜，善長怒。王欲全士誠，而士誠竟自縊死，賜棺葬之。【考異】士誠之死，俞本記事錄云，上令御士扛於竺橋，御杖四十而死，焚瘞於石頭城。九朝談纂云以弓弦勒殺之，國初事蹟云命縊殺之。今從明史本傳。

浙西民物蕃盛，儲積殷富。士誠兄弟驕侈淫佚，又闇於斷制，欲以得士要譽，士有至者，無問賢不肖，輒重其贈遺，輿馬居室，靡不充足，士多往趨之。及士信用事，疏簡舊將，奪其兵權，由是上下乖疑。凡出兵遣將，當行者或臥不起，邀求官爵、美田宅，即如言賜之。

及喪師失地而歸，士誠亦不問，或復用爲將。其威權不立類此。

士信愚妄，不識大體，士誠委以政，卒以亡其國。而士信之敗，又爲王（黃）、蔡、葉三參軍所誤，至是駢誅，並殺潘元紹，磔莫天祐。

又有周倀者，山陽鐵冶子也，以聚斂至上卿。城破被獲，言於主者曰：「錢穀鹽鐵，籍皆在我，汝國欲富，當勿殺我。」主者曰：「亡國賊，尙不知死罪耶？」遂殺之。民大悅曰：「今日天開眼！」

36 辛卯，吳置宣徽院，改太醫監爲太醫院。

37 甲午，吳朱亮祖兵至天台，縣尹湯盤降。

38 丙申，太師旺嘉努舊作汪家奴，今改。追封兗王，謚忠靖。

39 丁酉，吳朱亮祖進攻台州，方國珍出師拒戰，亮祖擊敗之，指揮嚴德中矢死。德，釆石人也。

40 戊戌，吳王遣使以書送元宗室神保大王及赫罕等九人於帝，又以書與庫庫特穆爾曰：「閣下如存大義，宜整師旅，聽命於朝。不然，名爲臣子，而朝廷之權專屬軍門，縱此心自以爲忠，安能免於人議！若有他圖，速宜堅兵以固境土。」

41 己亥，沂州王宣遣其副使權苗芳謝過於吳，吳王遣鎭撫侯正紀往報之。

42辛丑，吳王命於泗州靈壁取石制磬，湖州采桐梓制琴瑟。

43吳封李善長爲宣國公，徐達信國公，常遇春鄂國公，賞賚有差。

王諭諸將曰：「江南既平，當北定中原，毋狃于暫安而忘永逸，毋足於近功而昧遠圖。」翌日，達等入謝，王問：「公等還第，置酒爲樂否？」對曰：「荷恩，皆置酒相慶。」王曰：「吾豈不欲置酒與諸將爲一日之歡，但中原未平，非宴樂之時。公等不見張氏所爲乎？終日酣歌逸樂，今竟何如？」

44吳朱亮祖克台州。

初，方國瑛聞吳師至，即欲遁。會都事馬克讓自慶元還，言國珍方治兵城守，勸國瑛勿去，國瑛始約束將士拒守；然士卒懷懼，往往有逃潰者。亮祖攻之急，國瑛以巨艦載妻子，夜走黃巖。亮祖入其城，遂下仙居諸縣。國瑛之遁也，挾總管趙琬至黃巖，琬潛登白龍奧，舍於民家，絕粒死。琬，璉之弟也。

45癸卯，吳新內城，制皆朴素，不爲雕飾。王命博士熊鼎，類編古人行事可以鑒戒者，書於壁間，又命侍臣書大學衍義於兩廡壁間。王曰：「前代宮室，多施繪畫，予用書此以備朝夕觀覽，豈不愈於丹青乎！」有言瑞州出文石，琢之可以甃地，王曰：「爾導予以侈麗，豈予心哉！」

46 冬，十月，甲辰朔，吳王謂中書省曰：「軍中士因戰而傷者，不可備行伍。今新宮成，宮外當設備禦，合於宮牆外周圍隙地多造廬舍，令廢疾者居之，晝則治生，夜則巡警，因給糧以贍之。」

47 吳王遣起居注吳琳、魏觀等以幣帛求遺賢於四方，徙蘇州富民實濠州。

48 摩該以兵入山西，定盂州、忻州，下崞州，遂攻眞定。詔伊蘇自河間以兵會摩該，已而不果，命伊蘇還河間，摩該還彰德。

49 乙巳，皇太子奏以淮南行省平章政事王信爲山東行省平章政事兼知行樞密院事。立中書行〔分〕省于眞定路。（丙午），加司徒、淮南行省平章政事王宣爲沂國公。

50 吳命百官禮儀俱尙左，改右相國爲左，左相國爲右，餘官如之。又定國子學官制，以博士許存仁爲祭酒，劉承直爲司業，改太史監爲院，以太史監令劉基爲院使。

51 朱亮祖兵至黃巖州，方國瑛遁海上，守將哈爾魯（舊作哈兒魯。）降。

52 丁未，饗於太廟。

53 吳王敕禮官曰：「自古忠臣義士，舍生取義，身沒名存，垂訓於天下。若元右丞余闕守安慶，屹然當南北之衝，援絕力窮，舉家皆死，節義凜然。又有江州總管李黼，身守孤城，力抗強敵，臨難死義，與闕同轍。褒崇前代忠義，所以厲風俗也。宜令有司建祠，肖像，歲時祀之。」

54王子，詔庫庫特穆爾落太傅、中書左丞相并諸兼領職事，仍前河南王，以汝州爲食邑。其弟托音特穆爾以集賢學士與庫庫特穆爾同居河南府，而以河南府爲梁王食邑。從行官屬，悉令還朝。凡庫庫特穆爾所總諸軍在帳前者，命白索珠、舊作白瑣住，今改。浩爾齊統之；在河南者，中書平章政事李克彝統之；在山東者，太保、中書右丞相伊蘇統之；在山西者，少保、中書左丞相薩藍托里統之；在河北者，知樞密院事摩該統之；唯關保仍統本部諸軍。庫庫特穆爾既受詔，卽退軍屯澤州。

55是日，赦天下。

56吳置御史臺，以湯和爲左御史大夫，鄧愈爲右御史大夫，劉基、章溢爲御史中丞，基仍兼太史院。王諭之曰：「國家所立，惟三大府總天下之政，中書政之本，都督府掌軍旅，御史臺糾察百司。朝廷紀綱，盡係於此，其職實惟清要。卿等當思正己以率下，忠勤以事上，毋徒擁虛位而漫不可否，毋委靡因循以縱姦長惡，毋假公濟私以傷人害物。詩云：『剛亦不吐，柔亦不茹。』此大臣之體也。」

57甲寅，吳命湯和爲征南將軍，吳禎爲副，討方國珍於慶元。

58壬戌，吳命中書省定律令，以李善長爲總裁官，楊憲、劉基、陶安等爲議律官。

初，王以唐、宋皆有成律斷獄，惟元不倣古制，取一時所行之事爲條格，胥吏易爲姦弊。自平武昌以來，卽議定律，至是臺諫已立，各道按察司將巡歷郡縣，欲頒成法，俾內外遵守，故有是命。復諭之曰：「立法貴在簡當，使言直理明，人人易曉。若條緒繁多，或一事而兩端，可輕可重，使貪猾之吏得以因緣爲姦，則所以禁殘暴者，反以賊善良，非良法也，務求適中以去繁弊。夫網密則水無大魚，法密則國無全民，卿等宜盡心參究，凡刑名條目，逐一采上，吾與卿等面議斟酌，庶可以久遠行之。」

59 丙辰，吳王遣使以書遺李思齊、張良弼，使息兵解鬥。思齊等得書不報。

60 辛酉，吳王謂徐達等曰：「中原擾攘，人民離散，山東則王宣反側，河南則庫庫跋扈，關隴則李思齊、張思道彼此猜忌。元祚將亡，其幾已見，今欲北伐，何以決勝？」常遇春曰：「今南方已定，兵力有餘，直搗元都，以我百戰之師，敵彼久逸之卒，挺竿而可勝也。都城既克，有似破竹之勢，乘勝長驅，餘可建瓴而下矣。」王曰：「元建都百年，城守必固。若懸師深入，不能卽破，頓於堅城之下，餽餉不繼，援兵四集，進不得戰，退無所據，非我利也。吾欲先取山東，撤其屛蔽；旋師河南，斷其羽翼；拔潼關而守之，據其戶樞。天下形勢入我掌握，然後進兵元都，則彼勢孤援絕，不戰可克。既克其都，鼓行雲中、九原以及關隴，可席卷而下矣。」諸將皆曰：「善！」

61甲子，吳王命中書右丞相、信國公徐達爲征討大將軍，中書平章政事、掌軍國重事常遇春爲副將軍，率師二十五萬，由淮入河，北取中原。

是時名將必推達、遇春，兩人才勇相類：遇春慓疾致深入；而達尤長於謀略。遇春每下城邑，不能無誅僇；達所至不擾，卽獲壯士與諜，結以恩義，俾爲己用。至是吳王面諭諸將曰：「御軍持重有紀律，戰勝攻取，得爲將之體者，莫如大將軍達；當百萬衆，摧鋒陷堅，莫如副將軍遇春，然身爲大將，好與小校角，甚非所望也。」

62吳王命中書平章政事胡廷瑞爲征南將軍，江西行省左丞何文輝爲副，率安吉、寧國、南昌、袁、贛、滁、和、無爲等衞軍由江西取福建，以湖廣參政戴德隨征。又命平章楊璟，左丞周德興、參政周彬，率武昌、荆州、益陽、常德、潭、岳、衡、澧等衞軍取廣西。文輝初爲王養子，賜姓朱氏，至是復何姓。

63乙丑，以集賢大學士丁好禮爲中書添設平章政事。

64吳王遣世子及次子往謁臨濠諸墓，命中書擇官輔導以行，凡所過郡邑城隍及山川之神，皆祭以少牢。

65丙寅，平章内史關保封許國公。

66吳王以檄諭齊魯、河洛、燕薊、秦晉官民，令速歸附。

67 丁卯，吳大將軍徐達等師次淮安，遣人招諭王宣及其子信。

68 己巳，吳王以大軍進取中原，恐托音特穆爾乘間竊發，命廬州、安豐、六安、濠、泗、蘄、黃、襄陽各嚴兵守備。

69 吳湖廣行省遣兵取寶慶新化縣，擊守將廝周，破之。

70 吳朱亮祖進兵溫州，克其城，方明善先遁去。亮祖分兵徇瑞安，其守將謝伯通以城降。

71 辛未，沂州王信既得徐達書，乃遣使納款於吳，且奉表賀平張士誠。吳王遣徐唐、李儀等赴沂州，授信江淮行省平章政事，麾下官將皆仍舊職，令所部軍馬悉聽大將軍節制。時信與其父宣，陰持兩端，外雖請降，內實修備。王知之，乃遣人密諭徐達勒兵趨沂州以觀其變。

72 十一月，癸酉朔，吳朱亮祖襲敗方明善於樂清之盤嶼，追至楚門海口，遣百戶李德招諭之。

73 乙亥，明昇遣其臣鄧良叟聘于吳，吳王命良叟從大將軍觀所下城邑。

74 丙子，吳徐達師次下邳，都督同知張興祖由徐州進取山東。

75 己卯，吳徐達兵至榆林鎮，僉院酈穀、鎮撫孫惟德降。達令黃逢等守之。

76 庚辰，吳平章韓政師次梁城，同知樞密院盧斌、僉院程福等降。

77辛巳，吳征南將軍湯和克慶元。先是和兵自紹興渡曹娥江，進次餘姚，降其知州李密及上虞縣尹沈溫，遂進兵慶元城下，攻其西門，府判徐善等率屬官耆老自西門出降。方國珍驅所部乘海舟遁去，和率兵追之。國珍以衆迎戰，和擊敗之，擒其將方惟益等，國珍率餘衆入海。和還師慶元，徇下定海、慈谿諸縣。

78吳王遣使至延平，招諭平章陳友定。友定置酒大會諸將及賓客，殺吳使者，瀝其血酒甕中，與衆酌飲之，誓於衆曰：「吾曹並受朝廷厚恩，有不以死拒者，身磔，妻子戮！」遂往巡視福州，嚴兵爲拒守計。

79徐唐等至沂州，王宣不欲行，乃使其子信密往莒州募兵，爲備禦計，而遣其員外郎王仲綱等詐來犒師以緩攻，徐達受而遣之。仲綱等既還，宣卽以兵劫徐唐等，欲殺之，唐得脫，走達軍，達卽以師抵沂州，營於北門。達猶欲降之，遣梁鎭撫往說，宣陽許之，尋復閉門拒守，達怒，遂急攻其城。宣待信募兵未還，自度不能支，乃開西門出降。達令宣爲書，遣鎭撫孫惟德招降信，信殺惟德，與其兄仁走山西，於是嶧、莒、海州及沭陽、日照、贛榆、沂水諸縣皆來降。達以宣反覆，并怒其子信殺惟德，執宣戮之，命指揮韓溫守沂州。

80乙酉，吳定大都督府及鹽運司、起居注、給事中官制。

81 方國珍遁入海島，己丑，吳王命平章廖永忠爲征南副將軍，自海道會湯和討之，國珍遣經歷郭春及其子文信詣朱亮祖納款。

82 丙戌，以平章政事伊嚕特穆爾（舊作月魯帖木兒。）知樞密院事鄂勒哲特穆爾、平章政事巴延特穆爾並知大撫軍院事。

83 庚寅，吳王遣使諭徐達等曰：「聞將軍已下沂州，未知兵欲何向？如向益都，當遣精銳將士，於黃河扼其衝要，以斷援兵，使彼外不得進，內無所望，我軍勢重力專，可以必克。如未下益都，卽宜進取濟寧、濟南，二郡既下，則益都以東勢窮力竭，如囊中之物，可不攻而自下矣。然兵難遙度，隨機應變，尤在將軍。」時金、火二星會於星紀，望後，火逐金過齊、魯之分，太史占曰「宜大展兵威」，故有是諭。

84 方國珍部將多降於吳，湯和復遣人持書招之。壬辰，國珍遣郎中承廣、員外郎陳永詣和乞降，又遣其子明善、明則、從子明鞏等納省院諸印。

85 乙未，以知樞密院事摩該爲中書平章政事，太尉、中書左丞相特哩特穆爾爲大撫軍院使。

86 是日，冬至，吳太史院進戊申歲大統曆。王謂院使劉基曰：「古者以季冬頒來歲之曆，似爲太遲，今於冬至亦未宜，明年以後，皆以十月朔進。」初，戊申曆成，將刊布，基與其屬高翼以錄本進，王覽之，謂基曰：「此衆人爲之乎？」對曰：「是臣二人詳定。」王曰：「天象之行有遲速，古今曆法有疏密，苟不得其要，不能無差。春秋時，鄭國一辭命，必草創、討論、修飾、潤色，然後用之，故少有缺失。辭命尚如此，而況於造曆乎？公等須各盡心，務求至當。」基等乃以所錄再詳校而後刊之。

87 丙申，吳朱亮祖兵至黃巖，方國瑛及其兄子明善來見，送之建康。

88 丁酉，命關保分省於晉寧。

89 庚子，吳克滕州。

初，徐達令平章韓政分兵扼黃河，以斷山東援兵，政乃遣千戶趙實略滕州。其守將初議固守，已而遁去，遂克其城。

90 辛丑，吳徐達攻下益都，平章李老保降，宣慰使巴延布哈、（舊作普顏不花，今改。）總管胡濬、知院張俊皆死之。達遂徇下壽光、臨淄、昌樂、高苑，令指揮葉國珍等守之。

初，吳軍壓境，巴延布哈力戰以拒。及城陷，巴延布哈還，拜其母曰：「兒忠孝不能兩全，有二弟，可爲終養。」已乃趨官舍，坐堂上。吳將素聞其賢，召之再三，不往，既而面縛之。巴顏〔延〕布哈曰：「我元朝進士，官至極品，臣各爲其主，豈肯事二姓乎！」遂不屈而死。其妻阿嚕珍（舊作阿魯眞。）及二弟之妻，各抱幼子投井死。

李老保，陽武人，又名保保，從察罕特穆爾起兵，數有功，後爲平章，留守益都，至是降，送至建康。後從吳王如汴，王使招諭庫庫特穆爾，庫庫鴆殺之。

91 壬寅，吳胡廷瑞率師渡杉關，略光澤，下之。

92 太常禮儀院使陳祖仁與翰林學士承旨王時、待制黃哻、編修黃肅伏闕上書言：「近者南軍侵陷全齊，不踰月而逼畿甸。朝廷雖命丞相伊蘇出師，軍馬數少，勢力孤危，而中原諸軍，左牽右掣，調度失宜，京城四面，茫無屏蔽，宗社安危，正在今日。臣等以爲馭天下之勢，當論其輕重、強弱，遠近、先後，不宜膠於一偏，狃於故轍。前日南軍僻在一方，而庫庫特穆爾近在肘腋，勢將竊持國柄，故宜先於致討，以南軍遠而輕，庫庫近而重也。今庫庫勢已窮蹙，而南軍突至，勢將不利於宗社，故宜先於救難，則庫庫弱而輕，南軍強而重也。當此之時，宜審其輕重強弱，改絃更張，而撫軍諸官亦宜以公天下爲心，審時制宜。今庫庫黨與離散，豈能復肆跋扈！若令將見調軍馬倍道東行，勤王赴難，與伊蘇聲勢相援，仍遣重臣分道宣諭催督，庶幾得宜。如復膠於前說，動以言者爲爲庫庫游說而鉗天下之口，不幸猝有意外之變，朝廷亦不得聞，而天下之事去矣。」書奏，不報。

98 吳王召浙江按察僉事章溢入朝，命其子存道守處州，諭羣臣曰：「溢雖儒臣，父子宣力一方，寇盜悉平，功不在諸將後。」復問溢：「征閩諸將何如？」溢曰：「湯和由海道進，胡廷瑞自江西入，必勝。然閩中尤服李文忠威信，若令文忠從浦城取建寧，此萬全策也。」王郎命文忠屯浦城。

94 十二月，癸卯朔，日有食之。

95 甲辰，吳律令成，王與諸臣復閱視之，去煩就簡，減重從輕者居多。凡爲令一百四十五條，準唐之舊而增損之，計二百八十五條。命有司刊布中外。

96 乙巳，吳徐達等將發益都，遣使往樂安招諭俞勝。時勝兄寶爲帳下所殺，勝代爲平章，領其衆。明日，達師次長山北河，般陽路總管李至等詣軍門降。於是所屬淄川、新城等縣，皆望風款附。

97 丁未，吳都督同知張興祖至東平，平章馮德棄城遁。興祖遣指揮常守道、千戶許秉等追至東阿，參政陳璧等以所部來降。秉復以舟師趨安山鎮，右丞杜天佑、左丞蔣興降。

98 戊申，孔子五十六世孫襲封衍聖公孔希學，聞吳軍至，率曲阜縣尹孔希章、鄒縣主簿孟思諒等迎見張興祖，興祖禮之，於是兗東州縣皆來降。

99 方國珍遣其子明完奉表謝罪於吳，吳王始怒其反覆，及覽表，憐之。表出其臣詹鼎所草，詞辯而恭，王曰：「孰謂方氏無人耶！」賜國珍書曰：「吾當以投誠爲誠，不以前過爲過。」

100 戊申，吳宋迪使山東還，言張興祖能推誠待人，降將有可用者，卽使領舊兵進取，王曰：「此非良策。聞興祖麾下降將有領千騎者，一旦臨敵，勢不足以相加，因而生變，何以制之？」乃命迪往諭興祖：「今後得降將，悉送以來，勿自留也。」

101 吳徐達至章丘，守將右丞王成降。庚戌，至濟南，平章達多爾濟舊作達朵兒只，今改。等以城降。達令指揮陳勝守之。

102 吳胡廷瑞至邵武，守將李宗茂以城降。

103 吳張興祖兵至濟寧，守將陳秉直棄城遁，吳兵遂入守之。

104 辛亥，吳王遣使諭徐達、常遇春曰：「屢勝之兵易驕，久勞之師易潰。能慮乎敗，乃可無敗，能愼乎成，乃可有成。若一懈怠，必爲人所乘。將軍其勉之。」

105 密州守將邵禮詣吳徐達降。

106 方國珍及其弟國珉，率所部詣見湯和于軍門，得士馬舟糧甚多。已而昌國州達嚕噶齊舊作達魯花赤，今改。庫哩吉斯舊作闊里吉思，今改。亦來降，與國珍等並送建康。吳王悉召其臣，以丘楠爲韶州同知；又以表草出詹鼎手，命官之，其餘悉徙濠州。浙東悉平。

107 壬子，樂安俞勝遣郎中劉啓中等詣徐達納款。

108 癸丑，吳中書左丞相李善長率文武百官奉表勸進，王不許。羣臣固請，王曰：「中原未平，軍旅未息，吾意天下大定而後議此，而卿等屢請不已。此大事，當斟酌禮儀而行。」

109 丁巳，吳胡廷瑞、何文輝師至建陽，守將曹復疇出降，命指揮沈友仁守之。

110 戊午，蒲臺守將荆玉及鄒平縣尹董綱詣吳徐達降。達以降將酈毅守鄒平，指揮張夢守章丘，唐英守蒲臺。

111 己未，吳律令直解成，王覽而喜曰：「前代所行通制條格之書，非不繁密，但資官吏弄法，民間知者絕少，是聾瞽天下之人，使之犯法也。今吾以律令直解徧行，人人通曉，則犯法者自少矣。」

112 庚申，以楊誠、陳秉直並爲國公，平章政事。

113 吳王命湯和、廖永忠、吳禎率舟師自明州海道取福州。

114 辛酉，吳廣信衞指揮沐英破分水關，略崇安縣，克之。

115 吳以淩統爲浙東按察使。

116 壬戌，俞勝自樂安見徐達於濟南，達遣勝還樂安，留其郎中楊子華。

117 吳左丞相李善長，率禮官以即皇帝位禮儀進。

118 癸亥，吳中書省議和、池州、徽、宣、太平諸府民出布囊運糧，王曰：「國家科差，不可苛細，苛細則民不堪。今庫中布不乏，爲囊亦易，何用復取於民！」不許。

119甲子，命中書右丞相伊蘇、太尉．知院托和齊、（舊作脫火赤。）中書平章政事呼琳岱、（舊作忽林台。）摩該、知樞密院事蕭章、（舊作小章。）圖沁特穆爾、（舊作圖堅帖木兒。）汪文清、嚕爾（舊作驢兒。）等會楊誠、陳秉直、巴延布哈、俞勝各部諸軍同守禦山東，又命關保珠（舊作關保住。）爲聲援，時猶未知俞勝之降吳也。

120吳王御新宮，以羣臣推戴之意祭告于上帝、皇祇，其略曰：「如臣可爲生民主，告祭之日，帝祇來臨，天朗氣清；如臣不可，當烈風異景，使臣知之。」

121吳徐達遣參政傅友德取萊陽。

122丙寅，以莊嘉（舊作莊家。）爲中書參知政事。

123吳王命世子及諸子名。以諸子年漸長成，宜習勤勞，命內侍製麻履以行。凡出城稍遠，則令馬行其二，步行其一。

124吳定內使冠服制。凡內使冠用烏紗、描金、曲角帽，衣用胸背花、圓領、窄袖衫，烏角束帶。

125吳左丞相李善長等進儀衛，王見仗內旗有「天下太平、皇帝萬歲」字，顧善長曰：「此誇大之詞，非古制也。」命去之。

126吳徐達自濟南復還益都，進取登、萊州縣。

127 己巳，登州守將董車、萊州守將安然，各降於吳。蒲臺民有供芻藁違令者，徐達欲斬之，其子乞以身代，達送之建康。吳王嘉其孝，并其父宥之。

128 庚午，吳征南將軍湯和率師克福州。

初，陳友定環城外築壘爲備，每五十步更築一臺，嚴兵守之。聞吳軍入杉關，乃留同僉賴正孫、副樞謝英輔、院判鄧益以衆二萬守福州，自率精鋭守延平，以相掎角。時和等行師自明州乘東北風徑抵福州，入五虎門，駐師南臺河口，遣人入城招諭，爲平章庫春（舊作曲出。）所殺。

吳師登岸，將圍城，庫春領衆出南門逆戰，指揮謝德成等擊敗之，衆潰，入城拒守。是夜，參政袁仁密遣人納款，吳師於臺上蟻附登城，遂開南門。和擁兵入，鄧益拒戰於水門，和擊殺之。賴正孫、英輔自西門出走延平，庫春等皆懷印綬、挈妻子遁去。參政尹克仁赴水死。行宣政院使多爾瑪（舊作朵耳。）不屈，下獄死。時僉院拜特穆爾（舊作柏帖木兒。）居侯官，聞吳軍攻城急，歎曰：「戰守非我得爲，無以報國！」乃積薪樓下，殺其妻、妾及二女，縱火焚之，遂自刎。

和入省署，撫輯軍民，遣袁仁暨員外郎余善招諭興化、漳、泉諸路，其福寧等州縣未附者，分兵略定。

129辛未，吳王以山東郡縣既下，命官撫輯。

130吳定各縣爲上、中、下三等，稅糧十萬石以下爲上縣，六萬以下爲中縣，三萬以下爲下縣。

131吳減金華田租。

初，得金華時，軍食不給，知府王崇顯請增民田租以足用，民頗病之。至是浙江平章李文忠以其事聞，遂下令免所增之數。

132是月，詔：「陝西行省左丞相圖嚕總統張良弼、圖魯卜、孔興一枝軍馬，以李思齊爲副總統，守禦關中，撫安軍民。圖魯卜、孔興等出潼關，及取順使山路，渡黃河，合勢東行，共勤王事。」思齊等皆不奉命。

133太常禮儀院使陳祖仁復上書皇太子，言：「庫庫特穆爾兵馬，終爲南軍之所忌，苟善用之，豈無所助！然人皆知之而不敢言者，誠恐誣以受財游說之罪也。況聞庫庫屢上書疏明其心曲，是猶未自絕於朝廷。今若遽加以悖逆之名，使彼竟甘心以就此名，其害或有不可言者。當今爲國家計，不過戰、守、遷三事。以言乎戰，則資其掎角之勢；以言乎守，則望其勤王之師；以言乎遷，則假其藩衞之力。當此危急之秋，宗社存亡，僅在旦夕，不幸一日有唐玄宗倉卒之出，則是以百年之宗社，委而棄之，此時雖碎首殺身，何濟于事！故敢不顧嫌忌，奉書以聞。」太子不報。

134是歲，集賢學士致仕歸暘卒。

至正二十八年（戊申、一三六八）是歲卽明洪武元年，謹遵通鑑輯覽，八月以前仍書至正二十八年。

1春，正月，壬申朔，皇太子命闕〔關〕保固守晉寧，總統諸軍，如庫庫特穆爾拒命，就便擒擊。

2以中書平章政事布延特穆爾爲御史大夫。

3乙亥，吳王祀天地於南郊，卽皇帝位，定國號曰明，建元洪武。追尊四代考妣爲皇帝、皇后，立妃馬氏爲皇后，世子標爲皇太子。以李善長、徐達爲左、右丞相，餘功臣進爵有差。

4辛巳，詔諭庫庫特穆爾曰：「比者伊蘇上奏，卿以書陳情，深自悔悟，及省來意，良用惻然！朕視卿猶子，卿何惑於憸言，不體朕心，隳其先業！卿今能自悔，固朕所望。卿其思昔委任肅清江淮之意，卽將冀寧、眞定諸軍，就行統制渡河，直擣徐沂以康靖齊魯，則職任之隆，當悉還汝。衛輝、彰德、順德，皆爲王城，卿無以摩該爲名，縱軍侵暴。其晉寧諸軍，以西〔已命〕關保總制策應，戡定山東，將帥各宜悉心。」

5明帶刀舍人周宗上書請敎太子，明帝嘉納。中書省、都督府請倣元制以太子爲中書令，明帝以其制不足法，令詹同攷歷代東宮官制，選勳德老成及新進賢者兼領東宮官。以李善長兼太子少師，徐達兼太子少傅，常遇春兼太子少保，其詹事、左右率府、諭德、贊善、賓客等，並以朝臣兼領。諭曰：「朕於東宮，不別設府僚而以卿等兼之者，蓋軍旅未息，朕若有事於外，必太子監國，若設府僚，卿等在內，事當啓聞太子，或聽斷不明，與卿等意見不合，卿等必謂宮僚導之，嫌隙易生。又所以特置賓客、諭德等官者，欲輔成太子德性，且選名儒爲之，職是故也。昔周公教成王克詰戎兵，召公教康王張皇六師，此居安慮危，不忘武備。蓋繼世之君，生長富貴，昵於安逸，不諳軍旅，一有緩急，不知所措，二公之言，其幷識之。」

6 甲申，明遣使覈實浙西田，定天下衞所之制。

7 壬辰，明胡廷瑞克建寧。

湯和進攻延平，陳友定謀於衆曰：「敵兵鋭，難於爭鋒，不如持久困之。」諸將請出戰，不許，數請不已。友定疑所部叛，殺蕭院判，軍士多出降者。軍器局災，城中礮聲震地，明師知有變，急攻城，友定呼其屬訣曰：「大事已去，吾一死報國，諸君努力！」因退入省堂，衣冠，北面再拜仰藥死。所部爭開門納明師入，趨視友定，猶未絕也，舁出水東門，適天大雷雨，友定復甦，械送建康。明帝詰之，友定厲聲曰：「死耳，尚何言！」遂併其子海殺之。

友定既死，興化、泉州俱降，獨漳州路達嚕噶齊迪里密實舊作迭里彌失，今改。以佩刀刺喉而死。

8 是月，命左丞孫景益分省太原，關保以兵爲之守，以庫庫特穆爾勢弱，欲圖之也。庫庫即遣兵據太原，殺朝廷所置官。

9 二月，壬寅朔，詔削庫庫特穆爾爵邑，命圖魯、李思齊等討之，其將士官吏效順者免罪，惟孫翥、趙恆，罪在不赦。太子復命關保等以兵會討。

10 明定郊社、宗廟典禮，分祭天地，冬至祀昊天上帝於圜丘，夏至祀皇地祇于方丘，宗廟以四孟月及歲除五饗，社稷春秋二仲月戊日祭。歲必親祀，以爲常。

11 癸卯，武庫災。

12 明以平章廖永忠爲征南將軍，參政朱亮祖副之，浮海取廣東。

13 丁未，明釋奠先師孔子於國學，遣使祭闕里。

14 戊申，明帝親祀大社、大稷。

15 壬子，明定衣冠如唐制。

16 癸丑，明常遇春克東昌，守將申榮、王輔元死之。遇春遂與徐達會師濟南，擊斬樂安反者，還軍濟寧，以舟師泝河，進取河南。

17 甲寅，明平章楊璟師取寶慶。【考異】元紀作己未，今從明紀。

18 丙辰，庫庫特穆爾自澤州退守晉寧，關保遂據澤、潞二州，與摩該軍合。

19 丙寅，明兵取棣州。

20 三月，壬申，明左丞周德興取全州。

21 庚寅，彗星見於西北。

22 丙申，明征西將軍鄧愈取南陽。己亥，徐達等徇汴梁，守將李克彝遁去，左君弼、竹昌俱降。

23 李思齊、張良弼聞明師日逼，以其軍退。火焚良弼營，思齊移軍葫蘆灘，調所部張德欽等守潼關。思齊、良弼皆遣使詣庫庫特穆爾，告以前此出師非其本心。

24 明廖永忠率舟師發福州，先以書招廣東行省左丞何眞使速降，遂航海趨潮州。夏，四月，辛丑朔，眞遣都事劉克佐詣軍門，籍郡縣戶口奉表降。永忠以聞，明帝詔褒眞曰：「朕惟古豪傑，保境安民以待有德，若竇融、李勣，擁兵據險，角立羣雄間，非眞主不屈，此漢、唐名臣，於今未見，朕方興嗟。爾眞連數郡之衆，乃不煩一兵，不費一鏃，保境來歸，雖竇、李奚讓焉！」永忠抵東莞，眞率官屬郊迎勞，遂奉詔入朝，擢眞江西行省參知政事。【考異】元史作戊申取廣州，今從明史。眞既降，明指揮陸仲亨以兵下連州，肇慶諸路，廣東悉定。

25丙午，隕霜殺菽。

26丁未，明始祫祭太廟。免山東田租三年。

27戊申，明徐達、常遇春等自虎牢關入洛陽，托音特穆爾以兵五萬陣洛水北。遇春單騎突陣，銳卒二十餘騎攢塑（槊）刺遇春，遇春一矢殪其前鋒，大呼馳入，麾下壯士從之，托音特穆爾大敗。梁王阿哩袞（舊作阿魯溫。）以河南降。

28己酉，彗星沒。

29丁巳，明楊璟克永州。【考異】元史以克永州爲三月間事，今從明史。

30甲子，明帝如汴梁。

31明徐達略定嵩、陝、陳、汝諸州，遣都督同知馮勝擣潼關。李思齊棄其輜重奔鳳翔，張良弼奔鄜城。五月，明師入關，西略至華州。

32明廖永忠進取廣西，至梧州，達嚕噶齊拜珠（舊作拜住。）降。遂徇下潯州、柳州，遣朱亮祖會楊璟收未下州郡。

33辛卯，明改汴梁路爲開封府。

召徐達至行在，六月，庚子朔，達入見，明帝置酒勞之，且謀北伐。達曰：「大軍平齊魯，掃河洛，庫庫特穆爾逡巡觀望，潼關既克，李思齊狼狽西奔，元聲援已絕。今乘勝直搗元都，可不戰有也。」明帝曰：「善！」達復進曰：「元都克而其主北走，將窮追之乎？」明帝曰：「氣運有盛衰，彼今衰矣，不煩窮兵。出塞之後，固守以防其侵軼可也。」

34 徐溝地震。

35 甲寅，雷雨中有火自天墜，焚大聖壽萬安寺。

36 壬戌，臨州、保德州地震，五日不止。

明師攻靖江，久不下，楊璟謂諸將曰：「彼所恃，西濠水耳，決其隄，破之必矣。」乃遣指揮丘廣攻閘口關，殺守隄兵，盡決濠水，築土隄五道傅於城。城中猶固守，急攻，克之。先是參政張彬攻南關，爲守城者所詬，怒，欲屠其民，璟入，立禁止之。璟復移師徇郴州，降其兩江土官黃英、岑伯顏等。廖永忠亦克南寧、象州，廣西悉定。

37 秋，七月，癸酉，京城紅氣滿空，如火照人。乙亥，京城黑氣起，百步內不見人。

38 辛卯，明帝將發汴梁，諭徐達等曰：「昔元之祖宗，有德格天，奄有九有。及其子孫，罔卹民艱，天厭棄之。君則有罪，民復何辜！前代革命之際，屠戮如仇，違天虐民，朕實不忍。諸將克城之日，勿擄掠，勿焚蕩，必使市不易肆，民安其生。元之宗戚，皆善待之。庶幾上答天心，成朕伐罪救民之志。」

戊申，命馮勝以右副將軍留守開封。

39李思齊大會諸將於鳳翔。時思齊總關、陝、秦、隴之師，西至吐蕃，東至商，雒，南至磯頭，北至環、慶，擁精甲十餘萬，惟與庫庫特穆爾干戈相尋，明師日逼，大都勢危，坐視不救。

40摩該、關保攻庫庫特穆爾於平陽。是時庫庫特穆爾勢稍沮，而摩該、關保勢張甚，數請戰，庫庫不應，或師出卽退。閏月，己亥朔，庫庫諜知摩該分軍掠郡縣，卽夜出師薄其營，掩擊之，大敗其衆，摩該、關保皆就擒。庫庫特穆爾上疏自理，詔：「摩該、關保，間諜搆兵，可治以軍法。」摩該、關保皆被殺。

41明大將軍徐達，副將軍常遇春，會師河陰，遣諸裨將分道渡河，徇河北地。辛丑，取衞輝；癸卯，取彰德；丁未，取廣平。師次臨淸，使參政傅友德開陸道，通步騎，指揮顧時浚河，遂引而北。

42丁巳，詔罷大撫軍院，誅知院事巴延特穆爾等，復命庫庫特穆爾仍前河南王、太傅、中書左丞相，孫翥、趙恆並復舊職，以兵從河北南討，伊蘇以兵趨山東，圖嚕兵出潼關，李思齊兵出七盤、金、商，以圖復汴、洛，皇太子悉總天下兵馬，裁決庶務。

43壬戌，白虹貫日。

44癸亥，罷內府河役。

45明常遇春克德州，與徐達合兵取長蘆，扼直沽，作浮橋以濟，水陸並進，伊蘇望風走。

46甲子，庫庫特穆爾舊作擴廓帖木兒，今改。自晉寧退守冀寧。

47知樞密院事布延特穆爾舊作卜顏帖木兒，今改。及明師戰於河西務，敗績，死之，明師遂逼通州。

48詔太常禮儀院使阿魯渾等，奉太廟列室神主與皇太子同北行。阿魯渾及同官陳祖仁、王遜志等言：「天子有大事，出則載主以行，從皇太子，非禮也。」乃令還守太廟以俟。

49乙丑，白虹貫日。始罷內府興造。

50詔淮王特穆爾布哈舊作帖木兒不花，今改。監國，慶通舊作慶童，今改。爲中書左丞相，同守京城。

51丙寅，帝御清寧殿，集三宮后妃、皇太子、太子妃，同議避兵北行。左丞相實勒們舊作失烈門，今改。及知樞密院事赫色、舊作黑廝，今改。宦者趙巴延布哈舊作伯顏不花，今改。等諫，以爲不可行，不聽。巴延布哈慟哭曰：「天下者，世祖之天下，陛下當死守，柰何棄之！臣等願率軍民及諸集賽舊作怯薛，今改。出城拒戰，願陛下固守京城。」卒不聽。夜半，開建〔健〕德門北走。